中国数字贸易蓝皮书 2024
——高质量发展与新质生产力

中国服务外包研究中心　编著

涂舒　杨梅　主编

中国商务出版社
·北京·

图书在版编目（CIP）数据

中国数字贸易蓝皮书 . 2024：高质量发展与新质生

产力 / 中国服务外包研究中心编著；涂舒，杨梅主编 .

北京：中国商务出版社，2025. 4. -- ISBN 978-7-5103-

5630-8

Ⅰ . F724.6

中国国家版本馆 CIP 数据核字第 2025LH5316 号

中国数字贸易蓝皮书 2024
——高质量发展与新质生产力

ZHONGGUO SHUZI MAOYI LANPISHU 2024
——GAOZHILIANG FAZHAN YU XINZHI SHENGCHANLI

中国服务外包研究中心　编著

涂舒　杨梅　主编

出版发行：中国商务出版社有限公司

地　　址：北京市东城区安定门外大街东后巷 28 号　邮编：100710

网　　址：http://www.cctpress.com

联系电话：010-64515150（发行部）　　　010-64212247（总编室）

010-64269744（事业部）　　　010-64248236（印制部）

责任编辑：周水琴

排　　版：廊坊市展博印刷设计有限公司

印　　刷：北京建宏印刷有限公司

开　　本：710 毫米 ×1000 毫米　1/16

印　　张：25　　　　　　　　　字　　数：386 千字

版　　次：2025 年 4 月第 1 版　　　印　　次：2025 年 4 月第 1 次印刷

书　　号：ISBN 978-7-5103-5630-8

定　　价：98.00 元

《中国数字贸易蓝皮书2024》
编委会

主　编　涂　舒　杨　梅

编　委　郑锦荣　朱华燕　尚庆琛

　　　　周　密　张　磊　何　格

　　　　孙烨清　王梦影　曹佩华

前　言

　　《中国数字贸易蓝皮书2024——高质量发展与新质生产力》由商务部中国服务外包研究中心组织内外部专家团队编撰，是一部系统反映我国数字贸易发展的年度研究报告。本书以复杂多元、动荡交织的国际形势为研究背景，紧密结合国家加快构建现代化产业体系、稳步推进新质生产力发展、促进数字贸易改革创新发展要求，直面国际国内数字贸易发展的理论与现实问题，具有视角全面性、研究系统性、理论前瞻性、应用实操性等特点，将成为推动我国数字贸易改革创新发展的有力理论指导和政策依据。

　　本书共五部分，分别为总报告（第一章：郑锦荣、涂舒；第二章：郑锦荣、涂舒；第三章：杨梅；第四章：涂舒）、专题篇（第五章：涂舒、尚庆琛；第六章：尚庆琛；第七章：涂舒；第八章：何格；第九章：周密；第十章：张磊；第十一章：涂舒）、领域篇（第十二章：何格；第十三章至第十五章：涂舒；第十六章：王梦影；第十七章：杨梅）、区域篇（第十八章至第二十四章：杨梅）、国际经验篇（第二十五章至第二十六章：朱华燕；第二十七章：孙烨清）。

　　总报告介绍了数字贸易的定义、内涵与统计进展，分析全球数字贸易的发展现状与趋势，研讨中国数字贸易面临的机遇、挑战及其高质量发展的路径等内容。

　　专题篇介绍国内外数字贸易的核心议题，包括以新型离岸服务外包培育新质生产力、国际数字贸易规则进展与展望、全球数字贸易限制指数的现状与趋势、数字贸易规则对可数字化服务贸易的影响、人工智能对中国数字贸易发展的影响、WTO电子商务谈判、数字贸易与绿色贸易。

　　领域篇全景展示了中国数字贸易发展的重点领域，包括全球及中国可数字化服务贸易发展现状及趋势，中国数字技术贸易、中国数字产品贸易、中国数据贸易发展的现状及趋势，介绍了中国国际服务外包发展现状及趋势。

　　区域篇介绍12个中国数字服务出口基地建设情况，并重点分析了北京、上海、广东、浙江、成都、贵阳的数字贸易发展现状与经验。

　　国际经验篇介绍美国、欧盟、英国、东盟、新加坡、泰国、菲律宾等主要国家和地区数字贸易的发展现状，包括贸易规模、政策法规、发展特色及发展趋势等内容。

编者

2024 年 12 月

总 报 告

第一章　数字贸易的定义、内涵与统计进展⋯⋯⋯⋯⋯⋯2

一、数字贸易内涵界定⋯⋯⋯⋯⋯⋯⋯⋯⋯2

二、数字贸易统计进展⋯⋯⋯⋯⋯⋯⋯⋯⋯10

第二章　全球数字贸易的发展现状及趋势⋯⋯⋯⋯⋯⋯15

一、全球数字贸易的发展现状⋯⋯⋯⋯⋯⋯15

二、全球数字贸易的发展趋势⋯⋯⋯⋯⋯⋯19

第三章　中国数字贸易面临的机遇与挑战⋯⋯⋯⋯⋯⋯27

一、中国数字贸易面临的机遇⋯⋯⋯⋯⋯⋯27

二、中国数字贸易面临的挑战⋯⋯⋯⋯⋯⋯31

第四章　推动中国数字贸易高质量发展的路径⋯⋯⋯⋯40

一、切实加强党对数字贸易的全面领导⋯⋯⋯40

二、稳步有序推进数字贸易领域制度型开放⋯⋯41

三、不断夯实数字基础设施建设⋯⋯⋯⋯⋯42

四、培育壮大先进安全的数字产业体系⋯⋯⋯42

五、构建多层次的数字贸易对外合作体系⋯⋯43

六、探索建立规范有序的数字治理新体系⋯⋯43

七、构建精准高效的数字平台服务矩阵⋯⋯⋯44

专题篇

第五章　以新型离岸服务外包培育新质生产力……………46

　　一、问题的提出………………………………………46

　　二、服务外包培育新质生产力的理论内涵…………48

　　三、以新型服务外包培育新质生产力的基本路径…52

　　四、服务外包培育新质生产力的典型案例…………57

　　五、服务外包培育新质生产力的主要困境…………66

　　六、服务外包培育新质生产力的政策保障…………67

第六章　国际数字贸易规则的进展与展望……………69

　　一、全球数字贸易规则演进…………………………69

　　二、主要数字贸易国际规则特点……………………71

　　三、数字贸易规则关键议题…………………………80

　　四、欧美主要经济体数字贸易立法情况……………82

　　五、数字贸易国际合作形势…………………………93

　　六、国际数字贸易规则展望…………………………97

第七章　全球数字贸易限制指数的现状与趋势………100

　　一、全球数字贸易限制指数…………………………100

　　二、中国数字贸易开放度……………………………108

　　三、中国的应对策略…………………………………112

第八章　数字贸易规则对可数字化服务贸易的影响……114

　　一、扩展的引力模型…………………………………116

　　二、模型设定、主要变量与数据来源………………119

　　三、回归结果、稳健性与异质性检验………………122

　　四、结论与建议………………………………………127

第九章　人工智能对中国数字贸易发展的影响……………129

　　一、中国数字贸易统计实践获得广泛关注……………129

　　二、快速发展的人工智能成为时代新引擎……………130

　　三、人工智能对数字贸易三大领域产生的影响……………132

　　四、持续优化的人工智能促进数字贸易发展……………139

第十章　WTO电子商务谈判……………142

　　一、WTO《电子商务协定》谈判方立场差异较大……………142

　　二、WTO《电子商务协定》谈判进程曲折……………144

　　三、WTO《电子商务协定》谈判方的主要分歧……………149

　　四、对中国参与多边数字治理的建议……………152

第十一章　数字贸易与绿色贸易……………153

　　一、理论框架与演进……………153

　　二、数据支撑与发展现状……………156

　　三、数字贸易与绿色贸易的互动关系……………157

　　四、实践案例与经验分享……………158

　　五、面临的挑战与对策建议……………159

领域篇

第十二章　全球及中国可数字化服务贸易发展现状与趋势………164

　　一、全球可数字化服务贸易发展现状……………164

　　二、中国可数字化服务贸易发展现状……………167

　　三、可数字化服务贸易发展趋势……………172

第十三章　中国数字技术贸易发展现状及趋势……………175

　　一、中国数字技术贸易发展现状……………175

　　二、中国数字技术贸易存在的问题……………181

　　三、中国数字技术贸易发展趋势……………182

第十四章　中国数字产品贸易发展现状及趋势……………184
　　一、中国数字产品贸易发展现状…………………………184
　　二、中国数字产品贸易面临的机遇和挑战………………187
　　三、中国数字产品贸易发展趋势…………………………189

第十五章　中国数据贸易发展现状及趋势…………………191
　　一、全球数据贸易发展形势………………………………191
　　二、中国数据贸易发展现状………………………………192
　　三、中国数据贸易面临的挑战……………………………195
　　四、中国数据贸易发展趋势………………………………195

第十六章　中国跨境电子商务发展现状及趋势……………197
　　一、中国跨境电子商务发展现状…………………………197
　　二、中国跨境电子商务发展趋势…………………………207

第十七章　中国离岸服务外包发展现状及趋势……………214
　　一、中国离岸服务外包发展现状…………………………214
　　二、中国离岸服务外包发展趋势…………………………222

区　域　篇

第十八章　中国数字服务出口基地建设情况………………230
　　一、中关村软件园…………………………………………230
　　二、天津经济技术开发区…………………………………232
　　三、大连高新技术产业园区………………………………233
　　四、上海浦东软件园………………………………………234
　　五、中国（南京）软件谷…………………………………236
　　六、杭州高新技术产业开发区（滨江）物联网产业园…237
　　七、合肥高新技术产业开发区……………………………238
　　八、厦门软件园……………………………………………239

九、齐鲁软件园 ··· 241

十、广州天河中央商务区 ·· 242

十一、海南生态软件园 ·· 243

十二、成都天府软件园 ·· 244

第十九章　北京数字贸易发展现状与经验 ···················· 246

一、发展现状 ··· 246

二、发展经验 ··· 248

第二十章　上海数字贸易发展情况 ································· 253

一、发展现状 ··· 253

二、发展经验 ··· 255

第二十一章　广东数字贸易发展现状与经验 ················· 257

一、发展现状 ··· 257

二、发展经验 ··· 261

第二十二章　浙江数字贸易发展现状与经验 ················· 271

一、发展现状 ··· 271

二、发展经验 ··· 273

第二十三章　成都数字贸易发展现状与经验 ················· 284

一、发展现状 ··· 284

二、发展经验 ··· 286

第二十四章　贵阳数字贸易发展现状与经验 ················· 290

一、发展现状 ··· 290

二、发展经验 ··· 292

国际经验篇

第二十五章　美国数字服务贸易的发展现状……………………298

　　一、美国数字服务贸易规模长期领先………………………298

　　二、美国数字服务贸易顺差持续扩大………………………299

　　三、美国数字服务进出口限制程度低………………………301

第二十六章　欧洲数字服务贸易的发展现状……………………307

　　一、欧洲数字服务进出口规模持续扩大……………………307

　　二、欧洲数字服务进出口占全球半壁江山…………………308

　　三、欧洲数字服务进出口长期保持顺差……………………308

　　四、欧洲数字服务贸易各领域集中度高……………………309

　　五、欧盟数字服务贸易开放程………………………………315

　　六、欧盟代表国家的数字服务贸易…………………………316

　　七、英国的数字服务贸易现状………………………………331

第二十七章　东南亚数字贸易的发展现状………………………350

　　一、东南亚数字贸易的发展现状……………………………350

　　二、东盟数字贸易的主要政策………………………………355

　　三、新加坡数字贸易概述……………………………………358

　　四、泰国数字贸易概述………………………………………368

　　五、菲律宾数字贸易概述……………………………………377

总 报 告

总报告介绍了全球数字贸易的定义、内涵与统计进展，分析全球数字贸易的发展现状与趋势，研讨中国数字贸易面临的机遇、挑战及其高质量发展的路径等内容。

第一章　数字贸易的定义、内涵与统计进展

一、数字贸易内涵界定

近年来，随着新一代互联网技术在对外贸易领域中的广泛应用，数字贸易快速发展，已成为推动我国服务贸易创新发展的新动能。但是，全球范围内还未形成对数字贸易的统一定义，范围边界也各不相同，服务数字化、数字贸易化、数字服务贸易、商务数字化等概念应运而生，因此，对数字贸易内涵进行科学界定至关重要。

（一）数字贸易的内涵与外延

2012 年，美国经济分析局（BEA）首次尝试衡量"数字化"服务贸易，指的是"数字 ICT 在促进跨境服务贸易方面发挥重要作用"的服务。BEA指出，ICT 的改进及其成本的降低有望促进服务贸易的增长。

2013 年，由联合国贸易和发展会议（UNCTAD）牵头的衡量 ICT 服务和 ICT 带动的服务贸易工作组（TGServ）制定了关于 ICT 技术带动的服务贸易的指标，并提出了 ICT 服务、ICT 支持的服务和潜在 ICT 支持的服务的定义。

纵观全球数字贸易发展现状，根据数字贸易涉及的内容和范围，相关国际组织和主要经济体对数字贸易的定义可以分成广义和狭义两大类。经济合作与发展组织（OECD）和世界贸易组织（WTO）从贸易属性、交易对象、涉及参与者和信息来源四个视角对数字贸易的广义和狭义概念进行了区分。

1. 广义的数字贸易

广义的数字贸易是指通过互联网和互联网技术进行订购、生产或 / 和交易的产品和商品，主要包括数字订购贸易、数字交付服务、数字中介平台赋能贸易三个部分，主要代表为 OECD、WTO、国际货币基金组织（IMF）

及欧盟等国际组织和经济体。OECD 从贸易属性、交易对象、参与者三个维度对数字贸易进行拆解，得到广义的数字贸易内涵。

根据交易方式的差异，广义的数字贸易可分为数字订购型（digitally ordered）、平台支持型（platform enabled）、数字交付型（digitally delivered）。其中，数字订购型的跨境交易是指直接通过专门用于接收或下订单的计算机网络进行的商品或服务贸易，其支付环节及货物或服务的交付通过线上或线下完成。该模式不包括以电话、传真等形式达成的交易，仅涵盖通过网页、电子数据交换等达成的交易。平台支持型数字贸易是指通过中介平台进行的商业交易，中介平台为供应商提供设施和服务，但不直接销售商品。数字交付型数字贸易是指直接通过 ICT 网络远程提供的服务产品，包括可下载的软件、电子游戏、电子书、流媒体视频、数据服务等，但不包括有形货物的交付。

数字贸易的交易对象包括货物、服务和信息（数据）。结合交易属性的差异，可进一步细分为数字订购的产品、数字订购的服务、数字交付的服务及数字交付的信息（数据）四种。其中，数字交付的信息（数据）是指数字贸易平台［如社交网站脸书（Facebook）和搜索引擎谷歌（Google）］通过免费向消费者提供服务以换取用户信息，并通过广告实现收入，用户信息的数据流是数字贸易平台获得广告收入资金流的标的物。

数字贸易的参与者包括企业、消费者和政府。传统的国际贸易发生在企业之间（B2B），或企业与政府之间（B2G）。数字技术的广泛应用大大降低了贸易门槛，为企业和个人消费者之间通过互联网平台直接购买商品或服务提供了载体，C2C 和 B2C 成为数字贸易的重要商业模式。

2020 年，OECD、WTO 和 IMF 共同发布的《数字贸易测度手册（第一版）》对数字贸易作了明确的定义，文中指出"数字贸易是指所有以数字方式订购和以数字方式交付的国际交易"。同时，UNCTAD 每年还发布全球各国可数字化交付的服务或产品统计数据，并成为衡量各国数字贸易发展水平的重要依据之一。

2023 年，WTO、OECD、IMF 和 UNCTAD 在第一版基础上发布第二版手册，将数字贸易的定义进一步精确为：数字化订购和/或数字化交付的国际贸易，即数字贸易包含数字订购贸易和数字交付贸易。

2. 狭义的数字贸易

狭义的数字贸易是指通过数字化交付的服务贸易，其交易标的以无形的服务、信息、数据为主，不包括在线订购的货物和有数字对应物的实体货物，该定义以美国国际贸易委员会（USITC）为主要代表。美国是最早提出数字贸易概念的国家，2013 年 7 月，USITC 在《美国和全球经济中的数字贸易 I》报告中首次提出了数字贸易的概念，即通过互联网传输而实现的产品和服务的商业活动，既包括国内通过互联网传输产品和服务的商业活动，也包括通过互联网传输产品和服务的国际贸易，主要分为四类：数字内容、社会媒介、搜索引擎、其他数字产品和服务。随后，2014 年 8 月和 2017 年 8 月，USITC 两次对数字贸易的内容进行更新修正。2017 年 8 月，USITC 在《全球数字贸易的市场机遇与主要贸易限制》研究报告中明确指出数字贸易是指通过互联网及智能手机、网络连接传感器等相关设备交付的产品和服务，包括互联网基础设施及网络通信服务、云服务、数字内容、电子商务、产业对数字技术的应用、消费者通信服务及互联设备。该定义一直沿用至今，并成为美国与其他国家和经济体进行数字贸易规则双多边谈判的重要依据。

3. 国内有关数字贸易的解释

目前，国内对数字贸易的概念还没有形成统一的定义，一些研究机构通过发布研究报告的形式对数字贸易的概念进行了界定，如表 1-1 所示。截至目前，我国还未出台过有关数字贸易的统计办法及相关文件，中国商务部在公布我国服务贸易统计数据时，会定期发布可数字化交付的服务贸易统计数据，该统计数据主要由服务贸易项下的保险服务，金融服务，电信、计算机和信息服务，个人、文化和娱乐服务，知识产权使用费和其他商业服务六大类组成。2022 年，中国商务部服务贸易和商贸服务业司发布《中国数字贸易发展报告 2021》，进一步对数字贸易概念进行明确：从交易内容上，按照 OECD—WTO—IMF 概念框架，数字贸易包括数字订购贸易和数字交付贸易，其中，数字订购贸易分为跨境电商交易的货物和服务；从交易标的上，数字贸易包括数字技术贸易、数字服务贸易、数字产品贸易、数据贸易。

表 1-1　国内各机构关于数字贸易的陈述

序号	数字贸易概念陈述	机构名称	文献出处
1	从交易内容上，按照 OECD—WTO—IMF 概念框架，数字贸易包括数字订购贸易和数字交付贸易，数字订购贸易分为跨境电商交易的货物和服务；从交易标的上，数字贸易包括数字技术贸易、数字服务贸易、数字产品贸易、数据贸易	商务部服贸司	《中国数字贸易发展报告 2021》
2	数字贸易是指 ICT 赋能，以数据流动为关键牵引，以现代信息网络为重要载体，以数字平台为有力支撑的国际贸易新形态，是贸易模式的一种革命性变化，其内容不断发展丰富	国务院发展研究中心	《数字贸易发展与合作报告 2021》
3	数字贸易是指数字技术发展重要作用的贸易形式，包括贸易方式数字化（数字对接、数字订购）和贸易对象数字化（数据要素、数字内容、数字服务）	中国信息通信研究院	《数字贸易发展白皮书（2020）》

资料来源：根据公开资料整理。

（二）数字贸易的定义

数字贸易的本质是数字经济时代下的生产要素和最终产品（服务）在不同贸易主体间的移动，内在动因是贸易主体间数字技术水平等相对差异带来的贸易成本差异，其中，数据和数字技术是比较优势的重要来源。

当前，国际上对数字贸易概念的不同界定代表不同的立场和利益诉求，概念的边界将是未来国际规则谈判的重点。综合国内外对数字贸易概念的解释，本书认为广义的数字贸易是与服务贸易和货物贸易并列的概念，其广义内容包括：

（1）以提升数字贸易效率的数字基础设施产品，如集成电路设备、芯片、数字检测仪器等货物贸易；

（2）以数字订购方式交易的货物和服务；

（3）以数字服务交付为主的数字技术、数字服务、数字产品和数据贸易等服务贸易。

从部门职能和便于统计方面考虑，我们从服务贸易视角对数字贸易进行了狭义的定义，即从数字贸易的交付模式和交易标的两个维度对数字贸易进行界定，认为数字贸易是指通过数字化方式交付产品和服务的一种跨境贸易活动，不仅包括数字订购方式实现的数字交付内容，还包括非数字订购的数字交付内容；不仅包含通过数字平台订购和数字交付的标的，也包括不通过数字平台进行的数字交付的标的，简单说就是数字服务贸易。UNCTAD 每年发布的全球各国可数字化交付的服务贸易统计数据就是属于该范畴。

（三）数字贸易的特征

从数字贸易的内涵与外延来看，数字贸易有其独有的特征，即订购方式数字化、交易方式平台化、交易标的数据化、交付模式数字化等特点。

（1）订购方式数字化。随着新一代信息技术的快速发展，通过计算机网络收发订单来完成商品或服务的数字化订购方式逐渐普及，数字贸易作为一种由新一代信息技术催生的新型贸易形式，数字化订购是其重要组成部分，目前数字贸易中大量的数字内容服务和即时在线服务都是通过数字化订购完成，如酒店预订、游戏下载、虚拟旅游等。

（2）交易方式平台化。在数字贸易中，数字中介平台赋能数字贸易，其代替了传统贸易与销售中间商连接供给和需求，通过收取佣金、服务费为供应商和消费者提供中介服务。第一，数字中介平台为非本国居民提供的中介服务本身属于数字贸易范畴，平台企业是出口方，境外用户是进口方，其提供了包括在线支付、进出口、物流、营销、保险和消费者保护等服务并收取佣金；第二，数字中介平台为数字服务供应商提供了互联网平台接入、产品展示、接收订单渠道，数字贸易中大多数业务是通过平台促成的贸易；第三，数字创新平台（如苹果 IOS 应用平台、华为鸿蒙应用市场）推动了全球数字服务分工，各国软件、技术等服务提供商深度融入创新平台开展数字服务。

（3）交易标的数据化。数据和信息的流动是触发数字贸易发展的关键因素。近年来，跨境数据流动飞速发展，对全球经济增长贡献开始超过传统的货物贸易。数据和信息逐渐成为新的生产要素，并成为数字贸易的重要交易载体。数字中介服务平台（例如搜索引擎、社交网站等）通过免费向消费者提供各种服务以换取用户信息，同时通过广告投入实现盈利。但数据和信息交换并未伴随货币交易的同时进行，导致现有传统货物和服务贸易统计数据中并不包括数据和信息贸易流量，即存在通过货币反映的数字贸易和无法通过货币反映的跨境信息和数据流。在非货币数字流中，用户无须支付任何费用即获得了某些数据、信息或服务，如百度为日本居民提供的免费搜索引擎服务属于非货币数字流，而为日本商家提供的付费在线广告服务则属于数字贸易。以数据为交易标的的数据贸易逐渐成为数字贸易中的新常态，如我国电商用户向谷歌、亚马逊采购境外用户数据，上海目前成立数据交易所正在先行先试数据跨境安全交易路径。

（4）交付模式数字化。在数字经济时代，由于数字技术和数字平台的发展大大降低了复制、创建、访问和传播数字内容的成本，用户可通过ICT远程订购并支付。原先依托于有形介质交付的实物商品贸易不断被电子书、新闻应用软件、内容流媒体以及下载服务等电子传输模式取代。交付模式从实物交付向数字交付转变导致可数字化产品实物贸易额不断缩减，这也是美国数字贸易定义中对数字产品、电子传输等的硬性要求的原因。同时，线上ICT服务和因为ICT技术应用而线上传输交付的其他服务，如云计算、人工智能、在线教育等服务也随着疫情影响而广泛开展起来。

（四）数字贸易与服务贸易、货物贸易、电子商务、服务外包的关系

1. 数字贸易与货物贸易、服务贸易的关系

广义的数字贸易是服务贸易＋非货币反映的跨境信息和数据流＋以提升数字贸易效率的数字基础设施产品贸易（货物贸易范畴），它们之间的关系既有独立部分，又有交叉部分。狭义的数字贸易是属于服务贸易子项，包括服务贸易中在线交付的服务和产品，也包括线下通过货物贸易形式交付的服务产品。

2.数字贸易与电子商务的关系

数字贸易和电子商务都是随着互联网的产生和普及而出现的，都以数字技术为依托，为供求双方提供数字化电子信息以实现交易的新型商业模式。需要特别说明的是：（1）在数字化订购交易行为发生后，支付及商品或服务的最终交付无须在线进行；（2）数字化订购涵盖通过网页、外联网或电子数据交换进行的订单；（3）数字化订购包括应用程序（App）购买；（4）数字化订购包括通过在线竞价平台进行的交易；（5）通过电话、传真或手动输入的电子邮件进行的订单不属于数字化订购；（6）使用数字签名的线下交易不属于数字化订购。

跨境电子商务通常是指基于互联网而进行的跨境货物贸易及相关的服务贸易，核心仍是"货物物理流动"；数字贸易更侧重于数字化交付内容及服务的跨境流动，核心在于"数据流动"。数字贸易的兴起源于数字经济，其早期的表现形式主要为电子商务，不仅包括通过电子商务进行的货物贸易，也包括与货物交付相关的服务贸易，比如营销、支付、仓储、物流、供应链金融、通关、商检、退税、结汇等产业链上的所有服务环节。跨境电商是数字贸易的一种具体形式，特别指向通过电子商务平台进行的跨境交易，不仅包括商品的销售，还涵盖营销、支付、流通、物流、通关等一系列服务环节。

从相互关系来看，数字贸易和跨境电商存在正向促进作用，具体包括：

——市场便利性与消费者选择。数字贸易和跨境电商打破了地域限制，使企业和消费者能够轻松跨越国界进行交易。通过电子商务平台，消费者可以访问来自世界各地的商品和服务，享受前所未有的选择范围。这种便利性不仅提升了消费者的购物体验，也为企业开辟了新的市场机会。

——贸易简化和效率提升。数字贸易通过数字化的交易过程，如在线订购、电子支付、智能物流等，简化了贸易流程，提高了交易效率。例如，跨境电商平台通过集成化的服务，大幅减少了人力和时间成本，提供了更为准确和可追溯的信息，进一步增强了交易的透明度和可靠性。

——国际合作与合规。数字贸易和跨境电商需要各国之间的紧密合作，包括政策、法规及监管等方面的协调。国际间的合作，可以促进贸易的顺利进行，防止非法交易和侵权行为，保护消费者权益。例如，中国在杭州等地设立的跨境电子商务综合试验区，通过集中申报、查验和放行等便利化措施，大幅提升了贸易效率，并为中国与其他国家的合作提供了范例。

3. 数字贸易与服务外包的关系

根据中国商务部发布的《服务外包统计调查制度》（2020年修订版），服务外包的定义为：专业服务提供商根据企业、政府、社团等组织委托或授权，完成组织以契约方式定制的内部服务活动或服务流程，为组织创造价值、提升价值的一种生产性经济活动。

首先，根据经济活动发生的地理区域不同，服务外包又分为在岸服务外包和离岸服务外包，在岸服务外包是指发包方和接包方属于同一个国家，即国内贸易；离岸服务外包是指发包方和接包方属于不同国家，即对外贸易。其次，根据服务外包的统计分类，服务外包分为信息技术外包（ITO）、业务流程外包（BPO）、知识流程外包（KPO）。其中，信息技术外包的类别包括信息技术研发服务、信息技术运营和维护服务、新一代信息技术开发应用服务；业务流程外包的类别包括内部管理服务、业务运营服务、维修维护服务；知识流程外包的类别包括商务服务、设计服务、研发服务。根据各类别定义，信息技术外包全部属于通过互联网交付的数字服务，业务流程外包和知识流程外包中部分业务属于可数字化交付的服务，如内部管理服务、业务运营服务、设计服务等，其他服务则根据数字化渗透程度的不同，呈现不同的数字化交付形式。例如，维修维护服务中出现部分远程数字化维修维护等。因此，若从广义口径来看，离岸服务外包由于其整体数字技术渗透化程度高、数字交付能力强，可全部界定为可数字化交付的服务贸易；若从窄口径来看，离岸 ITO 完全符合 WTO《数字贸易测度手册》中关于数字交付贸易的界定范畴，可等同于数字贸易；离岸 BPO 和离岸 KPO，由于无法计算得出其数字交付比例，因此无法直接计算其数字贸易规模。

表 1-2　离岸服务外包业务分类表

业务大类	业务中类	交付方式
离岸信息技术外包	信息技术研发服务	全部/几乎全部采用数字交付
	信息技术运营和维护服务	
	新一代信息技术开发应用服务	
离岸业务流程外包	内部管理服务	部分采用数字交付
	业务运营服务	
	维修维护服务	
离岸知识流程外包	商务服务	部分采用数字交付
	设计服务	
	研发服务	

资料来源：中国服务外包研究中心绘制。

二、数字贸易统计进展

《数字贸易测度手册（第二版）》明确了数字贸易的统计定义，这一统计定义反映了数字贸易的多维度特性，通过确定交易的性质来识别是否为数字贸易，该定义也成为构建数字贸易概念测量框架的基础，并与更广泛的宏观经济账户保持一致。

（一）统计框架

数字贸易统计是国际商品贸易统计和国际服务贸易统计中的一个子集，即（a）根据《2010 年国际商品贸易统计：概念和定义》（IMTS 2010）定义的跨境国际商品贸易统计，以及（b）根据《国际收支和国际投资头寸手册（第六版）》（BPM 6）和《2010 年国际服务贸易统计手册》

（MSITS 2010）定义的居民与非居民之间的国际服务贸易统计。尽管数字化可能对商业存在产生影响，但外国附属机构的统计并不直接属于数字贸易的范畴，除非特别设计了数字化订购和 / 或数字化交付的交易。

数字贸易统计是系统衡量数字贸易活动的基础，涵盖交易主体、交易对象、交易方式等内容。其中，交易主体包括企业、政府、居民、为居民服务的非营利性机构等。这些主体在数字贸易活动中扮演不同的角色，如供应商、消费者、中介平台等。交易对象包括货物和服务，货物可以通过跨境电子商务平台进行跨境交易，服务则涉及在线教育、远程医疗、数字娱乐等多种数字服务形式。交易方式主要通过数字中介平台进行，以数字方式订购和数字方式交付为主，改变了传统贸易的交易模式，衍生出线上交易、电子签名、在线支付等方式和服务。

与第一版手册不同的是，第二版手册对于数字化交付贸易的定义更为宽泛，其定义表述为"所有通过计算机网络远程交付的国际贸易交易"，比上一版定义仅涵盖"专为'交付服务目的'设计的交付方式"更加简单易懂，避免了解释"专为……设计"的复杂问题，更好地与《2010 年国际服务贸易统计手册》"由 ICT 促成服务和跨境服务供应"（模式 1）的概念相一致，即服务的数字化交付最有可能通过模式 1 提供（见图 1-1）。

其中，计算机网络在连接买家和卖家 / 服务供应商方面的作用是识别数字贸易的关键因素，无论连接互联网的手段是通过计算机、手机、平板电脑还是其他设备，是无线方式还是有线方式，都不影响最终结果和统计。

同时，在线平台及其数字中介平台（DIPs）在数字贸易中发挥着越来越重要的做用，它促进了经济交易（如货物和服务贸易）或非经济互动（如社交媒体和讨论网站）。第二版手册在统计框架中对 DIPs 做了特别突出的说明，主要基于以下三点原因：（1）DIPs 在经济中的突出作用及它们对经济可能产生的变革性影响；通过专门针对 DIPs 的研究，可以获得关于数字订购和数字交付贸易的结果；（3）DIPs 促成的交易带来了特定的概念和统计挑战，尤其是当 DIPs 不在消费中介服务的经济体中。

模式1：跨境交付　　　　　　　　　模式2：境外消费

（1）不可数字化交付　（2）可数字化交付　　　　（1）可数字化交付　（2）不可数字化交付

**数字化交付
的服务贸易**

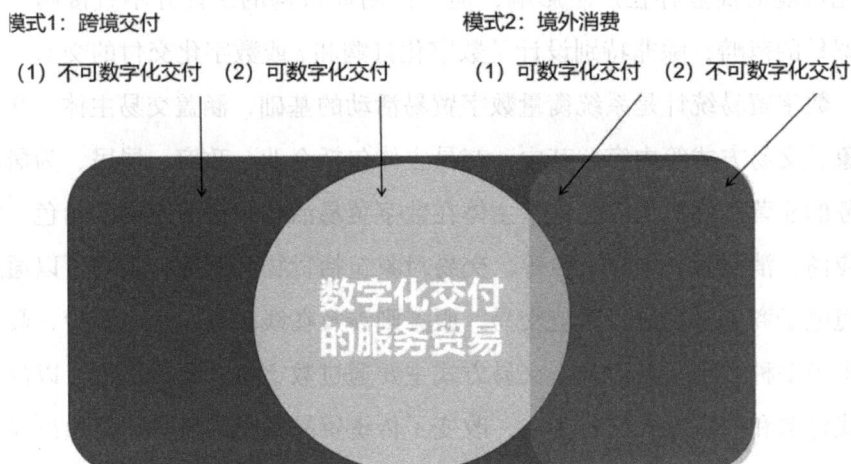

图1-1　数字化交付的服务贸易和相关统计概念

资料来源：IMF，OECD，UNCTAD，WTO，中国服务外包研究中心绘制。

对于数字贸易的产品，统计框架分为两大类：货物和服务。其中，货物不能通过数字方式交付，但任何货物都可以通过数字方式订购。服务包括数字订购服务和数字交付服务，重叠部分反映了既通过数字方式订购又通过数字方式交付的服务，涵盖数字中介服务。

对于数字贸易的主体，统计框架认为任何经济主体都可以参与，但是单独识别参与数字贸易的不同经济主体可以为支持政策提供参考。其中，主体包括企业（DIPs、电子零售商、仅以数字化方式运营的其他生产者等）、政府、家庭和为家庭服务的非营利性机构、非货币数字流等（见图1-2）。

（二）统计挑战

目前，全球数字贸易统计面临诸多挑战。

一是对于数字贸易的定义仍未完全形成国际共识。不同经济体和国际组织对数字贸易的内涵和外延有不同的界定，这会导致统计口径不统一，难以在全球范围内直接比较。此外，数字贸易不仅包括基于信息通信技术开展的实物商品贸易，还包括通过信息通信网络传输的数字服务贸易，如数据、数字产品、数字化服务等，多样化形式也增加了统计的难度。

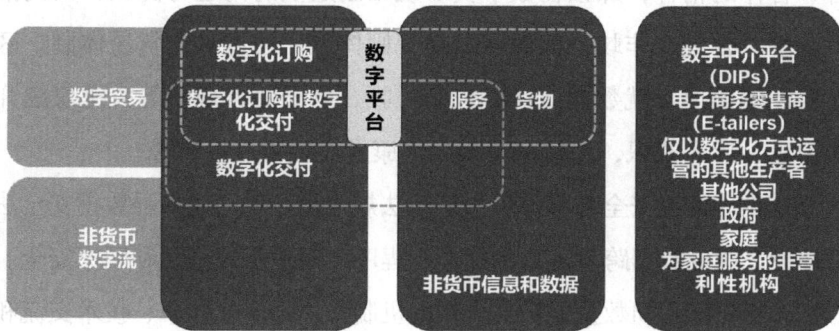

图 1-2 数字贸易概念框架

资料来源：IMF，OECD，UNCTAD，WTO，中国服务外包研究中心绘制。

二是随着数字技术的加速创新和深度应用，数字贸易的新技术、新业态、新领域不断涌现，如区块链、人工智能、量子计算、区块链等。新兴领域的数字贸易对统计和监测提出了新的挑战。

三是跨境数据流动的统计缺乏相应的标准和规则。当前，跨境数据流动已经成为数字贸易的重要基础，但是各国对于数据主权和安全的保护不断加强，导致跨境数据流动受到限制。同时，国际间尚未形成统一的数据流动规则和标准，使得跨境数据流动难以顺畅进行，给统计工作带来了困难。

四是数字鸿沟在全球范围加剧。发达国家和发展中国家在数字基础设施、数字技术应用和数字经济发展方面存在巨大差距。这种差距不仅体现在硬件设备上，更体现在数字技能、数字素养和数字创新能力上，导致发展中国家难以充分融入全球经济体系，享受数字贸易带来的红利。

五是数字贸易平台凭借其庞大的用户基础、数据优势和算法能力，在市场中形成了强大的网络效应和锁定效应，可能导致市场竞争格局的失衡和垄断风险的增加。这种垄断风险不仅损害了消费者的权益，也阻碍了数字贸易的健康发展。

（三）应对策略

一是加强国际合作，共商共建数字贸易规则。国际社会应秉持开放、包容、合作的精神，加强在数字贸易规则制定上的沟通与协调，共同推动建立公平、合理、非歧视的数字贸易规则体系。通过多边贸易体制、区域合作机制等渠道，就数据流动、数字税收、电子商务规则等关键议题开展深入讨论、形成共识，为数字贸易的健康发展提供制度保障。

二是推动数据安全与隐私保护法律法规建设。各国应加强数据安全法律法规建设，明确数据跨境流动的标准和程序，保护个人隐私和国家安全。同时，推动建立国际间数据保护与合作的机制，加强信息共享、技术交流和执法合作，共同打击数据犯罪和网络攻击，构建安全、可信的数字贸易环境。

三是缩小数字鸿沟，实现包容性增长。发达国家应加大对发展中国家的技术援助和资金支持，帮助其提升数字基础设施水平，培养数字技能人才，增强数字经济的自我发展能力。同时，鼓励跨国企业在全球范围内实施公平、透明的经营策略，促进数字技术和服务的普及应用，让更多人享受到数字贸易的红利。

四是平衡创新与监管，维护公平竞争。各国政府应加强对数字贸易平台的监管，确保其遵守市场规则，保护消费者权益，防止市场垄断。同时，探索建立适应数字贸易特点的监管模式，如利用大数据、人工智能等技术手段进行智能监管，提高监管效率和精准度。在保护创新的同时，维护公平竞争的市场环境。

五是加强统计标准的统一，提高数据质量。国际社会应共同努力，推动建立统一、可比、可靠的数字贸易统计体系。通过加强统计标准的统一和数据质量的提升，为数字贸易的健康发展提供有力的数据支持。同时，加强数字贸易统计数据的共享和交流，促进全球数字贸易统计的协同发展。

第二章　全球数字贸易的发展现状及趋势

一、全球数字贸易的发展现状

（一）全球数字贸易议题

全球关于数字贸易的议题主要围绕电子商务谈判与数字贸易规则、跨境数据流动与数字本地化、数字贸易相关税收、市场开放与公平竞争等内容展开。

2017 年 12 月，WTO 第 11 届部长级会议宣布了推进电子商务、投资便利化、小微企业发展及服务贸易国内规制的倡议。2019 年 1 月，WTO 成员启动了电子商务议题的谈判，旨在制定高标准数字贸易规则，议题内容主要包括电子签名和认证、在线消费者保护、无纸贸易、电子交易框架、电子合同等 13 个议题。2023 年，WTO 召集数字贸易相关议题会议，与会者主要就跨境数据流动、数据本地化、使用加密技术的 ICT 产品、电子支付、源代码等问题进行探讨。此后，出席第 13 届部长级会议（MC13）的成员将长期以来暂停对跨境电子传输征收关税的规定延长两年，同意继续努力重振电子商务工作计划，帮助发展中国家和最不发达国家应对在建设数字经济过程中面临的数字贸易相关挑战。2023 年 12 月 20 日，会议召集人发表声明，承诺在 2024 年结束谈判，并表示倡议已就若干全球数字贸易规则达成"实质性结论"，这些规则将促进电子交易、推动开放和可信的数字经济发展。

当前，全球各国在跨境数据流动、数字贸易相关税收等问题上存在争议和分歧，但也在积极寻求并建立具有国际共识的解决方案和相关规则。尽管在数据本地化方面，各国立场不同，但都普遍认识到数据本地化的前提是设施本地化。欧盟多国（法国、西班牙、意大利等）、英国、印度、土耳其、印度尼西亚、巴西、阿根廷、加拿大等国家已单方面开始征收数字服务税，美国则对征收数字服务税的国家发起"301 调查"。

（二）全球数字贸易概况

根据《WTO 年度报告 2024》，尽管存在贸易紧张局势，地缘政治冲突带来的不确定性以及新冠肺炎疫情对全球供应链格局的冲击，但近年来世界贸易的复原能力持续增强，服务贸易规模在 2019 年至 2023 年期间增长了 21%，数字交付服务贸易增长了 50% 以上。

从规模上看，近年来，全球可数字化服务进出口快速增长，占服务贸易比重逐年增加，数字贸易逐步成为服务贸易增长的新引擎。据 WTO 统计，2011—2023 年，全球可数字化服务出口规模从 2.2 万亿美元增长至 4.5 万亿美元，年均增速 6.1%，占全球服务出口总额的比重从 48.6% 提高至 57.4%。其中，电信、计算机和信息服务出口增长最快，出口规模从 3702.2 亿美元增长至 10904.6 亿美元，年均增速 9.4%。其他商业服务出口占比最大，规模从 9332.2 亿美元增长至 19486.4 亿美元，年均增长 6.3%，占全球服务出口总额的比重达 42.2%。

从区域上看，全球可数字化服务出口集中度呈下降趋势，更多国家开始发展数字贸易。2023 年，全球可数字化服务贸易排名前十的国家依次为美国、英国、德国、中国、爱尔兰、法国、新加坡、荷兰、印度、日本。前十国家占全球可数字化服务出口比重从 2011 年的 63.7% 下降至 2023 年的 55.3%，下降了 8.4 个百分点，表明更多国家开始积极投身于数字贸易发展中（见图 2-1）。

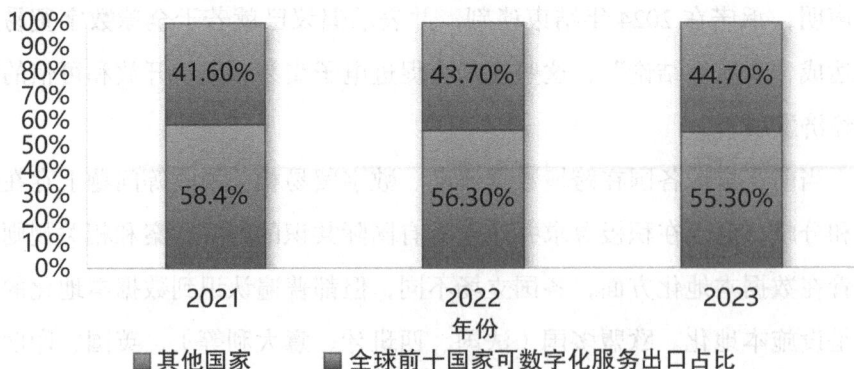

图 2-1 全球前十国家可数字化服务出口占比持续下降
资料来源：WTO，中国服务外包研究中心绘制。

美国可数字化服务进出口规模稳居全球首位。自 2013 年首次提出数字贸易概念，美国不断完善数字贸易国内法律法规和政策体系，率先在全球推出多双边数字贸易规则，突出其"自由"数字贸易主张，企图主导全球数字贸易治理话语权。2019 年，美国国会研究局发布《数字贸易与美国的贸易政策》，全面阐释美国数字贸易政策；2021 年，美国贸易代表办公室发布《2021 年贸易政策议程》，提出要制定新的数字标准。2011—2023 年，美国可数字化服务进出口规模从 6151.9 亿美元增长至 10266.4 亿美元，年均增长 4.4%。其中出口规模从 3801.4 亿美元增长至 6492.6 亿美元，年均增长 4.4%；进口规模从 2350.5 亿美元增长至 3773.8 亿美元，年均增长 4.0%。

过去十年，欧盟在 ICT 市场的收入份额从 2013 年的 21.8% 下降至 2023 年的 19.4%。在此背景下，欧盟加大行动力度以重新确立其技术领先地位，并加快数字化转型以增强产业链供应链韧性。2023 年 9 月，欧盟委员会发布了《2023 年欧盟数字化十年状况》报告，报告重点关注数字技术、数字基础设施、企业数字化（包括人工智能的使用）以及公共服务数字化。报告指出，2023 年欧盟国家的光纤网络覆盖家庭比例仅为 64%，高质量 5G 网络覆盖率仅为 50%。按照当前趋势，到 2030 年，欧盟将有 64% 的企业使用云计算，50% 的企业使用大数据，17% 的企业使用人工智能，但低于 75% 的"数字十年"目标，且按照当前的进度无法实现 2030 年数字化转型目标，还需要在欧盟及各个国家层面加大额外投资，尤其在数字基础设施、高质量网络连接、企业使用人工智能及数据分析等领域。此外，欧盟加强单一市场建设，促进数字经济产业发展。面对以人工智能和信息技术为代表的新一轮科技创新浪潮，欧盟处于相对劣势。2018 年，欧盟提出"数字服务税提案"，欧盟委员会一直努力制定数字税征收政策，规范对大型互联网企业的商业征税，法国、西班牙等国率先开始征收数字税。同年，欧盟出台《通用数据保护条例》（GDPR），该条例的适用范围极为广泛，任何收集、传输、保留或处理涉及欧盟所有成员国内的个人信息的机构组织均受该条例的约束。2020 年，欧盟公布《数字服务法案》（DSA）和《数字市场法案》（DMA）两部提案。《数字服务法案》针对"超大型平台"，要求对其平台上的内容承担更大的责任；《数字市场法案》聚焦欧盟内部市场所存在的不公平竞争问题。数字提案、数字税、《通用数据保护条例》（GDPR）对国际互联网巨头起到有效的遏制作用，能促进欧洲"单一数字市场"建设，为本土的信息技术企业发展留出空间。2011—2023年，爱尔兰可数字化服务进出口规模从2039.6亿美元增长至7208.7亿美元，年均增长11.1%。德国可数字化服务进出口规模从2695.8亿美元增长至5260.8亿美元，年均增长5.7%。

英国数字进口快速增长。2017年，英国发布新的《英国数字战略》（*UK Digital Strategg*），聚焦完善数字基础设施、发展创意和知识产权、提升数字技能与培养人才、畅通融资渠道、改善经济与社会服务能力、提升国际地位等领域，推动英国数字经济发展更具包容性、竞争力和创新性。2011—2023年，英国可数字化服务进出口规模从3544.5亿美元增长至6772.8亿美元，年均增长5.5%。其中，出口规模2539.3亿美元增长至4526.7亿美元，年均增长4.9%；进口规模1005.2亿美元增长至2246.1亿美元，年均增长6.9%。

中国加快完善数字贸易促进体系。2019年，中共中央、国务院印发《关于推进贸易高质量发展的指导意见》，提出要加快数字贸易发展，推进文化、数字服务、中医药服务等领域特色服务出口基地建设。2021年，商务部印发《"十四五"对外贸易高质量发展规划》，提出要大力发展数字贸易，建立健全数字贸易促进政策体系，探索发展数字贸易多元化业态模式，加快建立数据资源产权、交易流通、跨境传输、安全保护等基础制度和标准规范。2022年，国务院印发《"十四五"数字经济发展规划》，从顶层设计上明确数字经济及其重点领域发展的总体思路、发展目标、重点任务和重大举措，为推动数字经济高质量发展提供指导。党的二十届三中全会指出，创新发展数字贸易。2024年底，《中共中央办公厅 国务院办公厅关于数字贸易改革创新发展的意见》发布，进一步加大了对数字贸易发展的政策支持力度。2025 年《政府工作报告》对发展数字贸易作出重要部署,提出"培育绿色贸易、数字贸易等新增长点,支持有条件的地方发展新型离岸贸易"。2011—2023 年,中国可数字化服务进出口规模从 1648.4 亿美元增长至 3859 亿美元,年均增长 7.3%。其中,出口规模 750.1 亿美元增长至 2190.4 亿美元,年均增长 9.3%;进口规模 1005.2 亿美元增长至 1668.6 亿美元,年均增长 4.3%。

二、全球数字贸易的发展趋势

未来的贸易是服务化、数字化、绿色化和具有包容性的。在 WTO 第 13 届部长级会议期间,通过了新的服务业国内监管条例,旨在减少与服务业有关的繁文缛节,使服务提供商更容易进入外国市场,70 多个 WTO 成员承诺执行这些新规则。

新兴数字技术成为数字贸易的关注重点,包括人工智能等无形数字产品、网络安全及如何在良好监管实践中使用数字技术。当然,如何解决数字鸿沟也将是未来重点努力的方向,因为在高收入经济体中,约 90% 以上的人可以连接到互联网,而这一数字在低收入经济体中只有约 30%。

根据 WTO 发布的《2024 年全球贸易监测快报》,全球商品贸易量预计将在 2024 年增长 2.6%,并在 2025 年保持 3.3% 的增速,数字经济的崛起成为推动全球贸易加快增长的重要力量。当前,数字经济和数字技术不仅改变了传统贸易的运作方式,还通过跨境电商、数字支付等新兴方式促进全球贸易的整体繁荣。

（一）数据贸易日渐成熟

数字贸易时代,数据毫无疑问成为最重要的投入要素和价值资产。数据和信息的流动既是触发数字贸易发生的关键因素,也使其成为数字贸易的一个新产品——数据贸易,数据将成为数字贸易的重要交易载体。据国际知名咨询机构不完全统计,到 2025 年,预计全球将年产 175 Zettabytes(即 175 万亿千兆字节)新数据,比 2018 年增长 5 倍。促进数据安全、高效使用成为一个越来越受到关注的问题。世界经济论坛创建了"共同目的数据倡议"（data for common purpose initiative，DCPI），与对方利益相关者社区合作，在保护和尊重个人隐私的同时，为共同目的共享数据。

美国长期以来宣传倡导开放的互联网环境，支持数据跨境自由流动。美国外国投资委员会（CFIUS）负责决定外国行为者是否以及如何获取某些类别的个人数据，但仅限于投资领域，这使得许多商业安排在联邦层面不受监管，例如，与投资无关的美国公民数据的批量销售或许可。美国司法部或将出台相关限制规定，限制美国人从事涉及"大量美国敏感个人信息"或"政府相关数据"的交易。其中，"敏感个人信息"包括：（1）可用于从数据中识别个人信息的数据；（2）精确的地理位置数据；（3）生物特征识别信息；（4）人类基因组数据；（5）个人健康数据；（6）个人财务数据。每类数据将受到一定数量或批量阈值的限制，根据此类数据相关威胁性、脆弱性及其产生的后果，建议阈值范围为100~1000000美国个人或设备。与此同时，"政府相关数据"将不受数量门槛限制，包括：（1）与美国联邦政府现任或前任雇员、承包商或高级官员相关联或可关联的敏感个人数据，以及（2）敏感地点或地理区域的精确地理位置数据。所涉人员包括：①由相关国家拥有50%或以上股份的实体，或在相关国家内组织的实体，或在相关国家内拥有主要营业地的实体；②由此类实体拥有50%或以上股份的实体；③作为此类实体的雇员或承包商的自然人；④主要居住在相关国家的自然人；⑤总检察长在为此目的新编制的名单上制定为受保护人的任何自然人或法律实体。位于美国的个人被排除在外（除非在清单上被指定）；有关国家的公民不会自动成为受保护人，除非他们符合上述其他标准（例如，主要居住在有关国家以外的中国公民不会成为"受保护人"，除非他们是受保实体的雇员或承包商或在清单上被指定）。美国司法部还建议将"涵盖数据交易"定义为涉及大量美国敏感个人数据或政府相关数据的交易。

据不完全统计，截至2024年3月底，全国共成立58家数据交易机构，其中前五大交易所为"北上广深贵"，发展各具特色的数据交易产品、数商服务，呈现百花齐放态势。"数据＋算法＋算力"的决策机制正成为新质生产力的组成构架，数据价值创造过程（如数据收集、数据清洗、数据加工、数据存储、数据分析等）与商业运营模式（数字平台、数据公司和云计算服务商）将日臻成熟，跨境数据贸易和"全球数据价值链"贸易将成为数字贸易的重要内容（见表2-1）。

表2-1 全国五大数据交易所

	成立时间	场内交易规模	特色行业领域	平台服务能力	数据跨境流动能力
北京国际大数据交易所	2021年3月31日	整体交易规模超过20亿元，交易主体超500家	公共数据开放程度最高	采用新型交易模式、交易技术、交易规则，实行实名注册会员制	打造全球数据要素配置的重要枢纽节点
上海数据交易所	2022年1月26日	2023年全年数据交易额超11亿元，累计挂牌2100个数据产品	设置国际数据专区，金融场景数据丰富	率先提出"数商"概念，创立中国首个数商协会。以可信交付框架为基座，建设数据交易内生可信交付框架的顶层设计	打造全球数据要素配置的重要枢纽节点
广州数据交易所	2022年9月30日	累计交易金额超25亿元	陶瓷、烟草、农业数据丰富	首创数据流通交易全周期服务，采用市场化运作为市场主体提供综合性服务	聚焦国内产业数据
深圳数据交易所	2021年12月	累计交易总额达65亿元，累计跨境交易额1.1亿元，累计挂牌数据产品1800余种	产品种类丰富，汇聚涵盖220多类交易场景的2500个数据产品	建立数据资源产权、交易流通、跨境传输、信息权益、数据安全保护等制度和标准	打造全球数据要素配置的重要枢纽节点
贵阳大数据交易所	2014年12月31日	累计交易总额超过34亿元，累计挂牌数据产品1546个，累计入驻数据商825家	依托算力优势与中国移动大数据（贵阳）创新研究院联合上线全国首个"移动数据专区"	发布首套数据交易规则体系，上线全国首个产品交易价格计算器，打造"数据要素登记OID服务平台"	聚焦国内产业数据，探索跨境数据交易

注：贵阳交易所数据截至2024年4月，其他四家数据截至2023年底。

（二）数字贸易范围不断延伸

随着新一代信息技术的快速发展，数字贸易的业务范围也将不断延伸，从传统的数字服务、数字产品、数字平台服务逐渐延伸至数据服务贸易等新兴领域，如图2-2所示。数字基础设施（固定宽带、移动宽带、IP系统终端连接、物联网等）、信任和风险管理（隐私、个人数据保护、互联网规制等）等因素成为影响数字贸易的关键和起决定性的因素。

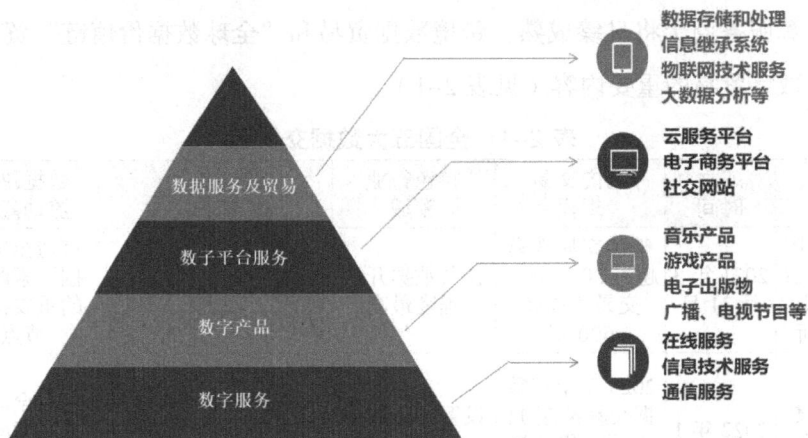

图2-2 数字贸易主要领域示意图

资料来源：中国服务外包研究中心绘制。

中国当前正处于传统产业和传统贸易数字化转型的重要阶段，数字技术的快速更新和广泛应用，正在加速重构传统产业链、供应链和贸易链，解决供需错配、产业链协同和匹配度不足等问题，为数字贸易提供更广阔的行业应用场景和市场空间。

（三）数字贸易规则的国际合作与竞争日益激烈

《数字经济伙伴关系协定》（DEPA）签署于2020年，是全球首份数字经济区域协定。2021年，韩国、中国均申请加入该协定。我国是全球第二大数字经济体，加入DEPA不仅有利于推动数字贸易领域扩大开放，也有利于提升DEPA国际数字经济规则的影响力。因此，DEPA成立了专项工作组，推进我国加入进程。近年来，各国纷纷聚焦数字经济、数字贸易领域，截至2023年末，全球已签署超过130个数字协定，包括多双边自贸协定与数字经济专门协定，包括《全面与进步跨太平洋伙伴关系协定》

（CPTPP）第 14 章、《美墨加协定》（USMCA）第 19 章、《美日数字贸易协定》（UJDTA）、《新澳自由贸易协定》（SAFTA）第 14 章、《区域全面经济伙伴关系协定》（RCEP）第 12 章以及 DEPA 等。随着数字贸易的加快发展，未来各国势必进一步加强对数字贸易规则的需求，规则间的竞争、融合与协调将成为趋势，也预示着各国需要加强合作，共同制定相关政策，应对数字贸易带来的挑战。

（四）数据安全监管和治理体系日益完善

当前，数据要素已经成为新的关键生产要素和贸易产品，数据安全成为事关经济发展的重大议题，多国将数据安全上升为国家战略（见表 2-2）。国际电联（ITU）、万维网联盟（W3C）等国际组织也积极推动数据安全政策的制定和实施。ITU 发布《利用大数据促进可持续发展》白皮书，提出一系列大数据安全和隐私保护的政策建议与技术方案；W3C 通过制订如隐私护盾计划（privacy shield）等数据隐私和安全标准，推动全球互联网行业的数据安全水平加快提升。作为第二大数字经济体，我国提出了《全球数据安全倡议》《全球数据跨境流动合作倡议》等倡议，明确中国推动构建网络空间命运共同体和全球数字经济可持续发展的立场主张。在法律法规方面，我国不断完善数据安全监管和治理领域相关法律法规，先后于2017 年、2021 年实施《中华人民共和国网络安全法》（简称《网络安全法》）《中华人民共和国数据安全法》（简称《数据安全法》）《中华人民共和国个人信息保护法》（简称《个人信息保护法》）等法律法规，为全球数据治理体系建设作出积极贡献。

表 2-2　主要国家／地区数据安全保护举措

序号	国家／地区	政策举措	主要内容／目的
1	欧盟	《欧洲数据保护监管局战略计划（2020—2024）》	旨在从前瞻性、行动性和协调性三个方面继续加强数据安全保护，以保障个人隐私权
		《为保持欧盟个人数据保护级别而采用的数据跨境转移工具补充措施》	为数据跨境流动中的数据保护问题提供了进一步指导

序号	国家/地区	政策举措	主要内容/目的
2	美国	《联邦数据战略与2020年行动计划》	确立了保护数据完整性、确保流通数据真实性、数据存储安全性等基本原则，强化数据及个人信息保护方面的相关立法
		成立提供联邦数据服务的咨询委员会	加强对联邦数据隐私的保护
3	阿联酋	《数据保护法》	加强对数据安全及个人隐私保护的规制建设
4	新西兰	《2020年隐私法》	加强对数据安全及个人隐私保护的规制建设
5	日本	修订《个人信息（数据）保护法》	明确个人数据权利及外部使用限制
6	新加坡	修订《个人信息（数据）保护法》	明确个人数据权利及外部使用限制
7	加拿大	《数字宪章实施法案2020》	提出了保护私营部门个人信息的现代化框架
8	西班牙	《默认数据保护指南》	阐释了默认数据保护原则的策略、实施措施、记录和审计要求等，为企业实践数据保护原则提供具体指导
9	德国	成立国家网络安全机构	负责发起网络安全创新项目、研究打击网络威胁，以加强德国的"数据主权"
10	巴西	建立国家个人数据保护局	旨在制定相关规则，推进企业开展数据安全风险评估、调查违法违规行为，并促进数据保护的国际合作
11	韩国	成立个人信息保护委员会	主要职能是负责个人信息保护与监管执法工作

资料来源：由中国服务外包研究中心收集整理。

（五）数字化治理矛盾将进一步凸显

一是数字贸易规则障碍影响跨境数字交易。目前，美国、欧盟和中国在数字贸易规则方面存在较大差异，数字贸易规则成为双多边谈判的重要筹码，如表2-3所示。

二是数字贸易统计问题比较突出。数字贸易作为数字内容产品和信息服务的跨国交易，现行的贸易统计制度无法准确统计其贸易额。按照窄口径统计的可数字化交付的服务贸易,其真实含义是具有数字化交付能力的数字贸易,与实际发生的数字贸易具有统计偏差。数据和信息的免费流动未纳入统计,现有传统货物和服务贸易统计数据中并不包括数据和信息贸易流量。同时,由于在现有国际贸易统计分类标准中,尚未将此类数据和信息的流动引发的国际贸易纳入服务贸易项下,因此现有的数字贸易存在一定程度上被低估。

表2-3　数字贸易涉及的主要规则及议题

大类	分类	规则及议题	焦点
显性的数字贸易规则议题	当前议题	贸易便利化	通关便利化、无纸化贸易、电子认证和签名、电子发票等
		市场准入	服务市场开放承诺、GATS电信附件等
		关税与数字税	电子传输关税、跨境电商最低免征税额、数字(服务)税等
		跨境数据流动	通过电子方式跨境传输信息、设施本地化等
		知识产权保护	源代码、商业秘密、数字内容版权、"强制技术转让"等问题
		网络安全和消费者保护	非应邀商业电子信息、在线消费者保护、个人信息保护等
	未来议题	数字货币规则	国际结算权利,数字货币的互操作、协调和透明度机制,相关安全机制等
		人工智能治理标准规则	价值观伦理、治理规则、国际国内治理标准规范等
隐性的数字贸易规则议题	传统贸易投资保护问题	数字领域的投资壁垒	外资安全审查、投资额外条件等
		传统贸易保护措施	补贴、政府采购、出口管制、技术性贸易壁垒、自然人流动等
		跨境司法管辖问题	跨境平台的协同监管、对本国境外平台的监管、对平台在境外侵犯本国权益或法律的监管等
	数字治理问题	数字技术标准的非歧视性及科技合作交流	标准组织及标准合作机制的开放性和非歧视性、国际技术标准的公益性和非歧视性等
		网络执法和网络安全	数据安全,内容审查,全球互联网的去中心化、分布式管理,避免恶意网络攻击等
		打造公平竞争的市场环境	反垄断、平台责任豁免、政务新数据公开、对新兴技术的包容性、数字鸿沟,等相关问题

注:显性规则是指在当前或未来多双边数字贸易、服务贸易投资谈判或非正式磋商中涉及的议题;隐性规则是指不直接相关,但对数字贸易发展具有重要影响的议题。

三是数字贸易壁垒呈现持续扩大趋势。随着数字贸易重要性的显著提升，数字贸易领域存在较多关税及非关税贸易壁垒，并且有继续扩大趋势。根据 OECD 对全球 50 个国家设立的数字贸易限制指数（DTRI），该指数平均值由 2014 年的 0.168 增长到 2020 年的 0.191，其中，7 年中俄罗斯、印度、哈萨克斯坦等 15 个国家共出现了 24 次指数提升，意味着这些国家的数字贸易开放度趋于严格；有 11 个国家共出现 12 次指数下降，说明这些国家放宽了数字贸易的限制。

此外，数字版权问题和监管问题也比较突出，目前国内外在数字出版的版权保护机制方面尚未建立完善体系。同时，行业发展面对多头监管，监管资源未得到充分有效利用。

第三章　中国数字贸易面临的机遇与挑战

一、中国数字贸易面临的机遇

（一）数字经济产业变革加快推动数字服务、数字产品更深程度融入全球价值链

伴随着数字技术的蓬勃发展，全球数字经济进入快速发展阶段，成为撬动经济增长的新杠杆。根据 USITC 估算，数字化使各国贸易成本降低 26%，使数字密集型产业的生产效率提高 7.8%~10.9%。数字技术的加速发展和广泛应用，不仅使得数据和信息可以接近零边际成本地在世界范围内传输，同时，为货物和服务跨国运输和配送提供了高效率、低成本的途径。数字经济时代，有形贸易和无形贸易的边界逐渐融合，可贸易标的和不可贸易标的的边界日渐模糊，各国参与国际贸易和国际分工的服务及产品在广度、深度上不断延展，国际贸易更多转向定制化、多样化消费品。根据 WTO 预测，到 2030 年，数字技术将促进全球贸易量每年增长 1.8~2 个百分点，带动全球服务贸易占比从 2016 年的 21% 提高到 25%。

我国将发展数字经济作为把握新一轮科技革命和产业变革新机遇的战略选择，不断完善顶层设计，抢占未来发展制高点。国家互联网信息办公室发布的《数字中国发展报告 2023》显示，我国数字经济规模稳居世界第二位，2023 年数字经济规模达 53.9 万亿元，11 年间规模扩大了 3.8 倍，占 GDP 比重超过 40%。数字经济产业加快变革，数字产业化、产业数字化颠覆创新，与实体经济在更大范围、更宽领域、更深层次融合互促。一方面，催生大量贸易新业态、新模式，以数字要素为核心的产业生态日益成熟，围绕数字价值的数据增值业务、衍生应用业务成为国际贸易的重要领域，电信、计算机和信息服务进出口增速持续保持前列。另一方面，数字技术

的广泛应用，极大地提高了贸易便利化水平，为更多企业、更多产品和服务参与全球价值链提供机会。据 UNCTAD 测算，到 2025 年，我国可数字化的服务贸易进出口总额将超过 4000 亿美元。

（二）稳步推动制度型开放为抢占国际竞争高地夯基垒台

我国坚持高水平对外开放，稳步扩大规则、规制、管理、标准等制度型开放，着力推动数据要素的跨境流动，与 26 个国家 / 地区就电子签名、无纸化贸易、数字贸易便利化等相关议题达成协定，签署加入并实施全球最大的自由贸易协定 RCEP，积极参与 WTO 框架下电子商务、信息技术产品等谈判，申请加入 CPTPP 和 DEPA 并对标高标准经贸规则推动国内营商环境优化，为数字贸易发展厚植制度土壤。

其中，RCEP 涉及的数字贸易、电子商务、金融、电信等议题，有助于统筹各国有关信息通信、电子商务、数字金融等领域监管政策，扩大上述领域的数字贸易，同时，促进 5G 技术商用、电子支付技术和标准等中国领先的技术和标准"走出去"，并赢得更多海外市场份额。在网络信息通信基础设施建设和信息技术服务外包合作方面，RCEP 知识产权章节将著作权、商标、地理标志、专利、工业设计、传统知识和民间文学艺术全部纳入保护范围，为发展数字内容贸易提供了制度保障。RCEP 知识产权保护水平高于 WTO 中的知识产权协定（TRIPS），是中国迄今为止已签署自贸协定所纳入的内容最全面的知识产权章节，有助于中国在 RCEP 区域进一步拓展移动支付、数字传媒、数字学习、数字动漫、数字出版等领域的主要出口市场。

（三）市场主体创新活跃为数字贸易持续增长积蓄力量

我国拥有最大规模的互联网用户、数据资源及丰富的应用场景，为市场主体创新发展提供沃土。伴随着国家创新驱动发展战略的深入推进，量大面广的市场主体接踵而至，其中聚焦在数字技术、数字应用等领域的创新尤为活跃，成为推动数字贸易发展的重要力量。

一是数字产业创新能力提升，强化国际竞争新优势。党的"十八大"

以来，我国着力推进数字技术攻坚克难，构建自主可控产业生态，取得突破性成果，关键产品技术创新能力大幅提升，关键数字技术中人工智能、物联网、量子信息领域发明专利授权量居世界首位，一批数字经济相关企业在主板、科创板、创业板完成首发上市，有望加快"走出去"，培育国际竞争优势。

二是全球创新资源要素汇聚，多层次市场主体形成发展合力。我国积极推动"互联网+"和数字化建设，吸引了大批全球创新要素汇聚。外资企业、内资企业，规模企业、"专精特新"中小企业纷纷参与到工业互联网、数字商务、智慧农业发展中，创新数字服务、数字产品、数字技术，深度参与全球数字价值链。

（四）数字丝绸之路建设为数字贸易国际合作提供契机

我国发起《"一带一路"数字经济国际合作倡议》《中国—东盟关于建立数字经济合作伙伴关系的倡议》《金砖国家数字经济伙伴关系框架》等一系列国际合作倡议，积极推动数字丝绸之路建设，与"一带一路"共建国家加强在数字经济、人工智能、纳米技术、量子计算机等前沿领域合作，帮助建设数字基础设施，消除数字鸿沟，增强安全信任，为加强国际合作提供契机。

一是网络基础设施互联互通助力提升整体数字产业发展水平。依托在人工智能技术应用与5G网络标准研发等方面优势，我国企业积极参与"一带一路"共建国家网络基础设施建设，累计建设34条跨境陆缆和多条国际海缆，帮助构建互联互通的高速宽带网络，为各国发展数字经济产业夯实基础，提高沿线国家的数字化水平，丰富数字应用场景，拓展合作空间。

二是为探索包容、互惠的国际数字贸易规则提供机会。与"一带一路"共建国家开展广泛深入的数字经济合作，有望打造数字技术、数字经济领先优势，输出最佳实践案例、技术标准、行业规范，共同探索构建跨境数据流动治理规则，推广融入中国元素的数字贸易规则，搭建"数字贸易朋友圈"，逐步增强在数字贸易领域的制度话语权。

（五）平台经济促进数字贸易创新发展

我国平台经济快速发展，在经济社会发展全局中的地位和作用日益凸显。2021 年，国家发展改革委等部门出台了《关于推动平台经济规范健康持续发展的若干意见》，2022 年中央经济工作会议指出，"要大力发展数字经济，提升常态化监管水平，支持平台企业在引领发展、创造就业、国际竞争中大显身手"，2023 年《数字中国建设整体布局规划》提出，"支持数字企业发展壮大""推动平台企业规范健康发展"，为进一步推动平台经济规范健康持续发展提供了保障。

数字平台作为平台经济中的重要组成部分，已成为我国数字贸易发展的重要载体和桥梁，是其高效有序运转的重要保障，为数据和服务的供需对接及研发、创新、生产等分工协同提供支持。根据 UNCTAD 的分类，数字平台分为交易平台和创新平台，其中交易平台是具有在线基础设施的双边 / 多边市场，支持多个不同交易方之间的交易，现已成为主要数字企业（阿里巴巴、京东、拼多多、亚马逊等）以及提供数字赋能支持的企业（如滴滴、美团等）的核心商业模式；创新平台是为代码和内容生产商创造的开发应用程序及软件的环境，如操作系统（Android 或 Linux）或技术标准（如 MPEG 视频）。

我国平台经济发展位居世界前列，涌现出阿里巴巴、腾讯、字节跳动、美团、拼多多等市值超万亿元的超级平台，聚集了超 200 余家市值 10 亿美元以上的平台，平台数目众多、主体多元、模式多样、涉及经济社会各个领域，覆盖国际国内两个市场，成为数字贸易发展的重要切入口和主要推动力量。

一是平台企业推动数字产品与服务"走出去"。全球性新冠疫情的传播加快了平台企业的改革创新，线上消费、生产、服务习惯形成并具有刚性特征，消费互联网平台加速向产业互联网平台拓展，成为中小企业拓展国际市场的重要渠道，特别是随着生产、贸易、销售、支付、物流各环节的数字化升级，集聚供需要素且反应快速的柔性供应链逐渐建立，为对接国际数字产品、数字服务需要创造便利。海关总署数据显示，2024 年，我国跨境电商进出口 2.63 万亿元，同比增长 4.7%，比 2020 年增长 1 万亿元。同时，电商平台创新"工位直播""直播逛工厂""真人实时接待"等数字化营销方式，为贸易数字化发展创造机会。

二是平台经济发展为数字贸易发展搭建良好生态。平台企业整合数字资源，是推动数据跨境流动、明确数据权属等相关国际规则和标准制定的先行者，是我国建立数字贸易规则的重要参与者。此外，围绕平台经济发展，数据相关知识产权、商事协调、合规审计等专业化中介服务加快成长，为数字贸易全产业链发展提供有力支撑。

二、中国数字贸易面临的挑战

（一）内部挑战

1. 关键核心数字技术存在短板

长期以来，我国在发展数字经济、数字产业和数字贸易过程中，较大程度依赖模式创新和技术应用，对关键核心技术攻关相对较少，部分基础性关键技术短板突出。从商务部数据看，我国知识产权使用费常年保持逆差，2023 年中国知识产权使用费进出口 534.7 亿美元，逆差为 315.2 亿美元，占服务贸易逆差总额的 18%，是数字贸易细分领域最大逆差项。工信部数据显示，我国在高端芯片、工业控制软件、核心元器件、基本算法等领域有 300 多项与数字产业相关的关键技术仍受制于人。根据 UNCTAD 对全球前沿技术服务提供商的分析，作为数字产业和数字贸易发展的关键和通用技术，人工智能、物联网、大数据、区块链、3D 打印、5G 等前沿 ICT 的全球顶级服务提供商大多来自美国，美国领军企业总体"护城河"较宽，相比之下，中国仅在 5G、3D 打印领域有企业上榜。核心关键技术对外依存度高，将成为制约我国数字贸易发展的重要因素。

2. 市场开放度有待进一步提升

在服务市场开放方面，我国在加入 WTO 时承诺全方位、有步骤开放国内服务业市场。截至目前，在 WTO 规则分类的 160 多个服务贸易部门中，我国实际开放的分部门接近 120 个，仍有近 1/4 的分部门有待进一步开放，包括电信、银行、保险、证券等数字贸易关键领域。根据 OECD 2024 年的《全球服务贸易开放度报告》，中国服务贸易开放度依然低于 OECD 平均水平。其中，公路货运、建筑服务、工程服务、分销服务等领域的开放度较高，在录音、影视、电信、法律、快递服务等领域限制程度较高，开放程度有待进一步提升。

根据 OECD 数字服务贸易限制性指数（DSTRI）研究，中国数字贸易发展的限制主要表现在六个方面：

一是数据跨境流动受限，并有境内存储的要求，即使是对隐私保护法律大体相似的国家，也无法实现跨境传输，且在中国收集和生成的"个人信息和重要数据"必须存储在境内。从实际情况看，为了防范数据出境安全风险，中国对数据跨境流动有一定的限制和要求，如 2018 年国家网信办制定《个人信息出境安全评估办法》，要求个人信息数据跨境传输需要数据主体的明示同意，或者经主管部门审批同意，否则不得出境。

二是网络支付服务受限，我国要求从事网络支付服务的外资企业必须设立商业存在以获得支付业务许可证，并且对交易金额进行限制和监管，有可能导致非金融机构支付服务成本上升。

三是通信资源使用受限，根据工信部发布的《关于清理规范互联网网络接入服务市场的通知》，使用 VPN 或租用线路的跨境业务活动需要主管当局批准，国际上，美国、欧盟没有类似限制通信资源的使用。

四是电子商务从业限制，外资企业在中国获取电子商务经营许可证相比中国本土企业面临更高要求，需要获得互联网信息服务增值电信业务经营许可证，且只有外国企业股权不超过 50% 的中国本土企业才能获得该许可证。

五是网络服务内容限制，尤其在网络出版、试听服务等领域，禁止外资企业参与，在广告内容方面也存在限制性要求。

六是其他限制,包括在知识产权保护上对本国和外国进行区分,非居民企业在中国尚不能进行在线申报和纳税,阻碍了电子交易等。

3.国内治理水平仍需提高

建设公平规范的数字治理生态,既是数字化发展到一定阶段的必然要求,也是推动数字贸易高质量发展、建设数字中国的重要保障。数字治理生态以促进发展和监管规则为准则,由一系列法律法规、政策规定、制度规则、标准规范等组成,通过有效的数字治理,释放数字经济和数字贸易潜能,防范化解数字风险。目前,我国数字经济的监管治理体系尚不健全,随着我国数字经济规模的快速扩张,部分领域出现了垄断和资本无序扩张等问题。数字市场进一步开放,也将放大各类数字风险。具体表现在:

第一,法律体系不健全,法律监管不完善。

一是在数据流动和监管方面缺乏具体法律规制。我国先后通过并公布了《网络安全法》《数据保护法》《个人信息保护法》《关键信息基础设施安全保护条例》《数据出境安全评估办法》《数据出境安全评估申报指南(第一版)》等配套法规条例,确立了数据跨境流动基本规则。但是,对于数据的收集、整理、传输、存储、使用及监管等方面未作出详细规制,在重要数据范围界定、各行业数据分级分类等方面需要进一步细化,对于个人信息脱敏前提下的数据跨境自由流动,没有更进一步明确脱敏的细节规定等。当前,我国对跨境数据流动的管理以安全为首要考虑,在制度设计上"从严",如何更好与国际接轨仍有较大探索空间。

二是数字贸易法律缺乏统一性。我国尚未出台统一的数字贸易法,与数字贸易相关的通关、商检、消费者权益等方面立法分散于《对外贸易法》《海关法》《网络安全法》《数据安全法》《电子商务法》等不同法律中,并且在实施细则、执行力和可操作性等方面有较大提升空间。

三是个人信息和知识产权保护法律不完善。我国在个人信息保护和在线消费者保护方面的法律仍不完备,在电子签名、电子认证、信用体系等方面未形成统一标准,现行的《知识产权保护法》未完全涉及上述内容。

四是监管方式和数据保护分类形式较为单一。当前对于跨境信息数据的监管由政府部门负责全面审批，但在一定程度上弱化了企业的监管职责，加大了政府的治理成本，降低了市场的运行效率。

第二，对人工智能、区块链、元宇宙等新兴数字技术及服务的监管与伦理治理不足。

2021年，联合国教科文组织（UNESCO）通过了首份关于人工智能伦理的全球协议《人工智能伦理问题建议书》，用以指导各成员国建立必需的法律框架，确保人工智能的良性发展，预防存在的潜在风险。中国于2019年成立由科技部等15个部门构成的国家新一代人工智能治理专业委员会，发布《新一代人工智能治理原则——发展负责任的人工智能》，针对一些具体技术应用领域出台相关管理规范，中国也于2022年11月向联合国提交了《中国关于加强人工智能伦理治理的立场文件》。但同时，与国际先进水平相比，中国的人工智能等新兴信息技术的伦理治理体系尚待建立完善，与其相匹配的管理、运行、保障、监督机制仍然明显滞后，政府对于技术伦理的治理尚处于探索阶段，相应的法律、道德规范未出台，科研人员的自律约束机制和企业自我约束的监管方式未形成。

第三，对各类型平台及其提供的服务监管治理不健全。

数字平台在数字贸易中扮演了组织者、参与者等多重角色，是数字治理的重点对象。目前，我国对数字平台的治理刚刚起步，传统市场监管强调的基于行业和行政区划的监管模式，不适应数字平台跨行业、跨地域的监管需要，容易出现监管缺位、错位与越位的问题。对境外平台的监管不足，不利于数字市场的进一步开放。

4. 数字平台国际化程度低

数字平台与数字贸易间有着极强的共生性，数字平台既是创建数字内容服务的重要渠道，也能够为数字贸易的爆发式增长提供交易便利，大大缩减了数字贸易成本，涵盖营销、广告、电子商务、数字支付、社交媒体、搜索引擎、研发设计等多种类型。

大型数字平台拥有跨国影响力，数字平台的国际化水平不仅影响本国数字贸易的国际化水平，还能在数字贸易国际规则制定中扮演重要角色。大型数字平台凭借其市场地位建立跨国数字生态，形成较高市场壁垒，进而能够将自身的利益诉求反映在数字贸易国际规则议题中，如CPTPP中推动数据自由流动和将源代码及算法作为商业秘密保护，都契合美国大型数字平台的利益。

从国际比较看，中国数字平台存在数量少、国际化水平低、享受全球数字化红利不足等问题。在UNCTAD2022年发布的全球数字跨国百强企业榜单中，美国有59家企业上榜，欧洲有22家企业，中国仅4家企业（百度、阿里巴巴、滴滴和腾讯），数量不足美国的1/10，且上榜的中国企业海外收入占比偏低，百强企业平均海外收入占比约39%，中国企业海外收入占比平均仅为7%，远低于百强企业平均水平。以搜索引擎为例，百度在国内市场占据龙头地位，但在国际市场上，在东道国拥有的份额平均不超5%，谷歌则平均超过80%，最高达到95%。

数字平台国际化程度偏低，不利于带动我国中小数字服务企业走出去，不利于从企业层面对国际数字规则的制定和执行产生影响，也不利用打造和利用全球性数字生态。

5. 数字人才资源储备不足

数字人才是我国发展数字经济和数字贸易的第一资源和核心驱动力。目前，我国数字人才储备不足主要体现在三个方面：总量缺口大，区域分布不均、行业结构失衡。首先，从总量看，根据中国信息通信研究院（简称信中国通院）的估算，目前中国数字化人才缺口超过1000万人。随着未来各行业数字化的快速推进和数字贸易的快速发展，数字人才缺口还将持续扩大，尤其是专业化人才和跨界复合型人才。其次，从区域分布看，根据清华经管互联网发展与治理研究中心的报告，在中国排名前15位的数字人才城市中，长三角所在城市最多，然后是珠三角、环渤海地区。排名第一的上海占全国数字人才比例高达16.6%，而排名第15位的沈阳占比仅为 0.8%。根据脉脉高聘人才智库的研究，在生成式人工智能（人工智能GC）的人才分布方面，排名第一的北京占 31.4%，数量超过上海和深圳的总和，排名第五的广州仅占 4.6%，排名第 10 的苏州占比仅为 1.5%。最后，从行业分布看，近一半的数字人才都在传统的 ICT 行业，传统行业前三位分别为制造业、金融业和消费品行业，近 85% 的数字人才分布在传统研发领域，深度研发、先进制造、数字营销等人才不到 5%。在人工智能 GC 等新兴领域，算法工程师、自然语言处理、算法研究员、图像识别—计算机视觉等领域的数字人才供给不足，尤其计算机视觉人才供需失衡现象最为严重。

（二）外部挑战

1. 美西方技术打压封锁

当前，中国数字贸易发展正面临复杂严峻的国际环境。以美国为代表的西方国家自毁"华盛顿共识"，将科技问题政治化、武器化、意识形态化，大肆鼓吹"中国威胁论"，大搞科技脱钩断链，围追打压具有国际竞争力的中国高科技企业。美国通过长臂管辖等双边施压方式，要求其盟友加强技术保护，防止高端技术向我国扩散。例如，针对华为实施的"外国直接产品规则"，导致与美国技术相关联的其他国家的技术产品无法向华为供货。截至目前，已将 1000 多家中国企业列入各种制裁清单，将三家中国电信运营商从纽交所"摘牌"，对 5G、芯片、人工智能、社交媒体等高端数字技术实施管控，以人权、网络安全、国家安全等为由限制我国高技术产品和服务进口，实施更加严格的外资安全审查政策并将中国企业作为重点审查对象，如美国通过强化 CFIUS 的自由裁量权，加强对中国的投资审查，向盟友表达强化关键技术、关键基础设施和关键数据保护的强烈信号，在其影响下，其主要盟国都强化了针对中国的投资审查机制。美西方国家企图建立所谓"价值观经济同盟"，切断中国高科技领域产业链供应链，将在一定程度上给中国构筑高端技术扩散的壁垒，扩大全球价值链分布的"技术鸿沟"，压缩我国高端技术引进与创新合作空间，影响我国数字技术创新和数字贸易发展进程。

2. 国际规则话语权较弱

当前，全球数字贸易规则呈现"俱乐部"式发展趋势，美、欧、日、新加坡等发达经济体在其中发挥重要作用，位于全球数字贸易规则圈的中心位置，中国目前处于较边缘地带。美欧日等发达经济体通过双边、区域及诸边协定输出其数字贸易规则和理念，谋求数字贸易多边规则制定中的主导权，以获得更多的全球数字红利。美国率先推出"数字贸易 24 条"，将数字贸易以独立章节在 USMCA 中呈现，并多次向 WTO 提交"数字贸易"提案，将数字贸易相关法律法规作为 WTO 改革的内容，在双边和区域贸易协定中把数字贸易规则作为重点内容，积极推行"美式规则"的全球适用。欧盟积极推行强调国家安全和个人信息的"欧式规则"，并与美国达成隐私保护协议。日本致力于建设全球最高水平的信息产业技术社会，其在数字贸易规则上的主张与美国基本类似，并在其主导的 CPTPP 中电子商务有关章节采用相关标准（见图 3-1）。

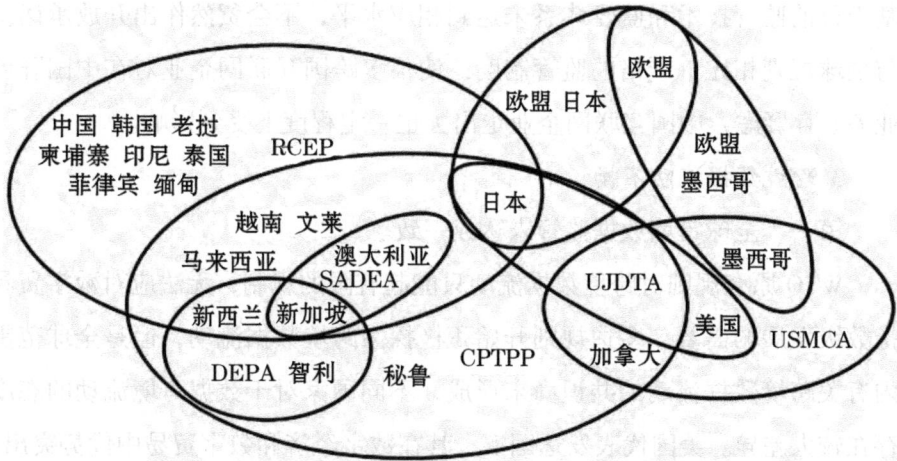

图 3-1　包含数字贸易条款的部分双边和区域贸易协定

与数字贸易规模、增速、占比相比，中国数字贸易规则"赤字"问题日益突出。表现如下：

一是我国在全球数字贸易规则博弈中面临被边缘化风险。目前数字贸易规则重构仍处于初期阶段，各方诉求存在差异，美欧日等有意主导谈判的发达经济体正努力寻找同盟者，建立数字贸易便利化"生态系统"，在数字贸易国际规则等层面有意将中国排除在外。

二是针对数字产品与服务等核心议题研究不足，尚未形成明确的中国方案。我国对数字贸易规则的研究起步较晚，数字贸易规则谈判进展偏慢。主导、参与的区域和双边贸易协定中涉及数字贸易规则较少、谈判标准偏低，目前在数字贸易领域的主要关注集中在电子商务便利化等传统议题，在数字传输免关税、数字服务税、数字产品非歧视待遇、将广播内容纳入非歧视待遇、源代码非强制本地化、加密技术保护条款、交互式计算机服务等核心议题上，还未形成一套清晰统一、反映本国和广大发展中国家利益诉求的数字贸易规则体系。

三是对于如跨境数据流动等具有争议的议题，我国肯定开放对发展数字贸易的重要意义，但出于对国内现有监管框架和国家安全的重视，同时，基于目前监管技术和监管体系未达到相应水平，不会贸然作出开放承诺。与全球规则相比，严格的监管制度，使很多跨国互联网企业对在中国开展业务心存疑虑，中国互联网企业走出去也一定程度上受到影响。

3. 跨境数据流动不畅

第一，全球跨境数据监管未达成一致。

WTO 原有规则对跨境数据流动只能起有限的规制，无法应对数字贸易指数级发展的需要。多边规则开始积极探索跨境数据流动，但是全球范围内有关跨境数据流动的共识尚未形成，不同国家对于数据跨境流动的态度存在较大差异。美国代表发达国家，其在数字经济和数字贸易中优势突出，对跨境数据流动总体上采取自由监管政策，反对数据保护主义，通过制定支持数据跨境自由流动、禁止数据和服务器本地化等的贸易协定，美国提出的跨境数据流动新议题已获得欧盟、日本、新加坡、澳大利亚等发达经济体和 USMCA 其他成员国支持，印度虽然也抵制数据跨境自由流动并支持数据本地化，但拒绝参加电子商务谈判。欧盟有着较高的数据保护门槛，通过颁布 GDPR 等政策法规，明确第三国只有经过欧盟委员会评估后，认定其具有强有力的数据保护体系且满足欧盟法"实质等同"保护水平后，才允许其国内经济组织与企业获取欧盟的数据。中国坚持数据流动的前提必须是安全的，包括网络安全、数据安全、隐私安全等，因此更关注消费者隐私、个人信息保护、跨境金融支付机制，支持数据存储本地化，要求网络内容审查、技术开源等，这些都与美方代表的发达国家存在重大分歧。

第二，区域性贸易协定存在不足。

当前，跨境数据流动的国际合作主要依靠区域性贸易协定和双边自由贸易协定。CPTPP 和 RCEP 对跨境数据流动的规定集中在"电子商务章节"，DEPA 在"数据问题"中规定了跨境数据监管问题。CPTPP 和 RCEP 基本确立了"监管自由 + 为业务需求一般数据可自由流动 + 本地化例外"的跨境数据监管模式。

区域性贸易协定对跨境数据流动监管的不足主要体现在三方面：一是对限制数据流动的规定模糊。RCEP 对涉及数据流动例外的"基本安全利益"未做解释，CPTPP 借鉴了 WTO 规则中例外条款的部分规定，但仍未对数据保护和数据流动作出回应。二是例外条款易形成数字贸易壁垒。例外条款给予成员方过高的自裁权，容易导致部分国家借由"基本安全利益"名义，实施数字贸易壁垒，且保护"基本安全利益"所采取的措施难以衡量其必要性，使得该条款存在被滥用风险。CPTPP 在个人信息保护义务规则方面，允许自主选择个人信息的保护方式，无需设置统一标准，这一规定给予缔约方自由权的同时，会因各国跨境数据保护标准不一而难以建立兼容性机制，进而阻碍数字贸易发展。三是区域性协定成员国有限。区域性贸易协定只在缔约方中生效，规制的范围和国家有限。区域性贸易协定对跨境数据的规制，不仅存在于文本层面，更需要付诸实践，缺少数字经济大国加入的区域性贸易协定对跨境数据的规制力度将大打折扣。

第四章　推动中国数字贸易高质量发展的路径

一、切实加强党对数字贸易的全面领导

党的十八大以来，以习近平同志为核心的党中央把握时代大势，推进高水平对外开放，我国对外贸易取得历史性成就。习近平总书记高度重视数字贸易，提出发展数字贸易，建设贸易强国，打造数字贸易示范区，促进数字贸易改革创新发展（见表4-1）。

表 4-1　总书记对数字贸易相关重要论述

	习近平总书记近年来对于数字贸易的相关重要论述
党的二十届三中全会《决定》	创新发展数字贸易，推进跨境电商综合试验区建设
党的二十大报告	推动货物贸易优化升级，创新服务贸易发展机制，发展数字贸易，加快建设贸易强国
2020 年中国国际服务贸易交易会全球服务贸易峰会致辞	我们要顺应数字化、网络化、智能化发展趋势，共同致力于消除数字鸿沟，助推服务贸易数字化进程"
第二届全球数字贸易博览会致贺信	中国积极对接高标准国际经贸规则，建立健全数字贸易治理体系，促进数字贸易改革创新发展，不断以中国新发展为世界提供新机遇。希望各方充分利用全球数字贸易博览会平台，工商合作、共促发展、共享成果，携手将数字贸易打造成为共同发展的新引擎，为世界经济增长注入新动能

资料来源：根据公开资料整理。

当今世界，新一轮科技革命和产业革命加速演进，数字技术正在颠覆和重构传统产业、投资和贸易方式。促进数字贸易改革创新发展，既是一项系统工程，也是一项艰巨任务，必须坚持党的全面领导，充分发挥党在数字贸易发展中总揽全局、协调各方的领导核心作用，坚持以习近平新时代中国特色社会主义思想为指导，将深化改革、完善制度、促进治理和推动发展有机结合，坚持以制度建设、机制创新和法律保障支撑数字贸易发展，研究设立数字贸易部际联席会议制度，由商务部作为牵头单位，国家

发展改革委、中央网信办、工信部等主要中央部委和中央全面深化改革委员会、全国人大财经委员会、国家数据局等有关机构参加,强化跨部门、跨层级、跨区域协同监管治理。

二、稳步有序推进数字贸易领域制度型开放

在维护国家经济安全与发展利益的大前提下,稳步有序推进数字贸易规则、规制、管理、标准等制度型开放,构建更加稳定、开放、可预期的制度环境。

积极扩大对接性开放。以申请加入 CPTPP 和 DEPA 为契机,支持国内有条件的地方对接国际高标准经贸规则,聚焦数据要素流动规则、数据安全、数字产品与服务、数字知识产权保护等重点领域,基于国内发展实际,因地制宜、循序渐进开展先行先试,提升各类要素跨境流动的便利化水平。在国内数字经济和数字贸易基础较好的地区,率先开展数据跨境流动安全评估,主动探索制度创新,总结可复制推广的经验做法,为其他地区提供有益借鉴。

有序探索主动性开放。立足全球视野,进一步明确中国发展数字贸易的利益诉求,确定开放的范围、程度和过渡期。探索研究服务于更高水平开放、有利于优化我国经济结构、夯实外贸竞争新优势、高于 CPTPP 和 DEPA 等标准的开放规则。

推动在双边和区域层面就数字贸易相关议题设置谈判议程,加大对源代码保护、跨境数据流动等争议较大的前沿议题的回应,争取和动员更多的利益相关者加入。积极参与 WTO 电子商务诸边谈判,联合与我国利益诉求接近的国家和地区,尽可能在争议议题上统一立场,构建符合发展中国家利益的数字贸易规则。借助高水平共建"一带一路"倡议,加强与共建国家数字贸易合作,推动"数字丝绸之路"走深走实,在"一带一路"共建国家推动跨境数据流动等方案达成共识。推动 RCEP 协议升级,继续完善贸易投资规则,增加源代码、跨境数据流动、线上争端解决等数字贸

易规则内容。继续加强与美欧等发达国家对话，在保障数据安全、加强网络治理等方面强化合作。

三、不断夯实数字基础设施建设

打通数字基础设施大动脉。加快 5G 网络与千兆光网协同建设，深入推进 IPv6 规模部署和应用，推进移动物联网全面发展，大力推进北斗规模应用。系统优化算力基础设施布局，促进东西部算力高效互补和协同联动，引导通用数据中心、超算中心、智能计算中心、边缘数据中心等合理梯次布局。整体提升应用基础设施水平，加强传统基础设施数字化、智能化改造，畅通数据资源大循环。构建国家数据管理体制机制，健全各级数据统筹管理机构。推动公共数据汇聚利用，建设公共卫生、科技、教育等重要领域国家数据资源库。加快构建全国一体化大数据中心协同创新体系，建设京津冀、长三角、粤港澳大湾区、成渝城市群等全国一体化算力网络国家枢纽节点。推进云网一体化建设发展。加强数据治理，健全数据资源治理制度体系，深化数字资源调查，规范计量数据使用。释放商业数据价值潜能，加快建立数据产权制度，开展数据资产计价研究，建立数据要素按价值贡献参与分配机制。

四、培育壮大先进安全的数字产业体系

加快高端芯片、基础软硬件、开源移动等重点领域技术突破，打造高水平产业生态。推动政务、电信、金融、医疗、能源、建筑、制造等行业参与核心技术生态建设。引导国内开源创新力量向国际开源社区有序输出创新成果。培育壮大人工智能、大数据、云计算、网络安全等新兴数字产业。瞄准产业基础高级化，加快基础材料、高端元器件、新型显示器件、关键芯片等核心信息技术成果转化，推动产业迈向全球价值链中高端。加快新一代信息技术与实体经济融合应用，实施"上云用数赋智"行动。建设智慧农业，加快农业生产、加工、销售、物流等产业链各环节数字化、

智能化升级。加快制造业数字化转型，发展多层次系统化工业互联网平台体系和创新应用。深入推进服务业数字化转型，培育众包设计、智慧物流、新零售等新增长点。加快国有企业数字化转型，培育融合发展新主体。

五、构建多层次的数字贸易对外合作体系

以科技服务为纽带带动数字企业"走出去"，通过创新国际合作机制、强化国际合作伙伴关系、深化市场拓展战略等方式，建立数字贸易对外开放合作新体系。

一是探索构建包容审慎、互惠共享的国际合作机制。开展"以我为主"的国际合作机制，围绕人工智能、数据安全和网络安全等领域加强与全球各国的合作与交流，探索建立符合国际通行规则的跨境技术转移和知识分享机制，推进中国技术和标准"走出去"。

二是探索以科技服务为纽带的"一带一路"市场拓展战略。践行习近平总书记提出的"构建人类命运共同体"和"共享中国技术发展成果"倡议，积极参与"一带一路"科技创新行动计划，推进能源、环境、材料、信息、健康等领域技术和服务输出。

三是拓展数字领域国际合作新空间。积极参与 UN、WTO、二十国集团 G20、亚太经济合作组织（APEC）、金砖国家、上合组织等多边框架下的数字领域合作平台，高质量搭建数字领域开放合作新平台。

六、探索建立规范有序的数字治理新体系

坚持数据国家安全和个人隐私保护前提下的数据有序流动，逐步剔除数字跨境流动限制，促进数字市场开放。争取加入 APEC 跨境隐私规则等已有国际认证机制，加强数字治理国际合作。

探索建立数字贸易统计监测制度。以国家数字服务出口基地、国家文化出口基地和国家特色服务出口基地（语言服务）等数字贸易重要载体为依托，探索建立数字贸易统计监测制度。推动跨部门数据采集，建立与外管、

统计、海关等行业主管部门、协会的数据协调机制，打通部门规则、行政级别、业务领域、管辖范围等方面的衔接障碍，探索建立部门间统一的数据统计口径，畅通数据交流与共享渠道。

持续完善数字贸易法治监管。进一步明确和增加数据跨境流动的保护原则，重点关注需要数据传输的规则设计，针对传输环节设置数据安全流动原则，强调在保障数据安全前提下允许数据跨境传输。针对个人数据和信息保护，采取宽泛同意兼赋予用户退出权的保护原则，实现数据传输集中式审核。建立数据分类分级保护制度。完善数据跨境流动行业监管体系。增强数据跨境流动治理国际合作，建立和完善数据跨境流动国际执法合作机制。引导和支持跨国企业开展数据跨境流通合规整改。

七、构建精准高效的数字平台服务矩阵

支持数字平台发展壮大，培育一批国际化水平高的数字平台。加快国际化开源社区和开源平台建设，联合有关国家和组织完善开源开发平台接口建设，规范开源产品法律、市场和许可。围绕数字订购、数字服务、数字交付和数据跨境流动等特征，大力发展政务、文化、教育、医疗、旅游等各类公共服务和专业数字平台，构建精准高效的数字平台服务矩阵，促进数字企业"走出去"。完善数字平台监管法律法规体系，增强平台治理规则透明度，加强对平台不正当竞争、不正当价格行为监管，防止资本无序扩张，引导数字平台规范健康发展。

专题篇

本篇以专题形式，介绍国内外数字贸易的核心议题，包括以新型离岸服务外包培育新质生产力、国际数字贸易规则进展与展望、全球数字贸易限制指数的现状、数字贸易规则对可数字化服务贸易的影响、人工智能对中国数字贸易发展的影响、WTO 电子商务谈判、数字贸易与绿色贸易。

第五章　以新型离岸服务外包培育新质生产力

一、问题的提出

2023年9月，习近平总书记在黑龙江考察时首次提出，要整合科技创新资源，引领发展战略性新兴产业和未来产业，加快形成新质生产力。2024年1月，习近平总书记在中共中央政治局第十一次集体学习时再次强调，新质生产力是创新起主导作用，摆脱传统经济增长方式、生产力发展路径，具有高科技、高效能、高质量特征，符合新发展理念的先进生产力质态。它由技术革命性突破、生产要素创新性配置、产业深度转型升级而催生，以劳动者、劳动资料、劳动对象及其优化组合的跃升为基本内涵，以全要素生产力大幅提升为核心标志。

如何培育新质生产力，关键在于加强颠覆式、原始性科技创新，加快培育现代化产业体系，持续丰富技术创新的应用场景，壮大科技创新领军企业队伍，形成新质素、高质能生产力不断自我强化推进的正向循环。作为产品内分工的有效手段，服务全球化的表现形式和高技术含量的战略性新兴产业，服务外包与新质生产力有着天然联系。马库森（MARKUSEN，1989）认为，服务外包是指将机构（企业、政府、社团等）内部业务中的部分或全部服务环节外包给外部供应商，通过生产者将服务作为中间品进行专业化生产而获得生产效率的提升[①]。卢峰（2007）研究发现，基于接包方的比较优势、规模经济和学习效应[②]。肇始于20世纪80年代的服务外包，大幅提升了西方国家政府部门公共服务效率和跨国公司服务生产率。

[①] JAMES R. MARKUSEN. Trade in Producer Services and in Other Specialized Intermediate Inputs. The American Economic Review,1989,79:85—95.
[②] 卢锋. 当代服务外包的经济学观察：产品内分工的分析视角 [J]. 世界经济，2007（8）：22—34.

李平和杨慧梅（2017）^①及徐姗和朱艳敏（2021）^②重点考察了服务外包对全要素生产率的影响，吕延方和王冬（2010）聚焦制造业外包的效率问题^③，姚星、李彪、吴钢（2015）重点关注外包对服务业领域全要素生产率提升的影响^④。随着技术投入、制度建设、营商环境改善等外部条件的持续优化，服务外包在价值链中的地位持续提升，离岸服务外包成为数字贸易和知识密集型服务贸易的重要组成部分。服务外包正在加速重构现代产业结构、贸易形态和创新格局。

当前，从国际看，百年未有之大变局深入演进，地缘政治风险持续加剧，"友岸外包""近岸外包"正在对全球重塑全球经贸格局，对产业链供应链安全稳定构成冲击。从国内看，我国经济和服务外包产业发展均进入新阶段，传统的"人口红利"已然消失，亟须寻求和培育科技原创型、工程师型、数字经济应用型等"新型人口红利"；传统的农业、制造业和服务业智能化水平不足，亟须形成以人工智能、量子计算、区块链、物联网等颠覆式技术创新为核心的现代产业体系。因此，加快发展新型服务外包，打造具有国际一流水平的接包中心和发包中心，不断提升新质生产力，是推进中国式现代化的根本任务和重要举措，能够为我国在新一轮国际经贸竞争中赢得主动提供支撑。厘清如何通过新型服务外包培育新质生产力，能够更有效发挥服务外包产业的重要作用，拓展新质生产力的培育路径，具有非常重要的理论意义和现实价值。

① 李平，杨慧梅.离岸服务外包与中国全要素生产率提升：基于发包与承包双重视角的分析 [J].国际贸易问题，2017（9）：95-104.
② 徐姗，朱艳敏.承接服务外包对中国全要素生产率的异质性影响：基于在岸与离岸的对比分析 [J].当代经济，2021（11）：52-60.
③ 吕延方，王冬.承接外包对中国制造业全要素生产率的影响：基于1998—2007年面板数据的经验研究 [J].数量经济技术经济研究，2010（11）：66-82.
④ 姚星，李彪，吴钢.服务外包对服务业全要素生产率的影响机制研究 [J].科研管理，2015（4）：128-134.

二、服务外包培育新质生产力的理论内涵

（一）服务外包培育新质生产力的新劳动者

服务外包是典型的人力资本密集型产业，是高端人才的"蓄水池"和"试验田"。服务外包培育新质生产力的新劳动者主要通过两个途径实现：一是通过吸收发包方和发包项目中的技术外溢，二是通过自身产业转型升级的正向技术激励。

从吸收技术外溢角度看，第一，通常情况下，为使接包方（国）能够达到发包方（国）的技术和服务标准，发包方（国）会对接包方（国）进行技术标准输出和专业技术培训，一方面向接包方（国）强制输入了相对较高的技术和服务标准；另一方面在人员技术交流过程中，经验、R&D 等隐性或显性知识开始潜移默化地转移给接包方（国）的人员，由此提升了接包方（国）技术服务的水平和人力资本水平。第二，接包方（国）为了承接具有更高价值的服务，促进本国服务外包产业向价值链高端攀升，会自觉加强工作人员的教育培训，获取国际资质认证和相应的发明专利，引进更高技术或管理水平的高级员工和R&D 产品，并进一步提升接包方（国）的承接水平，形成正向激励。

从具体实践看，自商务部 2006 年"千百十工程"[①] 到商务部等 8 部门发布的《关于推动服务外包加快转型升级的指导意见》，无不将人才培养，尤其是中高端人才的培养作为重要内容。从鼓励各省市大力培养引进中高端人才，推动制定因地制宜的中高端人才需求目录和培育计划，到鼓励大学生在服务外包业务领域创新创业，再到深化产教融合，加快在学校建设服务外包重点学科，开展企业"订单式"人才培养。从高水平人才就

---

① "千百十工程"，即"十一五"期间，在全国建设 10 个具有一定国际竞争力的服务外包基地城市，推动 100 家世界著名跨国公司将其服务外包业务转移到中国，培育 1000 家取得国际资质的大中型服务外包企业，创造有利条件，全方位承接国际（离岸）服务外包业务，并不断提升服务价值，实现 2010 年服务外包出口额在 2005 年基础上翻两番。

业规模看，2016—2022年，中国服务外包产业年均新增大学（含大专）以上学历69.7万人（见图5-1），截至2023年底，累计吸纳大学（含大专）以上学历1031.0万人，占总从业人数的65.0%。其中，本科526.5万人，硕士85.1万人，博士16.2万人。从人才培训情况看，截至2023年底，全国服务外包接受培训人数达439.8万人。从生产效率看，2016—2023年，中国服务外包人均合同额从13.1万美元增长到46.5万美元，年均增长29.3%。

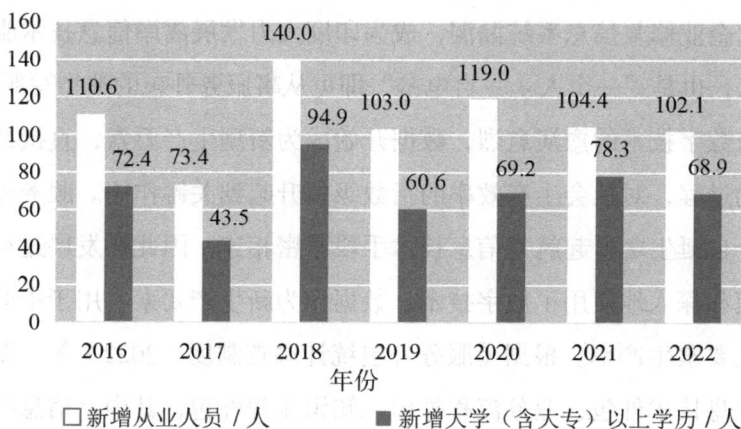

图5-1　2016—2022年中国服务外包产业新增从业人员

资料来源：商务部。

在接包方（国）产业自身转型过程中培育的新劳动者中，还出现了一种与新一代信息技术紧密结合的新劳动者——人工智能新劳动者。机器学习（ML）、增强现实、区块链、对话式人工智能工具、文生视频等技术的快速应用，人工智能"人"开始替代人类处理重复性强、技术含量低的工作，并逐渐开始掌握情感、动态关联海量数据并进行科学分析决策，开展设计和创意，进而会逐步对生产力的创新式跃迁起到重要推动作用。

（二）服务外包催生新质生产力的新劳动资料

传统意义上的劳动资料即生产要素包括土地、资本、劳动力和技术。2019年十九届四中全会后，国家第一次把数据上升到第五大关键生产要素的地位，数据在国民经济发展中的作用可见一斑。根据中国信息通信研究院统计，2023 年全球 51 个测算国家的数字经济规模达 41.4 万亿美元，占 GDP 比重达 46.1%；中国 GDP 中超过 50% 源自数字经济。

服务外包是轻资产产业，与土地的关联度并不强烈，而与劳动力和技术高度相关。根据服务外包最初的定义，服务外包是依托信息技术和现代通信手段进行交付的经济活动。作为全球最大的服务外包接包国，印度服务外包业肇始于 20 世界 90 年代末的"千年虫"危机，大量印度 IT 工程师帮助美国企业修复信息系统漏洞，成为印度大力发展离岸信息技术服务外包的起点，也是"一个人 + 一台电脑"即可从事服务外包的典型写照。

随着数字技术的愈演愈烈，数据开始成为新型生产要素，直接或间接参与劳动过程，对社会生产效率的指数级提升起到关键作用。服务外包产业，由于自诞生之日起就与信息技术手段紧密相连，因此在发展过程中，更加频繁和深入地使用了数字技术、数据作为新生产要素，用于提升产业效率和全要素生产率。根据《服务外包统计调查制度（2022）》，服务外包分为信息技术外包、业务流程外包、知识流程外包，其中，信息技术外包的 3 个中类（信息技术研发服务、信息技术运营和维护服务、新一代信息技术开发应用服务）、16 个小类（软件研发服务、集成电路和电子电路设计服务、测试服务、信息技术解决方案服务、其他信息技术研发服务、信息基础设施和信息系统运维服务、网络与数据安全服务、电子商务平台服务、其他运营和维护服务、云计算开发及应用服务、人工智能技术开发及应用服务、大数据技术开发及应用服务、区块链技术开发及应用服务、物联网技术开发及应用服务、地理遥感信息及测绘地理信息服务、其他新一代信息技术开发及应用服务）全部属于运用新劳动资料进行的服务类型，业务流程外包中的数据处理服务、互联网营销推广服务、呼叫中心服务、金融后台服务、供应链管理服务、采购外包服务，知识流程外包中的检验检测服务、工业设计服务、服务设计服务、数字内容服务等也越来越多使用大数据、云计算、工业互联网等数字技术，完成海量数据的采集、存储、清洗、标注、分析等工作，使传统的生产和生产性服务能够自我优化，实现智慧决策，以用户和产品画像为反馈形成更加精准化、定制化、柔性化的生产和服务。以呼叫中心业务为例，传统的呼叫中心服务外包由大量客服代表组成，通过点对点呼入呼出解决客户各种问题，包括银行、电信、在线零售商、政府机构等。在大数据和人工智能等技术的支持下，新型呼叫中心业务可以实现机器人客服处理常见问题解答，实现自动化呼叫分配、语音识别和自然语言处理，同时进行数据分析预测和人工智能辅助决策。根据美国知名咨询机构高德纳（Gartner）预测，2025年约有一半数据中心将部署具有人工智能和机器学习的机器人，从而使运营效率至少提高30%。

（三）服务外包重塑新质生产力的新劳动对象

马克思在《资本论》中对劳动生产力的影响因素作了具体阐释，它包括工人的平均熟练程度，科学的发展水平和它在工艺上应用的程度，生产过程的社会结合，生产资料的规模和效能，以及自然条件。

服务外包是服务的外包和"生产"，换言之"服务"是服务外包的劳动对象。这里的服务并不是广义的服务，而具体指企业、政府、社团等机构业务属性范畴内的服务，是"生产性服务"，而非"生活性服务"，既包括金融、医疗等现代服务业分类中的所有环节，也包括农业、制造业中的服务环节。服务外包促进发包方（国）增加服务中间品投入的同时，也带动承接方（国）增加服务中间品投入。作为主要的发包目的地，美、英、法、日等国家服务业增加值在GDP的比重普遍超过70%，以数字金融、科技信息等为代表的高技术服务业已经成为国家经济的主导产业，衍生出更多的服务发包需求，其发包成熟度水平日益提升。

服务外包的对象是国民经济各行各业，每个行业都有服务外包的需求。若从服务外包行业结构看，主要分为信息技术外包、业务流程外包和知识流程外包，相应也将服务外包的对象划分为了信息技术、业务流程和知识流程。随着数字经济席卷全球，对各行各业的改造和颠覆愈演愈烈，各行各业都存在数字化转型升级的需求，也就衍生出"各行业＋信息技术外包"的业务需求。伴随着业务流程、知识流程优化和分工的深化，每个行业的产业链、价值链会不断延伸、拓展、细分，进而再衍生出更多的服务外包业务和服务外包模式。

以医药研发外包（contract research organization，CRO）为例，由于药物研发是一项高技术、长周期、高风险、高投入的复杂系统工程，产业链长、行业竞争激烈，单一药企往往无法完全由自己去独立进行所有药物、所有环节的研发生产。因此，在产业发展最初阶段，大型跨国药企往往将效率较低的业务环节外包，自己专注于营利性较强的核心业务环节，进而加快研发进度，降低研发成本。发展到一定阶段，CRO 企业开始重点发展临床CRO 环节，因此此环节是新药研发过程中投入最多、用时最长的环节。据不完全统计，临床 I - III 期试验环节的 CRO 服务能够为药企节省超过 30%的开发时长。随着服务外包产业的发展和服务外包企业自身价值的出提升，CRO 企业一般会后移产业链向下游 CXO 延伸，即从临床前研发服务延伸到 CXC（化学成本生产和控制）以及原料药和制剂工艺的开发、生产服务，并最终形成"CRO+CDMO"一体化服务平台，覆盖 I - IV 期临床试验技术服务、临床试验数据管理和统计分析、注册申报、上市后药物安全监测、临床用药、中间体制造、原料药生产、制剂生产及包装等产业链上下游各个环节。

三、以新型服务外包培育新质生产力的基本路径

新型服务外包是服务外包转型升级的外在结果，是新劳动者、新劳动资料、新劳动资料有机结合的服务外包的新形态，表现为数字技术加速赋能，重塑产业内容和边界，创新新的产业生态，向国民经济各行业深度拓展。在新型服务外包的作用下，我国利用先进技术提升产业价值链层级的渠道进一步拓展，企业加速向数字服务提供商转变，传统产业逐步发展为以数字技术为支撑、以高端服务为先导的"服务外包＋"新业态新模式，"中

国服务"和"中国制造"核心竞争力不断提升,生产性服务出口的国际竞争力进一步巩固。

(一)新型服务外包与主动参与技术革命性突破

新质生产力较一般生产力而言更加强调技术创新,尤其是具有广泛应用前景、颠覆式生产效率提升的技术创新,如人工智能、物联网、云计算等,能够带来产品、工艺、服务的质的飞跃,并由此开辟新的"蓝海"市场。然而,任何一项颠覆性的技术创新和由此带来的技术革命,都无法通过单一企业、单个国家独立完成,往往需要长时间跨界合作、知识共享与协同创新。与此同时,企业和市场都无法容忍无限期的创新。因此,服务外包企业在其中扮演着"加速器""试错者""外部实验室"等角色。有研究表明,当员工具有高度灵活性时,创新往往会蓬勃发展,而服务外包恰恰提供了这种灵活性[①]。

在传统的服务外包模式中,接包方(国)在承接发包方(国)服务外包的过程中,是被动接受由双方"知识差"带来的技术溢出,并在吸收技术溢出的过程中,缓慢地进行渐进式技术创新。经过三十多年的发展,已有实践充分证明发包方(国)与接包方(国)的关系,已经从交易型合作转向基于信任的伙伴关系。在这种新型的伙伴关系中,接包方(国)与发包方(国)开始同样重视有利于实现更大战略目标的技术创新,并依靠新型的外包伙伴关系支持进行主动的技术创新和业务转型,这种外包模式贯穿于技术创新和产品开发的各个阶段,包括创意产生、概念开发、技术试验、产品开发、产品测试和市场投放。经过多年的发展,服务外包企业往往深耕某个行业、某个环节多年,积累了丰富的创新经验并吸收了发包方(国)的技术溢出,通过与不同类型外包服务商的合作,如共建技术创新实验室,

---

① 德勤《全球共享服务和外包调查报告》显示,全球越来越多的大型跨国企业,都将外包作为创新的重要源泉,如 IBM 为诺华公司创新研发了一套系统解决方案,能够更好地跟踪抗疟疾药物,从而挽救更多非洲受疟疾侵害的生命;一家美国的航空航天企业与其外包供应商共同开发了管理供应商的关键绩效管理指标,因而大大改善了零件管理流程。

共同开发或委托进行技术创新甚至进行逆向外包，共享或独享知识产权，由此获得效率更高的创新思维、生产实践和更低的创新成本。

（二）新型服务外包创造更多商业模式

相比于突破性、颠覆式的技术创新，商业模式的创新也能够提升生产和服务效率，创造更多的商业价值，同时也更利于实现。无论是更新产品和服务的定位、挖掘客户潜在服务需求、优化工艺流程、更迭盈利模式或是提升关键资源获取能力等，都能够通过商业模式的创新实现而获得更高质量发展。

在产业链上游，通过服务外包可以实现无工厂化运营模式，企业可以将原材料、生产零部件等通过采购外包等模式分包给多个供应商，且可以根据生产的需要和对于议价权控制的需要调整供应商的规模及种类。在产业链下游，大型的服务外包企业针对汽车、机械、半导体、医药、金融、食品、安防等各行各业都有不同的行业解决方案，通过与服务外包供应商合作，能够深度挖掘客户的隐性需求，增强客户黏性，获得更高服务溢价。在数字服务的加持下，众包、分包、云外包等创新模式迅速崛起，企业边界无限拓展的同时，协同生产、远程办公、自动化辅助工具、在线市场等新模式成为主流生产和服务方式，更好的软件算法意味着更智能化的服务、更个性化的用户体验和更直接的供需关系，有助于企业提高响应市场需求的反应速度。

通过服务外包，大部分服务环节可以被模块化、标准化"生产"。随着服务外包的普及和服务通用性的提升，服务外包可以应用的市场、场景、客户群体也迅速拓展，市场规模效应开始显现，由此带来运营效率和营业利润的提升。

与此同时，在模块化服务基础上进行的定制化解决方案，能够最大限度增加产品和服务的附加价值（见图5-2）。

产业链上游

超强的全球化资源配置能力，将生产中的服务环节外包,形成"无工厂"模式

产业连下游

以专业的知识深度服务与客户，直接建立供需联系，精准预测客户需求，增强客户黏性，获得客户服务溢价

模块化+定制化的服务模式

通用服务标准化、模块化，在此基础上进行定制化解决方案，深耕各个行业，必要时挖掘潜在需求，实现原始创新

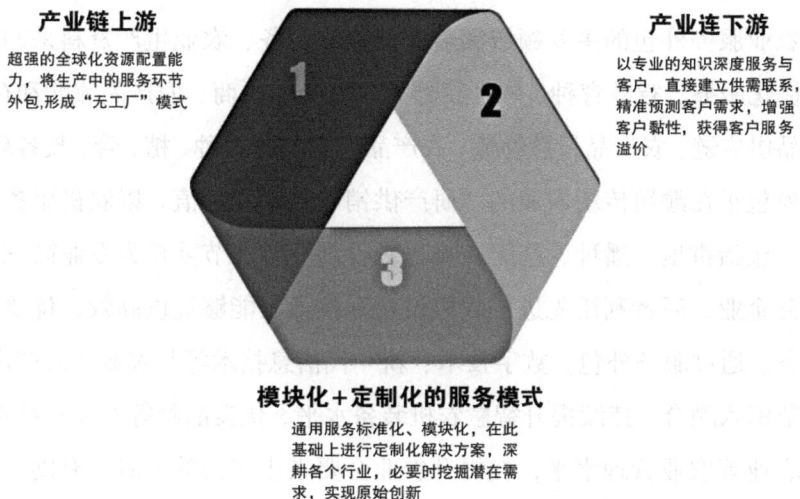

图 5-2 服务外包商业模式创新

资料来源：中国服务外包研究中心绘制。

（三）新型服务外包助力产业深度转型升级

"大物云移"等新一代信息技术的出现，为各行各业数字化转型创造条件。无论一个产业处在产业生命周期的哪个阶段，只要对其进行数字技术应用、智能化工厂改造、数字产品创新、数字营销推广，都能对其生产效率和产品价值产生积极影响。算力"数据＋算力＋算法"日益成为信息技术服务、业务流程服务、知识流程服务的数字化通用技术底座，通过数字技术赋能，扩大传统服务外包业务的服务范围、延长业务链条、提升业务价值、创造应用场景，实现原有服务外包产业的放大、叠加、聚合、倍增效应。通过"上云用数赋智"，服务外包走向前端研发设计，终端智慧生产、工艺优化、供应链管理、智慧采购，后端互联网营销、维护维修、市场服务等全生命周期，赋予各行业全面感知、泛在融合、智能服务的数字化能力。

1. 服务外包推动农业现代化水平和粮食安全性提升

农业服务外包的主要领域涵盖农田整治服务、农业生产资料采购、农业机械化服务、智慧育种、农业机器人、农产品电商、农产品收购和存储、农产品供应链、农产品智慧物流、农产品金融服务等种、植、管、收各环节，服务外包正在颠覆传统农业的"研产供销"效率和价值。以农机服务外包为例，包括耕地、播种、施肥、喷药、收割等各环节委托为专业第三方农机服务企业，后者利用先进的农机设备和技术，能够提供高效、优质的农机服务。通过服务外包，数字技术、新一代信息技术等与农业"研产供销"各环节深入融合，持续提升智慧农机装备水平、优良品种等农业科技水平、精准农业等农业管理水平，在提升农业全要素生产力的同时，有助于保障我国的粮食安全。

2. 服务外包推动制造业价值链升级

服务外包与制造业的深度融合催生了制造业服务化和服务型制造的产生，使得制造业分工更加细化、产品内分工更加紧密。从顶层设计看，国家持续鼓励制造业企业不断增加服务要素在制造投入和产出中的比重，目的是推动制造业向高端化、智能化、服务化转型升级。从实践中看，以工业设计服务、以工程技术服务、供应链管理服务、工业互联网平台服务、智能工厂服务、检验检测服务、融资租赁服务等为代表的"服务投入"和"柔性生产"，以定制化解决方案、全生命周期管理等为代表的"服务产出"，显著提升了制造业产业链价值链水平。根据工信部数据，2023年数实融合全面深化，工业互联网覆盖国民经济行业分类中全部41个工业大类，工业机器人、工业软件等数字产品和服务的能力持续提升，大飞机、新能源汽车、高速动车组等领域示范工厂研制周期平均缩短近30%、生产效率提升约30%。

3. 服务外包推动服务业融合创新

服务外包与服务业具有天然融合性，服务业领域服务外包程度和水平也相应发展较快。近年来，在服务外包的加持下，我国数字化公共服务更加普惠均等，旅游、医疗、物流、金融、零售、教育等现代服务业管理体系和服务模式不断优化，服务业数字化、信息化、平台化趋势更加明显。2023 年，我国服务业数字化渗透率达 44.7%，也是三次产业中数字化转型增速最快的领域。以人工智能、物联网、大数据、云计算、移动互联等数字技术为支撑，服务外包在服务业的广泛应用跨越了服务业生产与消费不可分离的障碍，使得很多传统不可贸易的服务部门变得可贸易，许多不可外包的服务环节变得可外包，服务业、服务贸易融合创新发展持续深入，数字贸易等新业态新模式成为贸易增长新动能。在数字化赋能下，我国服务贸易出口额持续快速增长，近三年总量增长了 45.8%，带来强劲的海外发展空间。

四、服务外包培育新质生产力的典型案例

中国服务外包研究中心经过调研，梳理出 9 个服务外包促进新质生产力发展的典型案例，反映出服务外包企业在破解脱钩断链、促进技术革新、产业数字化转型升级、促进数字贸易等方面起到重要作用，充分契合了新质生产力发展的需求，是加快形成新质生产力的重要支撑和助力。

（一）自主品牌打破海外企业跨境市场支付垄断

跨境电商的快速发展，对全球支付收单提出较大需求。其中，收单服务主要服务于在海外设有销售官网的公司或独立站，这些商家在面向全球消费者销售产品时，往往缺乏自研收款工具，多数中小银行在海外本地化部署、小币种能力、数字化平台建设、境外监管等方面有所受限，导致难以全方位服务跨境电商、跨境在线服务贸易等场景。于是，越来越多支付服务商开始输出自身的跨境支付结算解决方案，通过 API[①] 或 SaaS[②] 等方式将自身全球支付网络与跨境支付产品体系向中小银行开放输出，赋能后者快速构建跨境电商数字化服务平台，为中国跨境电商企业开辟海外市场

---

① API 是 Application Programming Interface（应用程序编程接口）的缩写，是一种让不同软件程序相互沟通协作的"桥梁"。
② SaaS 是 Software as a Service（软件即服务）的缩写，是一种基于云计算的软件交付模式，旨在为用户提供即插即用的应用程序。

提供更综合的跨境金融服务。

> **案例1**：深圳市钱海网络技术有限公司构建了全球支付网络技术，拥有自主品牌"Oceanpayment"，同时加大对智能支付路由、全球跨境支付网络、数字化风险监测技术等研发，持续提高产品附加值和竞争力。通过引入人工智能、大数据、云计算等最新技术，建立了数智一体的业务运营和智能风控系统，在中国跨境电商领域，率先打破海外企业在中国跨境市场的垄断，塑造了中国数字支付技术的民族品牌。其全球收单技术现服务跨境商户网站超过 10 万个，覆盖全球超过 200 个国家和地区，接入全球超过 500 余种支付产品，服务行业客户包括跨境电商、数字内容、旅游酒店、教育培训、软件游戏以及国际航空等。

（二）"新四化"工业软件解决方案赋能制造业数字化转型

在数字经济与实体经济持续深度融合背景下，软件的身份不仅是机器设备的"软零件"和"软装备"，更是机器的"大脑"和"神经"。"新型工业化"催生大量工业软件需求，通过需求分析、系统设计、软件开发、测试、仿真验证等全生命周期管理，提供系统化数字体系与平台，持续为提升制造业智能化升级提供支撑。

> **案例2**：雅马哈发动机（厦门）信息系统有限公司（简称雅马哈信息）诞生于雅马哈发动机集团，1999 年在厦门注册成立，是"国家规划布局内重点软件企业""厦门市工业软件联盟理事长单位"，公司现有技术人员 500 人，在日本、印尼、新加坡等国家和上海、重庆、苏州等地区拥有分公司或常驻机构，市场覆盖中国、日本、东南亚等十多个国家和地区，业务涵盖制造与流通业全价值链信息化管理，提供海外现场支持和业务流程外包服务，通过研发数字化、生产数字化、营销数字化、行政数字化的"新四化"解决方案和服务，让各行各业客户价值实现倍增。

例如，通过给摩托车生产企业搭建供应交流平台，使得原本采购流程时长由 3 天缩短到 3 分钟，供应商能够及时了解库存变化，监测订单状态，降低供采双方沟通成本。同时，公司于 2020 年在雅马哈信息园区建设完成"雅马哈发动机工业技术培训中心"（其中包括安全精益数字化实训道场），已面向厦门 300 家以上的制造型企业、长三角地区集团型企业，开展工厂现场的一线干部实战型、可落地实施的工业技术培训，如安全与工伤预防教练、LCiA（低成本自动化）、多品种小批量生产管理等，更好助力国内企业的工业技能提升。

（三）名义雇主服务外包打破欧美脱钩断链

名义雇主（Employer of Record，EOR）服务是一种广口径的人力资源服务外包新模式，企业受客户委托在其无法或不愿直接雇用员工的国家 / 地区与受雇员工签署正式合同，承担与雇用员工相关的法律责任和义务，但实际服务内容由委托客户定义和布置，通常不局限于某一特定的行业或业务。其本质是帮助委托客户在全球范围内设立和管理业务团队，助其快速有效地进入新的国际市场，同时确保合规性和员工权益，规避许多与直接雇佣相关的风险。此种服务外包新模式：一是价值大、技术含量高，如上海新视野数字科技有限公司名义雇员每月平均工资在 5000 美元以上，附加值要远高于一般的服务外包工资人员水平。二是为拓宽我国大学生就业渠道提供了有力支持，通过 EOR 模式能让更多全球各国企业采购我国高层次人才的服务，大学生不出国就可为海外企业直接服务。三是通过一站式人力资源平台服务，为中国与全球各国企业尤其是中小企业加强合作交流搭建了一座高效的桥梁。四是员工与最终服务对象建立点对点的服务模式，但在身份方面又进行了有效脱敏，规避了当前欧美各国强监管的技术壁垒。

案例 3：上海新视野数字科技有限公司为海外客户提供中国境内的名义雇主相关服务，通过其自有 SaaS 平台匹配客户需求提供服务人员和业务，2022年以来以年均20%以上的增速扩张业务，2023年离岸合同执行额突破2000万美元，2024年突破3000万美元，市场需求旺盛。截至2024年4月底，新视野有签署正式劳动合同的员工482人，其中为海外客户直接提供服务的专业技术服务人员（名义雇员）438人，包括信息技术研发和运营维护、业务运营、内部管理、维护服务、管理咨询、设计服务等业务，为27个国家和地区的153家海外企业提供名义雇主服务，大部分通过居家远程办公的形式开展。

（四）深耕技术研发实现新能源技术革新

当前，技术已经成为服务外包企业承接服务业务、提升服务质量必不可少的关键要素。近年来，许多服务外包企业不断加大研发投入、加强技术创新，通过深耕行业领域前沿技术、高水平自主创新，提升行业黏性、服务水平和国际市场竞争力，推动了相关行业领域的技术突破和革新进步。

案例4：合肥阳光电源股份有限公司在为客户提供新能源行业系统研发和解决方案服务中深耕技术研发，通过自主创新实现多项技术革新，不仅突破了国外专利封锁，有些甚至达到国际领先水平，以科技创新促进了我国新能源行业发展和国际竞争力提升。仅2023年上半年，合肥阳光电源股份有限公司就投入研发费用10.49亿元，同比增长45.04%，研发人员占比近40%，先后承担了20余项国家重大科技计划项目，截至2023年6月累计获得专利权3592项，其中发明1279件、实用新型2034件、外观设计279件。在光伏逆变器领域率先解决了高效逆变、柔性并网等技术难题，突破国外专利封锁，并开创模块化品类、并网全球首个2000V高压逆变器；在储能领域推出了全球首个10MWh交直流一体化全液冷储能系统。2023年阳光电源推出"定制化"电网技术解决方案，助力新型电力系统全场景稳定运行，不仅应用于我国海上油田的智慧电力系统，还成功打入美国、德国、英国等成熟电力市场。2023年，公司离岸服务外包业务执行额达13.2亿美元，同比增长30.9%，为全球20多个国家和地区提供光伏系统、新能源电站、储能系统研发、设计等新能源行业解决方案。

（五）新能源电池管理服务提升绿色资源利用率

伴随着新能源汽车的快速发展，电池的绿色高效管理回收，成为关系新能源汽车产业可持续发展和集约型发展的重要一环。新能源电池运营管理服务，作为一项服务外包新业态，能够通过对新能源汽车电池的集约化运营管理服务，实现电池全生命周期精细化管理，提升电池利用率、安全性和绿色回收效率，在提高战略金属资源的储备和循环利用效率的同时，促进电池技术研发创新，为新能源汽车产业集约化发展、绿色科技研发创新提供支撑。

案例5：武汉蔚能电池资产有限公司以电池即服务（BaaS）为服务外包商业模式创新，其研发的"电池运营管理服务平台"通过大数据技术＋电池应用技术，实现在云端对电池进行集约化管理、个性化监测预警、精细化运营：一是能够结合电池不同阶段的多场景运营数据提升汽车消费者对电池和车辆使用感受，通过科学、实时管理电池充放电、预警电池异常状态并加以预判和处理提升车辆使用安全性；二是为全行业提供包括电池资产运营、电池安全管理、电池资产评估、电池梯次运营及电池回收运营等各类电池运营和管理服务，从而实现延长电池寿命、提高残值并促进电池的流通；三是通过持续优化车载运营阶段的数据管理及算法推荐，能够打通电池从车载服役到梯次利用、回收利用的资源循环断点，实现了退役电池的集约化回收和颗粒归仓，做到动力电池全周期远程监测、精准溯源、统一回收，提高了锂、钴、镍等金属战略资源的储备和循环利用效率；四是覆盖了电池全周期管理中各环节的研发工作，包含电池材料至电池系统高精准度测试实验、电池高效率回收研发等，能够高效助力绿色科技创新，有助于解决新能源汽车行业发展中面临的电池寿命衰减、动力电池包生产、回收成本高以及碳排放等诸多问题。这种新型服务外包业态链接起金融机构、整车制造商、电池制造商、电池梯次利用回收企业、电池拆解企业、汽车用户等产业链市场主体，在优化产业链配置和激发产业活力、促进节能减排和资源储备保障、能源安全等方面，推动新质生产力持续发展。至今，武汉蔚能电池资产有限公司已经为多家新能源企业提供电池资产管理服务，持有电池资产管理规模近10GWh，在新能源电池服务市场占有率超过70%，2023年服务外包执行额达到1.8亿美元。

（六）工业互联网服务推进制造业升级

数字化、智能化是我国传统产业转型升级的主要方向，制造业企业是数字化转型的主体。制造业企业数字化转型以提升全要素生产率为导向、以场景数字化为切入点，注重综合考虑技术成熟度、经济可行性和商业模式可持续性，深化新一代信息技术融合应用，加快产业模式和企业组织形态变革。信息技术类服务外包企业能够为制造业企业提供智能工厂、数字车间、远程设备维护、智慧售后等技术服务，从而我国助推制造业企业构建新质生产力。

案例6：徐工汉云技术股份有限公司聚焦智能制造与工业物联网两大核心领域，为客户企业提供工业互联网"云—边—端"一体化数字化能力。一方面，公司立足嵌入式边缘计算、生产过程仿真、大数据挖掘、数字孪生、人工智能、低代码六大关键核心技术研发建立汉云工业互联网平台，有效助力东方电气、泰隆减速机、华润三九等工业企业数字化转型。另一方面，公司还打造了汉云智能车联网平台、汉云小企业制造运营管理平台等在内的众多 IOT 产品，多维度、立体化服务制造业企业数字化转型升级。至今，徐工汉云技术股份有限公司已为中国铁建、中交集团、中国电建、江铜集团、云内动力等龙头企业提供数字化转型升级服务，覆盖装备制造、建筑施工、有色金属、工程机械、核心零部件、通用设备制造、物流运输、教育等多个行业领域，业务遍布 80 个"一带一路"共建国家和地区。在机械制造行业，徐工汉云为机械制造企业提供产品后市场智慧服务，如帮助云内动力实现包装、物流、人工等成本降低 10%、售后配件当日现货满足率提升至 95%、服务站正品配件销量提升 15% 的效果；为某纺织机械企业提供远程设备管理、故障告警、产能分析、易耗品记录、工艺数据管理、云端设备报修、定期保养和设备配件管理等服务，帮助企业降低设备售后运维成本 15%。在有色金属行业，徐工汉云结合物联网、大数据、云计算等技术，打造以自动化、网络化、智能化为核心特征的智能工厂模式，以全要素、全业务链、全价值链的一体化数据分析驱动智能运营，助力有色金属行业安全生产、卓越运营，打造以少人化操作、精准化管控、一体化协同、科学化决策为特征的数字化转型、智能化发展新模式。在中医药行业，徐工汉云与华润三九合作，打造中医药行业工业物联网平台，在医护车间进行数字化、智能化转型升级改造服务，为中医药产业集群提供数字化转型升级样本参考。

（七）研发平台服务助力 VR 技术创新发展

缺乏开展技术研发的设备仪器和技术人才，是我国企业尤其是中小企业开展科技创新面临的主要难题之一。技术平台类服务外包企业能够为企业提供研发创新所需的设备、仪器和技术人才等支持，推动更多市场主体开展科技研发和创新。

案例 7: 南昌国家虚拟现实创新中心聚焦光学显示、人机交互、图形运算、人体工学、终端技术、通信技术六大虚拟现实领域关键共性技术方向，以 VR 技术研发公共平台的方式向各类企业提供技术研发、试验、测试等方面的大型仪器设备、数据资源、技术支持、知识产权、人才培养和国际合作等服务，2023 年完成服务外包执行额 2 亿美元，有效促进了我国虚拟现实领域的技术创新突破和未来产业发展。目前，南昌国家虚拟现实创新中心已启动 13 个实验室、6 个中试平台和 2 个测试平台的建设，对外开放 23 台大型仪器设备和"NCVR Gesture 手势数据集"，面向产学研用行业单位累计完成对外技术服务 26 项，服务单位 16 家，充分发挥了大型仪器设备使用价值，并为业界开展手势追踪与识别技术研究开发提供了数据支持，实现面向全行业的资源开放共享。同时，南昌国家虚拟现实创新中心还通过人才培养平台面向全球招引、培育高层次人才，累计培训 870 人次，与阿联酋大学共建实验室，并利用高层次技术专家资源，为政府、企业、研究机构、投资机构等提供关于虚拟现实领域技术方案评估、论证咨询、知识产权咨询、情报分析等服务，形成相应报告 79 份，通过项目引进、项目合作，开展有针对性的投融资服务以及技术转让、代理、咨询和相关商业服务。为虚拟现实这一广泛应用于各行业的新劳动工具创新发展提供助力。

（八）大数据服务促进要素资源优化配置

随着数字经济发展，数据已经成为关键的生产要素。大数据服务类服务外包企业能够通过数据收集、分析、处理等服务，帮助发包主体扩大数据资源的广度深度、提高数据资源的精准性和利用效率，在数据分析利用的基础上优化设备、人员、资金等各类资源要素配置，提高管理生产率。

案例 8：浪潮卓数大数据产业发展有限公司通过自主研发大数据底座 TDOS，围绕数据采集与存储、数据治理、数据分析及可视化、数据流通与交易、数据安全等领域构建大数据技术和产品体系，通过大数据平台汇聚公共授权数据、企业生态合作数据以及互联网公开数据形成覆盖全国 3.4 亿市场主体的工商基础信息、经营信息、司法信息、经营资质、知识产权、电商经营等 19 类数据集。以此为依托，浪潮卓数大数据产业发展有限公司一是帮助政府部门优化了政策扶持、产业培育的资源配置，提高了政策绩效；二是帮助镇街、社区人员提高了基层摸底、兜底、服务等工作的精准性，减轻了基层工作负担，提升了基层治理现代化水平；三是帮助金融机构进行征信尽调、风险预警等，优化了金融资产的投放配置。2021—2023 年，公司服务外包在岸执行额分别为 0.8 亿元、0.9 亿元和 1.8 亿元，复合增长率 48%，业务覆盖全国 30 多个省份，目前已为 38 家金融机构、12 家金融科技公司、6 家征信公司提供标准化数据服务，服务调用次数达 1.88 亿次。

（九）数智营销服务助力新兴产业出海

缺乏海外市场渠道和对市场需求的准确了解，是我国企业出海面临的主要障碍之一。数智营销类服务外包企业能够通过数据管理分析、数字化营销等为企业出海提供精准有效的营销推广服务，帮助企业高效地获取用户、提升品牌知名度、拓展国际市场，从而为我国战略型新兴产业拓展全球市场提供助力。

案例 9：易点天下网络科技股份有限公司构建"数据资源＋媒体渠道＋技术研发"的数智营销服务模式，实现了可覆盖全球 200 多个国家和地区、80 多亿台独立设备的"出海"数据全链路实时化管理，并与谷歌、脸书等海外头部媒体建立长期合作关系，通过大数据、云计算、人工智能等领域的技术研发和服务，为我国出海企业提供从出海路径规划、产品智能化升级、数字化营销推广到商业化变现的一体化解决方案，至今已帮助吉利、江淮、哪吒等新能源汽车企业出海。以哪吒汽车为例，易点天下网络科技股份有限公司自2022年开始帮助其构建海外线上用户触点矩阵、海外社媒平台，快速开启脸书、Instagram、X（Twitter）三大主流平台的品牌运营，通过日常贴文发布、定期线上活动策划、品牌广告投放、利用数字营销手段挖掘用户画像等，助推产品本地化研发适配。截至目前，全平台已收获近10万名粉丝，并成功吸引7个国家的海外经销商，为形成大规模的销售战略布局奠定了基础。

五、服务外包培育新质生产力的主要困境

（一）"友岸外包"等外贸风险不断加剧

离岸服务外包是服务全球化的产物，各个经济体在追求更低成本、更优效率和更大价值的原则下，寻求国际产业链合作的新模式。然而，近年来，美西方国家联合其盟友推崇的全球价值链"区域化""友岸化""安全化"，使得全球离岸外包市场呈现"分散化""碎片化""低效化"等特征。在美国及其盟友的"安全滤镜"下，欧洲、日本等我国主要服务外包离岸伙伴纷纷出台类似政策，有意降低我国承接离岸外包在部分领域占比，将对我国承接上述国家离岸外包业务产生影响，进而对我国服务外包产业发展产生限制。

（二）传统人力资本优势消失和新兴接包国的崛起

服务外包最初产生的动因是"成本利差"，印度和中国能够成为全球两大离岸服务外包目的地、"世界办公室"，一大原因是印度和中国拥有大量受过高等教育的人口，且人力成本较欧美等发达国家低很多，这也成为中印承接离岸服务外包的比较优势。但近年来，中国劳动年龄人口触顶

后呈持续下降趋势，且劳动力成本快速上升。根据商业机构调查，中国成熟工程师的工资与日本相当，是印度的 2~3 倍、越南的 5~10 倍。与此同时，马来西亚、菲律宾、越南、泰国、柬埔寨、南非、俄罗斯、爱尔兰、墨西哥等国家服务外包持续崛起，成为中国国际市场中的有力竞争对手。

（三）国际形势深刻变化，全球需求或面临短期收缩

新冠疫情对产业模式和需求恢复的影响至少可能会延续到未来三至五年，乌克兰危机、巴以冲突等地缘政治继续影响全球贸易和投资，发达国家货币政策和贸易增长前景具有较高不确定性，世界经济仍然处于乏力复苏的通道中。由此对我国旅行、运输、建筑等传统服务贸易和服务外包均会造成不利影响，一些服务外包企业面临订单不足、成本上升等诸多挑战。

（四）服务外包总体受重视程度不高

服务外包尤其是在岸外包，受限于统计手段等原因，显性的产业规模不大、税收不高，因而不被地方政府所重视。产业内外长期存在对服务外包的误解和歧视，认为别人不愿意做的才会外包，而忽视了别人不能做的也会外包，"专业的人做专业的事"，以及服务外包对各行各业提升产业价值、促进生产性服务出口、催生商业模式苍溪、促进技术突破性革命等隐性作用，不利于服务外包产业在各行各业发挥真正作用。

六、服务外包培育新质生产力的政策保障

（一）大力发展在岸服务外包，促进"两个市场"内外联动

鼓励政府、行业龙头企业将采购在岸服务作为提升生产效率、推动技术创新、推进商业模式创新的重要手段，积极培育国内专业服务提供商，加快在各行业形成"服务标准"。鼓励各类企业主动承接服务外包业务，提升技术创新投入，强化服务技术含量。引导各行业在研发、采购、生产、销售、售后等各环节数字化过程中，积极培育服务供应商，实现资源互补和生态资源链构建。鼓励龙头企业加快"服务标准""走出去"，通过承接更高标准的服务外包提升自身的服务水准，形成自身技术、标准、品牌

等综合性优势，提升对国内各行业产业链、供应链、价值链的掌控能力。中小企业应提升自身服务专业化水平和标准化能力，积极获得国际资质认证，通过承接大企业分包等形式，逐步获得海外规模更大、要求更高、价值量更大的服务项目。

（二）加快推动服务外包数字化、高端化、创新化升级

加快数字技术对服务外包的支撑作用，持续、有序、适度超前布局5G、5G+等数字基础设施，鼓励扩大人工智能、云计算、区块链、物联网、量子计算等新技术的原始创新和场景应用，通过数字化、高端化、创新化、融合化、平台化赋能，促使服务外包向价值链高端延伸，鼓励服务外包在转型升级过程中不断创新服务模式、创造服务新市场、新工具、新需求、新对象。强化服务外包在农业、制造业和服务业中的深度应用，形成具有可复制可推广的行业示范和典型案例。

（三）进一步扩大高水平对外开放，扩大服务外包合作模式

支持企业依托共建"一带一路"、RCEP等区域经贸协定培育多元化市场，在上游研发设计、供应链互联互通、下游数字营销、跨境电商等领域加强合作，形成产业链供应链利益共同体。除在传统领域发力外，在绿色能源技术开发、气候保护、公共卫生安全维护等新兴领域与世界各国加强交流和服务外包合作，主动拓展更多服务外包市场空间。

（四）高水平建设服务外包示范城市，激发各地发展动力

以高水平建设服务外包示范城市作为各地发展服务外包产业的重要抓手，鼓励更多中西部地区申请加入服务外包示范城市，出台新发展阶段鼓励服务外包高质量发展政策措施。积极发挥好示范城市先行先试和制度创新平台作用，形成产业发展"头雁效应"，持续输出推广服务外包新技术、新标准、新业态、新模式；鼓励不同发展阶段、发展水平的地方，结合区位优势和产业特色，形成优势互补和特色鲜明的发展格局，在产业链、供应链、价值链上形成与领军城市的互补效应，带动更多地区协同发展。

第六章　国际数字贸易规则的进展与展望

现行 WTO 规则是工业时代的国际贸易规则，落后于当前数字经济的发展。2023 年，WTO 电子商务谈判经过多年历程，发布全球首个多边规则模版，形成了囊括多边协定、双边及区域协定和框架下协议的多层次数字贸易规则格局。联合国数字和可持续贸易便利化全球调查对各国/地区的贸易程序数字化程序进行衡量，结果显示，2023 年全球平均贸易数字化率为 61%，较疫情前的 2019 年提升了 12 个百分点。根据 TAPED（电子商务和数据贸易协议条款）数据库，2000—2023 年全球各国签订了 340 多个特惠贸易协定，其中有 180 多个涵盖数字贸易相关规则，占比约 53%。由此建立的数字贸易规则体系主要分为三类：一是在传统货物贸易和服务贸易规则框架内演化的，为适应数字贸易发展而建立的规则；二是围绕最新数字基础设施、数字技术、数字贸易平台、数据等开放和监管的规则；三是促进数字化转型和数字营商环境的可信规则建设。其中，第二类和第三类正在引领全球数字贸易规则的演进与重构。

一、全球数字贸易规则演进

数字贸易规则的形成和发展，经历了由少到多、由浅入深的过程。大致可以分为萌芽阶段、形成阶段和发展阶段。

（一）萌芽阶段（1995—2014 年）

早期数字贸易规则以电子商务条款出现。随着电子商务发展，WTO 框架和双边协定中开始出现电子商务有关条款，并逐渐形成电子商务专章。WTO 框架电子商务的讨论主要集中在"电子商务征税"的问题上，1998年 WTO 第二届部长级会议通过《全球电子商务宣言》，宣布对电子传输产品暂不征收关税。各国对"永久性对电子传输的数字产品免征关税"持不同态度，美国希望永久性免征关税，欧盟及发达国家更倾向于未来对数字产品征收关税，至今关于"电子商务征税"的讨论仍在持续。在签署的双边自由贸易协定（FTA）中，2004年美国—智利FTA首次将电子商务以专章出现，包括6个条款和1个附件。此后，美国签署的FTA以此为基础进行扩展，美国—澳大利亚FTA电子商务条款增加至8条，美国—韩国FTA进一步增加至9条。此时，数字贸易规则已从关税扩展至电子认证和电子签名、数字产品非歧视性待遇、线上消费者保护、无纸化贸易、电子信息跨境自由传输、接入并使用互联网等。

（二）形成阶段（2015—2018年）

以美国主导的《跨太平洋伙伴关系协定》（TPP）为里程碑，形成数字贸易规则基本框架和主要内容。TPP设立电子商务专章，共18条，其中第1条为定义、第2条为范围和总则、第18条为争端解决，第3—17条为具体规则，包括减少数字贸易壁垒、保护消费者权益、促进电子商务发展、加强国际合作等方面。其中，减少数字贸易壁垒含6条规则，包括海关关税、数字产品非歧视待遇、接入和使用互联网开展电子商务、通过电子方式跨境传输信息、计算设施的位置、源代码；保护消费者权益含3条规则，包括在线消费者保护、个人信息保护、非应邀电子商务信息；促进电子商务发展含4条规则，包括国内电子交易框架、电子认证和电子签名、无纸贸易、互联网互通费用分摊；加强国际合作含2条规则，包括合作、网络安全事项合作。尽管TPP最终因美国退出而失效，但CPTPP完全保留了电子商务章节。

（三）发展阶段（2019年至今）

以TPP数字贸易规则为基本框架，基于各国发展利益，形成"美式规则""欧式规则"和"DEPA模式"。USMCA、UJDTA以美国为主。USMCA在TPP基础上，第一次明确将"电子商务"专章改为"数字贸易"专章，在跨境传输信息、数字产品非歧视待遇、计算设施位置、源代码等条款上，删除了部分例外情形，以执行更自由更严格的标准。UJDTA是第一部专门针对"数字贸易"的协定，在 USMCA 核心条款的基础上，基于美国和日本的数字贸易诉求，进行修正和拓展，增加了"使用加密技术的信息和通信技术产品"条款，对激进的数字贸易自由化条款适度回调，增强本国政策的监管和调控能力。TPP 之后，欧盟签署的《欧盟—加拿大综合经济和贸易协定》（CETA）、《欧盟—日本经济伙伴关系协定》（EPA）沿用了 TPP 核心条款并进行修正。"欧式规则"注重个人隐私保护，允许对"跨境数据流动"采取必要的限制，允许计算设施本地化。同时，出于对欧盟文化保护，"欧式规则"设定"文化例外"条款，数字贸易规则不适用于文化领域。DEPA 由新西兰发起，新西兰、新加坡、智利三国于2020 年 6 月签署。DEPA 被设计成"模块化"的诸边贸易协定，以便未来的参与者选择最适合成员特定情况的协议条款，也可以随着贸易政策和数字贸易的发展而修改。协定由 16 个主题模块构成，包括商业和贸易便利化、处理数字产品及相关问题、数据问题、更广阔的信任环境、商业和消费者信任、数字身份、新兴趋势和技术、创新和数字经济、中小企业合作、数字包容、透明度和争端解决等。

二、主要数字贸易国际规则特点

（一）USMCA 中数字贸易相关规定

2020 年 7 月 1 日，USMCA 正式生效，从而取代了《北美自由贸易区协定》（NAFTA），成为美国、加拿大、墨西哥的新区域贸易规则。

1. 数字贸易相关规则

协定要求保护数字供应商的竞争力，减少数字贸易限制，并将对成员国的要求从边境规则扩展到边境后规则，即要求缔约方设立与数字贸易相关的国内法律框架。主要包括：禁止将关税和其他歧视性措施应用于以电子方式分发的数字产品；要求确保数据的跨境自由传输，并最大限度地减少数据存储和处理的限制；要求确保应用于数字市场的消费者保护措施，包括隐私与未经同意的通讯；限制政府要求披露源代码和算法的能力；加强应对网络安全挑战的应对合作；促进对政府生成的公共数据的开放访问；进一步降低跨境电子商务非关税壁垒，并将源代码规制范围扩展到算法；等等（见表6-1）。

表6-1　USMCA中数字贸易方面主要新增条款

新增条款	主要内容
网络安全	鼓励各方共同应对网络威胁带来的问题，确保对数字贸易的信心
公开政府数据	要求各方在最大程度上公开政府数据，鼓励各方政府以电子形式提升行政透明度
交互式计算服务	要求任何缔约方在确定与信息存储、处理、传输、分配或由该服务造成的损害责任时，不得采取或维持任何措施将交互式计算机服务的提供者或使用者视为信息内容提供者，除非该信息完全或部分由该提供者或使用者创建或开发
提供增值服务条件	规定如一缔约方直接对增值电信服务进行规制，那么在没有适当考虑合法公共政策目标和技术可行性的情况下，不得对增值电信服务提供者提出与公共电信服务提供者同样的要求，且有关的资格、许可、注册、通知程序等都是透明和非歧视的，并且不得提出诸如对公众普遍提供等要求

资料来源：根据公开资料整理。

除此之外，USMCA还在金融服务、电信服务、专业服务、广播服务和知识产权等数字贸易相关方面制定专门规则。

2. 主要特点

第一，明确提出数字贸易相关规则。USMCA首次以"数字贸易"取代"电子商务"作为数字贸易相关章节的标题，并通过进一步明确数字贸易的内涵，避免陷入"以网络交易平台为支撑的在线交易"的误解。同时，以数字贸易为核心，明确了跨境服务贸易章的纪律也适用于"采用电子手段"生产、分销、营销、销售或交付的服务，实现已有规则的数字化升级，改善了原有规则无法适应数字贸易的现状。协定在涵盖此前所有高水平数字贸易纪律的基础上，进一步降低跨境电子商务非关税壁垒，约束政府行为，确保数据流动自由、公平竞争，保护服务提供者的利益。

第二，以边境后规则为代表，协定进一步提高了知识产权、数据本地存储等要求，使很多标准更为严格。如在知识产权保护方面，USMCA提高了现有的 WTO 标准（WTO-plus）。特别是协定对成员国的要求很大程度上从边境规则扩展到边境后规则，即要求缔约方设立与数字贸易相关的国内法律框架。

第三，规则更加完善，关注提升执行力。协定规定了更高水平的实体性规则，而且对程序性规则进行了深度完善。同时，协定新增"执行"条款，明确各方主管机构有义务保障章节内特定条款的执行，同时赋予他们制裁权，以更加务实的态度确保协定条款的执行力。此外，还在跨境服务贸易章的"国民待遇"和"最惠国待遇"的定义条款中，对政府层级作了明确性补充，将"地方政府"列出，并规定"地方政府采取的措施应当是不得低于同类情况下的最好待遇"，对于"不符措施条款"，如果一方认为其他成员的措施对其跨境服务造成实质性损害，可进行磋商，无论该措施是地方政府还是中央政府层面；让各方电信主管机构参与协定的执行保障，将确保协定义务的可执行性；首次将棘轮机制中的"停止"要求适用于跨境金融服务，即以 NAFTA 达成时各方保留的限制为基准点，明确了市场准入设定的起点；在卫生和植物检疫措施、电信、海关和贸易便利化等方面，通过数字化、信息交流等手段，进一步增进彼此贸易互通的便利化程度；设立"国有企业"条款，明确规定不得对国有企业给予更优惠的待遇。

第四，强化以美国为中心的北美区域价值链。协定具有维护美国及北美贸易圈利益的显著特征，尤其是引入了以往罕见的歧视性条款，通过创立排他性的区域主义安排——毒丸条款，规定如协定一方计划与非市场经济国家签订 FTA，应提前通知，协定其他成员有权利选择退出协定，从而选择性屏蔽了其他重要经济体。

第五，淡化发展主题，免除发展中国家特殊待遇。USMCA 删除了 TPP 中"合作与能力建设"和"发展"章节，删除了发达国家缔约方为发展中国家缔约方提供技术支持和能力建设从而帮助发展中国家更好地履行承诺的内容，删除了照顾发展中缔约方发展需要、帮助发展中缔约方最大化地利用该协议所创造的经济机会，以实现更广泛的经济增长、可持续发展和减少贫困的内容。例如，在 USMCA 中，墨西哥在 TPP 中享受的特殊待遇几乎全部被取消。

第六，体现"单边主义"倾向。协定一方面绕过了 WTO 贸易救济的正常程序，即受到影响的国家如果没有获得贸易补偿，就可以直接采取任意报复措施进行报复；另一方面在争端解决章节中，减少了对 WTO 上诉机构报告的参考。这体现出架空 WTO、采取"单边主义"的做法来直接调整美国与其他国家之间贸易关系的态势。

（二）RCEP 中关于数字贸易的规则

RCEP 签订于 2020 年 11 月，协定成员包括东盟 10 国、中国、韩国、日本、澳大利亚和新西兰 15 个成员。

1. 数字贸易相关规则

RCEP 主要在金融服务、电信服务、电子商务等章节中提及了数据跨境流动和数字贸易的规则。

举例来说，

RCEP 第八章服务贸易中的《附件一 金融服务》对"信息转移与信息处理"作了专门约定，包括：

第一，缔约方认识到，每一缔约方可就信息转移和信息处理设置其管理要求。

第二，一缔约方不得采取下列措施阻止：

①其领土内的金融服务提供者为进行日常营运所需的信息转移，包括通过电子方式或其他方式进行数据转移；②其领土内金融服务提供者进行日常营运所需的信息处理。

第三，第二款中的任何规定并不阻止一缔约方的监管机构出于监管或审慎原因要求其领土内的金融服务提供者遵守与数据管理、存储和系统维护、保留在其领土内的记录副本相关的法律和法规，只要此类要求不被用作规避一缔约方在本协定项下之承诺或义务的手段。

第四，第二款中的任何规定不限制一缔约方保护个人数据、个人隐私，以及个人记录和账户机密性的权利,包括根据其法律和法规进行保护的权利,只要此类权利不被用作规避一缔约方在本协定项下的承诺或义务的手段。

第五,第二款中的任何规定不得解释为要求一缔约方允许与其未作出承诺相关的跨境提供或者境外消费服务,包括允许非本地金融服务提供者作为委托人通过中介机构或作为中介机构提供第一条(定义)第二款第十五项所定义的金融信息转移和金融数据处理业务。

通过上述约定,RCEP 引入了新金融服务、信息转移和处理等条款。约定成员之间对于日常经营所需的金融数据的转移和处理不得作出限制,但需遵守各国本土法律法规。

再如,第 12 章"电子商务"对各成员国之间的线上个人信息保护、非应邀商业电子信息、网络安全等作出规定。其中,第 12 章第 14 条第 2 款规定,对于涵盖的人进行商业行为,各缔约方不得强制要求其在境内设置计算设施或使用其领土内的计算设施。第十二章第十五条与第十四条采取了相似的规定结构,在允许缔约方存在对电子信息传输的内部监管规定的基础上,为缔约方设定了不得阻止正常经营活动中的信息跨境传输活动。第三款也规定,在不构成贸易歧视和不合理限制的前提下对"合法公共政策"的相对豁免及对"基本安全利益"的绝对豁免。

2. 主要特点

第一,提高了成员间贸易自由化水平。协定以促进成员间的贸易投资自由化、减少非关税壁垒为宗旨进行协商规定,通过区域共同贸易规则的统一设立,有利于扩大成员间数字贸易市场准入。同时,协定在已承诺部门中有选择地使用了棘轮机制,作出未来进一步自由化承诺,确保未来自由化水平向着高水平正向提升。

第二,增加了新兴规则议题。协定首次纳入了许多新兴议题,如在金融服务中首次纳入"新金融服务""自律组织""信息转移和信息处理"条款,在电信服务中首次纳入"号码可携带""网络元素非捆绑"条款。协定还涵盖了许多边界后措施,如"知识产权""竞争""电子商务""政府采购"

等新兴规则议题。

第三，强调公平与合作发展。协定充分考虑了各成员的发展水平差异及不同发展诉求，专门设立了"中小企业""经济和技术合作"两个章节，作出加强合作的规定，以期实现贸易、投资及规则领域利益平衡与多边收益最大化。"经济和技术合作"中能力建设和技术援助将侧重于知识产权、电子商务、竞争和中小企业等内容，旨在缩小缔约方间的发展差距、实现最大化互惠。

第四，体现了包容性和灵活性。协定在对成员的开放准入、规则与程序透明的要求、承诺方式、对不发达成员的相对包容以及差别性待遇上，均体现出兼顾各方利益的包容性、灵活性。

（三）CPTPP 中关于数字贸易的规则

CPTPP 是由美国主导的 TPP 演变而来的，于 2018 年 12 月 30 日正式生 效，涵盖日本、澳大利亚、加拿大、新加坡、文莱、马来西亚、越南、新西兰、智利、墨西哥和秘鲁等 11 个成员。

1. 数字贸易相关规则

协定禁止缔约方强迫服务提供商以本地化作为进入条件，禁止以转让技术、生产信息、专利等行为作为进入市场的条件，也不得阻止跨境信息流自由流动让本国的数字产品置于优势地位，鼓励成员之间开放数字经济领域。同时，CPTPP 要求缔约国的国内贸易措施符合联合国标准，如《电子商务示范法》和《国际合同适用电子通信公约》中的电子交易措施，要求缔约方推动无纸化贸易；增加了网络安全事务合作条款，禁止互联网垃圾信息传播，减少互联网电信诈骗；呼吁更多国家共同建立个人数据保护规则，探索解决跨境数字流动和个人数据保护之间的矛盾；明确规定缔约国不得要求转让或获取另一方拥有的软件源代码，赋予了 IT 技术企业对源代码的绝对控制权，保护了软件著作权和知识产权。

除此之外，CPTPP 还在金融服务、电信服务、专业服务等数字贸易相关方面制定专门的规则。

2. 主要特点

第一，自由贸易水平高。作为全球范围内最早生效的新一代数字贸易规则，CPTPP 具有高层次的市场准入门槛、自由化的数字贸易体制和全方位的个人权益保护等特征，通过限制他国的数据本地化措施、保障互联网市场数据的自由流动，降低了数字贸易市场的准入门槛、削弱了贸易壁垒，推动了数字贸易自由化，而且对成员遵守规则的约束力显著加强。

第二，规则表述清晰严格。协定表述谨慎、清晰，要求更加严格、明确。例如，对"定义、范围"予以明确规定，规则多采用"不得采取""禁止"等字样，而非"在实际可行的范围内""尽可能"，以"最大努力"等表述。普适性一般规定对所有提供的服务一律适用，如在市场准入、国民待遇规则上，协定规定的义务一般涵盖了全部提供的服务部门，并且大多数规定还会在一般性规则下以列举的形式列明具体的措施，如在电子商务方面突出有关数字产品、个人信息以及电信传输的规则。

第三，放宽知识产权规则。为了兼顾知识产权所有者和使用者、个人利益和公共利益之间的平衡，减少这些规则在成员间的争议，CPTPP 放宽了生物医药、电信、专利等方面的知识产权保护规则和条款。例如，相比TPP，暂停了 70 年的知识产权保护期，缩短至《与贸易有关的知识产权协定》（TRIPS）中规定的 50 年保护期的标准；在生物医药领域，冻结了对生物制剂等新药的测试数据保护期和首次上市的市场保护期；在电信领域，放宽了对卫星和有线电视信号的保护，暂停了在线版权侵权附件；在专利方面，暂停了药品专利有效保护期补偿机制，减少了可授予专利的客体范围的约束条件，政府自主裁决权得以强化。

第四，发展潜力大。CPTPP 的高水平、高标准特征，吸引了众多国家和地区的目光。同时，CPTPP 成员在内部开展过扩容讨论会，将生效条款变更为"六个国家完成国内立法机构审批手续后的 60 天内生效"，生效方式更简单，为其他经济体加入预留了空间。在 TPP 期间，哥伦比亚、菲律宾、泰国、印度尼西亚、斯里兰卡等国家和中国台湾地区就纷纷表示出对加入该协定的兴趣。在 CPTPP 生效后，哥伦比亚、印尼、韩国、英国、等国家和中国香港地区进一步表示希望加入该协定。特朗普曾提出，如果能达成对美国更优厚的条件，美国不排除重新考虑加入 CPTPP。2020 年 11 月 15 日，习近平主席提出中国也将积极考虑加入 CPTPP。2021 年 9 月，中国正式向 CPTPP 保存方新西兰提交了中国申请加入 CPTPP 的文书。

（四）DEPA 中关于数字贸易的规则

新加坡、新西兰和智利共同签署的 DEPA，旨在建立新的跨境数字经济制度安排，为域内企业在数字经济领域创造合作、发展、平等、共赢的机会（见表 6-2）。DEPA 中涉及的电子发票、数字身份、金融科技、人工智能、数据流动和数据创新等议题都是当前国际主流自贸协定中数字贸易相关议题的关注重点。

表 6-2　主要区域性贸易协定中对"跨境数据自由流动"的承诺比较

协定	特定规则		一般性规则			特征
	自由化	特定例外	一般例外	国家例外	审慎例外	
DEPA	承诺有约束力的跨境数据自由流动	监管例外，公共安全例外	GATS 第 14 条；GATT 1994 第 20 条	涵盖"基本安全利益"例外	针对数字经济设定	无
CPTPP	承诺有约束力的跨境数据自由流动	监管例外，公共安全例外	GATS 第 14 条（a）（b）（c）	涵盖"基本安全利益"例外	设置在金融服务章节	DEPA+
USMCA	承诺有约束力的跨境数据自由流动，但约束强度更高	公共安全例外	GATS 第 14 条（a）（b）（c）	涵盖"基本安全利益"例外	设置在金融服务章节	DEPA++
RCEP	承诺有约束力的跨境数据自由流动	公共安全例外（缔约方所认可的），监管例外，基本安全利益例外	GATS 第 14 条；GATT 1994 第 20 条	安全例外范围更为细致	设置在金融服务章节	DEPA-

资料来源：中国服务外包研究中心根据公开资料整理。

DEPA 以主题模块形式构成，包括商业和贸易便利化、处理数字产品及相关问题、数据问题、更广阔的信任环境、商业和消费者信任、数字身份、新兴趋势和技术、创新和数字经济、中小企业合作、数字包容、透明度和争端解决等。其中最具特色的条款包括：第一，数字贸易便利化。包括数字身份认证、无纸化贸易、电子发票、金融科技与电子支付。第二，数据跨境流动与创新。包括个人信息保护、跨境数据流动、政府信息公开、信息创新与监管沙盒机制。第三，构建值得信赖的数字环境，促进中小企业和民众数字参与程度。包括人工智能、线上消费者保护、中小企业合作、数字包容性。

（五）中国数字贸易规则发展

近年来，中国签订的中韩FTA、中澳FTA、RCEP均包含电子商务专章（见表6-3）。中韩FTA是中国首个包含电子商务专章的双边FTA，主要包括电子传输免征关税、电子认证和电子签名、个人信息保护、无纸贸易、电子商务合作等条款。中澳FTA标准更高，增加透明度、国内监管框架、网络消费者保护等条款。RCEP是目前我国签署的数字贸易规则最高的协定，在中澳FTA电子商务专章基础上，增加非应邀商业电子信息、网络安全、计算设施的位置、通过电子方式跨境传输信息、电子商务对话等条款。其中，计算设施的位置、通过电子方式跨境传输信息对标TPP，表明我国对接高水平数字贸易规则的决心和信心。

表6-3　数字贸易规则"中式模板"

FTA	1	2	3	4	5	6	7	8	9	10	11	12	13	14	15	16
中韩FTA（2015）	S	X	H	X	S	X	X	X	X	S	X	X	X	X	X	X
中澳FTA（2015）	S	X	S	S	S	X	X	X	X	X	X	X	X	X	X	X
中新FTA升级（2018）	S	X	H	S	S	X	X	X	X	S	X	X	X	X	X	X
RCEP（2020）	S	X	H	S	S	H	H	X	X	S	X	S	S	X	X	X

注：表中的数字代表依次为，1电子传输免关税，2数字产品非歧视性待遇，3电子认证和电子签名，4在线消费者保护，5无纸化贸易，6跨境数据流动，7计算设施的位置，8源代码，9交互式计算机服务，10个人信息保护，11接入互联网，12非应邀商业电子信息，13网络安全，14公开政府数据，15金融服务计算设施的位置，16使用密码学的ICT产品，S软性条款，H硬性条款，X不涉及。

2020 年 11 月 15 日，中国与东盟等 15 个国家共同签署了 RCEP。作为当前全球范围内最大的自由贸易协定，RCEP 的出台为发展中国家引领制定跨境数据流动规范方案提供良好示范。同时，RCEP 对数字贸易作出专章规定，对跨境数据流动议题达成初步共识，支持跨境数据自由流动，但受到国家安全利益立场和公共政策保护目标的限制，更加关注安全的数据流动，并且没有对例外情形作出进一步区分，弱化了标准过高的隐私保护议题，给缔约方留有更多自由裁量权。

三、数字贸易规则关键议题

各国数字经济发展阶段不同，对数字贸易的界定及开放态度不尽相同，争议主要在以下几个议题：

（一）接入和使用互联网的原则

无论是"美式规则"，还是 DEPA，都规定"在遵守合理网络管理的前提下，按消费者选择接入和使用互联网上可获得的服务和应用"，意味着不对消费者访问境外网络作出过多限制。全面开放网络将对国内舆论及网络安全造成一定冲击，需要在网络开放与网络安全之间进行权衡与评估。目前，我国出于网络安全和监管等因素考虑，对访问谷歌、脸书、油管（You Tube）等国外网站设置一定壁垒。

（二）数字知识产权保护，包括源代码、加密技术等

"美式规则"强调不得要求转移或获得软件源代码、加码技术，但出于公共安全目的，我国要求电信业务经营者、互联网服务提供者为公安机关和国家安全机关，依法进行防范和调查恐怖活动提供技术接口、解密等技术支持与协助。源代码、加码技术等数字贸易规则不排斥监管机构开展特定的调查、检查、执法行为，争议的焦点在于确定强制披露的范围。

（三）通过电子方式跨境传输信息，即跨境数据流动

跨境数据流动对促进数字创新至关重要，但随着数据流动规模扩大，数据安全、数字主权等方面的潜在威胁出现，数据监管与数据流动矛盾凸

显。RCEP 规定"不阻止为进行商业行为而通过电子方式跨境传输信息"，保留基于"合法的公共政策目标"和"基本安全利益"对跨境数据流动采取措施。"美式规则"也允许为了公共政策目标对跨境数据流动采取限制，但要求限制措施被限定在必要范围内并且不构成歧视。规则无法对"合法的公共政策目标"进行准确界定，是各方关注的焦点。

（四）计算设施的位置

CPTPP 中允许为了公共政策目标要求计算设施本地化，但在 USMCA、UJDTA 中删除了例外情形，不能对供应商计算设施的位置做任何规定。RCEP 中允许基于"合法的公共政策目标"和"基本安全利益"要求计算设施本地化。各国原则上都禁止要求计算设施本地化，但许多国家通过国内法规定特定领域计算设施必须本地化，如金融计算设施、个人信息计算设施等。特定领域计算设施本地化成为各国讨论的焦点。

（五）数字服务税

数字贸易的发展对传统国际税制带来了巨大挑战。为应对数字贸易带来的税收挑战，英国、法国等国家（地区）开始征收单边数字服务税，主要针对大型跨国数字企业。美国数字经济最为发达，也是跨国大型数字企业主要聚集地，征收数字服务税对美国不利，在 UJDTA 中，规定缔约方有权对数字产品和服务征收数字税，但需要基于非歧视原则。欧盟及部分发展中国家主张征收数字服务税，以促进本地数字企业发展。

（六）数字产品非歧视性待遇

非歧视性待遇包括最惠国待遇和国民待遇。对于发展中国家，数字经济发展相对落后，希望通过保护性措施促进本土数字企业发展，对非歧视性待遇条款持谨慎态度。RCEP 中没有数字产品非歧视性待遇条款。美国数字经济发达，希望能打开国际市场，非歧视性待遇是"美式规则"中很重要的一条。CPTPP 规定数字产品非歧视性待遇，做出了三项例外规定：不适用于知识产权权利和义务；不适用于提供的补贴或捐赠；不适用于广播，DEPA 延续了这一规定。但在 USMCA 中，删除了"知识产权权利和

义务例外"及"广播例外",非歧视性待遇适用的范围更加广泛;UJDTA
保留 CPTPP 三项例外,但将"广播例外"限定在外资通过参与提供广播服
务的范围之类。

（七）交互式计算机服务

该条款最早出现在 USMCA 中,并在 UJDTA 中得到继承。TPP、
RCEP、DEPA 中均无此规定。交互式计算机服务是互联网中介的安全港条
款,允许互联网中介企业在第三方非知识产权侵权行为中免责,是美国国
内法中的条款在国际层面的体现。互联网中介免责,加大了整个社会网络
空间净化和治理的难度。

四、欧美主要经济体数字贸易立法情况

（一）美国

1.《2019 美国国家安全与个人数据保护法案》(*National Security and
Personal Data Protection Act of 2019*,NSPDPA)

（1）背景。按照中国监管部门的要求,苹果公司向中国公民提供云
服务须由中国公司运营,且中国客户的数据必须存储在中国。苹果公司向
中国内地用户发出通知,自 2018 年 2 月 28 日起,iCloud 将由云上贵州大
数据产业发展有限公司(云上贵州)运营,遵守中国法律,相关 iCloud 服
务将转至云上贵州。此后,在参议院司法犯罪和恐怖主义小组委员会举行
的听证会上,美国共和党参议员、司法委员会犯罪与国土安全项目会主席
Josh Hawley 提出,苹果公司与云上贵州的合作将使中国可以依法随时获取
在华美国公司的数据。

基于上述原因,2019 年 11 月 18 日,Josh Hawley 向美国参议院提交《2019
美国国家安全与个人数据保护法案》。

（2）主要条款限制。在限制国家方面,法案在其第二节明确规定关
注国家包括中国、俄罗斯以及由美国国务院指定的其他国家。

在公司类型方面,法案在第三节规定了规制的科技公司为跨境提供网

站或互联网应用程序等数据服务的实体，并且根据关注国法律所设立的，或者被关注国公司控股的，或者为上述公司的子公司。

在交易程序方面，法案在第六节规定了特定交易需要获得 CFIUS 的批准。CFIUS 是审查外国在美投资是否对美国国防、军事和国家安全造成威胁的专管部门。CFIUS 重点审查的是交易是否会导致美国的关键领域企业被外国企业"控制"，以及交易是否会影响"国家安全"。如果 CFIUS 认为该交易对美国国家安全存在潜在风险的，则会启动延长调查期限，或者新一轮的重新调查。所以，涉及信息、通信、交通、能源等领域的企业往往会以"国家安全"为由遭到 CFIUS 的阻碍。Tik Tok 母公司字节跳动收购美国社交媒体应用程序 Musical.ly 时，CFIUS 曾对其进行了长达两年的国家安全层面的调查。

在法规修订方面，法案要求修正 1950 年的《美国国防生产法案》，将个人数据保护纳入其审核范围；在 2018 年 8 月特朗普签发的《外国投资风险评估现代化法案》（FIRRMA）的基础上进一步扩大 CFIUS 的职权范围，并将个人数据保护上升到国家安全的政策高度。

（3）主要影响。该法案在条文中明确针对中国，在投资等方面增加诸多限制，提高交易审查强度，扩大交易审查范围，延长交易审查时限，限制了在数字经济时代中国企业在美业务拓展，争夺数据资源的意图明显。

提供网络平台跨境服务企业数量快速增长，数据分析、云计算等技术简化了业务流程并提高了运作效率，数据的商业价值不断增加，影响着信息产业乃至包括传统行业在内的所有行业。数据的自由流动是跨境企业实现利益的重要途径，数据跨境流动与保护则成为持续性矛盾和难题。

2.《澄清合法使用海外数据法案》（*Clarifying Lawful Overseas Use of Data Act*，CLOUD）

（1）背景。服务商大多将其在运营过程中产生、收集的数据存储在不同国家的服务器上。国家在具有获取数据的需要时，就必须向多个国家发起刑事司法协助请求。双边司法协助协议进程确保所有访问要求都必须通过数据存储所在国的法律系统，而不是由外国政府直接向存储数据的私营实体提出要求，这一过程进展非常缓慢。在此背景下，2018年美国国会迅速通过了CLOUD。

（2）主要条款限制。在跨境数据获取方面，核心法律争议，主要有两方面：①基于执法目的获取跨境数据的法律权限取决点，是信息的控制者还是信息的位置；②基于执法目的的跨境数据获取主要由两个场景组成：（i）美国执法机构需要的数据存储在外国；（ii）外国执法机构需要的数据存储在美国。

CLOUD法案规定："无论通信信息、记录或其他信息是否存储在美国境内，服务提供商均应当按照本章所规定的义务要求，保存、备份和披露通信内容、记录或其他信息，只要上述信息为该服务提供者所有、监护或者控制。"本质为在跨境数据获取方面，改"数据存储地模式"为"数据控制者模式"。

在法规修订方面，修订《美国法典》第18卷，加强执法部门对跨境储存数据访问能力或用于其他目的。

（3）主要影响。总的来说，该法案为美国执法机构获取境外数据提供了法律依据。美国通过该法案确立了一种高效的单边跨境数据获取方式，即"数据控制者模式"。这种单边的跨境数据获取方式会带来诸多问题，会造成不同国家之间的网络主权冲突、管辖冲突和法律冲突。跨国企业陷入两难境地，美中资企业数据安全在一定程度上存在风险，掣肘中企在美数字经济相关业务开展。

对我国有利方面，有业内专家和企业认为，该法案将为中国内资云服务商拓宽市场提供便利。该法案规定美国公司应提供存储在美国之外国家的服务器上的数据，存储于美国云服务商服务器上的数据将可能随时会被要求提供给政府。相比之下，云服务用户将更愿意选择数据隐私保密性更强的中国内资云服务商。

3.《2021年战略竞争法案》(the Strategic Competition Act of 2021)草案

（1）背景。当地时间2021年4月8日，经美国国会民主党和共和党通过，形成了长达283页的《2021年战略竞争法案》，也称为两党《对华法案》。该法案要求拜登政府动用所有战略、经济和外交工具抗衡中国，推行与中国的"战略竞争"政策，以保护和促进美国"重要利益和价值观"。

（2）主要条款限制。该法案由五部分组成：增强未来竞争力、巩固盟友及伙伴关系、强化价值塑造、加强经济管制以及确保战略安全，具体内容涉及多方面。

在外交策略方面，重申美国对盟友和伙伴国家的承诺，并重申美国在国际组织和其他多边论坛中的领导地位，从而应对中国在西半球、欧洲、亚洲、非洲、中东、北极和大洋洲构成挑战。

在国际经贸方面，呼吁对抗中国"掠夺性的国际经济行为"，包括追踪"知识产权侵犯者"和中国公司在美国市场的存在等；并呼吁美国向打击海外腐败行为的国家提供技术援助，并向受新冠疫情影响的最贫穷国家提供债务减免。

在军事国防方面，面对中国军事现代化和"军事扩张"，呼吁美政府加强与盟国在军控方面的协调与合作，共享中国在弹道导弹、高超音速滑翔导弹、巡航导弹、常规力量、核、空间、网络空间等战略领域的信息。

（3）主要影响。在对华经济合作方面，在2022—2027财年期间，美国政府每年拨款几千万美元，加速美国企业从中国撤离。同时，降低美国企业对中国供应链的依赖。旨在和中国在经济领域进行脱钩，避免中国在经济上对美国进行反制。

在区域经贸发展方面，该法案呼吁在印太地区推动高品质的基础设施建设，吸引美国在印太地区盟友的加入。目的是反制中国提出的共建"一带一路"，扩充美国在经济领域上的盟友。

在知识产权方面，该法案认为，中国商业的发展，是因为中国窃取了美国大量的知识产权。美国政府接下来应当加大对"知识产权侵犯者"的打击，并且严密监视中国商业公司在美国的动向，华为、Tik Tok 等多家数字贸易企业均在美"打击"范围内。

4.《2021 年美国创新与竞争法案》（*U.S. Innovation and Competition Act of 2021*）

（1）背景。当地时间 2021 年 6 月 8 日，美国参议院以 68 票赞成、32 票反对的结果投票通过《2021 年美国创新与竞争法案》（S.1260），旨在促进美国半导体、人工智能等技术的发展，对抗中国日益增长的影响力。

该法案整合了参议院各委员会此前的 30 多项相关提案，共分为 7 个部分："芯片与 O-RAN 5G 紧急拨款"、《无尽前沿法案》《2021 年战略竞争法案》《确保美国未来法案》《2021 年应对中国挑战法案》、"其他事项"以及《2021 年贸易法案》。其中，以半导体、5G 等数字技术为中心的对华科技遏制和竞争是该法案的重心；数字技术和网络空间作为中美竞争的战略高地也是重中之重。美国意图从技术研发体系、治理模式和国际联盟等方面实现"数字去中国化"。

（2）主要条款限制。芯片与 O-RAN 5G 紧急拨款方案。拨款总计 520 亿美元，重点发展两个领域：芯片和 5G 网络。重中之重是鼓励芯片生产，支持汽车、军事和关键产业发展。

《无尽前沿法案》。"无尽前沿"特指科技领域。拨款 810 亿美元给美国国家科学基金会，指导全国基础研究和应用研究，推进关键领域技术进步和商业化；强调要加大理工科教育投入，推动理工科学员向理工科人力资源转化；在"强化科研安全"部分，专门为中国量身定做了一些方案，包括禁止联邦科研人员参与以中国为首的外国政府人才招募计划，禁止中国参加本法案资助的项目，禁止有中国政府背景的实体参与基站建设，禁止国家科学基金会向与孔子学院合作的高校提供资金；在科研产业建设方面，法案提出实施"美国制造计划"，并将尽快圈定"十大最重要的科研领域并提出行动方案"，以及推进"弹性供应链战略"；在空天技术发展方面，重点是禁止 NASA 与中国以及中国国有企业开展双边合作，任何与

NASA 开展关键技术合作的实体都必须事先声明未接受过中国援助，或与中国无隶属关系。

《2021 年战略竞争法案》。多项措施旨在增强未来竞争力、巩固盟友及伙伴关系、强化价值塑造、加强经济管制以及确保战略安全。

《确保美国未来法案》。致力于推动美国制造业和人力资源建设的法案。在加强美国制造业方面，主要措施是"购买美国产品"和"推进美国制造"；在安全措施方面，主要看点是禁止政府部门使用抖音软件，具体规定包括，要在所有联邦政府使用的手机和电脑上卸载抖音，同时不得使用字节跳动公司推出的其他替代产品。

《2021 年应对中国挑战法案》。在制裁手段方面，主要是制裁网络袭击和窃密行为，强化出口审查制度，特别强调，要审查外国对美高等教育的投资和赠与行为。在报告制度方面，值得特别关注的有两项：一是报告中国实体在美国资本市场的存在是否会危及美国国家安全、人权以及造成金融风险；二是报告中国政府军民两用技术的开发使用情况。

维护教育和医学研究竞争力和安全。重点关注生物医学发展和院校教育。值得注意的有两点：一是将计算科学引入中小学教育；二是针对与孔子学院合作的高校建立新的透明管理制度。

（3）主要影响。限制社交媒体软件。美国对抖音、微信等中国媒体及社交软件限制已久。特朗普政府 1.0 时期，对抖音和微信的使用发布了禁令。当地时间 2021 年 6 月 9 日，拜登政府撤销了特朗普政府 1.0 时期对抖音和微信的禁令，似乎大门已经打开。但随着《2021 年美国创新与竞争法案》的出台，意味着即将敞开的大门又关上了一半。

以强化科研安全权为由，限制科研国际合作。禁止联邦科研人员参与以中国为首的外国政府人才招募计划；禁止 NASA 与中国以及中国国有企业开展双边合作，任何与 NASA 开展关键技术合作的实体都必须事先声明未接受过中国援助，或与中国无隶属关系。

限制中资企业在美业务。禁止有中国政府背景的实体参与基站建设，禁止中国实体参与《无尽前沿法案》中拨款资金资助的项目。

中国军民技术安全存在潜在风险。该法案中有相关条款要求，要形成制度，向国会报告中国政府军民两用技术的开发使用情况，此举一定程度上对中国技术安全造成危害。

5.《2022芯片与科学法案》（*Chips and Science Act of 2022*，简称《芯片法案》）

（1）背景。该法案旨在促进美国半导体制造业发展，提高竞争力，其中包括为生产计算机芯片的美国公司提供超过520亿美元的资金支持，是美国芯片行业的主要红利信号。

（2）主要条款限制。补贴美国半导体产业。设置"美国劳动力和教育基金"，为半导体产业提供527亿美元的补贴，具体如下：在5年内向美国芯片基金分配500亿美元，用于实施商务部的半导体激励措施和《2021财年国防授权法案》授权的研发和劳动力发展计划；向美国芯片国防基金分配20亿美元，用于微电子共用网络以及半导体劳动力培训；向美国芯片国际科技安全和创新基金分配5亿美元，分5年分配给国务院，协同美国国际开发署、进出口银行和美国国际开发金融公司，与外国政府合作伙伴相协调，以支持国际ICT安全以及半导体供应链活动，包括支持安全和可信的电信技术、半导体和其他新兴技术的开发和应用；向美国芯片劳动力和教育基金分配2亿美元，分期5年提供给国家科学基金会资金以促进半导体劳动力的增长。

限制受援实体提升中国半导体制造能力。《芯片法案》第103条"半导体激励"对《2021财年国防授权法》进行了修正，以确保美国国内半导体制造商有资格获得《芯片法案》下的联邦财政援助，并加强美国国内半导体制造，但如果该制造商在对美国构成国家安全威胁的国家（如中国）扩建或建造新半导体生产设施，则不能获得《芯片法案》下的援助资金。

（3）主要影响。打压中国芯片产业。法案明确针对中国、俄罗斯、伊朗与朝鲜四个国家，但是鉴于其他三个国家在相关产业上无挑战能力，实质上就是针对中国。《芯片法案》与美国的出口管制法规以及瓦森纳协定等一脉相承的，限制了美国、欧洲企业向中国提供高端芯片制造设备，同时严格防止官方资助的机构及科学家与中国在相关领域进行技术合作。

阻止中国高科技领域国际交流。其他国家的企业只要接受了美国的资助或者享受了相应的政策，未来 10 年在指定的高科技领域都不得与中国进行合作。本法案试图通过此举来防止相关技术流入中国或者与中国在这些领域进行合作，切断中国与世界其他地区在高科技方面的合作，阻止高科技人才交流。

（二）欧洲

1.《数字服务法案》

（1）背景。欧盟委员会 2020 年底推出了《数字服务法案》，该法案于 2022 年 10 月被欧盟理事会正式通过。

（2）主要条款限制。基于一系列基本规范与价值观，强化对定向广告投放和特定内容推送的限制。新法案禁止平台与搜索引擎针对儿童或基于宗教、性别、种族和政治观点等敏感数据的定向广告和内容推送，"黑暗模式"（dark patterns）也将被明令禁止。"黑暗模式"也叫"欺骗模式"（deceptive patterns）是使用各种不正当、隐蔽的、带有诱导性甚至误导性的技巧与手段，使消费者作出违背初始意图的选择并借此获利的行为。

重新理顺欧盟范围内的数字内容治理流程。《数字服务法案》一经生效便将直接在全欧盟各成员国范围内适用，并着重强化在监督和执法过程中创新机制化建设，如建立"数字服务协调员"和"数字服务委员会"；超大型平台需要指定至少一个独立的"合规官"，使其与数字服务协调员合作并尽到监督与告知义务；等等。

特别针对超大型平台。欧盟在《数字服务法案》中格外注重对超大型在线平台（very large online platforms，VLOP）和超大型在线搜索引擎（very large online search engines，VLOSE）施行严格要求。超大型在线平台被定义为每月活跃用户超过 4500 万人的平台，这个数字大致相当于欧盟总人口的10%。《数字服务法案》规定对违法企业施以高达全球营业额6%的罚款，甚至可以在企业屡次严重违规的情况下禁止其在欧盟市场运营。

（3）主要影响。限制美国数字巨头发展。在欧洲乃至全球范围内最有竞争力、用户覆盖面最广的数字平台依然以美国企业为主，因此该项政策被美国部分政客认为是"欧洲针对美国的歧视性数字贸易政策"。

限制中国数字企业发展。对尝试海外拓展的中国背景的互联网平台公司，也有潜在的影响，可能限制其未来跨国业务发展。

2.《数字市场法案》

（1）背景。欧盟委员会2020年底推出了《数字市场法案》，于2022年10月正式刊发在欧盟官方公报上（OJ），于2023年5月2日生效（部分条款在6月25日生效）。

（2）主要条款限制。对监管目标进行了更加明确的界定。法案主要目标是对大型互联网企业进行监管，确保数字市场的公平和开放。大型互联网公司就是所谓的"守门人"（gatekeeper）企业。这些公司不同于一般的平台公司，其规模足够大，具有系统性影响，且连接了广泛的个人和企业用户。在性质上，守门人企业具有强大的经济地位，对所处市场具有重要影响。

法案对守门人企业必须遵守的"应做"和"不应做"的义务提出明确要求。例如，守门人企业的义务包括：应允许第三方在特定情况下与网守企业提供的服务进行交互操作；应允许业务用户访问他们在使用守门人企业平台时生成的数据；应为在其平台上做广告的公司提供必要的工具和信息，以便用户对其由守门人企业主持的广告进行独立验证；应允许用户在守门人企业平台之外推广他们的产品。网守企业不应做的是：不应该在排名上，更有利地对待网守企业自身提供的服务和产品；不应该阻止消费者连接到平台之外的企业；如果用户愿意，不应阻止用户卸载任何预安装的软件或应用程序；未经同意，不得出于定向广告的目的跟踪守门人企业核心平台服务之外的最终用户。

对守门人企业的违法行为提出明确惩罚措施。若违反法案的相关要求，大型平台公司可能面临高达公司全球年营业额 10% 的罚款，或在反复违规的情况下高达 20% 的罚款，或者定期支付高达每日平均营业额 5% 的罚款。最后，如果守门人企业系统性违反上述义务，在市场调查后，可能会对企业施加额外惩罚措施。这些措施包括行为和结构性惩罚措施，例如剥离（部分）业务。

（3）主要影响。法案为控制数据和平台访问的门户网络公司制定了规则，这些规则禁止科技公司偏袒自有服务、压制竞争对手以及阻止用户删除预装软件或应用程序。据报道，苹果公司直接就《数字市场法案》发出警告：该法案的条款将使苹果无法向知识产权收费，可能为用户带来不必要的隐私和安全漏洞。

帮助建立和完善数字服务的市场秩序，有利于数字市场的健康发展。对于那些依赖守门人企业，且在单一市场提供服务的商业用户，将拥有更公平的商业环境。那些创新者和技术初创企业将有新的机会在线上平台上进行良性竞争和创新。对于依赖网络平台的消费者而言，将有更多更好的服务可供选择，并获得更公平的价格。

在欧中资企业或将面临巨大合规挑战。在数字规则和监管方面，欧盟毫不掩饰其追求主导地位的雄心，希望引领数字时代的规则制定。对中国而言，欧盟追求"数字主权"的努力无疑会带来更多的竞争，尤其是在人工智能和云计算等一些关键技术领域。由于中欧在数字治理理念与路径方面仍然存在差异，欧盟的强监管倾向也为中国数字企业带来了不小的合规挑战。

3.《通用数据保护条例》（*General Data Protection Regulation*，GDPR）

（1）背景。欧盟《通用数据保护条例》在 2018 年 5 月 25 日正式生效。GDPR 序言共 173 条，正文分为 11 章 99 条。GDPR 新条例的实施，意味着欧盟的数据保护水平将达到前所未有的高度。

（2）主要条款限制。以重罚为理念，试图倒逼数字经济企业完善数据保护制度。对于数据处理的违法行为，GDPR 主要设定两个等级的处罚。

第一等级最高可处 1000 万欧元，或上一财年全球营业额 2% 的行政处罚，以较高者为准。如果根据全球营业额进行处罚，在地域上是全球范围内，而非在欧盟境内的营业额；在基数上，是全球营业额（annual turnover），而非全球净利润。针对严重违法的数据处理行为，GDPR 设定了第二等级的行政处罚：最高可处以 2000 万欧元，或上一财年全球营业额 4% 的行政处罚，以较高者为准。

确立"长臂"管辖原则。法律是国家主权的体现，一般只在一国领土范围内发生效力，即属地原则。但随着近年来网络技术的不断提高，具有虚拟性、无国界性的电子商务、互联网金融，在全球范围内得到蓬勃发展。在数字经济时代，再继续坚持传统的属地主义原则，或许无法有效保护本国公民的权益和国家利益。GDPR 的适用范围极广，将法律适用的属地主义与属人主义原则结合起来，扩大法律适用的域外效力。首先，在欧盟境内设立数据控制或处理机构，不管其对个人数据处理的行为是否发生在欧盟境内，都受 GDPR 的拘束。其次，即使在欧盟境内没有设立数据控制或处理机构，有两类数据处理行为也受 GDPR 的约束：一类是向欧盟内的数据主体提供商品或服务，无论是否收费或免费；另一类是对数据主体发生在欧盟内的行为进行监控的。最后，在欧盟内没有设立机构，但数据处理行为，依国际公法可适用欧盟成员国法律，受 GDPR 的拘束。

（3）主要影响。完善数据主体的权利设置与行使操作规程方面的挑战。GDPR 赋予了数据主体一系列强大的权利，对于这些权利的保护不足和侵犯属于严重违法行为，欧盟监管机构可处以最高额度的罚款。在赋予数据主体同意权、访问权、可携带权、被遗忘权、更正权等重要权利外，还应当核实这些权利设置与行使是否符合 GDPR 的要求，例如检查设置的同意权是否符合 GDPR 的要求。

完善数据处理机制。运用适当的组织措施与技术措施，确保数据处理符合 GDPR 的基本原则与合法性条件。以透明的方式，使用简明易懂的语言，及时如实告知收集、存储、使用个人数据的情况。建立健全数据保护影响评估机制与事先协商制度，对个人数据进行去标识化处理，完善数据匿名化处理规程，提高数据处理过程的安全性，并对个人数据处理活动进行记录。

完善数据泄密报告与处理机制。GDPR 要求原则上自知道个人数据泄露 72 小时内，向监管机构报告，并将可能产生高风险的泄露信息通知受到影响的个人。企业应详细记录个人数据泄露情况，及时采取补救措施，不断修改完善现有的数据泄露管理流程。

五、数字贸易国际合作形势

（一）区域贸易协定仍将是数字贸易谈判主导方式

各国数字经济发展方面存在较大差异，数字贸易规则难以继续在 WTO 框架下有效达成。WTO 采用的是"一员一票"的决策原则，在当前新兴经济体崛起的背景下，发达国家难以完全按照自身主张推行国际规则，达成全球一致的数字贸易规则困难重重，导致以美国为典型代表的国家不愿在 WTO 框架内寻求治理，转而通过先签订区域贸易协定，再逐步扩大签订协定的国家，从而影响数字贸易规则。

（二）美欧在数字贸易合作上存在分歧

美国与欧盟虽然同为数字贸易引领者，但技术能力存在差距，在数据跨境流动、数据本地化、个人隐私保护等价值主张存在分歧，美国最大限度促进数字贸易发展为目标，同时保持美国在数字贸易领域的领先地位。基于这一理念，美国明确提出跨境数据流动不受本地化规制阻碍。欧盟对隐私保护更加严格，在欧盟法律中，企业只能在特定情况下才能进行个人数据收集，在处理个人数据前要获得欧盟委员会批准（见表 6-4）。

（三）新兴经济体将在数字贸易规则制定上发挥更大作用

全球金融危机以来，新兴经济体在全球治理中的地位不断提升，逐渐参与制定全球贸易规则，在全球治理中的影响力进一步增加。主要新兴经济体高度重视数字贸易合作，中国作为电子商务和数字贸易大国，积极在全球数字贸易规则制定中代表发展中国家发声（见表 6-5）。俄罗斯发布《数字经济发展规划》，强调融入亚洲经济内的数字贸易。印度、越南、马来西亚等新兴国家也主动在国际会议上交流本国的数字贸易主张。

表6-4　美国、欧盟与中国跨境数据流动规则与治理比较

	美国	欧盟	中国
总体原则	数据跨境自由流动，数字产品永久免征关税，圈定数据自由流动区，但严格限制本国公民数据被威胁美国安全的国家获取	高标准个人数据跨境流动限制措施 欧盟标准验证的国家内可自由流动，欧盟成员国内可以不受限流动，建立欧盟统一市场	安全与发展并重，确保信息主权和数据安全前提下实现数据有序流动，重点管理个人信息和重要数据跨境流动
代表性区域协定	美墨加协议：成员方不得对用于经营目的的跨境数据施加限制；在缔约国境内开展业务不得将金融数据本地化 APEC中的跨境隐私规则体系（CBPR）：个人数据符合CBPR认证的公司间流动不受阻碍，标准宽于欧盟标准 美日数字贸易协定（UJDTA）：在"通过电子方式跨境传输信息"规则上剔除缔约方监管要求及各种例外	欧盟—英国FTAs：继USMCA后全球第二个采用"数字贸易"专章的FTA，增加个人信息保护、公开政府数据等新规定，明确规定跨境数据传输相关措施不得妨碍个人数据和隐私保护	RCEP：承诺遵循自由流动原则，但较DEPA和CPTPP条件相对宽松，允许更多例外情形
法律体系	《澄清海外合法使用数据法案》（CLOUD法案）（2018）、《开放政府数据法》（2019）、《大数据研发倡议》（2019）等，通过《出口管制改革法案》《出口管制条例》《外国投资风险评估现代化法案》等法规限制威胁国家安全和技术的数据流动	《通用数据保护条例》（GDPR）（2018）、GDPR补充修订（2019）（现有个人数据立法、消除数据本地化限制、挖掘数据要素潜力等）、《电子证据条例》（2018）、《标准合同条款》要求数据接收者制定符合要求的数据保障措施	发布实施《网络安全法》（2017）、《数据安全法》《个人信息保护法》（2021），强调数据安全评估后出境，明确"境内产生和收集的个人信息原则上在境内存储"

	美国	欧盟	中国
法律体系		制定两部支柱法案：《数据治理法案》（DGA）和《数据法案》（DA），解决数据共享流通中的不信任和不互通等障碍；实施《非个人数据自由流动条例》（2018）；实施《开放数据和公共部门信息再利用的指令》（2019）；发布《电子隐私条例》（2021）	2022年发布《数据出镜安全评估办法》《数据出镜安全评估申报指南（第一版）》，明确数据出镜风险自评估和安全评估相关内容，评估要求较DEPA更严苛，与CPTPP中"不构成任意或不合理歧视；不构成变相的贸易限制"等要求不相适应
顶层设计	颁布《大数据研发倡议》（2012） 发布《开放数据行动计划》（2014） 发布《联邦大数据研发战略计划》（2016） 发布《联邦数据战略2020行动计划》 发布《联邦数据战略2021行动计划》	提出《欧洲数据战略》（2020），目标是在建立欧洲公共数据空间和单一数据市场，在欧盟内部实现数据跨部门自由流动	2015—2017年，先后推进政府数据开放共享、实施大数据战略、公共数据共享 2018年提出《公共信息资源开放试点工作方案》 2021年印发《"十四五"数字经济发展规划》
国际合作	2000年与欧盟签订《安全港协议》，美国超过5000家企业可以在欧洲收集用户信息传至美国处理并存储（2015年取消） 2016年双方达成《隐私盾协议》，欧盟对美国企业和政府使用其数据进行严格规定	2000年与美国签订《安全港协议》，美国超过5000家企业可以在欧洲收集用户信息传至美国处理并存储（2015年取消） 2016年双方达成《隐私盾协议》，欧盟对美国企业和政府使用其数据进行严格规定	积极参与构建多双边跨境数据流动规则体系框架

资料来源：中国服务外包研究中心根据公开资料整理。

表 6-5 中国"三法两办"涉及跨境数据流动治理内容

法律名称	跨境数据流动相关规则	特征	主要执法机构
《网络安全法》	第 37 条规定： 关键信息基础设施的运营者在中华人民共和国境内运营中收集和产生的个人信息和重要数据应当在境内存储。因业务需要，确需向境外提供的，应当按照国家网信部门会同国务院有关部门制定的办法进行安全评估；法律、行政法规另有规定的，依照其规定。 采用了"原则＋例外"的规制模式，即原则上不允许数据的跨境输出，只有在特定情形且经有关部门安全评估后方可跨境输出	严格限制	国家网信办、工信部、公安部
《个人信息保护法》	第 38 条规定： 个人信息处理者因业务需要，确需向中华人民共和国境外提供个人信息的，应当具备下列条件之一：（一）依照本法第 40 条的规定通过国家网信部门组织的安全评估；	相对更加灵活宽松，与数据出境安全评估办法部分要求重合	
《个人信息保护法》	（二）按国家网信部门的规定经专业机构进行个人信息保护认证；（三）按照国家网信部门制定的标准合同与境外接收方订立合同，约定双方的权利和义务；（四）法律、行政法规或者国家网信部门规定的其他条件。 个人信息处理者应当采取必要措施，保障境外接受方处理个人信息的活动达到本法规定的个人信息保护标准。 对个人信息跨境提供规则作了基础性规定。对于跨境数据流动的规制，数据输出者应当采取必要措施，保障境外接受方处理个人信息的活动也应达到个人信息保护法的保护，在一定程度上加重了境内数据提供者的后续监督义务	相对更加灵活宽松，与数据出境安全评估办法部分要求重合	
《数据安全法》	第 31 条规定： 关键信息基础设施的运营者在中华人民共和国境内运营中收集和产生的重要数据的出境安全管理，适用《中华人民共和国网络安全法》的规定；其他数据处理在中华人民共和国境内运营中收集和产生的重要数据的出境安全管理办法，由国家网信部门会同国务院有关部门制定。	首次将数据作为"关键要素"写入法律，首次确认"数据权益"	工业、电信、交通等主管部门承担数据安全监管职责

	跨境数据流动相关规则	特征	主要执法机构
《数据安全法》	第36条规定： ……非经中华人民共和国主管机关批准，境内的组织、个人不得向外国司法或者执法机构提供存储于中华人民共和国境内的数据		公安机关、国家安全机关承担数据安全监管职责国家网信部门统筹协调网络数据安全和监管
《数据出境安全评估办法》	数据处理者向境外提供在中华人民共和国境内运营中收集和产生的重要数据和个人信息的安全评估适用本办法。数据出境安全评估坚持事前评估和持续监督相结合、风险自评估与安全评估相结合等原则	明确重要数据认定，关键基础设施者的认定和敏感个人信息的认定	国家网信办
《个人信息出境标准合同办法》	规定了向中国境外提供个人信息的三条主要合规路径： 1. 通过网信部门组织的安全评估 2. 经专业机构进行个人信息保护认证 3. 与境外接收方订立国家网信部门制定的标准合同	保持灵活性、实践性和国际性	国家网信办

资料来源：中国服务外包研究中心根据公开资料整理。

六、国际数字贸易规则展望

根据 APEC 的研究报告，两个贸易伙伴之间每增加一项数字贸易规则条款，数字服务贸易流量就增加 2.3%。因此，国际数字贸易规则的不断推进，对于全球数字贸易发展至关重要，将直接决定数字贸易创新和市场发展的速度。

第一，开放与限制并存。数字贸易的发展依赖于各国在市场准入、监管环境、流动性约束等方面较高的开放度，这往往与各国对于主权监管的要求相矛盾。虽然开放性是数字贸易规则谈判的大趋势，但由于发展水平的不均衡和数字主权意识的觉醒，种种限制仍然存在。根据 OECD 对全球90 个国家数字监管政策的 DSTRI，2023 年全球平均 DTRI 较 2022 年提升1.2%，其中非洲限制指数较高，亚洲与欧洲指数呈上升趋势。总体上，国际数字贸易规则的谈判和达成，通常在各国经济利益与主权安全等方面不断权衡妥协、踯躅前行，预计未来一段时间内，这种摇摆和博弈仍将持续，各国仍将在数字贸易的开放与限制中寻求平衡。

第二，对数字贸易的认可度不断提升。随着数字技术的广泛应用和数字经济的快速发展，各国对于数字贸易相关基本内容的认可度将有所提高。包括电子商务、电子合同、无纸化贸易、电子发票、电子支付、数字身份和认证等在内的一系列数字贸易基本界定、概念将逐步得到统一与认可。未来，预计减少壁垒、增加便利性将更多在各国推动数字贸易发展中达成共识。

第三，数据要素的流动和保护仍是焦点。数据流动是开展数字贸易不可或缺的基础条件，而数据作为数字经济重要生产要素的价值也被越来越多的国家给予充分认识和重视。如何能既有利于数字贸易发展又使自身的数据要素资源得到有效保护和价值体现，仍将是各国参与数字贸易规则谈判的焦点议题。对诸如数据跨境流动、数据本地存储、个人数据保护、网络安全、数字知识产权保护等问题的探讨和磋商，预计还将继续。

第四，新技术和领域进一步纳入。数字技术的快速创新和变革，是当前全球经济发展的重要引擎，也是各国都不愿错过的重要机遇，必将推动数字贸易的范畴、模式、业态、领域不断扩大和延展，从而促使国际数字贸易规则不断对新的技术、领域、问题进行吸收和探讨，以适应数字技术和数字贸易市场快速变化发展的需要。诸如人工智能、边缘计算、3D 打印等新的数字技术和数字贸易业务将随着市场的发展，不断纳入到国际规则的磋商和谈判中。

第五，更加重视数字平台治理和数字包容性。随着全球数字经济的发展，数字平台在数字贸易中发挥着日益重要的作用，通常既承担着为数字经济提供基础环境的责任，又充当着数字经济规则制定者、监督者和管理者的角色。在各国监督政策中对数字平台治理加以约定和监督，逐渐成为国际数字贸易规则制定的重要内容。如2023年5月和6月，欧盟分别与英国、澳大利亚签署行政协议，加强平台治理合作，涉及透明度、问责制、算法和人工智能、未成年人保护等。2023 年 10 月，联合国教科文组织发布《数字平台治理准则》，阐述了国家、数字平台、技术社群等等利益攸关方在在线内容治理方面的共同义务和责任。与此同时，各国数字经济发展的不平衡，也使数字包容性议题重要性日益凸显。越来越多的数字贸易参与者认识到，必须营造共同获益的环境规则，才能使更多国家参与到数字贸易中来。

第七章 全球数字贸易限制指数的现状与趋势

数字贸易壁垒是指阻碍数字贸易发展的各类限制性措施或障碍。通常来说，数字贸易壁垒包括由贸易保护主义催生的歧视性数字贸易政策，或者基于不同国情和监管需要产生的政策异质性。近年来，随着数字贸易在全球的快速发展，各国对于本国产业安全、信息安全、数据安全等担忧日益加重。为此，国际组织、研究机构和学者对数字贸易壁垒的关注逐渐提升，包括其内涵、指标及测算等。在数字贸易壁垒测算范畴，欧洲国际政治经济学中心（ECIPE）发布的 DTRI、OECD 发布的 DSTRI 以及全球数字贸易促进指数等具有代表性。上述指数围绕跨境数据流动、本地化要求、知识产权保护等问题，采用不同的测算方法进行测度，其科学性、合理性和认可度均存在一定差距。目前而言，无论哪种测算指标均表明，中国的数字贸易壁垒较高，仍需要在保障国家产业安全和数字安全的同时，加快数字贸易领域开放度。

一、全球数字贸易限制指数

（一）DTRI

DTRI 由 ECIPE 于 2018 年首次发布，以数字贸易估算（DTE）数据库为基础，是衡量世界各国对数字贸易限制程度的定量指标（见图 7-1）。该指数基于广泛的数字贸易政策，涵盖了全球 64 个国家的 100 多项政策措施。DTRI 包含 4 个一级指标、13 个二级指标、45 条政策条款和 98 项具体措施。其中，一级指标包括财政限制、设立限制、数据限制和交易限制。DTRI 在 0 和 1 之间变化，0 表示完全开放，1 表示完全封闭。

通过 DTRI，ECIPE 对世界各国的数字贸易限制程度有一个整体评价，并于 2018 年发布对 64 个国家和地区的评价结果。在当年的评价结果中，新西兰、冰岛和挪威被评为数字贸易限制最低的三个国家。报告指出，新西兰是全球数字贸易开放程度最高的国家，只有少数几项数字贸易限制措施。冰岛、挪威、爱尔兰和中国香港是全球数字贸易最开放的国家和地区之一。

上述国家对数字贸易的开放措施促进了知识产权和其他无形资产的投资，如研发活动（R&D）、数字培训和数据应用，从而推动了数字和非数字部门的增长。

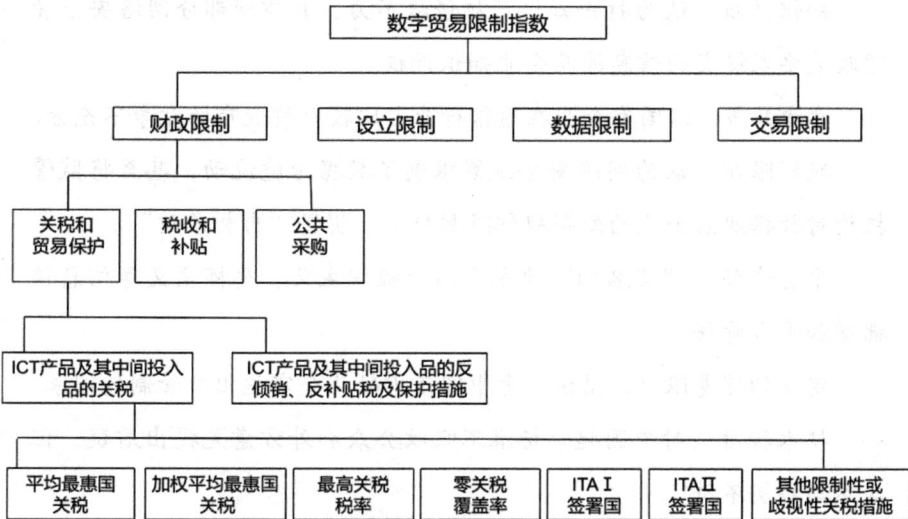

图 7-1 ECIPE-DTRI 五级评估框架

资料来源：根据 DTRI 自行绘制。

中国、俄罗斯和印度为数字贸易限制最为严重的三个国家。报告认为，一般来说，新兴经济体对数字贸易限制较多。

DTRI 认为，中国是数字贸易限制最多的国家，在包括数字商品和服务贸易、ICT 领域的投资，以及数据和 ICT 专业人员的流动方面，都采取了全面的监管措施。此外，俄罗斯、印度、印度尼西亚和越南等国家的数字贸易限制都非常严格。

专栏1：DTRI 对中国数字贸易限制程度的详细评价

DTRI 报告认为，中国在数字贸易的所有领域均施行了严格的监管措施，包括数字产品和服务、ICT 投资、数据流动等。

具体来看，DTRI 对中国的评价主要包括以下几个方面：

公共采购。某些采购政策限制外国产品应用。

投资。对外资企业投资基础电信服务、增值电信服务及互联网出版等有严格限制，对外资企业在境内投资设立合资企业设置特定条件。

知识产权。认为打击知识产权侵权不力，并质疑部分网络安全管理政策要求提交的信息涉及企业知识产权。

竞争政策。以国有企业在通信行业占比较大质疑市场竞争不充分。

数据限制。认为网络安全政策限制了数据跨境流动，甚至将监管机构对数据泄露企业的处罚视作限制措施，明显"自相矛盾"。

平台责任。"实名制"要求和防止极端主义、恐怖主义等信息传播增加平台责任。

定量的贸易限制。错误指责中国是少数几个实施出口管制的国家。

技术标准。对中国起草标准不吸收公众和外方意见提出质疑，但显然与事实不符。

其他主要国家情况如下：法国第 9、德国第 13、美国第 22、英国第 44、日本第 50。从欧洲来看，数字贸易限制最多的国家是法国和德国。法国是唯一一个跻身全球前十数字贸易限制最多的欧洲国家。爱尔兰、挪威、马耳他、荷兰、拉脱维亚、卢森堡等国家数字开放度较高。

尽管 DTRI 的编制建立了专门数据库，先后收集了超过 1500 多部各国数字经济相关政策，并在全球首创了数字经济相关限制指数，但在指标体系设计和研究方法等方面仍存在不足，主要体现在：

一是指标的全面性、科学性有待进一步提升。目前的 DTRI 一方面支持数字贸易自由开放，并未将安全性作为考量因素，在平衡数字贸易开放与保障数据和隐私安全等方面理念不足。另一方面指数注重对各国政策作出定性判断，并未对各国数字经济发展的实际效果进行定量测量。

二是资料来源的单一性明显。DTRI 的打分依据主要来自各国政策文本及 WTO 发布的相关文件。对于各个国家采取的不同数字贸易政策评价，脱离差异化的发展环境、发展阶段及国际贸易形势，有失偏颇。

三是数字经济理论性不足。DTRI 评价所依赖的 WTO 规则无法覆盖数字经济和数字贸易下的诸多问题，如跨境数据流动、个人隐私保护、国家信息安全等。其对数字经济和数字贸易的规模、特点研究不够准确。

（二）DSTRI

1. 编制背景

在全球经济一体化背景下，服务贸易尤其是数字服务贸易逐渐成为推动经济增长的重要引擎。数字服务贸易不仅突破了传统服务贸易的物理限制，还通过高效的数据交换与传输，实现了知识与信息的全球化流动。然而，各国在享受数字服务贸易带来的红利时，也面临着不同程度的监管壁垒和限制措施，比如基础设施和联通性、电子交易、支付系统、知识产权等多个方面的限制措施。为全面评估这些限制措施的影响，OECD 编制了一个综合性指数——DSTRI，旨在为全球服务贸易的监管环境提供一个科学、全面的量化评估工具。

2. 指标内容

DSTRI 主要用于衡量抑制或完全禁止企业利用电子网络提供服务的跨领域壁垒，主要衡量标准包括五项：1）基础设施与连通性；2）电子交易；3）支付系统；4）知识产权；5）其他数字化服务贸易壁垒（见表 7-1）。DSTRI 是一个综合指数，在 0 和 1 之间取值，其中，0 表示完全开放的数字贸易监管环境，1 表示完全封闭的数字贸易制度环境。

基础设施与连通性：包括网络基础设施、数据流动限制以及跨境数据传输的法规要求等。这些限制措施直接影响数字服务贸易的传输速度和效率。

电子交易：涉及电子商务平台的监管，电子合同的法律效力以及数字签名和认证等问题，这些限制措施对数字服务贸易的合法性和安全性具有重要影响。

支付系统：包括跨境支付的限制、支付系统的安全性和透明度等。这些限制措施直接关系到数字服务贸易的资金流动和交易效率。

知识产权：涉及数字产品的版权保护、专利和商标的使用等。知识产权的保护程度直接影响数字服务贸易的创新能力和市场竞争力。

其他数字化服务贸易壁垒：包括数据本地化要求、数据保护法规以及政府对数字服务贸易的特定限制措施等。这些壁垒可能进一步增加数字服务贸易的成本和风险。

表7-1　数字服务贸易开放度考量指标

指标	考量内容
基础设施与连通性	电信网络连接是否有法律规范、网络连接价格和条件是否受到管制、接入网络的参考报价是否公开、电信市场是否垂直分离、非歧视性的互联网流量管理是否有法律保障、在细分市场中是否存在一家占主导地位的公司、对通信服务使用有无限制、个人资料跨境自由转移或适用问责制原则、当某些私营部门的保障措施到位时，跨境传输个人数据是否允许、个人数据有无可能跨境转移到隐私保护法律大体相似的国家、数据跨境转移是否需要逐案审批、某些数据是否必须本地存储、是否禁止数据跨境转移
电子交易便利度	电子商务许可证有无非国民待遇、从事电子商务是否需要许可证或授权、网上税务登记和申报可否面向非居民的外国供应商、跨国交易的国家合同规则有无偏离国际标准化规则、有无法律法规明确保护机密信息、法律法规有无规定电子签名具有与手写签名同等的法律效力、是否存在争端解决机制/解决跨境数字贸易纠纷
支付系统	是否可以非国民待遇的方式进行支付结算、国家支付安全标准有无偏离国际标准、对网上银行或网上保险有无限制
知识产权保护	外国企业商标保护、外国人版权等相关权利保护有无非国民待遇，版权保护的例外情况是否有限，知识产权执行中可否采取司法或行政强制措施和补救措施，有无知识产权执法的临时措施、执法程序和刑罚，下载流媒体是否影响跨境数字贸易等
其他数字化服务贸易壁垒	是否限制在线广告，是否必须由商业存在才能提供跨境服务，是否须设立当地办事处才可提供跨境服务，在限制市场竞争中受损的企业可否获得补偿，其他对启用数字服务限制的措施

资料来源：OECD。

根据OECD发布的DSTRI数据，全球大多数国家的DSTRI在逐年上升，尤其是发展中国家，其限制程度往往高于发达国家，反映了各国在推动数字贸易发展的同时，也在加强对本国数字服务产业的保护（见表 7-2）。2023 年，全球 DSTRI 较 2022 年上升 1.2 百分点，其中，非洲限制指数最高，欧洲和亚洲均呈现上升态势；主要的贸易壁垒来自通信基础设施和数据领域，尤其在限制数据跨境自由流动和要求本地化存储等方面，与电子交易、知识产权相关的贸易壁垒有所降低。

表 7-2　2019—2023 年 OECD 发布的 DSTRI 表

	2019 年	2020 年	2021 年	2022 年	2023 年
澳大利亚	0.021	0.021	0.021	0.021	0.021
奥地利	0.162	0.162	0.162	0.162	0.162
比利时	0.123	0.123	0.123	0.123	0.123
加拿大	0.000	0.000	0.000	0.000	0.000
芬兰	0.062	0.062	0.084	0.084	0.084
法国	0.105	0.105	0.105	0.105	0.105
德国	0.104	0.104	0.083	0.083	0.083
希腊	0.144	0.144	0.144	0.144	0.144
冰岛	0.227	0.227	0.227	0.227	0.227
爱尔兰	0.083	0.083	0.083	0.083	0.083
以色列	0.140	0.140	0.140	0.140	0.140
南非	0.302	0.302	0.302	0.302	0.302
新加坡	0.160	0.160	0.200	0.200	0.200
俄罗斯	0.279	0.301	0.345	0.468	0.468
菲律宾	0.087	0.087	0.087	0.087	0.087
印度	0.283	0.283	0.283	0.283	0.283
印度尼西亚	0.307	0.307	0.307	0.307	0.347
中国	0.347	0.347	0.347	0.347	0.347
巴西	0.223	0.143	0.143	0.143	0.143
美国	0.061	0.061	0.061	0.061	0.061

	2019 年	2020 年	2021 年	2022 年	2023 年
英国	0.021	0.021	0.021	0.021	0.021
瑞士	0.021	0.021	0.021	0.021	0.021
瑞典	0.104	0.104	0.104	0.104	0.104
西班牙	0.083	0.083	0.083	0.083	0.083
新西兰	0.101	0.101	0.101	0.101	0.101
荷兰	0.064	0.064	0.064	0.064	0.064
墨西哥	0.079	0.079	0.079	0.079	0.079
韩国	0.162	0.083	0.083	0.083	0.083
日本	0.042	0.042	0.042	0.042	0.042
意大利	0.086	0.086	0.086	0.086	0.086

资料来源：OECD，中国服务外包研究中心绘制。

DSTRI 还揭示了数字服务贸易限制对经济的多方面影响。首先，数字服务贸易壁垒会显著提高居民生活成本，尤其在数字基础设施不完善、国家治理能力较弱的经济体中。其次，数字贸易限制措施会阻碍出口竞争力的提升，主要通过增加贸易成本和抑制技术创新来实现。此外，限制措施还会对制造业服务水平和服务出口复杂度产生负面影响。

3. 指标科学性与不足

总体来看，DSTRI 的编制过程体现了一定的科学性和严谨性。其编制过程通过广泛的文献回顾和专家咨询，较为系统地梳理了影响数字服务贸易发展的主要限制措施，并利用公开来源的信息、数据对全球 46 个经济体和 22 个服务领域的数字服务贸易限制措施进行梳理与量化处理，并经过各国的验证和同行评审，以尽可能确保其准确性和可靠性。通过构建数学模型和算法，将量化处理后的数据转化为 DSTRI 数值，从而实现对全球数字服务贸易监管环境的量化评估。

DSTRI 作为衡量全球数字服务贸易监管环境的重要指标，填补了该领域量化评估的空白。其创新性不仅体现在指标体系的构建上，还体现在评估方法和应用领域的拓展上。通过 DSTRI，各国政府、企业和学术界可以更加直观地了解全球数字服务贸易监管环境的现状和发展趋势，为政策制定、企业战略规划和学术研究提供了有力支持。

尽管作为衡量各经济体在数字服务贸易各领域限制性水平的一个重要指标，DSTRI 在科学性、权威性、国际性上已经积累了一定成熟度，但也存在一些不足和缺陷：

一是指标覆盖范围的局限性。尽管 DSTRI 覆盖了数字服务贸易的多个领域，如计算机服务、电信服务、金融服务等，但可能仍未能涵盖数字服务贸易的所有方面。随着数字技术的不断发展和新兴业态的不断涌现，数字服务贸易的边界和内涵也在不断变化。因此，DSTRI 在指标设置上可能存在滞后性，无法及时反映数字服务贸易的最新发展趋势。

二是数据获取和处理的难度。在数据获取方面，DSTRI 可能面临一些挑战。一方面，不同国家和地区在数据披露与统计标准上存在差异，导致数据获取的难度和准确性受到影响。另一方面，即使能够获取到相关数据，数据的处理和分析也可能需要复杂的技术及方法，这对研究者的专业素养和数据处理能力提出了较高要求。

三是解释和应用的局限性。DSTRI 作为一个量化指标，其解释和应用可能受到多种因素的影响。例如，不同国家和地区的经济、文化、法律等背景差异可能导致对 DSTRI 指标的理解和应用存在差异。此外，DSTRI 的数值本身可能并不能直接反映数字服务贸易的实际情况，而需要结合其他因素进行综合分析。因此，在使用 DSTRI 时需要注意其解释和应用的局限性。

四是动态性和适应性不足。数字服务贸易是一个快速发展的领域，新的技术和业态不断涌现，这要求 DSTRI 能够保持动态性和适应性。然而，DSTRI 在指标设置和数据更新方面可能存在滞后性，无法及时反映数字服务贸易的最新变化。这可能导致 DSTRI 在实际应用中的准确性和有效性受到影响。

五是可能存在偏见和局限性。DSTRI 的构建和计算过程可能受到多种因素的影响，包括数据来源、统计方法、指标权重等。这些因素可能导致DSTRI 在反映各国数字服务贸易限制性水平时存在一定的偏见和局限性。因此，在使用 DSTRI 时需要谨慎对待其结论，并结合其他信息进行综合分析。

综上所述，DSTRI 在衡量各经济体数字服务贸易限制性水平方面具有一定的参考价值，但也存在一些不足和缺陷。为了更准确地反映数字服务贸易的实际情况，需要不断完善和优化 DSTRI 指标体系和计算方法，并加强与其他相关指标和数据的衔接与协调。同时，在使用 DSTRI 时需要注意其解释和应用的局限性，并结合其他因素进行综合分析。

二、中国数字贸易开放度

中国政府高度重视发展数字贸易，近年来，通过一系列政策文件的出台和战略部署，积极推动数字贸易开放创新。党的二十大报告指出，推动货物贸易优化升级，创新服务贸易发展机制，发展数字贸易，加快建设贸易强国。党的二十届三中全会提出，积极应对贸易数字化、绿色化趋势，创新发展数字贸易。

当前，有研究（陈晶莹，2022）提出，中国面临数字贸易开放的突出问题主要集中在以下五个方面：（1）对标国际一流标准如 DEPA 规则的相关要求不足，如在跨境数据自由流动、数据存储非本地化、数字产品非歧视性待遇等方面接受难度较大；（2）数字贸易市场服务水平不高；（3）中小企业开展跨境数字贸易缺乏对应的政策和制度体系；（4）尚未建立合理适配的数字贸易规则体系和市场监管制度；（5）尚未就数字贸易特征建立专门的指示产权国际保护平台、消费者权益保护方式和争端解决机制。

本部分从基础设施建设程度、知识产权保护程度、支付系统、电子交易和数据保护法律等方面，分析中国数字贸易的开放度。

（一）基础设施建设程度

近年来，中国在 5G、数据中心、云计算等数字基础设施建设方面取得重大进展，为发展数字贸易奠定坚实基础。

在 5G 网络建设方面，中国始终走在世界前列。截至 2023 年底，中国已建成全球最大的 5G 网络，5G 基站数量超过 230 万个，占全球总数的 60% 以上。5G 网络的广泛应用为数字贸易提供了高速、低延迟的网络环境，推动了远程医疗、智慧物流等新兴领域的发展。

在数据中心和云计算方面，中国拥有规模庞大的数据中心和云计算设施，这些设施为数字贸易的发展提供了强调的存储和计算能力。阿里巴巴、华为、腾讯等企业在数据中心和云计算领域处于全球领先地位。据统计，2023 年中国数据中心市场规模达到 2900 亿元，同比增长 23%，云计算市场规模也达到 4000 亿元，同比增长 25%。

在大数据分析方面，近年来，中国大力发展大数据产业，大数据分析取得显著进展。阿里巴巴、百度、腾讯等互联网巨头积累了海量数据资源，通过大数据分析为数字贸易提供精准的市场洞察和营销支持。根据市场咨询机构艾瑞咨询的报告，2023 年中国大数据分析市场的规模达到 1600 亿元，同比增长 20%。

在移动支付体系方面，中国的移动支付体系在全球范围内具有领先地位。支付宝、微信支付等移动支付平台广泛应用于线上线下交易，支付宝国际版（Alipay Global）、PayPal 中国、PingPong、连连支付等中国跨境支付平台，不仅支持多种货币结算，还提供能够满足多样化需求的支付产品和服务，为数字贸易提供了便捷的支付方式。根据中国人民银行统计，2023 年中国移动支付交易规模达到 450 亿元，同比增长 15%。党的二十届三中全会通过的《中共中央关于进一步全面深化改革 推进中国式现代化的决定》强调，"推进自主可控的跨境支付体系建设，强化开放条件下的金融安全机制"。

（二）知识产权保护程度

在知识产权保护法律法规方面，中国已经建立了一套相对完善的指示产权保护法律法规体系。自 2008 年以来，中国先后颁布了《中华人民共和国专利法》《中华人民共和国商标法》《中华人民共和国著作权法》等一系列法律法规，为知识产权保护提供必要的法律保障。同时，中国还积极参加国际知识产权合作，加入《专利合作条约》《商标国际注册马德里协定》等国际知识产权组织。

在知识产权执法力度方面，中国建立了多个知识产权交易平台，为知识产权的转让和许可提供了便捷的服务，包括中国技术交易所、国家知识产权运营公共服务平台等。据统计，2023 年中国知识产权交易额达到 2000 亿元，同比增长 15%。

不过，数字内容的版权保护问题、开源软件的许可问题等是数字贸易发展中不可避免的核心问题，这些问题需要持续加强知识产权保护力度，完善相关法律法规和执法机制。

专栏 2：CPTPP 与 RCEP 中关于信息安全保护与源代码开放的立场区别

1. 网络接入权限

CPTPP 要求赋予消费者网络接入的自由权利，禁止缔约国要求在跨境传输中使用特定技术、设备或服务提供商，强调确保跨境数据流动的无限制性。

RCEP 强调数据安全和个人信息保护，要求制定个人信息保护机制并规定数据收集与处理的合法性标准，要求在数据传输中采取必要的安全措施保护个人信息和数据安全。

2. 商标、版权和专利保护

CPTPP 和 RCEP 都涵盖了商标、版权和专利保护的内容，以及保护期限，相对的，CPTPP 更加详细和严格，RCEP 更强调数字版权管理和电子商务规则。

3. 源代码保护

CPTPP 明确禁止缔约方提出强制共享关键基础设施外的源代码要求，禁止将转移软件源代码作为境内销售或使用的条件。RCEP 提及考虑在源代码领域开展对话。

4.数据跨境流动

CPTPP 明确保护跨境数据自由流动，对禁止数据存储本地化的例外条款限制严格。RCEP 增加基本安全例外条款。

（三）支付系统

支付系统的开放程度。中国人民银行已经发放了多张支付业务许可证，允许外资支付机构在中国开展支付业务。同时，中国的支付机构也积极拓展海外市场，与多个国家和地区的支付机构建立合作关系。

支付系统的创新性。中国的支付系统在创新性方面走在世界前列。支付宝、微信支付等移动支付平台通过持续的技术创新，推动了多种便捷的支付方式，如二维码支付、NFC 支付等，这些支付方式在数字贸易中得到了广泛应用，为消费者提供了便捷的支付体系。

支付系统的安全性。中国人民银行和中国支付清算协会等监管机构加强对支付机构的监管力度，推动支付行业的规范发展。同时，中国的支付机构也积极采用先进的技术手段，如区块链、人工智能等，提高支付系统的安全性和稳定性。

（四）电子交易

电子商务平台。中国拥有数量众多、规模庞大的电子商务和跨境电子商务平台。阿里巴巴、京东、拼多多等电商平台通过先进的技术和高效运营，为境内外消费者提供丰富的产品和服务。据统计，2023 年中国电子商务交易额达到 45 万亿元，同比增长 10%。

电子交易法规。中国已经建立了一套相对完善的电子交易法律法规体系，包括《中华人民共和国电子商务法》《网络交易管理办法》等，为电子交易的规范发展提供了法律保障。同时，中国还积极参与国际电子交易合作，加入了《联合国国际贸易法委员会电子商务示范法》等国际电子交易组织。

电子交易监管。国家市场监管总局、商务部等监管机构加强对电子商务平台的监管力度，推动电子商务规范可持续发展。同时，中国的电子商务平台积极履行社会责任，持续加强对平台商品和服务的监管力度。

（五）数据保护法律

当前，中国已经颁布了一系列数据保护法律法规，如《网络安全法》《数据安全法》《个人信息保护法》等（见表7-3）。在数据跨境流动方面，中国采取了一系列监管措施。根据《网络安全法》和《个人信息保护法》的规定，关键信息基础设施的运营者在中华人民共和国境内运营中收集和产生的个人信息和重要数据应当在境内存储。因业务需要，确需向境外提供的，应当按照国家网信部门会同国务院有关部门制定的办法进行安全评估。但是，随着数字贸易的发展，数据跨境流动量逐年增加，数据安全和隐私保护问题日益突出。同时，不同国家和地区在数据保护法律方面存在差异，导致数据跨境流动面临一定的法律障碍。

表7-3 中国数据跨境的立法规制体系

时间	法律名称	主要内容
2016年11月	《网络安全法》	第37条规定跨境数据流动采取"本地存储，出境评估"基本原则，即关键信息基础设施运营商在中华人民共和国境内收集和产生的个人信息和重要数据应当在境内存储。因业务需要，确需向境外提供的，应当按照国家网信部门会同国务院有关部门制定的办法进行安全评估
2021年6月	《数据安全法》	第31条继承《网络安全法》第37条规定，对其他数据处理者作出规定，即其他数据处理者在中华人民共和国境内运营产生的重要数据的出境办法由国家网信办等部门制定
2021年8月	《个人信息保护法》	第38条规定个人信息因业务需要出境的条件；第40条规定重要信息和巨大信息原则境内存储

资料来源：根据公开信息整理。

三、中国的应对策略

加快研究基于发展中国家数字经济发展实际的数字经济发展指数和

DTRI，提升指数的科学性、国际性和权威性。抓住 WTO 改革机遇，发挥我国在数字经济、数字技术和数字贸易等领域的相关优势，制定相关指数，体现发展中国家相关利益，提升"全球南方"国家在全球数字经济和数字贸易中的话语权和参与度。推动金砖国家机制、上合组织机制、共建"一带一路"中的数字贸易规则体系建设等，形成符合各方利益、促进多双边数字贸易深化合作的框架和标准。

完善跨境数据信息保护机制，明确知识产权保护机制。保障金融、ICT 等重要行业、关键领域、重要信息的数据本地化要求；细化对于获取与转让源代码的规制情境，提出在有关知识产权保护与网络安全、反垄断等要求冲突情境下，有条件的源代码获取规制准则，逐步探索负面清单管理模式下的跨境数据流动方案。

统筹好数字贸易发展与维护国家安全的关系。落实党的二十届三中全会关于深化改革开放的战略部署，守住国家安全和意识形态底线，加快制定完善对标国际标准、适应国内需要、符合产业实际、回应企业诉求的数字经济和数字贸易相关法律法规，增强政策制定的透明性、公开信和可操作性。

第八章 数字贸易规则对可数字化服务贸易的影响

新一轮科技革命带动数字技术强势崛起，可数字化服务贸易成为服务贸易增长新引擎。数字贸易属于规则密集型，政策变量尤其是贸易政策变量对数字贸易的影响不容忽视（周念利、陈寰琦，2020）。由于现行 WTO 规则是工业时代的国际贸易规则（徐程锦，2020），落后于数字经济的发展，全球主要经济体绕过 WTO 框架协议，通过区域贸易协定制定多双边数字贸易规则，争夺全球数字贸易规则的主导权。目前，全球数字贸易规则制定主要存在四股力量：倡导数据自由流动的美国模式，强调隐私和消费者保护的欧盟模式，注重数字主权的中国模式，以及新西兰、新加坡和智利签署的 DEPA 模式（赵旸颋、彭德雷，2020）。2021 年 11 月，中国正式申请加入 DEPA，积极扩大在全球数字贸易规则中的话语权。在此背景下，深入分析数字贸易规则如何影响可数字化服务贸易，研究数字贸易规则对不同发展阶段国家的影响是否存在差异，能为我国参与全球数字贸易规则谈判提供支撑。

国外学者对数字贸易规则的界定及开放度的测算进行了探索。Hofmann 等（2017）介绍了根据协定条款构建区域贸易规则开放度的方法。先根据条款的约束力对每一个条款进行打分，然后对不同类型的条款赋予不同的权重，加总得分即为贸易规则的开放度。Monteiro 和 Robert（2017）将区域贸易协定中与电子商务相关的 32 种规则界定为数字贸易条款。Mira 和 Polanco（2020）以"数据""数字""电子""互联网""信息与通信"和"信息技术"为关键词，包含这些关键词的条款被界定为数字贸易条款。

国内学者在国外学者研究的基础上，对数字贸易规则的贸易效应进行了实证分析。周念利和陈寰琦（2020）归纳总结出 7 项具有代表性的美式数字贸易规则，借鉴 Hofmann 等（2017）的做法构建涵盖美式数字贸易规则的深度指标，研究表明美式数字贸易规则能有效促进可数字化服务出口，且贸易双方经济发展水平差距越大，对可数字化服务出口的促进作用也越大。李艳秀（2021）依据 Monteiro 和 Robert（2017）对电子商务规则的分析，确定了影响数字贸易规则的 9 个条款，并以此构建数字贸易规则深度，结果显示数字贸易规则能有效促进双边服务业增加值出口。彭羽等（2021）使用 TAPED 数据库，将数字贸易规则深度指标和国内监管质量异质性指标带入引力模型，使用面板门槛回归，证明数字贸易规则对可数字化服务出口具有显著正效应。学者还研究了特定类型数字贸易规则的影响。陈寰琦（2020）实证研究跨境数据自由流动对可数字化服务贸易流量的影响，结果显示跨境数据自由流动能显著促进可数字化服务出口，且双边经济差距越大、ICT 普及率越高，跨境数据自由流动促进作用就越明显。周念利和李玉昊（2021）研究数字知识产权规则的贸易效应，发现数字知识产权规则能有效促进可数字化服务出口，且进口国模仿能力越强，数字知识产权规则的促进作用就越大。

现有研究存在以下不足：第一，传统引力模型是建立在货物作为最终消费品的基础之上的，但可数字化服务是生产性投入，现有研究还没有专门针对生产性投入推导引力方程。第二，由于很难对数字贸易具体规则的重要性进行客观公正评估，现有研究使用平均权重对规则进行赋权，因此可能导致核心解释变量测量偏误。第三，数字贸易规则对缔约经济体作用可能并不对等，从而影响可数字化服务差额，现有研究忽视这一点。第四，可数字化服务贸易流量是多双边签订含有数字贸易规则协定的重要影响因素，存在反向因果问题。

基于此，本部分的边际贡献在于：一是基于可数字化服务作为生产性投入构建扩展的引力模型，并将数字贸易规则变量纳入模型，为研究可数字化服务贸易奠定理论基础；二是使用 OECD 编制 DSTRI 的方法，对数字贸易规则进行分类并赋权，避免权重设定的任意性；三是使用扩展的引力模型分析数字贸易规则对缔约经济体影响的差异性，并在实证分析中将可数字化服务差额作为被解释变量；四是使用 GMM 模型克服反向因果问题。

本部分其余部分安排如下：第一部分构建一个扩展的引力模型；第二部分介绍实证分析的模型设定、主要变量与数据来源；第三部分是实证分析的回归结果、稳健性与异质性检验；第四部分是结论与政策建议。

一、扩展的引力模型

引力模型的推导有多种不同的方式，依据是否基于贸易理论将引力模型的推导分为两类。其中，不基于任何贸易理论的推导包括 Anderson（1979）的支出系统法、Anderson 和 Wincoop（2003）的多边阻力法等；基于贸易理论的推导包括基于 H-O 模型（Deardorff, 1995；朱海霞, 2008）、基于规模报酬递增（Evenett and Keller, 2002）和垄断竞争模型（Chaney, 2008）等。

传统的引力模型建立在货物贸易的基础之上，货物进口作为最终产品需求进入消费者效用函数。可数字化服务是生产性服务，作为中间品投入到最终品的生产函数之中，因此对可数字化服务的需求是最终品需求的引致需求。本部分在 Anderson 和 Wincoop（2003）推导基础上构建扩展的引力模型，以适用于可数字化服务贸易。

（一）模型基本设定与求解

（1）假定世界上有 N 个国家，每个国家生产一种可数字化服务 S 和一种最终产品 f。进一步，假定最终产品是完全竞争，可数字化服务是垄断竞争。

（2）最终产品生产投入包括可数字化服务 S 和劳动力，生产函数为：

$$f_i = \left(\left(\sum_{j=1}^{N} S_i^{\frac{\sigma-1}{\sigma}} \right)^{\frac{\sigma}{\sigma-1}} \right)^{\beta_i} L_{fi}^{1-\beta_i} \qquad (1)$$

其中，f_i 表示 i 国最终产品，S_{ij} 表示 i 国向 j 国进口的可数字化服务，L_{fi} 为 i 国生产最终产品劳动力，σ 为各国可数字化服务之间的替代弹性，β_i 为 i 国可数字化服务的生产弹性。因本部分研究对象为可数字化服务，假定最终品贸易不存在任何壁垒。

（3）各国消费者偏好相同，效用函数为：

$$U_i = \Pi_{j=1}^{N} f_{ij}^{a_j} \quad (\sum a_j = 1) \tag{2}$$

其中，f_{ij} 表示 i 国向 j 国进口的最终产品，a_j 为各国收入中购买 j 国最终品的份额。

基于以上假定，可先求解最终品需求，得：

$$f_i = \frac{a_j}{P_{fj}} \sum_{j=1}^{N} Y_i \tag{3}$$

其中，f_j 为全球对 j 国最终品的需求，P_{fj} 为 j 国最终品的价格。因最终品是完全竞争市场，则最终品的生产成本等于产品收入，即

$$C(f_j) = f_j \times P_{fj} = a_j \sum_{j=1}^{N} Y_i \tag{4}$$

再对 j 国最终品生产进行最优化，即

$$\text{Max:} \quad f_i = \left(\left(\sum_{i=1}^{N} S_i^{\frac{\sigma-1}{\sigma}} \right)^{\frac{\sigma}{\sigma-1}} \right)^{\beta i} L_{fi}^{1-\beta i} \tag{5}$$

$$\text{S.t.} \quad \sum_{i=1}^{N} P_{sji} \times S_{ji} + W_{fj} \times L_{fj} = C(f_j) \tag{6}$$

其中，P_{sji} 为 j 国进口 i 国可数字化服务的价格，P_{si} 为 i 国国内可数字化服务价格。考虑双边可数字化服务贸易摩擦 r_{ij}，假定

$$P_{sji} = P_{si} \times (1 + r_{ij}) \tag{7}$$

通过求解最终品生产优化问题，可数字化服务 需求转变为：

$$\text{Max:} \quad L_j = \left(\sum_{i=1}^{N} S_{ji}^{\frac{\sigma-1}{\sigma}} \right)^{\frac{\sigma}{\sigma-1}} \tag{8}$$

$$\text{S.t.} = \quad \sum_{i=1}^{N} P_{sji} * S_{ji} = a_j \beta_j \sum_{i=1}^{N} Y_i \tag{9}$$

求解可得：

$$S_{ji} = \frac{a_j \beta_j \left(\sum_{i=1}^{N} Y_i \right) P_{sji}^{-\sigma}}{\sum_{i=1}^{N} P_{sji}^{-\sigma}} \tag{10}$$

从而得到 i 国向 j 国可数字化服务出口规模 M_{sji} 为：

$$M_{sji} = P_{si} \times S_{ji} = \frac{a_j \beta_j \left(\sum_{i=1}^{N} Y_i \right) \times P_{si}}{1 + \left(1 + r_{ij} \right)^{\sigma} \times P_{si}^{-\sigma} \times \sum_{i \neq 1}^{N} P_{skj}^{-\sigma}} \tag{11}$$

（二）主要结论

r_{ij} 是本部分研究的主要变量。本部分认为，r_{ij} 的影响因素包括双边距离、数字服务贸易壁垒、数字服务制度差异以及数字贸易规则等。其中，

$$\frac{\partial M_{sji}}{\partial Y_i} = \frac{a_j \beta_j P_{si}}{1 + \left(1 + r_{ij} \right)^{\sigma} \times P_{si}^{-\sigma} \times \sum_{k \neq 1}^{N} P_{skj}^{-\sigma}} > 0 \tag{12}$$

$$\frac{\partial M_{sji}}{\partial r_{ij}} = - \frac{\sigma a_j \beta_j \left(\sum_{i=1}^{N} Y_i \right) \times P_{si} \times \left(1 + r_{ij} \right)^{1-\sigma}}{\left[1 + \left(1 + r_{ij} \right)^{\sigma} \times P_{si}^{-\sigma} \times \sum_{i \neq 1}^{N} P_{skj}^{-\sigma} \right]^2} < 0 \tag{13}$$

由（12）式，可数字化服务贸易流量与 GDP 正相关；双边距离越大，r_{ij} 也会越大，可数字化服务贸易流量与双边距离负相关。

结论 1：与货物贸易相同，可数字化服务贸易流量与双边 GDP 正相关，与双边距离负相关。

数字贸易规则通过对 r_{ij} 产生影响，从而影响可数字化服务贸易流量。双边签署含有数字贸易规则的协定，旨在通过放宽数字服务市场准入，打破数字服务贸易壁垒，减少数字服务贸易摩擦，使 r_{ij} 变小。因此，数字贸易规则越开放，对可数字化服务贸易流量的促进作用就越大。

结论 2：签署含有数字贸易规则的协定能促进双边可数字化服务贸易，且规则越开放，促进作用越大。

由（13）式可以看出，数字贸易规则对 i 国出口的影响与 a_j、β_j、P_{s1}

等国别参数有关，即数字贸易规则对不同国家的影响存在异质性。这里有两层含义：一方面，签署相同的数字贸易规则，i国对j国出口的增长与i国对k国出口的增长不相同；另一方面，i国对j国出口的增长与j国对i国出口的增长不相同。相应的引申出以下两条结论。

结论3：对一经济体而言，与不同国家签署含有数字贸易规则的协定对该经济体可数字化服务出口的影响不同。

结论4：数字贸易规则影响双边可数字化服务贸易差额。

二、模型设定、主要变量与数据来源

Francois（2001）最早将引力模型直接应用到服务贸易领域。Grunfeld和Moxnes（2003）、Kox（2006）等学者将更多的解释变量加入到对服务贸易实证分析中，提高引力模型对服务贸易的解释力。Kimura和Lee（2004）对引力模型在服务贸易和货物贸易的适用性进行比较，结果显示服务贸易引力模型的拟合优度要高于货物贸易。尽管引力模型对贸易流量有很强的解释力，但计量模型也存在一些问题。双边贸易流量与观测不到的个体效应相关，个体效应又与解释变量相关，导致OLS回归存在偏误。为克服个体效应造成的内生性问题，可以使用面板数据固定效应模型。但使用固定效应模型会删除主要的解释变量。Cheng和Wall（2005）使用两步回归法，将固定效应的截距项与被删除的解释变量进行回归，得到被删除解释变量的估计量。Walsh（2006）分别使用混合最小二乘法、随机效应模型、Hausman-Taylor模型（HTM模型）和固定效应模型（两步回归法）对服务贸易引力模型进行计量分析，结果表明HTM模型是服务贸易引力方程最合适的估计方法。

本部分的核心解释变量数字贸易规则是随时间变化的变量，选用静态面板固定效应模型作为基准回归。现有实证研究在控制国家固定效应时，多采用分别控制进口国和出口国固定效应的做法。本部分借鉴Cheng和Wall（2005）的做法，将进口国和出口国作为国家对进行控制，因此在基准回归中删除了距离等不随时间变化的变量，这些变量将在 GMM 模型中考察。

（一）静态面板模型设定

本部分首先采用静态面板固定效应模型进行计量分析：

$$\ln Dstrade_{ijt} = \beta_0 + \beta_1 DSTOI_{ijt} + \beta_2 \ln GDO_{it} + \beta_3 \ln GDP_{jt} +$$
$$\beta_4 X_{ijt} + \varepsilon_i + \varepsilon_t + \varepsilon_{ijt} \tag{14}$$

下标 i、j 表示国别，t 表示年份。被解释变量 $Dstrade_{ijt}$ 是双边可数字化服务贸易规模，包含可数字化服务出口与可数字化服务进口。核心解释变量 $DSTOI_{ijt}$ 是贸易协定中数字贸易规则的开放度。GDP_{it}、GDP_{jt} 分别为 i 国和 j 国的 GDP。为其他控制变量，包括双边互联网普及程度（ICT）、DSTRI、数字服务贸易限制异质性指数（HDSTRI）。ε_{ij} 为国家对固定效应，ε_t 为时间固定效应，ε_{ijt} 为随机扰动项。

根据本部分构建的扩展引力模型，数字贸易规则对签署双方可数字化服务出口的影响存在异质性，那么数字贸易规则也会对双边可数字化服务差额产生影响。构建（15）式进行基准回归分析：

$$Sdstrade_{ijt} = \beta_0 + \beta_1 DSTOI_{ijt} + \beta_2 \ln GDO_{it} + \beta_3 \ln GDP_{jt} +$$
$$\beta_4 DPGDP_{ijt} + \beta_5 X_{ijt} + \varepsilon_{ij} + \varepsilon_t + \varepsilon_{ijt} \tag{15}$$

Sdstradeijt 为 i 国对 j 国的可数字化服务顺差额，DPGDP$_{ijt}$ 为 i 国和 j 国人均 GDP 的差距，其余变量与（14）式含义相同。

（二）主要变量与数据来源

1. 被解释变量

可数字化服务贸易流量（ln Dstrade$_{ijt}$）。根据中国商务部发布的《中国服务贸易发展报告 2021》，"可数字化服务贸易"概念来自 WTO 发布的《2019 年世界贸易统计评论》（*World Trade Statistical Review 2019*），

"可数字化服务贸易"即为"可数字交付的服务贸易"（digitally delivered services），包括保险服务，金融服务，知识产权使用费，电信、计算机和信息服务，其他商业服务，个人、文化和娱乐服务等领域。数据来源于OECD，因各经济体对可数字化服务贸易统计的起始时间不同，为非平衡面板数据。考虑到疫情冲击，数据截至 2019 年。

2. 核心解释变量

数字贸易规则开放度（DSTOI）。本部分借鉴 OECD 编制 DSTRI 的方法来测算数字贸易规则开放度。DSTRI 是 Ferencz（2019）在 STRI 基础上编制的，依据各经济体对数字服务贸易的有关政策，将数字服务贸易限制分为数字基础设施和连接、电子交易、支付体系、知识产权及其他限制五个维度，通过业内专家打分赋予五个维度不同的权重。

数字贸易规则来源于 TAPED 数据库。该数据库由瑞士卢塞恩大学教授 Mira Burri 团队创建，并于 2020 年对外发布。数据库收集 2000—2019 年全球各国签订的 346 个特惠贸易协定，其中有 184 个涵盖数字贸易规则，占比约 53%。TAPED 数据库通过分析协定中数字贸易相关的条款，将数字贸易规则分为电子商务、数据相关条款、数字经济、例外情形和产权保护五个类型。数据库依据协定是否具有相关条款及条款的约束性进行打分：首先，判定协定是否包含具体条款，若未包含则赋"0"分。其次，依据条款内容的约束性进行打分，若条款内容都是非约束性则赋"1"分；若既有非约束性又有约束性内容则赋"2"分；若均为约束性内容则赋"3"分。

利用 TAPED 数据库和 DSTRI 权重来测算双边数字贸易规则的开放度。第一步，将 TAPED 数据库归纳的数字贸易规则与 DSTRI 指数的分类进行匹配。由于 DSTRI 指数中的其他限制没有具体界定，本部分将数字贸易规则分为数字基础设施和连接、电子交易、支付体系和知识产权这四个一级指标。其中，数字基础设施和连接项下含 28 个二级指标，电子交易项下含 16 个二级指标，支付体系项下含 2 个二级指标，知识产权项下含 25 个二级指标。第二步，根据 TAPED 数据库赋值结果，对每个二级指标进行

赋值，算术平均值得到一级指标得分。第三步，利用 DSTRI 权重得到一级
指标加权平均值，即为数字贸易规则开放度。其中，数字基础设施和连接、
电子交易、支付体系和知识产权的权重分别为 0.62、0.16、0.04 和 0.18。

$$DSTOI = \sum_{i=1}^{4} w_{fj} * \frac{score_i}{n_i} \qquad (16)$$

式（16）中，w_i 为一级指标权重，n_i 为一级指标对应的二级指标数量，
$score_i$ 为一级指标对应的二级指标总得分。

综合 OECD 可数字化服务贸易统计和 TAPED 贸易协定统计，本部分
最终选取 26 个出口经济体和 46 个进口经济体，签订的 29 个贸易协定。

（3）控制变量。经济特征变量。GDP_{it}、GDP_{it} 为经济体的 GDP，
$DPGDP_{ijt}$ 为经济体之间的人均 GDP 差距，ICT_{it}、ICT_{jt} 为经济体互联网普及
程度，数据均来自世界银行数据库。

国家对特征变量。Dis_{ij} 是贸易双方的地理加权距离，Lan_{ij} 是双方是否
具有相同官方语言的虚拟变量，Col_{ij} 是双方是否存在殖民关系的虚拟变量，
数据均来自 CEPII。

数字服务贸易限制性指数。$DSTRI_{it}$、$DSTRI_{jt}$ 为经济体 DSTRI，刻画
经济体 DSTRI，指数越大代表限制越多。$HDSTRI_{ij}$ 为经济体之间数字服务
贸易制度的差异性指数，指数越大代表双方制度差异越大。数据来源于
OECD，时间跨度为 2014—2019 年。

三、回归结果、稳健性与异质性检验

（一）基准回归

本部分首先使用静态面板固定效应模型对（14）式进行回归分析。回
归结果见表 1 的（1）–（4），结果显示核心解释变量数字贸易规则开放
度（$DSTOI_{ijt}$）对可数字化服务出口和可数字化服务进口均存在显著正影响。

为了验证核心解释变量对可数字化服务贸易差额的影响，首先将逆差

样本① 的进出口经济体进行互换，同时剔除重复样本经济体，得到均为可数字化服务顺差的样本。回归结果见1的（5）-（6），结果显示核心解释变量数字贸易规则开放度（$DSTOI_{ijt}$）会显著扩大可数字化服务顺差（见表8-1）。

表8-1　基准回归结果

变量	（1）	（2）	（3）	（4）	（5）	（6）
	出口	进口	出口	进口	顺差	顺差
$DSTOI_{ijt}$	0.714*** （0.125）	0.684*** （0.140）	0.463*** （0.170）	0.497*** （0.155）	684.5*** （150.2）	320.4*** （104.2）
$ln\ GDP_{it}$	0.945*** （0.0787）	0.737*** （0.0878）	1.321*** （0.222）	0.914*** （0.213）	808.7*** （163.2）	-8.761 （252.2）
$ln\ GDP_{jt}$	0.0541 （0.0739）	0.296*** （0.0824）	0.0499 （0.236）	0.181 （0.224）	-366.9*** （99.41）	156.4 （212.8）
国家对固定效应	是	是	是	是	是	是
时间固定效应	是	是	是	是	是	是
控制变量	否	否	是	是	否	是
样本量	1 363	1 363	662	662	871	450

注：*** 为1% 显著，** 为5% 显著，* 为10% 显著，下同。

（二）稳健性检验

本部分使用加权的数字贸易规则开放度，考虑到权重设定可能存在偏误。使用非加权的数字贸易规则开放度和协议生效的虚拟变量（$dummy_{ijt}$）进行稳健性检验。非加权的数字贸易规则开放度（$ADSTOI_{ijt}$）通过直接计算所有规则的算术平均值得到。虚拟变量刻画协定签订前后，协定签订前为0，签订后为1。回归结果见表8-2的（1）-（6），同核心解释变量结果一致，无论是非加权的数字贸易规则开放度还是协议生效的虚拟变量都对可数字化服务出口、可数字化服务进口及可数字化服务顺差产生显著促进作用（见表8-2）。

---

① 逆差样本是指协定生效前一年，可数字化服务贸易是逆差。

表 8-2　稳健性回归结果

变量	（1）出口	（2）进口	（3）顺差	（4）出口	（5）进口	（6）顺差
$ADSTOI_{ijt}$	0.425*** （0.159）	0.463*** （0.145）	295.5*** （97.27）			
$dummy_{ijt}$				0.228*** （0.0460）	0.225*** （0.0393）	80.54*** （28.09）
$ln\ GDP_{it}$	1.323*** （0.222）	0.916*** （0.213）	−4.840 （252.2）	1.211*** （0.220）	0.771*** （0.210）	57.49 （250.4）
$ln\ GDP_{jt}$	0.0509 （0.236）	0.181 （0.224）	153.0 （212.8）	−0.0583 （0.233）	−0.0263 （0.223）	87.77 （214.5）
国家对固定效应	是	是	是	是	是	是
时间固定效应	是	是	是	是	是	是
控制变量	是	是	是	是	是	是
样本量	662	662	450	662	662	450

（三）反向因果问题

静态面板固定效应模型能避免个体效应带来的内生性问题，但无法解决反向因果的问题。可数字化服务贸易现状是决定多双边是否签订含有数字贸易规则协定的重要因素，t−1 期可数字化服务贸易规模既与核心解释变量有关，也与被解释变量有关。因此，需要将滞后一期的被解释变量 ln Dstrade$_{ijt-1}$ 作为解释变量引入回归方程，从而得到动态面板回归模型。广义矩估计（*GMM*）是处理动态面板数据的有效方法，并且可在回归方程中引入距离、语言等不随时将变化的变量。

$$ln\ Dstrade_{ijt} = \beta_0 + \beta_1 ln\ Dstrade_{ijt-1} + \beta_2 DSTOI_{ijt} + \beta_2 ln\ GDP_{it} +$$
$$\beta_3 ln\ GDP_{jt} + \beta_4 X_{ijt} + \beta_5 Dis_{ij} + \beta_6 Lan_{ij} + \beta_7 Col_{ij} + \varepsilon_{ijt} \tag{17}$$

Dis_{ij} 是贸易双方的加权距离，Lan_{ij} 是双方是否具有相同官方语言的虚拟变量，Col_{ij} 是双方是否存在殖民关系的虚拟变量，其他变量的含义与（14）

式相同。回归结果见表8-3，核心解释变量的回归系数依然显著为正。同时，进出口经济体的GDP对可数字化服务贸易的影响为正，距离的影响为负，与传统引力模型的结论一致。

表8-3　GMM模型回归结果

变量	（1）	（2）
	出口	进口
L.lndstrade	0.541***（0.108）	0.707***（0.177）
DSTOIijt	0.688***（0.151）	0.467**（0.203）
LnGDPit	0.332**（0.129）	0.309**（0.141）
LnGDPjt	0.623***（0.122）	0.562**（0.219）
distance	−8.78***（2.82）	−6.93*（4.10）
控制变量	是	是
样本量	1 213	1 213

注：（1）中的AR（1）=0.000、AR（2）=0.815、Hansen test=0.234；（2）中的AR（1）=0.003、AR（2）=0.321、Hansen test=0.112。

（四）异质性检验

经济体发展阶段影响数字贸易规则的贸易效应。根据扩展的引力模型，对一经济体而言，与不同经济体签署含有数字贸易规则的协定对该经济体可数字化服务出口的影响不同。考虑到数据样本中发展中国家较少，因此删除发展中经济体相互之间贸易的样本，以发达经济体为出口国，考察发达经济体与不同发展阶段经济体签署含有数字贸易规则的协定，对该发达经济体可数字化服务出口的影响是否存在差异。设置经济体类型的虚拟变量（$dummy_{ij}$），进口国是发达经济体为0，发展中经济体则为1。将虚拟变量（$dummy_{ij}$）、核心解释变量与虚拟变量交互项带入（14）式和（17）式中进行回归分析，结果见表8-4的（1）-（2）。交互项均显著为负，说明对发达经济体而言，与发达经济体签署含有数字贸易规则的协定对可数字化服务出口的促进作用更大。

表8-4　异质性检验回归结果

变量	（1）	（2）	（3）	（4）	（5）
	出口	出口	顺差	出口	出口
$DSTOI_{ijt}$	0.741*** （0.138）	0.823*** （0.203）	481.1*** （182.8）	1.386*** （0.486）	1.409*** （0.434）
$DSTOI_{ijt}*dummy$	−0.437** （0.216）	−0.689* （0.359）			
$DSTOI_{ijt}*DPGDP_{ijt}$			105.5* （59.48）		
$DSTOI_{ijt}*HDSTRI_{ijt}$				−12.62*** （3.719）	
$DSTOI_{ijt}*DSTRI_{it}$					−10.88*** （3.171）
$DSTOI_{ijt}*DSTRI_{jt}$					−5.318*** （1.875）
样本量	1 276	1 153	871	541	541
控制变量	是	是	是	是	是
回归类型	固定效应	GMM	固定效应	GMM	GMM

注：（2）中的AR（1）=0.000、AR（2）=0.320、Hansen test=0.246；（4）中的AR（1）=0.000、 AR（2）=0.681、Hansen test=0.117；（4）中的AR（1）=0.000、AR（2）=0.722、Hansen test=0.121。

经济体之间发展差距影响数字贸易规则对顺差的作用。本部分认为，数字贸易规则减少了缔约经济体之间数字贸易摩擦，若缔约经济体在协定生效之前经济发展差距越大，强国的优势因数字贸易规则得到更好的发挥，可数字化服务顺差将进一步扩大。使用双边人均GDP之差（$DPGDP_{ijt}$）来刻画经济体发展差距，将核心解释变量与$DPGDP_{ijt}$交互项纳入（15）式中进行考察，回归结果见表8-4的（3）。交互项系数显著为正，说明缔约经济体经济发展差异越大，则数字贸易规则对可数字化服务顺差的影响也越大。对于发展中国家而言，数字经济发展相对较慢，与发达国家尤其是数字经济强国签订数字贸易自由协定，可能会进一步扩大发展中国家可数字化服务逆差。

经济体数字服务贸易制度影响数字贸易规则的贸易效应。能否切实降低缔约经济体之间的数字服务贸易限制，是数字贸易规则发挥作用的关键。彭羽等（2021）研究显示，只有当两国间的国内监管质量差异控制在一定水平时，签署数字贸易规则的促进作用才能显现出来。本部分猜测，缔约经济体数字服务贸易限制越多，数字贸易规则执行的难度也就越大，实际发挥的效果也就越小。同样，如果缔约经济体数字服务贸易制度的差异性越大，协调成本也就越高，数字贸易规则的作用也会降低。为验证这一猜想，将核心解释变量与 DSTRI、HDSTRI 交互项纳入 GMM 模型进行分析，回归结果见表 8-4 的（4）-（5）。交互项前面的系数均为负，表明缔约经济体数字服务贸易限制和数字服务贸易制度差异性均会使数字贸易规则的作用有所下降。

四、结论与建议

传统的引力模型是建立在货物贸易的基础之上。本部分将可数字化服务贸易作为生产性投入的特点纳入引力模型之中，同时在模型中引入多双边签署数字贸易规则等因素，以考察数字贸易规则的贸易效应，并进行实证分析。研究发现：（1）与传统引力模型的结论一致，可数字化服务贸易与经济体 GDP 正相关，与距离负相关。（2）签订含有数字贸易规则的协定能有效促进双边可数字化服务贸易。（3）数字贸易规则对缔约经济体的影响不同，会扩大缔约经济体可数字化服务贸易差额，使逆差国的逆差进一步扩大。（4）对发达经济体而言，相较于发展中经济体，与发达经济体签署含有数字贸易规则的协定对可数字化服务出口的促进作用更大。（5）缔约经济体经济发展差异越大，数字贸易规则对可数字化服务贸易差额的影响就越大。（6）数字贸易规则发挥作用受国内数字服务贸易制度的影响，若缔约经济体数字服务贸易限制越大、数字服务贸易制度差异性越大，数字贸易规则所发挥的作用会受到抑制。

基于以上结论，本部分提出以下建议：第一，中国应积极在区域自由贸易协定谈判中加入数字贸易相关条款讨论，促进多双边可数字化服务贸易发展。第二，中国在参与全球数字贸易规则制定过程中，不应盲目追求高开放度、高标准的数字贸易条款，要充分考虑到数字贸易规则对不同国家的不同影响。尤其是对于发展中国家而言，与发达国家签署高开放度数字贸易条款，可能会扩大发展中国家可数字化服务逆差。第三，培育数字经济产业和减少数字服务贸易限制要两手抓。只有增强数字经济产业优势，才能在全球数字贸易规则的制定中具有更大的话语权；只有减少数字服务贸易限制，才能充分发挥数字贸易规则带来的促进作用。

第九章　人工智能对中国数字贸易发展的影响

数字经济时代，内容、主体、互动方式，经济发展中一系列生产要素和经济过程都呈现数字化或由数字孪生所影响。数字化的经济活动改变着各国之间的竞争关系、互动模式，也丰富了商业场景。数字贸易成为近年来的发展热点，吸引了各方的积极参与。有效衡量数字贸易的发展，不仅对于各国政府把握数字贸易发展状况有利，也有利于增加企业参与积极性。数字贸易发展中的新技术层出不穷，人工智能是重要且影响深远的技术之一。面对人工智能技术的快速发展，企业积极行动，利用人工智能技术优化商业模式、降低效率，不断改善消费者体验。然而，技术进步在提高效率的同时会带来改变。人工智能的发展也并非一路坦途，其能力的增强可能面临失控风险，而数字贸易等商业活动中的人工智能应用则可能进一步加剧风险。全面分析、审视人工智能对数字贸易的影响机制，围绕发展和风险平衡做好准备、开展行动，以促进数字贸易和经济的可持续发展。

一、中国数字贸易统计实践获得广泛关注

数字贸易本身的定义虽然并未形成全球普遍接受的共识，但数字贸易已经处于快速发展阶段并可能长期保持增长却是不争的事实。2023 年，四大国际组织（IMF、OECD、UNCTAD、WTO）联合发布的《数字贸易测度手册》将所有服务贸易中以数字方式交付的部分定义为数字贸易，基本等同于以WTO《服务贸易总协定》（GATS）模式一（跨境支付）方式完成的服务贸易。按照这一定义，数字贸易应该是服务贸易的一部分。据 WTO 测算，2022年全球以数字方式交付的服务贸易规模为 3.82 万亿美元，占全球服务贸易的一半以上（54%）和国际贸易的 1/10（12%）。2005—2022 年，数字贸易的年均增速约为 8.1%，比货物出口（5.6%）和其他服务出口（4.2%）

的增速都要快。不过，并不是所有国家都认同数字贸易仅包括数字方式交付的服务贸易，以数字方式订购的贸易往往也被当作数字贸易，这种方式与电子商务的统计口径相似。

《数字贸易测度手册》特别推荐了中国在测度数字贸易上的做法，以排名前两位的案例方式进行分析和说明。其中，数字订购的贸易主要由海关总署的跨境电商数据所支撑，但仍在电商平台数据协调、数据颗粒度和数据质量上面临挑战。按照这一统计口径，2022 年，中国的跨境电商进出口规模合计 3090 亿美元，约占中国贸易进出口额的不足 1/35。另一种统计口径针对数字交付的贸易活动，是中国商务部发布的服务外包数据。此类统计数据结合了客观数据和主观填报，有审查机制。不过，由于主客观之间衔接受个人因素影响不小，且在云服务、创新服务大量涌现的情况下，服务外包数据也不能完全响应商业活动的发展变化，受企业填报意愿影响较大。

二、快速发展的人工智能成为时代新引擎

人工智能的理念尽管已经有数十年，但长期以来因为未有重要的技术和应用突破，并未获得社会的广泛关注。2023 年，ChatGPT 诞生以来，人工智能的突破性发展改变了人们的习惯和预期，获得了市场的广泛关注和热捧，也对商业活动产生了显著影响。根据斯坦福大学的《2024 年人工智能指数报告》，人工智能在图像分类、视觉归因、语言理解等方面的表现已经超过了人类，但在数学竞赛、视觉常识推理和规划等一些复杂的任务中还相对落后。与传统的基础研究成果的商业化转化模式不同，此次技术发展和进化的动力主要来自市场。2023 年，产业界推出了 51 个重要的机器学习模型，而学术界则只提出了 15 个。不过，企业与学术机构协作也推出了 21 个模型，创造历史新高。不过，基于神经网络学习方法形成的模型依旧十分昂贵和费时。斯坦福大学的报告显示，人工智能模型的训练成本在 2023 年创造了新高。Open 人工智能的 GPT-4 模型的训练费用超过

7800 万美元，而谷歌的 Gemini Ultra 的训练费则将高达 1.91 亿美元。巨量的投入在持续改善人工智能智能水平的同时，对商业活动和人工智能技术收益率产生了显著影响，也成为决定市场竞争格局的重要影响因素。

美国在人工智能领域依旧拥有全球领先的竞争力，与其他国家的差距可能还在继续扩大。2023 年，美国依旧在全球范围内的人工智能领域居于领先地位。按照斯坦福报告的测算，美国机构贡献了 61 个重要的大模型，欧盟贡献了 21 个，而中国贡献了 15 个。不仅是数量，美国人工智能领域的领先还充分体现在其智能水平上。ChatGPT 所能提供的对话功能在全球大模型中居于明显的领先地位。但也应该看到，人工智能能力的提升并未获得有效管理，对负责任人工智能应用的标准化评价严重不足，进而造成无法对领先人工智能模型的风险和局限性系统性量化评估。在商业驱动力过强的情况下，人工智能开发商往往无意限制或有意忽略对于人工智能相关科技伦理的审查，从而显著增加了人工智能发展负面影响的概率。

人工智能迅速成为社会投资的热点，而资金的注入又进一步加快了人工智能进化的速度。其中，但生成式人工智能的投资增长最快。2023 年，尽管人工智能全领域投资总额有所下降，但生成式人工智能的投资出现了大幅增长。与 2022 年相比，2023 年生成式人工智能领域的投资额将近增加了 7 倍，达到 252 亿美元。这一领域的主要企业（Open AI、Anthropic、Hugging Face、Inflection）都获得了大量市场资金的注入。投资者希望通过投资获得人工智能带来的超额收益。不过，相比于商业化的应用，人工智能在科学研究方面的进展更快。2022 年，人工智能开始被用于支持科学发现。2023 年，与科学相关的应用（App）大量出现。其中，AlphaDev 可以高效整理算法；GNoMe 可以加快材料开发进程。这些人工智能应用的出现，为越来越趋于复杂的科学研究提供了巨大的支持。人工智能不仅能够进行快速的重复性工作，将科研人员从相关日程活动中解放出来，还能够根据科研的基本逻辑和思路探索创新前沿领域，提供更多创新建议。

中美两国都将把对人工智能的监管放到更重要的位置。美国作为人工智能发展最快的国家，监管法律法规的数量大幅增加。2023 年，美国颁布了 25 项与人工智能有关的法规，使得美国相关法规的数量增加了 56.3%。不过，美国人工智能监管规则的增加尚未触及对人工智能安全的核心问题，多数法规试图厘清人工智能带来的影响边界，并将其限制于监管者相对熟悉的领域。美国的大量法规不仅对美国企业开发人工智能形成限制，也影响了相关技术和产品在全球的应用。中国在人工智能相关监管也在加速。2023 年，中国发布了《互联网信息服务深度合成管理规定》（深度合成规定，1 月 10 日生效）、《互联网信息服务算法推荐管理规定》（算法推荐规定，3 月 1 日生效）、《生成式人工智能服务管理暂行办法》（生成式人工智能办法，8 月 15 日生效）、《科技伦理审查办法（试行）》（9 月 7 日生效）。中国人工智能法规的颁布施行主要针对的是人工智能可能带来的虚假信息，以及强调对个人隐私的保护，限制人工智能开发企业单纯追求技术和商业利益、忽视科技伦理。

即便如此，社会对于人工智能带来负面影响的担忧依旧越来越多。市场调查公司益普索（Ipsos）的一项调查显示，2023 年相信人工智能在未来 3 ~ 5 年内将显著影响其生活的人数从上年的 60% 增加到 66%。同时，有超过一半的受访者（52%）明确表达了对人工智能产品和服务的紧张（nervousness），比上年增加了 13 个百分点。另一家调查机构皮尤（Pew）的数据显示，超过一半的（52%）的美国人对人工智能担忧而不是兴奋，比上年的 37% 大幅增加了 15 个百分点。这种变化说明民众已经深刻感受到人工智能对商业活动甚至商业模式带来的影响，同时对于人工智能可能具备的更强能力有着更多担忧，对于是否有能力对其进行有效监管存在疑虑。

三、人工智能对数字贸易三大领域产生的影响

目前，数字贸易有三个重要领域，分别为数字订购服务、数字交付服务和 DIPS。这些领域既有各自的特点，也在一定程度上存在内容或方式的交叉和互动关系。在人工智能快速发展的大背景下，数字贸易的各领域都

已经或即将受到全面影响，既有促进，也存在阻碍或受到冲击。

（一）数字订购服务

数字订购服务是对国际货物贸易支持，为跨国供需对接的实现和优化提供了技术支撑。伴随着数字经济的发展，数字订购服务以其高效和低成本等优势获得巨大空间。据海关测算，2023年我国跨境电商进出口总额2.38万亿元，同比增长了15.6%。其中，出口1.83万亿元，增长19.6%；进口5483亿元，增长3.9%。受益于产业数字化和数字产业化两大进程，全球供应链网络获得了更快整合，产品数字化进程有所加快，而消费者也从中获得了显著的发展红利。人工智能的发展在提高数字订购服务效率方面有着广泛的作用空间，可以有效作用于数字订购服务的全流程。

第一，提高售前服务的用户体验和效率。无论是B2B，还是B2C，售前咨询都是建立信任、对齐产品预期和选择目标采购对象的重要方式。人工智能技术带来的提升，使得人机互动和对话变得越来越自然、可行。企业得以降低呼叫中心的人力资源投入，降低响应客户的成本。更为重要的是，以生成式人工智能为支持的售前互动服务并非简单的菜单式答复，可以更为有效理解潜在顾客的咨询逻辑，通过合理的方式加速顾客选择进程，并争取获得更多顾客。提供数字订购服务的公司可以实现跨语言的快速响应，售前服务系统还能够通过对话实现快速学习，顾客分析，并用以更好提供后续服务。但是人工智能在咨询时如何合理确定答复边界，避免造成给潜在客户"画大饼"的夸大宣传，还需要基于对商家提供产品或服务的精准学习和了解之上。

第二，通过算法推荐实现顾客精准对接。数字经济发展使得个人数字画像变得愈发重要，企业通过对顾客偏好的了解，在搜集相关数据的基础上可以通过生成合成类、个性化推送类、排序精选类或调度决策类算法有针对性地强化与目标顾客的影响。这些算法在人工智能的加持下变得更为有效。不过，算法推荐服务提供者在通过竞争拓展业务的同时，也可能对违法和不良信息传播、用户权益保护带来威胁。网信办联合工信部、公安部和市场监管总局在 2021 年底颁布了《互联网信息服务算法推荐管理规定》，对互联网信息服务算法推荐活动进行规范，在加强法律执行和监管的同时鼓励相关行业组织加强行业自律，建立健全行业标准、行业准则和自律管理制度，并要求服务提供者接受社会监督。不过，由于对精准顾客管理营销的巨大需求，此类算法提供者的合理边界不仅比较模糊，还会持续变化。

第三，跨境提供数字订购服务的有关规则欠缺。电子商务的出现已有超过 30 年，WTO 作为多边经贸体系的代表也早在 20 世纪末（1998 年）就通过了《电子商务全球宣言》，并成立了电子商务工作小组。2001 年以来的 WTO 部长级会议多次涉及电子商务议题，但相关规则的谈判并不容易。直到 2024 年 7 月，WTO 发布了电子商务联合声明，公布了《电子商务协定》，90 多个成员参与其中。该协定强调了电子商务发展基础条件合作的重要性，并就保持开放和透明、建立信任、与电信的关系等内容达成一致。不过，这一协定要纳入 WTO 多边协定框架依旧面临巨大挑战。而且，协定并未涉及人工智能的内容，这使得跨境电商的规则发展跟不上技术发展速度，对于数字订购相关服务提供者的权利范围和义务界定不够清晰明确。

第四，人工智能优化数字订购服务全生命周期。跨境电商的发展涉及对商品供应体系的保障、海关监管、物流运输仓储和配送、金融支付等多个环节。人工智能技术在优化系统构架、提升效率、增强韧性等方面都有可观的应用空间。事实上，近年来中国物流效率的提升和经验的积累已经成为跨境电商发展的重要优势，其中既有对商品物流状态的实时监测所产生的大量数据，又有跨境结算涉及的资金汇兑、短期账款和票据管理。国内电商发展经验在拓展全球网络时有较好的条件和基础，也需要加快全球供应网络的整合与优化。人工智能技术的使用，不仅能够有效缩短协同处理大量相关信息的时间，还加强了对市场需求的预测，从而为提高采购效率和规模经济、降低库存成本创造了良好的条件。有利于拓展和优化数字订购服务可以支持的产品类别，例如，从现有主要占跨境电商进口将近3/4（72.9%）的化妆品、粮油食品和服装鞋帽针纺织品扩大到更多产品领域。

（二）数字交付服务

作为数字贸易中被广泛认可的核心内容，数字交付服务的发展本身也伴随着技术的创新。互联网的出现使得远距离互动变得可行，催生了大量的新服务方式。而跨境支付则使得这种远距离提供服务的活动因市场机制的作用而变得更可持续。人工智能作为技术发展的新热点，不仅自身的发展成为数字贸易的重要内容，基于各类技术的广泛应用也已经并将继续催生新的数字贸易方式。

第一，跨境人工智能的云服务产生巨大价值。各国在人工智能发展的能力和重点上存在不同，通过互补方式发挥各自优势不仅可能，还具有经济性。以生成式人工智能为例，云服务市场的快速发展使得算力得以实现跨境支持，大幅降低了各国获得人工智能支持的能力差距。中国本土的大模型虽然近年来出现井喷式发展，但仍有大量国内用户（企业或个人）有兴趣使用国外的人工智能服务，并愿意为之支付费用。无论是面向终端个人的对话、绘画或写作支持，还是通过接口方式调用国外服务提供者的企业用户，其跨境支付的资金都保持着强劲增长，也为数字贸易的发展提供了支撑。与此同时，对中国本土的大模型或小模型也在寻找优势市场领域，通过市场细分和垂直整合，开始获得数字贸易出口收入。全球范围各主要数字经济市场之间的联系还有待加强，不同人工智能服务提供商之间的竞争也在加强。

第二，人工智能技术创造大量可交付数字产品。2023年以来，人工智能参与创造的能力获得大幅提升。除了可以理解需求，通过图片或视频方式展现成果，人工智能还能将现实物理世界的物理定律用于创作，推理能力显著提升。在科研领域，人工智能技术大幅提高了探索各种可能路径并寻找最佳路径的效率，对于药物筛选、材料性能提升等需求有了更为便捷高效的解决方案。这些人工智能所产生的产品同样可以通过数字方式交付，而各国用户也愿意为此支付费用。人工智能的发展大大丰富了可跨境交付的数字产品内容。当然，负面影响也随之快速出现。深度伪造技术使得虚假视频泛滥，诈骗活动套路升级，甚至恶意使用虚假视频影响舆情、打击竞争对手或敌人信心的事件层出不穷，对于"什么是真实"引发更广泛的社会关注。这又创造了人工智能的新需求，鉴别虚假视频的人工智能技术加速发展。

第三，人工智能丰富了数字产品的交付方式。与传统的现有产品和服务再进行销售的方式不同，人工智能技术的发展大幅缩短了产品和服务的准备周期，增加了定制化服务的可能空间。基于供给方能力的增强，数字产品的交付变得更加容易，也更为柔性。例如，用户可以获得更多选择权，对于人工智能提供的答案或生成的图片视频如果不满意，可以从多个方案中加以选择。而服务提供者则会从用户选择中进一步学习，识别需求特点，为后续服务质量的提高创造条件。基于机器学习的人工智能逐渐从"无所不能"的通识型发展为更了解特定领域的行业型。更为灵活的"小模型"获得市场青睐。这种发展不仅降低了模型的参数数量和复杂程度、缩短了训练时间、降低了成本，还提高了对需求的响应准确率。

第四，人工智能改变了提供数字交付服务的人力资源基础。人工智能技术的迅速发展使其不仅只扮演拓展员工能力的工具角色，而是逐渐成为越来越多企业完成相关商业活动的主要因素。斯坦福报告显示，人工智能增加了劳动者的生产力，使其得以完成更高质量的工作。2023年，多项研究评估了人工智能对劳动力的影响，得出的结论认为人工智能可以使得劳动者更快完成任务，并且提高其产出质量。同时，人工智能能够减少高、低技能人员的技能差距。不过，也有研究认为，人工智能如果缺乏适当监督，可能导致工作的性能下降。近年来，中国服务业发展较快，在一些核心城市成为经济发展的主要动力。人工智能的发展有利于缩短服务业占比提升的进程，但可能增加社会发展的脆弱性。而且，随着人工智能对劳动者替代的长期化，由于过度依赖人工智能造成经济发展市场波动的风险可能显著上升。

(三)数字中介平台

根据《数字贸易测度手册(修订版)》,数字中介平台以中介收费方式促进多个买家和多个卖家之间的直接互动,而平台无须对商品拥有经济所有权或提供所售服务。《欧盟数字服务法》加强了对数字平台的分层监管,分为中介机构、托管服务提供商、在线平台和超大型在线平台。其中,超大型在线平台受到特别监管,需要承担更多的协同监管义务。人工智能的发展同时具有强化经营者集中和提供公平服务两种效应,在不同的市场边界展现出差异化的发展可能路径。

第一,人工智能技术可能加速平台集中化。美国5家超大型信息领域公司(脸书、苹果、亚马逊、微软和谷歌)几乎垄断了除中国以外的全球信息产业。这些公司都将发展人工智能放到了重要位置,强化自身产品和服务的人工智能竞争力。由于市场的高度集中,这些企业享受了更大的垄断发展红利,通过并购等方式为其他科技创新公司进入市场设置了高壁垒,通过投资参股广泛把控创新的方向。因此,除少数其他公司外,这些规模领先的平台公司在人工智能技术上拥有最强的竞争力。中国国内的数字平台公司也已经形成了较为稳定的市场格局,各家公司都推出了面向用户的人工智能产品,或使用人工智能提升自身服务能力。从一定程度上来看,人工智能已经成为平台之间竞争的关键决定因素之一,拥有更强能力的人工智能平台可能获得更大的市场份额。

第二,人工智能增强了个人和中小企业获得普遍服务的能力。与传统技术发展受先行者严格保护的模式不同,此次人工智能的技术爆发无论开源大模型还是封闭环境,由技术进步带来的生产力提升的成果都迅速被广大市场主体所享受,缺乏相关技术资源和能力的中小企业和个人都得以享受"人工智能盛宴"。这种发展模式在一定程度上减缓了大平台的技术垄断性,有利于经济社会发展效率的提升和创新理念的迭代升级。近年来,数字鸿沟成为各方关注的重要挑战,人工智能技术的快速迭代显著降低了提供普遍服务的边际成本。开源系统的存在加速了人工智能发展的动力和灵活性，反过来也使得人工智能系统的开发更能够贴近市场的实际需求。

第三，人工智能凸显了数字中介平台对产业集群的促进作用。商务部研究院的《跨境电商＋产业带高质量发展报告》认为，我国"跨境电商＋产业带"形成了跨境电商集聚化，促进了传统工贸品牌化，加快了出口品类高端化，推动了中小企业全球化。而人工智能的发展，进一步加速了这些进程，使得分散的需求更容易转化为有意义、有价值和有利润的需求，为产业的形成和集聚创造条件。更为重要的是，这种作用的发挥对于跨境电商更为明显，既有利于外部的其他国家供应商获得国内制造业的支持，又为国内市场获得更为多元的供给保障创造了条件，优化了产业链网络，提升了双向供应链的韧性。

第四，人工智能增强了数字中介平台规范市场发展秩序的能力。近年来，数字中介平台的作用已经不仅局限于供需信息的对接，为相关方提供增信和融资也已经成为各主要平台保持竞争力的重要优势。伴随着数字中介平台对线上交易促进作用的发挥，线上与线下之间的竞争也变得日益激烈。大量商家入住数字中介平台，良莠不齐的情况变得更为普遍。有效保护知识产权，识别和避免数字中介平台成为游离于市场监管之外的"法外之地"，无疑需要提供中介服务的平台承担更多责任。对于海量商品的甄别需要大量的人力投入，而人工智能响应了这种需求。图片识别、平台企业信用管理，与其他相关信息的综合比对和模型预测，大幅提升了数字中介平台规范其市场的能力。此外，大量接入平台的中小企业和买方并不拥有平台可以掌控和处置的资产，要对其提供融资必须解决信用管理的问题。人工智能技术已经在此发挥重要作用，帮助数字中介平台有效分析和判断可提供的资金支持并进行风险评价。在贷款的全生命周期可进行动态跟踪，使得平台在保证不承担过高风险的同时可以充分用好融资工具，最大化地扩大业务范围。

四、持续优化的人工智能促进数字贸易的发展

中国发展人工智能具备条件，开放的政策环境、巨大的应用市场和消费者对新事物的好奇心，为不同领域和模式的人工智能技术的商业化应用提供了多元而广阔的空间。数字贸易作为国际贸易的重要组成部分，受人工智能发展的持续、深入影响。在激烈而复杂的国际竞争大环境下，持续优化人工智能的发展环境和应用场景，有助于实现中国国际贸易的稳定发展，有着重要的意义。为此，需要做好系统设计和推进，促进人工智能等技术的健康发展，并不断优化人工智能技术对数字贸易提供支持的方式和效能。

第一，加强对人工智能技术发展的系统谋划。人工智能的发展迅速，且与历史上的其他技术相比有着鲜明的特点。通过神经网络等技术启发其"智力"后，即便不进行大规模干预，也可以通过已有的方法和对数据的持续学习而不断进化。中国市场空间大，技术进步对社会的影响和冲击也更为广泛。应明确人工智能发展的阶段性目标，采取更为有效的指标测度发展目标的实现情况。人工智能发展评价不仅是"快"或"慢"的问题，还应将其应用维度空间的拓展、对现有经济社会的结构性影响，以及是否可控作为重要监测内容。在对人工智能发展的系统谋划中，应在考虑技术发展指标的同时设定经济指标。例如，人工智能在数字贸易中的渗透率，对于可数字化交付服务的支撑效果，对数字贸易的促进效果等，使得人工智能的技术发展能够产生更良性的结果。系统性的谋划还因为人工智能技术而对不同产业部门产生差别性影响。作为一项新兴技术，其应用还因为信息不充分、利润率和能力差异等因素而存在较为明显的领域差别，而避免过大的领域差别也是减少人工智能负面冲击的重要目标。

第二，培育人工智能领域的良好企业竞争合作关系。大企业在综合使用各类资源、引领创新方面具备优势，容易成为"领头羊"。中国现有的人工智能公司既有大型数字服务平台，也有专业技术领域（如智能驾驶）。

应保护这些领先公司的创新积极性，使其得以在日益激烈的全球竞争环境下，为全面提升中国企业竞争力和全球发展话语权提供引领。同时，要为市场规模有限、但对创新有强烈需求的中小企业保持足够的空间，使其得以与领先企业形成相互配合，开展互利合作。在数字贸易领域，各种类型和规模企业之间的平等合作应成为重要标准之一。人工智能技术能力差别对于企业利润的影响的差别应被约束在合理范围之内，应通过政策引导和公共服务支持相对较为弱势的中小企业的技术应用能力。应该看到，基于市场机制的合作才是稳定的。行政政策的引导是敲门砖和启动器，相关企业都能从良性竞争和合作中获得稳定的发展利益应是发展目标。

第三，推动数字贸易领域与人工智能相关的国际规则。研究美欧等国已经推出的人工智能领域倡议、规则和政策，借鉴其合理内容，用以推动形成更多国际共识。关注美国政府不再坚持数据跨境自由流动和不强制本地存储要求的政策变化，关注欧盟对数据跨境流动和人工智能技术应用过程中隐私保护的法律法规和执法进展。寻求数字贸易重点伙伴和重要经济体之间的共同诉求，在可能情况下推动在多边电子商务或其他数字贸易相关规则中纳入人工智能内容，使得人工智能的发展获得更为广泛的关注和认同，也从贸易的多元稳定增长中获得发展利益。通过规则的达成，降低中国企业在发展数字贸易时的不确定，使得企业得以对如何参与数字贸易、参与时可能获得的发展空间，以及应避免违反的义务边界等问题有更为清楚的认识。多个自贸试验区已经就将发展数字贸易作为创新实践的领域之一。相比于引导和促进，国际规则带来的贸易环境的改变会直接影响企业的参与意愿和能力，可以在自贸试验区优先探索相关国际规则是否能够对区内企业发展数字贸易提供支持，并总结可能需要调整和改进的政策环境。

第四，加强双边和区域政府协调，推动人工智能在电子政务中的应用。电子政府尽管并非数字贸易，但对于数字贸易的发展有着重要影响。更为高效的电子政府管理，可以显著降低数字贸易的发展成本、增加企业的参与意愿，增加企业对数字贸易发展的信心。中国作为数字贸易大国，与全球各类经济体都有广泛的贸易关系。这也使得数字贸易商业活动发展的同时，对政府职能的有效发挥提出了更高的要求。例如，如何对数字签名、深度伪造进行监管并提高监管效率，仅靠一方的行动难以有效支持发展。中国需要与更多国家的政府探索可以开展合作的电子政务领域，分享发展经验、改进政策环境协同，为企业参与数字贸易提供公平、透明和稳定的国际环境。在共建"一带一路"机制下，各方得以有机会进行对话和创新实践。而各类自由贸易协定也为这种政府间的合作提供了可能。尽管目前相关合作数量还不多，可以在自贸协定升级和新的自贸协定谈判中纳入这些内容，为双方或区域数字贸易发展和人工智能应用提供保障条件。

第五，做好数字贸易发展中的人工智能风险防范。人工智能是一把"双刃剑"，其影响广泛而深入。在数字贸易发展中，人工智能技术应发挥其能力和限制其风险的关系平衡能力。甚至风险防范的重要性还应该高于发挥能力。要限制人工智能的系统权限，将其影响和作用范围进行约束，使其难以造成系统性的破坏。对人工智能的效能提升反馈机制加强约束，不能仅以业绩等商业表现作为提升人工智能能力的唯一依据，避免人工智能为追求商业表现改进而提供反事实的服务，造成欺骗或误导。进一步探索科技伦理对人工智能发展的新要求。结合人工智能的技术特点，扩充科技伦理的规则范围，发挥中国主张的国际影响，加强主要国家的科技伦理共识。要强化人工智能工具开发中的科技伦理审查，由人工智能服务提供者、社会公众和政府审查等多个层面，从不同角度对人工智能的行为边界、表现进行观察和评价，以信息公开和共享的方式将评价结果加以分享，要求服务提供者及时对问题和风险进行干预。

第十章　WTO 电子商务谈判[①]

WTO 电子商务谈判正为全球数字治理完善多边规则。目前各方在 WTO 联合倡议框架下就电子商务赋能、开放与电子商务、信任与电子商务，以及数字规制合作等达成统一的协议，为全球数字贸易和电子商务的可持续发展带来新的规则框架和制度性保障。但各方在电子传输关税、跨境数据流动和数据本地化、源代码保护等方面也存在较大争议。作为全球数字经济大国，中国要继续推动 WTO 电子商务谈判尽快达成，关注提高在全球和区域数字治理中的参与度和话语权，重视以制度型开放促进数字贸易高质量发展。

2024 年 7 月 26 日，WTO 电子商务谈判达成《电子商务协定》稳定文本，标志着全球电子商务规则取得重要进展。这一文本涵盖了无纸化交易、电子合同、电子签名、电子发票、垃圾邮件、消费者保护、网络安全和电子交易框架等内容，为各的数字贸易和数字化转型提供了一个平衡且包容的框架。WTO《电子商务协定》稳定文本（下称协定）共有 90 多个 WTO 成员参与磋商，历经 5 年谈判，是 WTO 正式对外公布的第一套全面的电子商务规则。

一、WTO《电子商务协定》谈判方立场差异较大

WTO 曾于 1998 年成立"电子商务工作计划"。但受多哈回合谈判停滞影响，该计划除在电子传输免关税方面有所进展外，长期缺乏实质性成果。自 2016 年 7 月起，美国率先在 WTO 提交了全面讨论电子商务议题的提案，[②] 旨在推动 WTO 成员关注电子商务议题。该提案以美国在 TPP

[①] 本部分内容由上海对外经贸大学国际经贸研究所研究员张磊撰写。
[②] "Work Program on Electronic Commerce, Non-paper from the United States", JOB/GC/94, 4 July 2016.

中总结的"数字24条"为核心内容，首次将跨境数据流动等新议题引入WTO。在2017年12月举行的WTO第11届部长级会议上，43个WTO成员发表了第一份《电子商务联合声明》，提出为未来WTO进行"与贸易有关的电子商务"谈判开展探索性工作[1]，但当时中国并未参与。2019年1月达沃斯会议期间，包括中国在内的76个WTO成员发表了第二份《电子商务联合声明》，正式启动与贸易有关的电子商务谈判[2]。此后2019年6月二十国集团（G20）大阪峰会还发布《数字经济大阪宣言》，提出争取在2020年第12届WTO部长级会议前取得实质性进展。

基于主要经济体对数字贸易规则立场差异较大[3]，中国直至2019年才参与第二份《电子商务联合声明》。自谈判开始，中国就始终主张应重点关注数字化驱动的货物贸易和之相关支付、物流等服务，为电子商务创造透明、便利、可预期市场环境。鉴于部分成员对跨境数据流动关注较多，中国也回应了此类议题强调尊重成员规制主权，但认为谈判目标设置不宜激进。这反映了中国以货物贸易为主，重点关注数字订购规则但在跨境数据流动议题持防守态度的立场。

比较而言，美国的立场与其2016年提交的电子商务提案基本一致。其关注的议题以TPP第14章"电子商务"和USMCA第19章"数字贸易"的内容为主，要求允许跨境数据自由流动、电子产品非歧视待遇、禁止共享源代码和商业秘密、禁止强制转让技术等。此外，美国也注意到发展中国家较多关注跨境电子商务，提出应全面履行WTO《贸易便利化协定》。综合而言，美国主要强调为本国企业破除"数字贸易壁垒"，进攻色彩强烈。欧盟相对强调信息和隐私保护，提出跨境数据流动应让位于个人信息保护措施。此外，欧盟还希望扩大与电子商务联系密切的服务贸易开放，针对

[1] "Joint Statement on Ecommerce", WT/MIN（17）/60, 13 December 2017, https://www.wto.org/english/ thewto_e/minist_e/mc11_e/documents_e.htm[2019-12-14].
[2] "Joint Statement on Electronic Commerce", WT/L/1056, 25 January 2019, http://trade.ec.europa.eu/ doclib/docs/2019/january/tradoc_157643.pdf [2019-12-14].
[3] 徐程锦.WTO电子商务规则谈判与中国的应对方案[J].国际经济评论,2020(3).

电脑服务等就不同贸易模式提出了具体要求。考虑到欧盟目前缺少大型互联网企业与中美竞争，其谈判立场也更重视引领监管和治理机制变革。

除中美欧三方外，日本的立场以 CPTPP 第 14 章"电子商务"规则为主，与美国相似。但日本更加关注发展议题，其 2016 年发布的《第五份科学技术基础计划》就曾提出以 ICT 为核心解决人口老龄化和劳动力不足等问题，[①] 在 WTO 谈判中也主张加强对发展中国家技术援助。此外，加拿大与新加坡同为 CPTPP 成员，其提案的内容与美国和日本的立场比较接近。巴西较为独特的主张是重视网络空间的知识产权问题，强调为知识产权权利人提供透明信息和适当的回报。综上可见，WTO《电子商务协定》谈判自开始之初主要成员立场差异即较显著，要求谈判弥合彼此分歧并平衡各方利益。

二、WTO《电子商务协定》谈判进程曲折

（一）对 WTO《电子商务协定》谈判进程的回顾

尽管 2019 年二十国集团峰会《数字经济大阪宣言》提出相关谈判要争取在 2020 年底获得进展，但 2020 年 3 月 WTO 就因新冠疫情暂停所有会议。此后会议逐步通过混合和虚拟形式恢复，但这也导致了透明度、安全性和达成协议可行性的问题。截至 2020 年底，谈判召集人根据各成员提案和 2020 年谈判进展向与会者分发了第一份综合谈判文本。[②] 表 10-1 概述了当时电子商务谈判考虑的主题和相关问题。其中，在如何处理与数据流动、访问、隐私和网络安全相关问题上，谈判参与者之间存在很大的分歧，所提出的关键方案存在显著差异。此外，在支持发展中国家或最不发达国家的能力建设和技术援助方面，中国和印度尼西亚还提交提案呼吁自愿向最不发达国家提供援助。中国还针对解决数字鸿沟提出案文，鼓励成员采取有助于改善电子商务的建议和切实措施，帮助企业和公民实现数字化转型。

---

① Government of Japan, "The 5th Science and Technology Basic Plan", January 22, 2016, p.12, https:// www8.cao.go.jp/cstp/english/basic/5thbasicplan.pdf [2019-12-14].
② WTO. "WTO electronic commerce negotiations: Consolidated negotiating text", December 2020, Revision （INF/ECOM/62/Rev.1）.

表 10-1 对 WTO《电子商务协定》谈判文本不同时期案文的比较

	2020 年 12 月	2022 年 12 月	2024 年 7 月
电子商务赋能	促进电子交易:电子交易框架、电子认证与签名、电子合同、电子发票、电子支付;电子商务便利化:物流服务、无纸化交易、微量允许、海关手续、改善贸易政策、单一窗口、贸易便利化提升	促进电子交易:电子交易框架、电子认证与签名、电子合同、电子发票;电子商务便利化:无纸化贸易	电子交易框架;电子认证和签名;电子合同;电子发票;无纸化交易;单一窗口;电子支付
开放与电子商务	非歧视要求:数字产品非歧视待遇、交互式计算机服务责任限制、交互式计算机服务侵权;数字流动:跨境数据流动、数据本地化、金融计算设施位置;电子传输关税;互联网和数据接入:开放政府数据、开放互联网接入、交互式计算机服务	电子传输关税;互联网和数据接入:开放政府数据、开放互联网接入	电子传输关税;开放政府数据;互联网和数据接入;开放互联网接入
信任与电子商务	消费者保护:网络消费者保护、未经请求的商业电子信息;隐私保护:个人资料保护;商业信任:源代码保护、适用密码学的 ICT 产品	消费者保护:网络消费者保护、未经请求的商业电子信息;隐私保护:个人资料保护;商业信任:源代码保护、适用密码学的 ICT 产品;网络安全	网络消费者保护;未经请求的商业电子信息;个人数据保护;网络安全
透明合作与发展	透明度:贸易相关信息的电子可得性;国内监管与合作;网络安全;能力建设和技术援助	透明度、国内监管与合作;数字流动:跨境数据流动、数据本地化、金融计算设施位置;能力建设:能力建设和技术援助;发展中国家和最不发达国家成员:执行期、特殊和差别待遇	透明度;合作;发展
电信	更新世贸关于电信服务的参考文件;与电子商务相关的网络设备及产品	更新世贸电信服务的参考文件	更新世贸关于电信服务的参考文件
附件	服务业市场准入;电子商务人员流动;商品市场准入	物流服务;货物通关;电子支付;单一窗口;数字产品非歧视待遇;国内监管;服务市场准入;电子商务人员流动等	对基础电信服务监管框架制定原则

资料来源:作者根据相关资料整理获得。

至 2022 年底,电子商务谈判召集人在成员之间分发了第三份更新的综合谈判文本,作为后续谈判和协议的基础。① 更新后的案文采用了与以

① WTO. "WTO electronic commerce negotiations: Updated consolidated negotiating text", December 2022, Revision（INF/ECOM/62/Rev.3）.

前通报的草案相同的结构框架,但与2021年早期版本相比,首先,各方不再将市场准入作为单独议题开展谈判,并撤回了对部分条款的谈判。其次,早期版本中作为附件的范围和一般规定被替代为范围和一般规定,同时将附件内容调整为各类市场准入及国内监管议题。值得注意的是,在向附件转移的条款中就包括"服务市场准入"条款,但该条款在2021年就已停止报告进展。因为相关谈判可能会导致成员改变在现有GATS协议下的市场准入承诺,但这需要多边协商一致并适用最惠国(MFN)原则。事实上,当时被纳入附件中的许多条款都面临类似问题,但作为联合倡议的电子商务谈判却难有应对之策。最后,新案文对部分条款布局也作出调整,例如将数据自由流动从开放议题移至交叉议题下。

进入2023年后,各方为推进谈判开始进一步缩小谈判范围,被放弃的提案主要包括贸易便利化和市场准入条款。其中针对贸易便利化议题,部分成员认为通过现有的WTO协议可以更好地解决相关问题。针对数据流动、数据本地化和源代码保护这些焦点议题,主要原因则是美国撤回了其在2023年10月提出的关于放开这些议题规则的提案。对此美国表示其在重新评估国内对电子商务的政策考虑时需要保持政策空间。[①] 这包括评估是否需要更多的监管来控制大型科技公司的反竞争行为。另一个原因可能是来自中国的竞争日益激烈,以及对中国获取美国公民和公司数据的担忧。此外,各方还"停放"了部分关于隐私的谈判文本,源代码保护等议题也被从法律文本中删除。这导致2023年谈判"停放"的议题总数达到13项,意味着《电子商务协定》中一些最具雄心的元素已经不在讨论范围内。[②] 但是,谈判组织方依然强调,该协定一旦被纳入WTO法律框架,将成为WTO成员间制定数字贸易国际规则的基础,惠及参与数字贸易的

---

① Office of the United States Trade Representative. "USTR statement on WTO e-commerce negotiations", 2023, https://ustr.gov/about-us/policy-offices/press-office/press-releases/2023/october/ustr-statement-wto-e-commerce-negotiations[2023-12-14].
② WTO. "WTO electronic commerce negotiations: Updated consolidated negotiating text", November 2023. Revision(INF/ECOM/62/Rev.5).

消费者和企业，特别是中小企业。

（二）协定文本重点关注对数字贸易国内监管制定国际规范

2024 年 7 月 26 日，WTO 在电子商务联合倡议指导中宣布通过了《电子商务协定》稳定文本，是 WTO 批准的第一套全面的电子商务规则。[①] 该文本是 91 个 WTO 成员历时 5 年谈判后形成的，但目前美国、巴西、印度尼西亚、哥伦比亚、萨尔瓦多、危地马拉、土耳其等 9 个谈判参与方未联署该文本，且倡议参与者仍保留了在未来任何谈判中对该协定文本提出修正案的权利。该文本除了程序性条款（A 节、G 节、H 节），还有 18 条剩余实质性条款（B 节至 F 节），包含电子商务赋能、开放与电子商务、信任与电子商务、透明合作与发展及电信五个方面，结构框架与前期案文基本保持一致。

第一，电子商务赋能旨在为电子商务提供更多的法律确定性以确保电子交易方式获得更多制度保障。该节还包括一些促进贸易便利化的条款，包括无纸化贸易、单一窗口数据交换、电子支付等。第二，在开放与电子商务部分，要求开放政府数据鼓励公众共享由公共机构收集和维护的非机密数据集，为电子商务接入和使用互联网需确保最终用户不受歧视性和不公平商业做法影响。该节还包括对电子传输关税的条款，目前各方同意永久暂停但将包括一项审查条款。第三，信任与电子商务旨在提高对消费者和企业的信任，各方同意努力制定与在线消费者保护有关的措施，建立个人数据保护的法律框架，并针对网络安全加强应对和跨境合作。第四，透明合作与发展涵盖了一系列跨领域问题，包括提升透明度以及在各类议题上加强合作。该节还率先在电子商务领域引入了专门的发展条款，体现了发展中成员在谈判中的积极作用。第五，电信部分各方承诺促进公平竞争和加强电信服务的互联互通，并通过附件对电信监管提出进一步要求。

相比之前的案文，2024 年 7 月达成的《电子商务协定》文本取得的重

---

① WTO．"WTO electronic commerce negotiations: Draft Ch 人工智能 rs' text"，28 June 2024. Revision（INF/ECOM/86）．

要突破，主要体现在电子传输免关税条款上。具体而言包括两个方面：一是最新文本对于"电子传输"作出了明确定义，进而澄清了是对电子传输方式还是电子传输的内容免征关税。文本规定，"任何缔约方不得对一方人员与另一方人员之间的电子传输征收关税"，并具体标明"电子传输是指使用任何电磁手段进行的传输，包括传输的内容"，因此此处电子传输方式和电子传输内容都在免征关税范畴之内。此前，成员对此议题存在争议。其中，美国主张对电子传输及其传输的内容均免征关税；欧盟也主张对电子传输及其传输的内容均免征关税，但对试听产品不作具体承诺；中国则主张将继续维持 WTO 不对电子传输征收关税的现行做法。二是最新文本对电子传输永久免征关税进行了折中处理，即原则上永久免关税，但需要以五年为期定期评估，文本表述为"考虑到电子商务和数字技术的不断发展，双方应在本协定生效后的第五年对本条进行审查，并在此后定期进行审查，以评估本条的影响，并确定是否应对本条进行修改"。此前，主要成员就是否永久对电子传输免征关税存在意见分歧。以美欧为代表的发达国家支持永久性免征关税，以印度、南非、印度尼西亚等为代表的发展中国家则持反对态度。发达国家的数字服务业在全球范围内遍布甚广，免征关税则能够大大减少发达国家跨国企业扩张的成本，从而占据更大的市场份额；而发展中国家大多人口密集，本国的数字化产业往往很难满足国人对电子产品的需求，所以对产品的进口需求就会上升，征收关税能够在一定程度上缓解国内的财政压力。

综合对谈判回顾及文本内容分析可见，在电子商务谈判的整体框架下，不同 WTO 成员基于对"电子商务"的不同理解引入了不同的谈判议题。以中国为代表的部分成员主要关注跨境电商议题，并主张在现有多边货物贸易规则的基础上发展电子商务便利化的一系列规则。包括美国、欧盟在内的部分成员则关注数字产品的跨境贸易，提出了涵盖跨境数据流动、网络安全、密码与源代码、电信监管等议题在内的规则草案，旨在借本次电子商务谈判确立互联网治理的新一代规则。本次的合并案文也反映了不同成员关注的不同议题，推动多边数字规则发展迈入新阶段。

值得强调的是，电子传输免关税作为电子商务传统议题，历史上 1998 年开展的"电子商务工作计划"中 WTO 主要成员就已经同意暂停对电子商务征收关税。因此，目前《电子商务协定》获得的进展也可被看作是进一步明确并强化了相关规则的要求。比较而言，目前 WTO《电子商务协定》文本针对电子商务赋能、开放与电子商务、信任与电子商务以及透明合作与发展议题，主要是为谈判各方数字国内规制制定国际规则并鼓励开展国际合作。因此，《电子商务协定》对推动成员完善数字贸易国内监管措施具有重要的促进意义。

三、WTO《电子商务协定》谈判方的主要分歧

虽然 WTO 电子商务谈判已就多个议题达成实质性成果，但在核心的跨境数据流动、数据本地化、电子传输关税和数字税、源代码披露和算法公开等敏感领域各方还存在很大分歧。结合前文分析可见，从各方向 WTO 提交的方案来看，发达国家之间、发达国家与发展中国家之间、发展中国家之间在上述核心敏感领域的立场存在一定差异，而在分歧和差异背后更多的是主要大国间的规则之争。

（一）电子传输免关税

电子传输关税议程可以追溯至 1998 年 WTO 的《电子商务工作计划》。自 1998 年至今，WTO 一直维持不对电子传输征收关税的做法。不过，在 2022 年的 WTO 第 12 届部长级会议上，以印度为首的部分国家主张应对电子传输征收关税。综合各方立场，在 WTO 框架下，目前各方围绕电子传输关税的争议主要集中在以下几点：一是电子传输的定义；二是电子传输的归类；三是电子传输的范畴，包括可视化产品、3D 打印、数字服务等；四是免征关税的范围；五是免征关税的影响，尤其是对发展中国家的影响。在 WTO 电子商务谈判中，以美国和欧盟为首的 16 个经济体在提案中首先将电子传输定义为"任何可以通过电磁方式进行的传输"。包括美国和欧

盟在内的 16 个经济体均主张对电子传输和被传输的内容免征关税。不过，与美国略有不同的是，欧盟虽然也支持对电子传输和被传输的内容永久性免除关税，但欧盟还是以文化多样性为理由，将视听产品排除在免征关税范围之外。

中国在 WTO 电子商务谈判的提案中主张继续维持不对电子传输征收关税的现行做法，这与中国在中韩 FTA、中澳 FTA、RCEP 中的立场基本一致。但无论是 WTO 电子商务谈判，还是区域贸易协定，中国还未就电子传输永久性免除关税问题作出具体承诺。在其他成员中，以印度尼西亚和阿根廷为代表的部分国家虽然在 WTO 电子商务谈判中也主张维持 WTO 不对电子传输征收关税的现行做法，但与美国和欧盟有所不同的是，印度尼西亚和阿根廷在提案中明确反对电子传输免征关税的永久化，并将免征关税的范围限定于电子传输本身且免征关税的范围不适用于电子传输内容。总体而言，在 WTO 电子商务谈判中，发达经济体更倾向于对电子传输永久性免除关税；发展中国家成员基本倾向于继续维持 WTO 不对电子传输征收关税的现行做法，但对电子传输的永久性免税问题、免征关税的范围尤其是对电子传输内容是否征收关税还持保留态度。

（二）跨境数据流动和数据本地化

美国在区域贸易协定、数字贸易协定和 WTO 谈判中一直对数据本地化要求等跨境数据自由流动限制措施持反对态度。不过，与在 USMCA 中的强硬立场有所不同的是，美国在 WTO 电子商务谈判中虽然也主张不应对跨境数据流动作出限制，但也支持就跨境数据自由流动设置例外条款。与美国类似，欧盟在区域贸易协定、WTO 电子商务谈判中对跨境数据流动限制措施也持反对态度。在 WTO 电子商务谈判中，欧盟在对数据本地化要求持反对立场的同时，也提出以下几项项限制措施，包括不应要求使用境内计算设施处理数据；不应禁止在其他成员境内存储或处理数据；不应将计算设施和数据存储的本地化作为允许跨境数据流动的前提。欧盟的上述立场与其在区域贸易协定中的立场基本一致。

中国在 WTO 电子商务谈判中暂未就跨境数据流动议题提交相关提案。在中国对外签署的 22 个自由贸易协定中，除了 RCEP 在电子商务章节中就"计算设施的位置"作出具体承诺外，其他协定均未涉及相关条款。在中国已经提出加入申请的区域贸易协定中，CPTPP 一是允许各方对跨境数据流动进行监管，二是允许各方可以"合法的公共政策目标"为由合理阻止相应的跨境数据流动，三是禁止计算设施本地化要求。而在全球层面，目前只有 UJDTA 和《澳大利亚—新加坡数字经济协定》含有特定领域（金融服务计算设施）的数据本地化要求，大部分区域贸易协定并未涉及数据本地化要求（计算设施位置）条款。

（三）源代码披露和算法公开

源代码和算法是美国的利益集中领域。在早期向 WTO 提交的提案中，美国就曾试图将 USMCA 中与源代码和算法相关的条款直接复制到 WTO 电子商务谈判之中。不过，与在 USMCA 中的强硬立场相比，美国在 WTO 电子商务谈判中虽然反对源代码披露或源代码中的算法公开，但在特定情形下也允许成员出于调查、审查、司法等目的强制源代码披露。欧盟在区域贸易协定和 WTO 电子商务谈判中对源代码或源代码中的算法公开也持反对立场。与美国类似，欧盟在 WTO 电子商务谈判中也允许就源代码披露和算法公开设立例外条款。与美国相比，欧盟的例外条款更加具体，允许成员在部分情况下可以强制要求披露源代码或公开算法。

中国在向 WTO 提交的提案中未涉及源代码或源代码中的算法公开，在已签署的区域贸易协定中也未就源代码或源代码中的算法公开作出任何约束性的承诺。RCEP 虽然在"电子商务对话"条款中提及源代码问题，但也只是承诺在与成员进行电子对话时"应当考虑源代码问题"，不具约束性。其他与中国密切相关的区域贸易协定中，DEPA 对源代码的披露和算法公开未作出具体承诺，CPTPP 在禁止源代码披露的同时设置了一定的例外条款。在全球层面，目前仅有少数区域贸易协定涉及源代码条款。

四、对中国参与多边数字治理的建议

近年来，全球经济和国际贸易的数字化发展，对现有全球数字治理国际规则体系提出了更多新的要求。中国作为世界第二数字经济大国、第一电子商务大国，有必要以 WTO 电子商务谈判和更高水平的区域贸易协定、数字贸易协定谈判为契机，在深化国内改革和制度型开放的同时，积极参与全球数字治理及规则制定。

首先，中国要继续发挥中国数字经济大国优势，推动 WTO 电子商务谈判早日达成共识。为此要正确认识、妥善处理、有效弥合各方在禁止源代码披露和公开算法、数据本地化要求、电子传输永久性免征关税等敏感议题或发达国家利益集中领域的争议与分歧，尽快达成平衡并包容的数字贸易规则。要继续发挥中国在 WTO 电子商务谈判中发达国家与发展中国家间桥梁的作用，共同推动发展议题尽快形成共识，早日形成更加开放包容、公平公正的全球数字治理框架。

其次，中国要继续提高中国在区域和全球数字规则制定中的话语权。要在新签署或升级版 FTA 中逐步纳入数字治理的新议题、新规则；进一步优化、提升中国对外签署的区域贸易协定数字规则的深度和广度。继续加大自由贸易试验区先行先试力度，逐步构建起全国统一的、与国际高标准数字规则相衔接的监管模式和制度体系；加快建立全国统一的数据分类分级管理制度和敏感数据负面清单管理制度。此外，要提高《网络安全法》等国内数据治理法律法规与国际高标准数字规则的兼容性。

最后，中国要以《金砖国家数字经济伙伴关系框架》《数字经济和绿色发展国际经贸合作框架倡议》等为平台，强化与发展中国家、新兴经济体及全球南方国家在数字领域尤其是数字贸易便利化领域的合作。积极促进在全球电子商务、数字规则领域中取得更多共识，为全球数字治理体系的完善和数字命运共同体的构建夯实基础。

第十一章　数字贸易与绿色贸易

在全球经济一体化和数字化转型的背景下，数字贸易与绿色贸易已成为国际贸易领域的重要议题。数字贸易以其高效、便捷的特性，正颠覆性地改变着全球贸易格局；而绿色贸易则强调环境保护和可持续发展，成为应对全球气候变化和环境挑战的关键途径。本部分将从理论、数据及实践三个维度，深入阐述数字贸易与绿色贸易的关系，探讨两者相互促进、共同发展的内在逻辑与实践案例。

一、理论框架与演进

（一）数字贸易的理论基础

数字贸易理论最初由数字经济概念衍生而来，聚焦于数字技术对贸易形态、结构及模式的变革性影响。数字贸易概念最早可追溯到 20 世纪 90 年代，WTO 第二届部长级会议中将电子商务定义为通过电子方式生产、销售或交付货物与服务。这一概念反映了当时数字贸易的初级阶段，即通过互联网等电子手段进行贸易活动。IBM 公司最早提出电子商务的概念，包括买卖双方的商业活动、交易前的沟通和协商，以及交易过程中和交易完成后的互动和支持，上述这些活动都有赖于信息通讯技术。

USITC 于 2013 年首次对数字贸易进行了定义，将其描述为"通过有线和无线数字网络传输产品或服务"，并在 2014 年对其内涵进行了补充和延伸。2017 年，美国贸易代表办公室进一步丰富了定义，将数据流和实现智能制造的服务相关平台纳入概念范畴。

通常来说，数字贸易与国际贸易理论中的比较优势理论、资源禀赋理论、新贸易理论等相关。在数字经济时代，数字技术和 ICT 作为生产力增长的重要驱动力，渗透到各行各业，对产品和服务贸易进行数字化变革，形成了具有数字烙印的贸易形态——数字贸易。根据二十国集团杭州峰会通过的《二十国集团数字经济发展与合作倡议》，数字经济被定义为以数字化信息和知识为生产要素，以现代信息网络为重要活动空间的一系列经济活动。

国内对数字贸易的研究起步较晚，但近年来有加速趋势。早期对于数字贸易的研究，更多强调的是数字产品及相关服务，并未将有形的货物纳入贸易标的。随着研究的深入和实践的进展，数字贸易的内涵与外延得到进一步延伸。熊励（2011）将数字贸易概括为以互联网和数字通信技术为依托，为供求双方提供数字化电子信息，并以数字化信息为贸易标的的贸易方式。李忠民（2014）认为数字贸易代表了一种新的业态、技术和机制。夏杰长（2018）从供给和需求角度分析了数字贸易的影响。在供给侧，数字技术通过去平台化、去中介化和流程简易化等形式降低成本，提高效率，实现商业模式的革新。在需求侧，数字产品通过影响居民的衣食住行和娱乐社交，培养了用户黏性和依存度，从而引发市场需求的升级。

（二）绿色贸易的理论背景

绿色贸易理论则强调环境保护和可持续发展，主张在贸易活动中减少生态足迹，推动低碳经济和绿色产业的发展。随着全球监管变化，绿色贸易壁垒日益增多，促使各国政府、企业和消费者更加重视环境升级和可持续发展。这些变化通过新的设计、标准和规范传递到整个价值链，并对全球贸易体系产生深远影响。

绿色贸易与外部性理论、可持续发展理论等密切相关。其中，外部性理论是绿色贸易产生的重要理论基础。该理论由罗纳德·科斯等经济学家提出，旨在解释经济活动对环境造成的负面影响，即第三方承担的成本问题。外部性理论认为，环境资源的产权不明导致经济活动产生的环境成本无法内化到产品价格中，进而造成环境破坏。为解决这个问题，科斯提出通过法律手段界定环境产权，重新分配权力以保障公共福利。这一理论为绿色贸易提供了经济学上的解释，即通过贸易政策将环境成本内化到产品价格中去，从而实现环境保护和贸易发展的协调平衡。此外，可持续发展理论为绿色贸易提供了另一个重要理论基础。1987年，世界环境与发展委员会在《我们共同的未来》报告中提出了"可持续发展"概念，主张在不危及后代人满足环境资源要求的前提下，确保人类社会走可持续发展道路。在此概念背景下，一些经济学家提出了包含环境影响的如"绿色GDP"等可持续发展指标，为绿色贸易提供了更为科学的评估标准。也外国研究者提出"绿色贸易开放度指数"（green trade openness index），用以衡量绿色产品在一个地区的重要性，并用实证证明绿色产品在一国贸易篮子中的存在减少了该国的生态足迹。从新质生产力的角度看，绿色能源属于新型生产要素，同时，绿色技术属于高技术产业，与研发创新密切相关，有助于提升全要素生产率，促进社会效率的显著提升和可持续发展。

此外，与绿色贸易发展相伴随的，还有自由贸易与环境保护间的冲突与协调，以及由此产生的绿色贸易壁垒。绿色贸易壁垒是贸易壁垒中的一种特殊形式，是指为了保护环境而采取的一些措施，直接或间接地限制甚至禁止某些产品的贸易。这些措施包括环境标准、绿色标志等。

UN联合联合国环境规划署（UNEP）、国际贸易与可持续发展中心（ICTSD）和国际贸易中心（ITC）发布《绿色经济与贸易趋势、调整与机遇》报告，指出在当今日益相互关联的世界中，每年有数万亿美元的商品和服务进行交易，在推动经济增长的同时，也带来自然资源的额外压力，并增加了温室气体排放，如1995年至2010年间国际海运和航运的排放量增长了88%。贸易绿色化不仅是一个重要机遇，更是一项紧迫任务。如果要扭转生物多样性下降的趋势、减缓温室气体排放、阻止土地退化、保护海洋，就必须推动国际贸易可持续发展。UN重点关注农业、渔业、林业、制造业、可再生能源和旅游业，认为这些部门在向绿色经济转型中尤其具有前景。

对于中国而言，近年来持续推出相关政策法规，在促进环境保护和可持续发展方面取得显著进步（Ashraf等，2020；Qu等，2020；Steblyanskaya等，2021；Sun Y., Ding, Yang, Yang和Du, 2020；Tolić,

2020）。过去十年，全球在促进绿色贸易方面达成一系列议程，对中国经济转型和绿色增长产生重要影响，如 2012 年里约峰会上提出的包容性绿色增长计划，2015 年提出的联合国可持续发展目标议程等。从理论层面看，绿色增长的概念并不代表国内生产总值的减少，而是获取生产力的方法需要与生态和环境保护相兼容。

二、数据支撑与发展现状

（一）数字贸易的快速发展

近年来，数字贸易在全球范围内迅速发展，成为国际贸易的新亮点。据报告，全球数字贸易市场规模已超过万亿美元，且增长速度远超传统贸易。中国作为全球第二大经济体，数字贸易发展迅速，已成为国际贸易的重要组成部分。据中研普华产业研究院发布的数据，2023 年中国跨境电商进出口总额达到 2.38 万亿元，同比增长 15.6%，占外贸进出口总额的比重逐步提升。

在细分领域，电信、计算机和信息服务成为数字贸易中占比最大的部分，贸易出口额由 2010 年的 2597 亿美元增长至 2020 年的 10844 亿美元，年复合增长率达到 15.4%。此外，数字交付贸易规模也在不断扩大，2023 年我国可数字化交付的服务贸易总额达 3666.1 亿美元，其中出口 2070.1 亿美元，实现顺差 474.1 亿美元。

（二）绿色贸易的实践与趋势

全球二氧化碳排放量持续增加所引发的全球气候变暖，对环境可持续方面带来严峻挑战。根据国际能源信息署（EIA）的统计数据，1999 年至 2019 年间，全球二氧化碳排放量增加了约 64%，预计到 2030 年，这一数字将比 2000 年增长超过 45%。

绿色贸易在全球范围内也呈现出强劲的发展势头。随着全球气候变化和环境问题的日益严峻，各国政府和企业纷纷采取措施减少碳排放，推动绿色生产和消费。2022 年，美国民主党提交了《清洁竞争法案》（*Clean*

Competition Act，CCA），其基本逻辑是以美国产品的平均碳含量为基准线，对超过基准线的进口产品和美国国内产品均征收碳费，2024 年的征收价格为 55 美元 / 吨，且每年上浮 5%。2023 年，欧盟出台《净零工业法案》草案，意在通过实施产业政策，确保 2030 年 40% 的清洁技术需求由本地产能满足。同年，欧盟实施碳边境调节机制（carbon border adjustment mechanism，CBAM），俗称碳关税，针对部分进出口商品的碳排放量征收税费，与美国针对"相对碳含量"征收不同，欧盟针对的是进口产品中的"内嵌排放"（embedded emissions），即"绝对碳含量"。紧随其后，G7 等发达国家纷纷宣布加入探索边境碳调节机制队伍，然而在这一层面，发展中国家明显滞后。

我国自 2020 年提出"双碳"目标以来，已经在诸多层面开展了相关碳核算的研究，为建立适合我国发展国情的碳排放核算体系提供基础。例如，国家发展改革委、国家统计局、生态环境部等部门联合发布《关于加快建立统一规范的碳排放统计核算体系实施方案》，明确到 2025 年碳排放统计核算的目标任务。此外，我国积极参与碳排放国际标准制定，加强国际交流，定期向《联合国气候变化框架公约》提交国家履约报告，展示中国在应对气候变化方面的努力与成效。

三、数字贸易与绿色贸易的互动关系

（一）数字技术促进绿色贸易发展

数字技术在绿色贸易中发挥着重要作用。一方面，通过在供给侧做加法，将数字技术创新的正外部性内部化。数字技术可以大幅降低贸易成本，提高贸易效率，减少中间环节，从而推动绿色产品和服务的快速流通。例如，跨境电商平台利用数字技术，实现了绿色产品的全球采购和销售，促进了绿色贸易的国际化发展。另一方面，数字技术还可以助力绿色技术的研发和应用，推动绿色产业的创新发展。例如，人工智能、大数据、区块链等技术在环保监测、节能减排、资源循环利用等领域的应用，为绿色贸易提供了强有力的技术支撑。

（二）绿色贸易推动数字贸易转型升级

绿色贸易的发展也对数字贸易提出了更高的要求和挑战。随着全球对环保和可持续发展的重视，数字贸易需要更加注重产品的环保性能和生产过程的可持续性。这就要求数字贸易企业不断创新，开发更加环保的数字产品和服务，以满足市场对绿色贸易的需求。同时，绿色贸易也促进了数字贸易的转型升级，推动了数字贸易向更加高效、环保、可持续的方向发展。

（三）绿色贸易与数字贸易共同推动技术创新

绿色贸易和数字贸易都是技术创新的重要驱动力。绿色贸易通过环保标准和绿色认证等手段，引导企业加大环保技术研发投入，推动清洁生产、循环经济等技术的创新与应用，数字贸易则通过云计算、大数据、人工智能等技术的广泛应用，促进贸易模式的创新和升级，二者相互协同，加速了新技术在绿色贸易领域的融合与应用，推动全球经济绿色转型和数字转型。

（四）数字经济放大绿色产业的规模经济效应

数字技术的非竞争性特点是其边际成本较低，数字经济环境下，大的数字平台企业往往在美国、中国等大体量经济体中产生，如美国的亚马逊、脸书，中国的阿里巴巴、拼多多等。绿色产业天然适合于数字技术、数字经济相融合、相配套发展，由此会带来更好的规模经济效益和溢出效应。以新能源车为例，新能源车中数字技术投入占比超过七成，而传统燃油车中的数字技术投入占比则近两成。

四、实践案例与经验分享

（一）数字贸易推动绿色产品全球流通

以阿里巴巴跨境电商平台为例，该平台通过数字技术和全球物流网络，实现了绿色产品的全球采购和销售。卢旺达政府与阿里巴巴共同建设的非洲首个 eWTP 项目，就是数字贸易推动绿色产品全球流通的典型案例。卢旺达的"大猩猩牌"咖啡豆通过电商平台销往中国，并亮相首届中国国际进口博览会，不仅提升了当地农户的收入水平，也促进了中国消费者对绿色产品的认知和接受度。

（二）绿色贸易促进数字技术创新应用

在绿色贸易的推动下，数字技术在环保领域的应用不断创新。以科大讯飞为例，该公司利用人工智能技术为全球多语种提供自动翻译服务，并在环保监测、节能减排等领域开展了一系列创新应用。例如，在布达佩斯世界田径锦标赛上，科大讯飞向大会提供自动翻译软件、硬件产品及服务的同时，还牵头构建全球多语种技术生态，用科技助力沟通无障碍。这些创新应用不仅提升了环保工作的效率和准确性，也为绿色贸易的发展提供了强有力的技术支撑。

（三）数字贸易与绿色贸易协同发展案例

在全球范围内，数字贸易与绿色贸易协同发展的案例不胜枚举。例如，中国与东盟国家在数字贸易和绿色贸易领域的合作就取得了显著成效。双方通过建立电子商务合作备忘录和双边电子商务合作机制，共同推动数字贸易自由化便利化进程。同时，双方还在环保领域开展了一系列合作项目，共同推动绿色低碳经济的发展。这些合作不仅促进了双方贸易的增长和经济的繁荣，也为全球数字贸易和绿色贸易的协同发展提供了有益的借鉴与启示。美国作为全球绿色贸易和数字贸易的重要参与者，制定了严格的环境保护法规，并在多边和双边谈判中致力于建立强有力的约束规则。

五、面临的挑战与对策建议

（一）面临的挑战

尽管数字贸易与绿色贸易在全球范围内呈现出良好的发展态势，但仍面临诸多挑战。一方面，数据安全、隐私保护等问题日益凸显，给数字贸易的健康发展带来了不确定性。另一方面，绿色贸易壁垒的增加和环保标准的差异也给跨国贸易带来了挑战。此外，数字鸿沟和绿色技术的普及程度不均等问题也限制了数字贸易与绿色贸易的协同发展。

（二）对策建议

为应对这些挑战，推动数字贸易与绿色贸易的协同发展，本部分提出以下对策建议：

第一，加快出台绿色贸易领域顶层设计。由商务部牵头，会同相关部门加快制定出台拓展绿色贸易的政策文件，在提升外贸企业绿色低碳发展能力、拓展相关产品进出口、建立健全支撑保障体系、促进绿色贸易与数字贸易协同发展等发面制定一系列务实举措，推进绿色贸易加快发展。

第二，加强数据安全与隐私保护。大力开发数据模型、数据核验、评价指数等数据产品，实现"原始数据不出域，数据可用不可见"，既保障数据安全，又能有效保护个人信息安全。强化全过程管理，加强公共数据资源的供给、加工处理、运营管理等各环节、全流程的安全保障能力建设和体系建设，确保开发利用过程可溯、可管、可控，提升数据关联风险识别和管控水平，加强国际间数据安全与隐私保护合作与交流，共同推动相关标准和法规的制定与完善。

第三，持续优化公共服务，加强外贸企业绿色低碳发展能力。聚焦进出口企业中中小企业占比高的特色，提供绿色产品及服务出口的适时培训，强化同国内外第三方碳服务机构与外贸企业对接，提升外贸领域碳服务质量和效率，助力企业开拓国际市场。

第四，推动绿色贸易标准的国际互认。加强与其他国家和地区的绿色贸易标准对接与互认工作，降低绿色贸易壁垒，促进绿色产品和服务的自由流通。积极参与全球数字贸易和绿色贸易治理体系的建设与完善工作，加强与其他国家和地区的合作与交流，共同推动数字贸易与绿色贸易的协同发展。

第五，加强数字技术与绿色技术的融合创新。鼓励企业加大研发投入，推动数字技术与绿色技术的融合创新应用，提升绿色贸易的数字化水平。缩小数字鸿沟与普及绿色技术。加大对发展中国家的技术支持和援助力度，缩小数字鸿沟与普及绿色技术知识,推动全球贸易的均衡发展。

数字贸易与绿色贸易作为国际贸易领域的重要议题,正深刻改变着全球贸易格局和发展模式。两者相互促进、共同发展的内在逻辑与实践案例充分表明,数字贸易与绿色贸易的协同发展不仅是应对全球气候变化和环境挑战的重要途径,也是推动全球经济高质量发展的重要动力。未来,随着数字技术的不断发展和全球贸易体系的不断完善,数字贸易与绿色贸易的协同发展将迎来更加广阔的前景和机遇。我们应抓住这一历史机遇,加强国际合作与交流,共同推动数字贸易与绿色贸易的协同发展进程。

领 域 篇

本篇全景展示了中国数字贸易发展的重点领域，包括全球及中国可数字化服务贸易发展现状及趋势，中国数字技术贸易、中国数字产品贸易、中国数据贸易发展的现状及趋势，介绍了中国国际服务外包发展现状及趋势。

第十二章　全球及中国可数字化服务贸易发展现状与趋势

一、全球可数字化服务贸易发展现状

当前，数字经济和数字技术推动货物贸易、服务贸易深刻变革，贸易方式数字化和贸易对象数字化发展势头强劲，可数字化服务贸易迎来重要发展机遇，显著增长背后反映出巨大的发展潜力。

（一）总体情况

可数字化服务贸易成为国际贸易发展新趋势。受逆全球化、新冠疫情、地缘冲突等因素影响，全球货物贸易增速放缓。WTO 数据显示，2018—2023 年全球货物出口年均增长 4.0%，比服务出口增速低 1.2 个百分点。与此同时，疫情加速企业数字化转型，以电信、计算机和信息服务为代表的可数字化服务贸易加速增长，在国际贸易中的地位更加重要。

2018—2023 年全球可数字化服务出口规模从 32068.8 亿美元增长至 45440.2 亿美元（见图 12-1），年均增长 7.2%，占服务出口比重从 52.1% 提高至 57.4%，占服务和货物出口总额的比重从 12.5% 提高至 14.3%，对服务出口增长的贡献率达 76.0%。2023 年，在全球货物出口下降 4.6% 的背景下，可数字化服务出口仍保持快速增长，增速达 9.0%。

分领域看，电信、计算机和信息服务增长最快，2018—2023 年全球电信、计算机和信息服务出口规模从 6371.6 亿美元增长至 10904.6 亿美元，年均增长 11.3%，占可数字化服务出口的比重从 19.9% 提高至 24.0%。其他商务服务占比保持稳定，2018—2023 年全球电信、计算机和信息服务出口规模从 13756.9 亿美元增长至 19486.4 亿美元，年均增长 7.2%，占可数字化服务出口的比重保持在 42.9% 左右。金融保险服务占比下降，2018—2023 年全球金融保险服务出口规模从 6870.2 亿美

元增长至 9053.5 亿美元，年均增长 5.7%，占可数字化服务出口的比重

从 21.4% 下降至 19.9%。知识产权服务增长放缓，2018—2023 年全球知识产权服务出口规模从 4200.8 亿美元增长至 4750.1 亿美元，年均增长 2.5%，占可数字化服务出口的比重从 13.1% 下降至 10.5%。个人、文化和娱乐服务占比最低，2018—2023 年全球个人、文化和娱乐服务出口规模从 869.3 亿美元增长至 1245.7 亿美元，年均增长 7.5%，占可数字化服务出口的比重保持在 2.7% 左右。

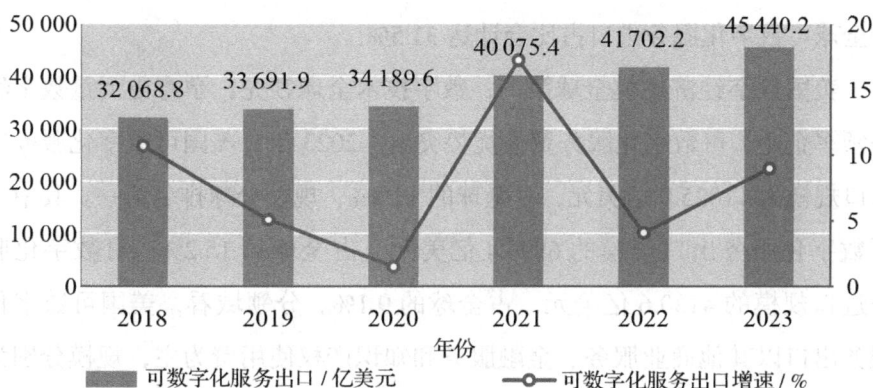

图 12-1　2018—2023 年全球可数字化服务出口规模及增速
资料来源：商务部。

分区域看，欧洲地区规模最大、占比过半，2018—2023 年欧洲可数字化服务出口规模从 17184.9 亿美元增长至 23956.6 亿美元，年均增长 6.9%，占全球比重从 53.7% 下降至 53.6%。其中，欧盟 27 国可数字化服务出口规模从 12625.4 亿美元增长至 17755.0 亿美元，年均增长 7.1%，占全球比重从 39.4% 下降至 39.1%。亚洲地区增长最快，2018—2023 年亚洲可数字化服务出口规模从 6834.1 亿美元增长至 10690.5 亿美元，年均增长 9.4%，占全球比重从 21.3% 提高至 23.5%。北美洲地区保持稳定增长，2018—2023 年北美洲可数字化服务出口规模从 5906.1 亿美元增长至 7866.8 亿美元，年均增长 5.9%，占全球比重从 18.3% 下降至 17.3%。南美洲地区占比稳定，2018—2023 年南美洲可数字化服务出口规模从 622.9 亿美元增长至 827.5

亿美元，年均增长 5.8%，占全球比重保持在 1.8% 左右。非洲地区规模最小，2018—2023 年非洲可数字化服务出口规模从 303.5 亿美元增长至 384.9 亿美元，年均增长 4.9%，占全球比重不足 1%。

（二）重点国家情况

2023 年，全球可数字化服务出口排名前五的国家分别为美国、英国、爱尔兰、印度和德国，占全球可数字化服务出口占比合计达 44.9%；全球可数字化服务进口排名前五的国家分别为美国、爱尔兰、德国、英国和中国，占全球可数字化服务进口占比合计达 31.5%。

美国数字经济规模全球第一，数字技术全球领先，孕育出大量数字经济领军企业，可数字化服务贸易优势突出。2023 年，美国可数字化服务进出口规模为 11025.0 亿美元，占全球的 12.1%，规模全球排名第一。其中，可数字化服务出口规模的 6894.4 亿美元，占全球的 15.2%；可数字化服务进口规模的 4130.6 亿美元，占全球的 9.1%。分领域看，美国可数字化服务出口以其他商业服务、金融服务和知识产权使用费为主，规模分别为 2531.9 亿美元、1754.6 亿美元、1344.4 亿美元，占可数字化服务出口的比重分别为 36.7%、25.4%、19.5%；进口以其他商业服务、保险服务、金融服务为主，规模分别为 1450.7 亿美元、646.1 亿美元、626.9 亿美元，占可数字化服务进口的比重分别为 35.1%、15.6%、15.2%。

爱尔兰是全球"避税天堂"之一，是跨国企业进入欧洲市场的门户，拥有众多跨国企业总部，可数字化服务进出口规模仅次于美国。2023 年，爱尔兰可数字化服务进出口规模为 7208.7 亿美元，占全球的 7.9%，规模全球排名第二。其中，可数字化服务出口规模为 3613.5 亿美元，占全球的 8.0%；可数字化服务进口规模为 3595.2 亿美元，占全球的 7.9%。分领域看，爱尔兰可数字化服务出口以电信、计算机和信息服务为主，规模达 2367.2 亿美元，占可数字化服务出口的 65.5%，规模全球排名第一；进口以其他商业服务和知识产权使用费为主，规模分别为 1577.2 亿美元、1525.6 亿美元，占可数字化服务进口的比重分别为 43.9%、42.4%。

英国服务业发达,金融服务优势明显。2023 年,英国可数字化服务进出口规模为 6772.8 亿美元,占全球的 7.5%,规模全球排名第三。其中,可数字化服务出口规模为 4526.7 亿美元,占全球的 10.0%;可数字化服务进口规模为 2246.1 亿美元,占全球的 4.9%。分领域看,英国可数字化服务出口以其他商业服务、金融服务为主,规模分别为 2298.1 亿美元、958.7 亿美元,占可数字化服务出口的比重分别为 50.8%、21.2%,规模排名均为全球第二;进口以其他商业服务、金融服务、知识产权使用费为主,规模分别为 1399.2 亿美元、213.3 亿美元、210.5 亿美元,占可数字化服务进口的比重分别为 62.3%、9.5%、9.4%。

德国围绕"工业 4.0",推动工业化和数字化协同发展,生产性服务业具备国际优势。2023 年,德国可数字化服务进出口规模为 5260.8 亿美元,占全球的 5.8%。其中,可数字化服务出口规模为 2686.9 亿美元,占全球的 5.9%;可数字化服务进口规模为 2573.9 亿美元,占全球的 5.7%。分领域看,德国可数字化服务出口以其他商业服务,电信、计算机和信息服务为主,规模分别为 1151.4 亿美元、486.3 亿美元,占可数字化服务出口的比重分别为 42.9%、18.1%;进口以其他商业服务,电信、计算机和信息服务为主,规模分别为 1306.4 亿美元、600.7 亿美元,占可数字化服务进口的比重分别为 50.8%、23.3%。

印度在信息技术服务、软件开发、业务流程外包等领域具有优势,是全球最大的信息技术外包服务提供商。2023 年,印度可数字化服务进出口规模为 3841.0 亿美元,占全球的 4.2%。其中,可数字化服务出口规模为 2683.2 亿美元,占全球的 5.9%;可数字化服务进口规模为 1157.8 亿美元,占全球的 2.5%。印度电信、计算机和信息服务出口规模全球排名第二,仅次于爱尔兰,达 1111.9 亿美元,占全球电信、计算机和信息服务出口的 10.2%。

二、中国可数字化服务贸易发展现状

近年来,中国持续完善开放创新平台,积极探索服务领域规则、规制、管理、标准等制度型开放，密集出台数字贸易产业政策，加快建立数字领域国际交流合作体系，可数字化服务贸易成为服务贸易发展新亮点。

（一）总体情况

中国顺应数字化、网络化、智能化发展趋势，融入全球数字经济发展浪潮，积极引导传统服务贸易向可数字化服务贸易转型升级。根据商务部数据[①]，2018—2023 年中国可数字化服务进出口规模从 2561.7 亿美元增长至 3859.0 亿美元，年均增长 8.5%，比服务进出口增速高 5.2 个百分点，占服务进出口比重从 32.4% 提高至 41.4%，对服务进出口增长的贡献率达 91.9%（见图 12-2）。其中，出口规模从 1321.4 亿美元增长至 2190.4 亿美元，年均增长 10.6%，比服务出口增速高 3.2 个百分点，占服务出口比重从 49.5% 提高至 57.5%，对服务出口增长的贡献率达 76.0%；进口规模从 1240.4 亿美元增长至 1668.6 亿美元，年均增长 6.1%，比服务进口增速高 5.1 个百分点，占服务进口比重从 23.6% 提高至 30.2%，对服务进口增长的贡献率达 158.9%。

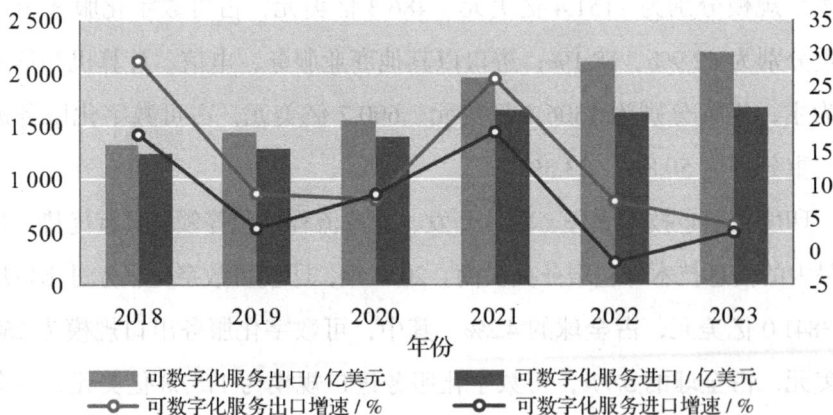

图 12-2　2018—2023 年中国可数字化服务出口、进口规模及增速

资料来源：商务部。

[①] 报告使用的全国可数字化服务贸易总体数据及分领域数据来自商务部网站，分省市数据来自商务部发布的《中国数字贸易发展报告》。

可数字化服务贸易区域协调发展向好。东部地区可数字化服务贸易发展优势显著。2023 年^①，东部地区可数字化服务进出口 3530.7 亿美元，同比增长 4%，占全国可数字化服务进出口的 91.5%。其中，出口 2001.8 亿美元。进出口规模排名前五位的省市为上海、广东、北京、江苏和浙江，规模分别为 1023.9 亿美元、893.4 亿美元、694.7 亿美元、334.8 亿美元和 307.4 亿美元。中西部地区以共建"一带一路"和陆海新通道为引领，加快内陆开放，可数字化服务贸易发展空间较大。2023 年，中西部地区可数字化服务进出口 233.2 亿美元，占全国可数字化服务进出口的 6%。其中，出口 143.4 亿美元。东北地区加强与东北亚地区国际经济技术合作，服务贸易跑出加速度。2023 年，东北地区可数字化服务进出口 95.2 亿美元，同比增长 2%，占全国可数字化服务进出口的 2.5%。其中，出口 45.2 亿美元。

可数字化服务贸易开放创新水平显著提高。一方面，中国持续提升可数字化服务贸易开放水平。中国连续多年修订外资准入负面清单，加快推进医疗、文化、教育、电信等领域开放进程，服务业限制措施缩减至 23 项。2024 年，中国商务部印发《跨境服务贸易特别管理措施（负面清单）（2024 年版）》和《自由贸易试验区跨境服务贸易特别管理措施（负面清单）（2024 年版）》，明确凡是在清单之外的领域，按照境内外服务及服务提供者待遇一致原则实施管理，可数字化贸易自由化便利化水平进一步提升。另一方面，中国逐步完善多层次、宽领域的可数字化服务贸易开放创新平台。截至 2024 年底，中国构建"28 个全面深化服务贸易创新试点地区、37 个服务外包示范城市、11 个服务业扩大开放综合试点地区"的服务领域开放布局，先后设立数字服务出口基地、文化出口基地、中医药特色服务出口基地、人力资源、地理信息、知识产权和语言服务等特色服务出口基地 122 家，形成了一批制度创新性强、具备推广价值的案例做法。

中国积极参与数字贸易国际规则制定。中国《"十四五"服务贸易发

① 资料来源：《中国数字贸易发展报告 2024》。

展规划》指出，主动参与数字治理、数据安全、数字货币等国际规则和标准制定。2018 年，中国同世界海关组织联合举办首届世界海关跨境电商大会，并牵头制定《跨境电商标准框架》，发布《北京宣言》，向世界传递对全球跨境电商发展的共识和愿景。2019 年，中国与 75 个世贸组织成员发表了《关于电子商务的联合声明》，确认有意在世贸组织现有协定和框架基础上，启动与贸易有关的电子商务议题谈判。2020 年，中国和东盟 10 国、日本、韩国、澳大利亚、新西兰共 15 个亚太国家正式签署《区域全面经济伙伴关系协定》（RCEP），并在全球数字治理研讨会上提出发起《全球数据安全倡议》，致力于为加强全球数字治理贡献中国智慧。2021 年，中国正式申请加入《全面与进步跨太平洋伙伴关系协定》（CPTPP）和《数字经济伙伴关系协定》（DEPA）。2022 年，中国完成《服务贸易国内规制参考文件》国内生效程序，同美国、欧盟等世贸组织主要谈判参加方正式启动参考文件在 WTO 的生效程序。中国加速对接 DEPA 数字产品非歧视、数据自由流动等条款，探索在杭州、成都等数字枢纽城市建立"规则适配试验区"。推动国内电子签名、消费者权益保护等标准与国际互认，减少企业跨境合规成本，积极对标、主动融入国际数字贸易的高标准规则。2024 年，金砖国家第十四次经贸部长会议达成《金砖国家关于促进电子商务合作的联合声明》，助力金砖国家发展数字贸易。

（二）分领域情况

电信、计算机和信息服务占比稳步提升。中国紧抓数字贸易发展新机遇，有序放宽增值电信等领域外资准入限制，加快推动信息技术和制造业融合发展，电信、计算机和信息产业国际竞争力持续提升。2018—2023 年，电信、计算机和信息服务进出口规模从 708.3 亿美元增长至 1290.1 亿美元，年均增长 12.7%，在可数字化服务贸易各领域中增长最快，比可数字化服务进出口增速高 4.2 个百分点，占可数字化服务进出口比重从 27.6% 提高至 33.4%。其中，出口规模从 470.6 亿美元增长至 903.4 亿美元，年均增长 13.9%，比可数字化服务出口增速高 3.3 个百分点，占比从 35.6% 提高至

41.2%；进口规模从 237.7 亿美元增长至 386.7 亿美元，年均增长 10.2%，比可数字化服务进口增速高 4.1 个百分点，占比从 19.2% 提高至 23.2%。

其他商业服务保持主导地位。中国重视生产性服务业发展，开展人力资源服务、地理信息服务、知识产权服务、语言服务等领域专业类服务出口基地评选工作，加快推动研发设计、专业管理和咨询，检验检测、供应链管理等生产性服务业国际交流与合作，推动其他商业服务贸易平稳增长。2018—2023 年，其他商业服务进出口规模从 1171.8 亿美元增长至 1651.1 亿美元，年均增长 7.1%，占可数字化服务进出口比重从 45.7% 降至 42.8%。其中，出口规模从 699.0 亿美元增长至 1044.7 亿美元，年均增长 8.4%，占比从 52.9% 降至 47.7%；进口规模从 472.8 亿美元增长至 606.4 亿美元，年均增长 5.1%，占比从 38.1% 降至 36.3%。

知识产权使用费出口保持两位数增长。中国推进《知识产权强国建设纲要（2021—2035 年）》等政策贯彻实施，全面提升知识产权创造质量、运用效益、保护效果、管理能力和服务水平，加强知识产权国际合作，参与全球知识产权治理，正从知识产权引进大国向知识产权创造大国转变。2018—2023 年，知识产权使用费进出口规模从 411.5 亿美元增长至 534.7 亿美元，年均增长 5.4%，占可数字化服务进出口比重从 16.1% 降至 13.9%。其中，出口规模从 55.6 亿美元增长至 109.7 亿美元，年均增长 14.6%，占比从 4.2% 提高至 5.0%；进口规模从 355.9 亿美元增长至 424.9 亿美元，年均增长 3.6%。

金融和保险服务稳步增长。近年来，中国有序放宽金融业市场准入，推出 11 条金融业对外开放措施，推动金融市场双向开放，形成涵盖股票、债券、保险、衍生品及外汇市场的多渠道、多层次开放格局。稳妥处理好金融市场运行中的问题，按照市场化法治化国际化原则，为各类金融市场主体营造稳定、透明、可预期的发展环境。2018－2023 年金融和保险服务进出口从 224.0 亿美元增长至 324.7 亿美元，年均增长 7.7%。其中，出口从 84.0 亿美元增长至 114.4 亿美元，年均增长 6.4%；进口从

140.0 亿美元增长至 210.4 亿美元，年均增长 8.5%，占比从 11.3% 提高至 12.6%。

个人、文化和娱乐服务成为出口新增长点。文化贸易是国际贸易的重要组成部分，承载着经济增长和文化传播的双重功能，是文化强国建设的重要内容，对提高国家文化软实力和增强文化国际传播效能具有重要意义。中国以文化出口基地建设为抓手，先后认定两批共 29 个国家文化出口基地，通过政策支持文化出口基地发展，发挥文化出口基地在产业集聚、创新发展、示范引领等方面的重要作用，激发文化产业活力，推动对外文化贸易提质增效。2018—2023 年个人、文化和娱乐服务进出口从 46.1 亿美元增长至 58.5 亿美元，年均增长 4.9%。其中，出口从 12.1 亿美元增长至 18.2 亿美元，年均增长 8.4%；进口从 33.9 亿美元增长至 40.3 亿美元，年均增长 3.5%。影视剧、网络游戏、短视频等文化及娱乐领域知识产权出口保持快速增长，2023 年出口规模为 2019 年的 1.7 倍。

三、可数字化服务贸易发展趋势

数字技术将促进可数字化服务贸易保持较快增长。数字技术持续迭代，产业数字化、数字产业化加速演进，可数字化服务贸易将保持较强的活力和韧性，为全球经贸发展带来新动能。以大数据、人工智能、云计算等为特征的数字技术贸易有望迎来快速发展期，数字游戏、数字影视、数字动漫、数字音乐等数字产品贸易推陈出新，金融、保险、教育、医疗等数字服务贸易加速涌现，工业互联网、智能制造、物联网等平台生成的数据贸易方兴未艾。据 WTO 预计，到 2040 年，数字技术将使服务贸易年均增速提高 1.2 个百分点，可数字化服务贸易占服务贸易比重将持续提升。同时，可数字化服务贸易发展推动数据跨境流动迅猛增长。未来，随着可数字化服务贸易蓬勃发展，数据跨境流动规模将进一步扩大。

绿色化转型将拓展可数字化服务贸易发展空间。绿色低碳发展已成为国际社会发展共识，引发系统性经济社会变革，环境相关服务贸易迎来重要发展机遇。联合国环境规划署研究显示，环境产品与服务市场巨大，环境服务占环境产业的比重达 65% 以上。WTO 研究显示，环境相关服务技术的开发和传播始于高收入国家，随着发展中经济体增加对环境基础设施的投资以及更强有力的环境和气候保护政策，绿色技术将通过技术贸易方式向发展中国家和新兴经济体转移，形成快速增长的环境服务市场。UNCTAD 在《2023 年技术和创新报告》中预测，到 2030 年，电动汽车、太阳能、风能和氢能等绿色前沿技术将创造 2.1 万亿美元的产值，超过当前水平 4 倍。

人口结构变化将推动可数字化服务贸易结构调整。总体上看，新生代（1997 年后出生）占比提高将增加数字服务需求。WTO 预计，到 2030 年新生代将占全球人口的 50% 以上，作为"数字原住民"，新生代预计将消费更多的社交媒体等数字服务。分国别看，发达经济体人口老龄化将提高医疗、保险等服务需求。联合国发布的《世界人口展望 2022》预测，全球人口老龄化率（65 岁及以上人口占比）到 2050 年将达 16.4%，比 2022 年提高 6.7 个百分点。其中，欧洲和北美地区老龄化率将高达 26.9%，比 2022 年提高 8.2 个百分点。发展中国家日益增长的年轻人口将需要更多的教育、文化娱乐服务。《世界人口展望 2022》指出，在撒哈拉以南非洲，预计到 2050 年总人口将翻一番，工作年龄人口（从 25 岁到 64 岁）的增长速度快于任何其他年龄组，亚洲、拉丁美洲和加勒比地区的大多数国家已出现类似的青年人口膨胀现象。

"新""杂""难"叠加，治理矛盾凸显。全球数字贸易发展水平参差不齐，数字贸易国内监管和发了制度存在较大差异，基于各自发展利益的发展诉求形成较大偏差，导致全球多边和区域数字贸易协定难以达成共识。OECD 发布的全球数字服务贸易限制指数显示，全球数字服务贸易壁垒依然较高。为减小数字服务贸易壁垒，营造有利于数字经济发展的贸易环境，WTO 等国际组织加快推进全球电子商务谈判，主要经济体则通过缔结贸易协定制定区域数字服务贸易规则，全球数字贸易规则呈现不断深化的态势。从近年来签署的贸易协定来看，各经济体在数字贸易便利化、在线消费者保护、数字贸易合作等领域具有较多共识，但对跨境数据流动、数据本地化、数字服务市场开放、平台企业责任、电子传输永久免关税等规则存在分歧。美国等发达经济体在数字贸易市场占据优势，倡导更加自由的数字贸易体系，推行跨境数据自由流动、禁止数据本地化、保护源代码等高标准贸易规则。发展中国家数字产业发展相对落后，技术监管手段有限，倡导在维护本国公共安全和利益的前提下，循序渐进推行数字贸易自由化。

第十三章　中国数字技术贸易发展现状及趋势

在全球经济加速数字化转型的背景下，数字贸易作为国际贸易的新形态，正以前所未有的速度发展。一方面，全球化加速了数字技术革命，另一方面，全球化为数字技术革命提供支撑。数字化时代的一个重要特点是网络效应，美国大型数字科技公司的发展不仅源于美国企业的数字化需求，而更多的来源于欧洲、亚洲等美国以外区域的需求。例如，谷歌2023年有一半的收入来自美国以外地区。根据国际数据公司（IDC）最新发布的《全球数字化转型支出指南》（*Worldwide Digital Transformation Spending Guide*），预计2027年全球数字化转型（DX）支出将达到4万亿美元。在人工智能和生成式人工智能等数字技术的推动下，预计2022—2027年DX市场的复合年增长率将达到16.2%。随着企业继续优先考虑数字化，DX投资预计将大幅增长，到2027年可能达到甚至会超过所有ICT支出的2/3。数字技术创新的加速和数字技术应用的拓展，数字产品和服务持续丰富，为数字贸易发展提供了重要动力。

根据商务部发布的《中国数字贸易发展报告2020》，数字技术贸易作为数字贸易的四大领域之一，与数字产品贸易、数字服务贸易和数据贸易一起被纳入数字贸易以交付标的划分的概念范畴中。其中，数字技术贸易包括通信服务贸易、计算机服务贸易、互联网服务贸易、信息服务贸易、云计算服务贸易、区块链服务贸易、工业互联网平台服务贸易等内容。

一、中国数字技术贸易发展现状

当前，中国正大力推动发展新质生产力，推动并利用在云计算、大数据、人工智能、物联网、量子计算、5/6G等领域取得的重要技术突破和应用，带动各行业进行智能化、数字化、服务化、平台化和绿色化转型，逐渐成为全球数字贸易中数字技术贸易的重要需求方和供给方。

（一）观察中国数字技术贸易的三个维度

（1）技术维度。关键数字技术是支撑数字技术贸易的基础要素和关键变量，这既包括数字经济和数字贸易发展过程中所需要的、始终处于核心地位并发挥持续关键作用的技术，也包括在全球数字竞争中处于抢占制高点的技术，是"领先于人"的技术。UNCTAD 发布的《2024 年数字经济报告》，列举了包括计算密集型技术如人工智能和机器学习、区块链、大数据分析等，以及低碳技术、信通技术。UNCTAD 认为，数字平台的发展促进了数字技术的发展，从而催生了更多新的商业模式、产品及服务。2023 年，数字技术公司苹果、微软、谷歌和亚马逊占据了全球规模最大公司 TOP5 中的四席。根据中国信息通信研究院《数字贸易发展白皮书（2020年）》，数字技术主要包括 ICT 制造和 ICT 服务两方面，ICT 制造技术提供硬件产品支持，如通信设备、存储设备、计算设备和感知设备等；ICT服务技术提供各类生产性服务支持，如通信服务、云计算服务、人工智能服务等，同时，报告列出了与关键数字服务相关的数字技术，包括云存储技术、数字平台技术、人工智能技术、5G 网络、区块链技术等。

根据美国知名咨询机构 Gartner 发布的"2024 中国数据、分析和人工智能技术成熟度曲线"，未来 2~5 年，大量具有颠覆性或较高影响力的创新技术可能会被广泛采用，包括与人工智能高度相关的复合型人工智能、决策智能、国产人工智能芯片、LLM、多模态生成式人工智能等。从核心技术攻关看，具身智能、工业机器人、云计算、大数据、算力芯片、人工智能大模型、控制软硬件等技术具有一定积累优势，但海外厂商如英伟达等优势更大。

（2）需求维度。世界银行发布的《2020 年世界发展报告》中指出，中国等国家在中等技术含量的制造业方面具有较为突出的优势，美国、日本和德国等国家在创新产品和服务商优势更为突出。在数字技术革命浪潮下，同时面对高科技领域发展受限的风险，我国亟待实现包括数字技术在内的高技术产业链主动权。2023 年，我国数字经济规模已达 53.9 万亿元，占 GDP 比重高达 42.8%，是 2012 年的 3.8 倍。一方面，数字化转型已成为中国推进高质量发展的必经之路，也是建设数字中国的必然要求。其中，数字中国建设囊括政府、工业、农业、金融、教育、医疗等诸多领域的各个方面，如数字工业领域需要数字技术赋能数字制造、数字设计、数字营销、数字供应链管理等；数字农业需要智能化灌溉、智慧化养殖、云检测和智慧管理等内容；数字医疗需要数字技术推动远程医疗、电子病历等推广实施。2023 年，我国企业信息化需求仍具多样性和复杂性，新系统和新模块建设升级需求持续涌现，如 2023 年底前所有中央企业将基本建成司库信息系统，电票深化试点也为企业数字化带来新需求。在 2027 年国产化目标持续推进的背景下，预计未来三年以国企为核心的企业信息化、数字化进程将持续加快，无论是前端财务核算、后端预算管理、设备管理、智能工厂、供应链数字化等模块度有望产生旺盛的数字技术购买需求。另一方面，数字经济合作已经成为国际合作的主要领域，发达国家之间、发展中国家之间、发达国家与发展中国家之间、发展中国家与最不发达国家之间在数字经济、数字贸易领域的合作机制日益完善，基础更加牢固。截至 2023 年底，我国陆续发布《"一带一路"数字经济国际合作北京倡议》《数字经济和绿色发展国际经贸合作框架倡议》等，进一步优化我国数字技术进出口的国际合作机制。

（3）供给维度。相关数据显示，2016—2022 年，中国数字经济核心产业发明专利授权量年均增速高达 18.1%。中国已在数字基础设施方面取得积极进展。其中，固定宽带家庭普及率已由 2015 年的 52.6 提升至 2023 年的 91.5%，移动宽带用户普及率由 2015 年的 57.4% 提升至 2023 年的 96.0%；已建成全球最大的光纤网络，5G 商用全球领先，基站占全球比重超过 70%；北斗三号全球卫星导航系统开通，全球范围定位精度优于 10 米；超大型数据中心全球占比超过 10%，算力总规模位居全球第二，达到 230EFLOPS。从技术标准供给看，近年来，中国正在加快数字技术领域相关标准制定和输出。根据国家市场监管总局（国家标准委）发布的《中国标准化发展年度报告（2023年）》，截至2023年底，中国已与65个国家、地区标准化机构和国际组织签署了108份标准化双多边合作文件，其中，战略性新兴产业标准供给比例达40%，在北斗导航、载人航天等重点领域开展7项北斗卫星导航标准、14项空间科学标准研制攻关，推进100余项北斗应用标准研制。2024年9月，国际电信联盟（ITU）批准了三项新的6G领域技术标准，将运用于全球6G进行商用，该技术由中国科学院和中国电信制定。2024年10月，国家发展改革委、国家数据局等部门联合印发《国家数据标准体系建设指南》，提出到2026年底，基本建成国家数据标准体系，围绕数据流通利用基础设施、数据管理、数据服务、训练数据集、公共数据授权运营、数据确权、数据资源定价、企业数据范式交易等方面，制修订30多项数据领域基础通用国家标准。从企业供给看，国内领军服务企业已具备PaaS基础设施、行业专有技术、云端解决方案、大数据赋能决策等数字技术及服务，能够为海外客户提供全生命周期一体化解决方案。利用数字技术与实体经济深度融合，正在催生一批新业态和新模式，如算力驱动、用户生成、数据高效利用的新型数字服务形态，已经在国内外市场中先输出较强的竞争力。当然，目前在高端芯片、操作系统、数据库等关键领域，我国与发达国家相比，仍然存在一定差距。

（二）中国技术进出口规模相关数据

根据海关统计，2023年，在我国外贸进出口中，高技术产品（生物、生命科学、光电电子、计算机与通信、材料、航空航天等）产品的进口金额高达6804.7亿美元，出口金额为8425.4亿美元，高技术产品进出口总额达15230.1亿美元。

根据商务部统计，在数字技术持续赋能服务贸易高质量发展背景下，知识产权等知识密集型服务贸易占比不断提升。2023年，我国知识产权贸易约占服务贸易总规模的6.1%，占比较2019年提升0.6个百分点。

根据《服务贸易蓝皮书：中国国际服务贸易发展报告（2024）》，2023年，中国技术贸易规模为 1506.3 亿美元。国家外汇局数据显示，2013—2023 年，中国知识产权使用费贸易总额年均增速为 9.4%，其中，2023 年，知识产权使用费贸易总额为 537 亿美元，出口金额为 110 亿美元，较 2019 年增长近七成。在此过程中，我国文化产品"出海"势强。通过持续的技术创新、服务内容创新及服务模式创新，我国逐步形成了具有较强国际竞争力、影响力和中国特色的文化服务品牌，网络游戏、短视频等文化和娱乐领域知识产权出口持续保持较快增长，2023 年出口规模是 2019 年的 1.7 倍。

（三）美联盟对华技术遏制的步步为营

随着中国经济及技术的持续快速发展，美西方发达国家企图加强对华技术遏制，限制对中国技术出口。从"巴统[①]"到《瓦森纳协定》[②]，再到"小院高墙[③]"，美国联合其全球盟友实施对华技术遏制，其手段和体系随着国际形势的不断变化和不同阶段利益诉求的差异而进行调整，但始终未改变的是遏制中国高科技行业发展的战略意图。

阶段一：1949—1994 年。标志事件：1949 年，成立巴黎统筹委员会。以美国为代表的西方冷战势力以对抗苏联为代表的社会主义国家为主要目标，进行高技术封锁。1952 年，设立"中国委员会"，管制水平更加严格，自此对中国的技术制裁和封锁一直延续下去。

阶段二：1996—2017 年。标志事件：签署《瓦森纳协定》。以美国为代表的西方阵营于 1996 年联合签署《瓦森纳协定》，目标剑指发展中国家，

[①] 巴统，全称是巴黎统筹委员会，正式名称为输出管制统筹委员会（Coordinating Committee for Multilateral Export Controls），是"二战"结束后的冷战时期，西方国家针对经济互助委员会国家实行禁运和贸易限制的、不公开对外的、没有条约的非正式国际组织。
[②]《瓦森纳协定》（The Wassenaar Arrangement on Export Controls for Conventional Arms and Dual-Use Good and Technologies），是建立在自愿基础上的集团性出口控制机制。该协定包括美国、日本、英国、俄罗斯等在内的 40 个成员国，其根本目的在于通过成员国间的信息通报制度，提高常规武器和双用途物品及技术转让的透明度，以达到对常规武器和双用途物品及相关技术转让的监管和控制。
[③] 小院高墙，指的是美国采取的对华对抗策略，旨在遏制中国的高科技项目，打压中国的科技进步，破坏中国与其他国家在科技研发领域的国际合作，最早于 2018 年由"新美国"智库高级研究员萨姆·萨克斯提出。

组织全球先进技术、敏感事项落入成员国以外的发展中国家。随着中国的崛起和在数字经济、人工智能等领域的快速发展，《瓦格纳协定》不断修改，尤其针对对中国半导体等领域的高技术出口管制愈演愈烈。

阶段三：2018年至今。标志事件：推崇"小院高墙"策略。自特朗普政府发动对华贸易战开始，美国已将中国视为主要的竞争对手。拜登政府提出"小院高墙"战略，"小院"意为直接关系到美国国家安全的特定技术和研究领域，"高墙"代表围绕这些领域的策略边界，对"小院"内的核心技术，美国采取更加严密的封锁措施，例如2022年9月美国禁止其芯片公司如英伟达向中国出口两种管段GPU芯片（见表13-1）。

表13-1 美日欧等国家出台的技术限制政策

国家	时间	政策	主要内容
美国	2020年3月	《全球紧急状态法案》	计划让关键供应链迁回美国本土
		《国防生产法案》	医疗产品国内生产和供应，支持本土企业增资扩产
	2021年5月	《清洁能源法案》	为制造商提供30%的税收地面来促进在美国本土重组或建立新工厂
	2022年8月	《芯片与科学法案》	为美国半导体产业提供超过500亿美元政府补贴，用以支持本土发展和雇佣当地劳动力
	2024年9月	《生物安全法案》	以"国家安全"为由，限制美国联邦机构与外国生物技术公司展开业务往来，主要针对5家中国公司，分别是中国合同研究组织（CRO）巨头药明康德、其姊妹公司药明生物、华大基因集团、华大智造以及CompletGenomics
	2024年12月	实施新的技术出口管制措施	主要用于减缓中国开发军用先进制程人工智能工具的速度，限制向中国出口人工智能关键芯片。美国商务部将140家中国公司列入实体名单，要求其他公司获得特殊许可，才能向其提供软件或设备
日本	2020年4月	2435亿日元供应链改革计划	支持日本制造商将产业撤出中国，实现生产地多元化
	2021年6月	《半导体数字产业战略》	制定半导体产业复兴"三步走"战略，即恢复半导体产能，推动下一代半导体发展、研发光电融合等未来技术
	2022年5月	《经济安全保障推进法》	强化特定重要物资供应链、对重要基础设施设备实施事前审查、尖端技术研发加深官民合作，对涉及威胁国家安全的专利非公开化

国家	时间	政策	主要内容
日本	2024 年 8 月	修订《外汇及外国贸易法》	增加对半导体设备等核心产业实施外资投资监管条款
欧盟	2023 年 4 月	《欧洲芯片法案》	想半导体行业拨款 430 亿欧元,计划在 2030 年生产芯片份额占全球 20%
		正在制订新的经济安全计划	加强对外国投资的审查,限制高技术产品的出口,特别对中国等竞争对手的技术出口和外流进行限制
荷兰	2023 年 9 月	芯片出口管制措施生效	全球光刻机巨头阿斯麦需向荷兰当局申请出口许可证,以将设备出口到欧盟之外

资料来源:根据公开资料整理。

(四)中国与欧美地区先进技术产品贸易情况

根据美国公布的"先进技术产品"(advanced technology products)贸易统计,2016—2021 年,美对我国出口的先进技术产品规模从 334.4 亿美元增长到 377.3 亿美元,占同期美对华出口总额的比重从 19.7% 增长到 25.0%。同时,美对华县级输出产品出口占其对外先进技术产品出口比重从 2016 年的 10.0% 提升至 2021 年的 10.5%。据相关统计,2021 年,我国共进口 7000 亿颗芯片,占全球芯片市场份额的 60%。然而,近年来,随着美西方持续发动的"芯片制裁",我国芯片进口数据呈逐年递减态势。

根据欧盟统计局最新公布数据,2023 年中国出口欧盟的高技术产品占欧盟高技术产品进口总额的 32%,达到 1550 亿欧元,折合人民币约为 1.2 万亿元,而欧盟 2023 年进口的高技术产品总金额较 2022 年下降了 1%。在具体领域中,电子电信设备占据最大比例,为 39%,其中中国是最大的合作伙伴。此外,计算机和办公设备占据欧盟高科技进口的 15%,主要的进口国为中国。

二、中国数字技术贸易存在的问题

数字技术对数字经济发展、传统产业数字化转型都具有十分重要的意义。在抢占当前数字革命和产业革命制高点上,我国还存在一系列困难和挑战。

一是数字核心技术国际竞争力有待提升。近年来，我国大力发展数字技术，在许多核心领域实现了技术突破，但仍有一些关键核心技术存在"卡脖子"问题，高端核心硬件设计制造、基础软件、数据库等领域研究应用仍相对薄弱，对我国发展数字经济、数字贸易、提升产业数字化水平和国际竞争力造成掣肘。

二是数字领域国际规则框架供给不足，阻碍不同国家间的数字技术深度合作。当前，数字领域国际合作形成了以美国为首的"美式模版"，以欧盟为代表的"欧式模版"，以及其他一些多双边协定形成的数字贸易合作框架，但是在发达国家与发展中国家间、发达国家与最不发达国家间、发展中国家与发展中国家间、发展中国家与最不发达国家间的数字贸易合作仍然缺失达成一致的合作体系和合作框架，在跨境数据流动、数字监管与治理、源代码本地化等方面仍存在较大分歧。在数字技术体系、数字国际标准和资质认可等方面仍需要较大力度推进合作。

三、中国数字技术贸易发展趋势

2024年11月，中共中央办公厅、国务院办公厅发布《关于数字贸易改革创新发展的意见》，提出要"大力发展数字技术贸易。加强关键核心技术创新。加快发展通信、物联网、云计算、人工智能、区块链、卫星导航等领域对外贸易"，为今后一段时期我国发展数字技术贸易指明方向。

第一，健全相关法律法规和技术标准。积极推进数字技术贸易领域相关立法，统筹推进国内法治和涉外法治。对标国际高标准法治环境，修订优化国内相关立法。鼓励有条件的地方出台数字技术贸易相关地方性法规。加强数字技术贸易标准化技术组织建设，加快数字技术贸易领域标准制定修订。

第二，以国家战略需求为导向，继续加强战略性、原创性、引领性、应用性核心数字技术研发及应用，推动5G/6G、人工智能、大数据、云计算、区块链、物联网、卫星导航等技术跨越发展、融合创新发展，加速成果转化与行业应用，提升在全球数字技术领域的竞争力，推动领先的数字技术在全球化的发展应用。

第三，借鉴欧盟数据空间"数据连接器"技术、"双认证"模式、"多主体、多角色"发展生态，强化数据沙盒、数据脱敏、隐私技术、区块链等技术发展与交流，深化可信数据空间国际合作。

第四，推动数字化转型领域的数字技术合作与创新，尽快培育一批具有国际竞争力、核心技术和应用产品及服务的企业梯队。创新数字技术人才培养模式，加强拔尖创新人才培养，支持高等学校设置数字技术贸易相关学科，强化政校企合作，打造国际化数字产业集群和人才队伍。

第五，加强知识产权保护。加强对源代码、算法、加密秘钥、商业秘密及其他专有信息的法律保护，加强数字技术贸易领域知识产权公共服务，加强涉及数字技术贸易的知识产权海外维权和争议解决渠道。

第十四章　中国数字产品贸易发展现状及趋势

数字产品贸易是数字贸易的重要组成部分，涉及通过信息通信网络（如语音和数据网络）传输的数字产品的贸易，主要是指以数字形式存在的产品，如软件、应用程序、数字内容（如音乐、视频、电子书等）、数字游戏等的交易。当前，各国政府纷纷出台相关政策，支持数字产品贸易发展。例如，提供税收优惠、加强知识产权保护、推动企业数字化转型等。

数字产品贸易具有以下三个特点：

一是数字化交付。数字产品贸易的显著特点之一就是其通过数字化方式交付。消费者可以通过互联网直接下载或访问所购买的数字产品，无须通过实体物流。

二是全球化市场。由于数字产品的可复制性和易传输性，数字产品贸易可以轻松跨越国界，形成一个全球化的市场。

三是快速增长。随着数字技术的不断发展和普及，数字产品贸易呈现出快速增长的趋势，越来越多的消费者、企业开始接受和使用数字产品。

一、中国数字产品贸易发展现状

近年来，中国数字产品进出口规模保持持续较快增长。总体来看，根据商务部统计，2023 年，中国个人、文化和娱乐服务进出口规模为 58.5 亿美元，同比增长 33.1%，占可数字化交付的服务进出口比重为 1.5%。其中，进口规模为 40.3 亿美元，同比增长 54.3%。随着数字技术的快速发展，对我国文化贸易的高质量创新发展起到较好的助力，文化新业态持续涌现。根据国家统计局数据，2023 年以数字技术赋能为主要特征的文化新业态共计 16 个行业小类实现收入达 5.2 万亿元，同比增长 15.3%。根据联合国商品贸易统计数据库，2022 年，中国对共建"一带一路"国家的核心文化产品和服务进出口总额为 248.5 亿美元，主要集中于可视艺术和手工艺品。

分类别来看，据《2023 年中国游戏产业报告》，2023 年，我国自主研发游戏产品出口规模为 163.7 亿美元，规模连续四年超过千亿元，美国、日本和韩国是前三大出口市场，占比分别为 32.5%、18.9% 和 8.2%。根据《2023 年中国移动应用程序（App）发展现状分析》，2023 年，中国 Android 市场占有率继续保持稳定增长，超过 75% 的市场占有率，IOS 市场占有率为 25%~30%。根据 AppsFlyer 的数据，2023 年前三季度，中国移动应用在海外的总安装规模高达 150 亿次，相当于全球每个用户平均安装了 2 个中国厂商的应用。根据 Sensor Tower 数据显示，2023 年，中国有近 50 款短剧应用试水海外，累计下载量近 5500 万次，收入达 1.7 亿美元，且有别于以往内容输出依赖奈飞、HBO、迪士尼等美国大平台，短剧内容可直接输送到海外，未来规模仍将迎来爆发式增长。

（一）出台相关政策法规

制定发展规划。中国政府出台了一系列相关政策法规支持数字产品贸易的发展。商务部印发《数字商务三年行动计划（2024—2026 年）》，明确提出要大力发展数字贸易，并于每年举办全球数字贸易博览会，强化创新引领，加快成果落地。

完善法律法规。中国政府正加大政策支持力度，健全数字贸易相关法律法规，加快制定数字贸易领域标准，为数字产品贸易提供法律保障。早在 2017 年和 2018 年，原国家新闻出版广电总局在《关于进一步加强网络视听节目创作播出管理的通知》和《关于进一步规范网络视听节目传播秩序的通知》中就对短视频市场健康发展提出具体要求。

（二）产业链生态链逐渐完备

数字产品贸易的产业链包括上游的信息技术服务、数据处理与存储、网络安全等支撑环节；中游的数字产品贸易平台建设与运营，如跨境电商平台、数字支付系统、物流供应链管理等；下游的各行业贸易需求方，如制造商、零售商和消费者等。

当前，中国数字产品贸易的产业链不断完善，各环节紧密相连，共同推动行业蓬勃发展。尤其在中游环节，我国已经涌现出一批具有全球竞争力的数字贸易平台，如阿里巴巴、京东、拼多多等电商平台，以及支付宝、微信支付等数字支付系统，为全球消费者提供了便捷高效的数字产品交易服务。

（三）国内东南沿海出口领先，国际北美、东南亚区域需求旺盛

从国内区域分布看，中国数字产品贸易的发展呈现"东部地区优势引领、中西部增长潜力释放、东北地区稳步发展"的格局。其中，上海、广东、北京、江苏和浙江等省市在我国数字产品贸易规模中位居前列，显示出较强的国际市场竞争力。

从国际需求分布看，东南亚国家基于年轻人口众多、喜爱新鲜事物的特点，对我国新颖数字产品的需求量十分庞大，已成为中国国产手机厂商重要的海外市场。据不完全统计，2023年在东南亚区域销售最多的手机品牌为OPPO，苹果、VIVO、三星、小米、华为等是其他主要手机品牌。从短剧出海地域看，北美、东南亚、南美、欧洲、日韩等均有覆盖，但欧美平台竞争日益激烈，中东市场和东南亚市场相比较而言具有巨大增长空间。根据Sensor Tower数据，在头部短剧应用总收入中，美国市场占比接近70%，显示出更强的付费意愿和购买能力，例如，中文在线海外短剧平台在美国市场平均单次下载付费是其他市场的6倍。

（四）企业竞争力持续提升

根据福布斯发布的"2023年数字产品贸易创新力企业TOP25"，有15家中国企业上榜，占比60%，其中，数字影视5家，代表企业如爱奇艺、华数传媒等；数字动漫1家，为哔哩哔哩；数字游戏5家，代表企业如米哈游、三七互娱等；数字出版2家，为咪咕数媒和网易有道；数字阅读2家，为喜马拉雅和阅文集团。

在手游领域，根据Sensor Tower发布的中国手游发行商全球收入排行榜，2023年1—12月，腾讯、网易和米哈游分别位列前三。其中，12月全球手游市场内购收入环比增长10%至66.7亿美元，中国厂商合计收入达 19.5 亿美元，占全球前 100 名手游发行商收入的 36%。

在短视频领域，中文在线旗下的 ReelShort、点众科技旗下的 DramaBox、九州文化旗下的 ShortMax 等已经成长为海外短剧的头部序列。中文在线发布的 2024 年业绩报显示，ReelShort 的母公司枫叶互动在报告期内，营业收入达到 10.9 亿元，已经超过 2023 年全年表现。

二、中国数字产品贸易面临的机遇和挑战

（一）机遇

（1）高度重视与政策支持。中国政府高度重视数字产品贸易的发展，出台了一系列政策文件支持其创新和发展。例如，《中共中央 国务院关于推进贸易高质量发展的指导意见》提出要加快数字贸易发展，提升贸易数字化水平。此外，商务部发布的《关于数字贸易改革创新发展的意见》也明确了数字贸易发展的指导思想、工作原则和主要目标，为数字产品贸易的发展提供了政策保障。在具体规划方面，中国提出，到 2029 年可数字化交付的服务贸易规模占我国服务贸易总额的比重提高到 45% 以上的目标，并计划基本建立适应数字贸易发展的体制机制。到 2035 年，这一比重将进一步提高到 50% 以上，有序、安全、高效的数字贸易治理体系将全面建立。

（2）持续的数字技术创新与数字产品领域加速应用。数字技术创新是推动数字产品贸易发展的重要动力。随着大数据、云计算、人工智能、区块链等技术的不断成熟和广泛应用，数字产品贸易的交易方式、服务模式和监管手段都发生了深刻变化。例如，大数据分析能力使企业能够精准把握市场需求，优化产品供应链；云计算的普及降低了企业运营成本，提高了灵活性；人工智能与区块链的结合，则让供应链管理透明化，降低了贸易的摩擦。这些技术的发展不仅提高了数字产品贸易的效率，也为中小企业的跨境运营提供了全新的机会。

（3）市场需求与消费升级。随着全球数字化进程的加速和消费者需求

的多样化、个性化发展，数字产品贸易的市场潜力将得到进一步释放。特别是在中国，随着居民收入水平的提高和消费观念的转变，消费者对数字产品的需求日益增长。在数字内容领域，音乐、视频、电子书、数字游戏等数字产品已成为消费者休闲娱乐的重要组成部分。同时，随着在线教育、远程办公等新型消费模式的兴起，数字产品和服务的需求将进一步扩大。

（4）全球化布局与区域合作。数字产品贸易打破了地理界限，使企业能够轻松触达全球市场。中国企业在数字产品贸易领域的全球化布局步伐加快，通过跨境电商平台、海外仓等方式拓展国际市场。此外，中国还积极参与全球数字贸易规则体系的构建和谈判工作，努力提升在全球数字贸易中的话语权和影响力。例如，中国正在加快推进加入 DEPA 和 CPTPP 的进程，与"一带一路"共建国家深化数字贸易合作，共同推动全球数字贸易的发展。

（二）挑战

当前，我国数字产品贸易发展面临的主要挑战包括：

一是支持性要素不足。数字产品贸易的发展需要良好的基础设施、人才储备和创新环境等支持性要素。然而，我国在上述支持性要素方面仍存在不足，制约了数字产品贸易的进一步发展。在基础设施方面，虽然中国的互联网和信息技术基础设施不断完善，但与国际先进水平相比仍有差距。特别是在偏远地区和农村，网络覆盖和带宽质量仍有待提高。在人才储备方面，数字产品贸易需要既懂技术又懂贸易的复合型人才，而这类人才在中国相对稀缺。在创新环境方面，虽然政府高度重视创新，但创新体系的完善和科技成果的转化仍需时日。

二是知识产权保护有待继续提升。数字产品贸易的快速发展也带来知识产品保护的问题。如何有效保护数字产品的版权和知识产权，防止盗版和侵权行为的发生，是数字产品贸易面临的重要挑战。如在美欧等地区，对于数字产品的审查标准较为严格，涉及版权、内容适宜性等诸多方面的要求。在东南亚、中东等地区，还需要更多考虑民俗和宗教等问题。

三是数据安全与隐私仍需加强。随着数字产品贸易的普及，数据安全和个人隐私保护成为备受关注的问题。如何确保数字产品的安全性和消费者隐私，是数字产品贸易需要解决的重要问题。

三、中国数字产品贸易发展趋势

数字技术的发展、消费习惯的转变、文化传媒生态的发展等，都对数字产品贸易的发展提出了新的需求和要求。

主流渠道、平台、内容与新兴渠道、平台、内容的竞合互动，促进国内数字产品的生产和服务由粗放式生产向精品化、定制化、柔性化、互动化等方向转变。伴随着用户的数字产品媒介接触渠道的扩张和内容生产能力的提升，数字产品的全民化创作、全民化分享、全民化传播趋势更加显著。具体来看：

一是数字产品贸易逐渐从增量市场转向增量市场和存量市场并重。既要继续开拓海外不同地域、不同消费群体的数字产品需求，又要进口海外更加优质的数字产品，还要持续对现有的数字产品内容、结构、模式等进行优化升级，逐步淘汰低质内容、低俗信息，聚焦内容生产水平、信息聚合水平、技术引领水平、用户服务水平和平台营运水平等方面，促进数字产品出口朝着主流、专业、精品的方向发展。

二是数字产品贸易逐渐从标准化市场走向个性化市场。例如，相关数据显示，2023 年，短视频人均单日使用时长达到 151 分钟，大约占据了每日生活时间的 1/10。短视频用户黏性持续提升的重要原因之一在于短视频内容创作领域不断拓展，从传统的泛娱乐走向了泛知识、泛生活，涉及人们生活、学习、出行等多层次需求的内容与品类。再如，许多走出国民的爆款手游，已经积累了海量的用户和数据，成为全民现象级产品，在产品迭代升级及其他产品开发时，将更加多地利用用户体验数据反哺产品和服务提升，增强用户的参与感和创作性。

三是数字产品贸易将不仅局限在单一渠道，而将建立数字文化传播生态体系。当前，数字产品已经成为消费者除文化娱乐外，人际交往、信息传播等的重要形态和手段，与社会系统中的政治、文化、经济等要素广泛互动融合，逐步发展为具有竞争力的产业，并不断延伸其价值链与创新链。未来，数字贸易产品将在数字化、智能化、绿色化、平台化等的推动下，通过数据、视听、服务等形式与政治、经济、文化、社会生活各领域各环节精准对接，持续赋能社会经济发展，推动社会产业数字化转型。

第十五章　中国数据贸易发展现状及趋势

在当前全球数字贸易愈演愈烈的背景下，数据已经成为新的、且更为重要的生产要素和战略资源，数据贸易也随之成为全球贸易的新焦点。数据贸易不仅涉及数据的跨境流动和交易，更涵盖了数据价值挖掘、应用和创新，是推动全球经济数字化转型的重要力量和核心。随着全球数字化转型的加速推进，数据贸易有望在全球贸易中扮演越来越重要的地位。展望未来，数据贸易将越来越依赖于先进的数字技术和数字平台，更加注重数据的质量和价值并倾向于跨行业、跨领域的应用与合作。同时，数据贸易的合规性、安全性和隐私保护将受到更加严格的关注和监管。

一、全球数据贸易发展形势

近年来，全球数据贸易呈现出爆炸式增长。根据国际数据公司的数据，全球新增数据流从 2010 年的 1.2 兆字节（1.2 万亿千兆字节）增长到 2020 年的 59ZB。预计到 2025 年，这一数字将达到 175ZB，相当于 2010 年的 146 倍，并且在未来几年内将继续保持高速增长。

数据贸易的兴起，得益于数字技术的飞速发展，特别是云计算、大数据、人工智能等技术的广泛应用，为数据的收集、存储、分析和应用提供了强有力的支持。同时，全球各国对数据贸易的重视程度也在不断提高。许多国家纷纷出台相关政策，推动数据贸易发展，并加强与其他国家在数据领域的合作。这种国际合作不仅有助于促进数据的跨境流动，还能推动全球数据贸易规则的制定和完善。

在基础设施领域，美国是众多全球领先的数据生产和数据消费企业（如亚马逊、微软、谷歌、脸书等）的所在地，其数据中心数量远超其他市场。根据 Cloud Scene 对 110 个国家的监测，在全球超万家数据中心中，美国（占总数33%）、英国（5.7%）、德国（5.5%）、中国（5.2%）、加拿大（3.3%）和荷兰（3.4%）是主要分布地点。

在具体应用领域，金融服务业的数字化转型发展迅猛，根据IDC统计，该领域五年年均复合增长率为20.5%，且部分领域的增速远高于平均水平。例如，首先，基于机器人流程自动化的索赔处理是增长最快的领域，年均复合增长率为35.1%。其次，分别是实时金融建议（29.5%）和数字银行体验（29.3%）。上述领域的增长都依赖于高度密集的数据使用，包括应用了人工智能、生成式人工智能及其数据分析技术。最后，离散制造业（11.3%）、流程制造业（8.2%）和专业服务业是除银行业外的主要数据创造行业，上述行业的数据服务器和数据中心需求持续激增。

二、中国数据贸易发展现状

（一）中国政府高度重视并出台一系列政策促进数据贸易

2021年3月，《中华人民共和国国民经济和社会发展第十四个五年规划和2035年远景目标纲要》提出，要建立数据资源产权、交易流通、跨境传输和安全保护等基础制度和标准规范。2024年3月，国家互联网信息办公室公布《促进和规范数据跨境流动规定》，成为继制定实施《网络安全法》《数据安全法》《个人信息保护法》后对数据出境活动作出的新规，明确重要数据出境安全评估申报标准，明确免予申报数据出境安全评估、订立个人信息出境标准合同、通过个人信息保护认证的数据出境活动条件等内容。

（二）中国数据贸易规模持续扩大，成为推动数字经济发展的重要力量

根据国家统计局的最新数据，中国数字经济规模已连续多年居世界前列，其中数据贸易占据了重要地位。

在数据贸易领域，中国已经形成了一批具有国际竞争力的数据企业和数据交易平台。这些企业和平台在数据的收集、存储、分析和应用方面具

有丰富的经验与先进的技术，为国内外用户提供了高效、便捷的数据服务（见表 15-1、表 15-2、表 15-3）。同时，中国还积极推动数据贸易的国际化发展。通过加强与其他国家在数据领域的合作，中国数据企业不断拓展海外市场，提升了中国数据贸易的国际影响力。

表 15-1　场内主要数据交易产品类型

分类	数据产品定义	交付物形态
数据集	数据资源经过加工处理后，形成有一定主题的、可满足用户模块化需求的数据集合	仅包含数据资源：数据/数据集/数据产品，离线数据包，API，信息/信息服务，库，数据服务/数据更新服务，查询，评分/评级，指数等
数据服务	数据资源经过加工处理后，可提供定制化服务，为用户提供满足其特定信息需求的数据处理结果	包含数据资源＋服务：定制化服务，标准化，数据加工整理/数据服务，产业图谱，客群/画像，研究产品/报告，发现现状，评估/评分，指标，查询等
数据应用	数据资源经过软件、算法、模型等工具处理，或经过工具处理后可提供定制化服务，形成解决方案	包含数据资源＋工具：预测，估值，计算，评分/评级/评估，指数等 包含数据资源＋工具＋服务：数据分析和挖掘，归集，治理，清洗和整理等

资料来源：上海数据交易所。

表 15-2　场外主要数据交易产品类型

场外数据交易产品分类		
数据包	数据解决方案	数据云服务

资料来源：上海数据交易所。

表 15-3　中国数据交易产业生态

上游：数据供给	中游：数据交易	下游：应用市场
数据采集	数据交易所	数据需求方
数据采集：国家税务总局、国家电网、腾讯、字节跳动、阿里巴巴、携程、航空等	贵阳大数据交易所、上海大数据交易所、深圳大数据交易所、广州数据交易中心、福建大数据交易所、北方大数据交易中心、西部数据交易中心等	金融业通信业制造业医疗健康业等
数据加工：百度、浪潮、腾讯、阿里云、华为云、袋鼠云、汇纳科技等	企业主导型数据服务平台：合合信息、天眼查、企查查等	

上游：数据供给	中游：数据交易	下游：应用市场
数据资源集成：东方国信、方正集团、金山顶尖、中兴通讯等	开放型平台：国家政府大数据开发平台等	
数据分析：亚信科技、云从科技等		

资料来源：前瞻产业研究院。

（三）主要数据交易平台加强国际合作，加快全球流通交易探索

2024 年 8 月，上海数据交易所与欧洲领先的另类数据聚合平台企业 Eagle Alpha 签署战略合作协议，建立海外平台数据双向流动合作机制，加强数据跨境流通交易的规则对接、供需对接和信息共享，帮助全球企业拓展数据跨境流通业务，提升企业在数据交付等方面的安全性和便捷性。2024 年 9 月，中诚信气候科技（广州）有限公司将所持有的"ESG 评级数据"中的个人信息通过数据经纪人南方财经全媒体集团，通过中国电子技术标准化研究院出具个人信息保护影响评估（PIA）报告，通过下一代互联网国家工程中心粤港澳大湾区创新中心提供订立个人信息出境标准合同与备案咨询服务，通过网信部门备案并在广东省数据资产合规登记委员会审核，获得广东省数据资产登记凭证并上架广州数据交易所，最终成功与香港地区合作方完成数据交易。

专栏 3：另类数据与 Eagle Alpha 平台

另类数据是指在投资研究中使用的非传统来源的新型数据。近年来，另类数据在金融市场中被越来越广泛应用。Eagle Alpha 是全球领先的另类数据聚合平台企业，成立于 2012 年，也是全球另类数据行业的标准制定者。

目前，Eagle Alpha 平台拥有超过 1900 种另类数据产品，涵盖社交媒体情绪分析、网络流量和电子商务数据、地理位置数据、卫星图像等多类型数据，被全球的资产管理公司、私募股权公司、企业和政府

机构广泛应用，帮助它们在投资决策和市场分析中获得深刻见解，数据买家企业超过 1000 家。

三、中国数据贸易面临的挑战

尽管中国数据贸易取得了显著成就，但仍面临诸多挑战。首先，数据安全和隐私保护问题日益凸显。随着数据的跨境流动和交易日益频繁，数据安全和隐私保护成为制约数据贸易发展的重要因素。如何保障数据的安全和隐私，成为摆在中国数据贸易面前的一大难题。

其次，数据贸易规则和标准尚不完善。目前，全球数据贸易规则和标准仍处于探索阶段，各国对数据贸易的监管和要求也不尽相同。这种不确定性给中国数据贸易的发展带来了一定的风险和挑战。

最后，数据贸易人才短缺也成为制约中国数据贸易发展的重要因素。随着数据技术的不断发展，对数据贸易人才的需求也在不断增加。然而，目前中国数据贸易人才短缺问题仍然突出，制约了数据贸易的进一步发展。

四、中国数据贸易发展趋势

面对全球数据贸易的迅猛发展和中国数据贸易的现状与挑战，中国将坚定不移地推动数据贸易的创新驱动和高质量发展。

（一）加强数据安全和隐私保护

为了保障数据的安全和隐私，应当加强数据安全、隐私保护相关法律法规的制定和执行。同时，需加强与国际社会的合作，共同推动全球数据安全、隐私保护标准的制定和完善。

此外，有必要继续加强数据技术的研发和应用，提高数据的安全性和隐私保护能力。通过技术手段的不断创新和应用，努力构建安全、可靠、高效的数据贸易环境。

（二）推动数据贸易规则和标准制定

为了应对全球数据贸易规则和标准的不确定性，应当积极参与全球数据贸易规则和标准的制定工作。通过加强与国际社会的沟通和合作，努力推动全球数据贸易规则和标准的完善和发展。

同时，加强国内数据贸易规则和标准的建设。通过制定、完善国内数据贸易规则和标准，规范数据贸易市场秩序，提高数据贸易的透明度和可预测性。

（三）培育数据贸易人才和创新企业

为了应对数据贸易人才短缺问题，需要加强数据贸易人才的培养和引进工作。通过加强高等教育和职业培训体系建设，培养一批具有国际视野和创新能力的数据贸易人才。同时，积极引进海外优秀数据贸易人才，为中国数据贸易的发展提供有力的人才保障。继续加强数据贸易创新企业的培育和支持工作。通过提供政策支持和资金扶持等措施，鼓励更多的创新型企业参与到数据贸易领域中来。

（四）推动数据贸易的国际化发展

继续加强与其他国家在数据领域的合作和交流。通过签署更多双边或多边数据贸易协定、建立数据贸易合作机制等方式，与其他国家共同推动数据贸易的便利化和自由化进程。积极参与全球数据贸易治理体系的建设和完善工作，与发达国家、"全球南方"国家及其他国家共同推动全球数据贸易规则的完善和发展，提升中国在全球数据贸易治理体系中的地位和影响力。

第十六章　中国跨境电子商务发展现状及趋势

当前，全球跨境电商加速发展。后疫情时代，全球电商渗透率快速提升，基础设施和消费习惯同步优化，各国积极的财政政策和货币政策使得海外性价比需求提升。近年来，中国跨境电商迎来高速发展期。自 2014 年《政府工作报告》首次提及，跨境电商一直是各级政府关注的重点工作之一。2023 年，中央经济工作会议明确提出，要"加快培育外贸新动能，巩固外贸外资基本盘，拓展中间品贸易、服务贸易、数字贸易、跨境电商出口"。作为一种以科技创新为驱动的外贸新业态新模式，跨境电商经营理念新、技术支撑强、应变速度快，为我国对外贸易增长发挥了强大的带动作用。利用跨境电商对生产要素进行创新性配置，同样符合新质生产力发展的特征和要求，是我国数字贸易的重要组成部分。

一、中国跨境电子商务发展现状

依托灵活、高效、韧性的供应链，跨境电商给全球贸易增长注入新动力。从政策支持到企业创新实践，中国跨境电商正开启"加速跑"，跨境电商进出口额不断创历史新高。海关数据显示，2023 年，我国跨境电商进出口额为 2.3744 万亿元，增长 15.6%。党的十八大以来，我国相继推出了一系列扶持政策及措施，全国 31 个省区市已全面覆盖。其中，广东、浙江、福建及江苏四个省份在跨境电商进出口规模和企业数量等方面位居全国前列，走在全国跨境电商创新和实践的前沿，带动全国跨境电商加速发展。

（一）总体情况

海关数据显示，2023 年，我国跨境电商进出口额为 2.3744 万亿元，增长 15.6%（见表 16-1）。其中，出口额为 1.8409 万亿元，增长 19.6%；进口额为 5335 亿元，增长 3.9%。我国跨境电商进出口额从 2018 年的 1.0557

万亿元，增长到 2023 年的 2.3744 万亿元，复合增长率达 17.6%。商务部数据显示，2023 年，我国有进出口实绩的外贸企业达 64.5 万家，全国跨境电商主体已超 12 万家，创历史新高。跨境电商的快速发展，既满足了国内消费者多样化个性化需求，又助力我国产品通达全球，为畅通国内国际双循环开辟新路径。

表 16-1　2018—2023 年我国跨境电商进出口额总体情况表

	金额 / 亿元			同比 /%		
	进出口	出口	进口	进出口	出口	进口
2018 年	10 557	6 116	4 441	—	—	—
2019 年	12 903	7 981	4 922	22.2	30.5	10.8
2020 年	16 220	10 850	5 370	25.7	39.2	9.1
2021 年	19 237	13 918	5 319	18.6	28.3	−0.9
2022 年	20 599	15 321	5 278	7.1	10.1	−0.8
2023 年	23 744	18 409	5 335	15.3	20.2	1.1

资料来源：海关总署。

（二）政策环境

党的十八大以来，我国相继推出了一系列政策措施，包括设立 165 个跨境电商综合试验区，实现 31 个省区市全覆盖，完善拓展跨境电商零售进口正面清单，不断创新跨境电商通关监管等，逐步形成了多层次、宽领域、全方位的政策体系。2023 年，国务院办公厅印发《关于推动外贸稳规模优结构的意见》提出，要"推动跨境电商健康持续创新发展""鼓励各地方结合产业和禀赋优势，创新建设跨境电商综合试验区，积极发展'跨境电商 + 产业带'模式，带动跨境电商企业对企业出口"。在此背景下，跨境电商相关部门持续完善通关、税收、外汇等政策，创新监管模式，推动企业降本增效，支持跨境电商综试区、行业组织和企业等积极参与"丝路电商"、共建"一带一路"经贸合作，助力跨境电商出口行稳致远。2023 年，《关于拓展跨境电商出口推进海外仓建设的意见》《关于跨境电子商务出口退运商品税收政策的公告》等文件相继出台，均为促进跨境电商发展提供了有力的政策支持（见表16-2）。

表16-2　2023年跨境电商政策汇总

发布时间	部门	级别	政策名称	政策内容
2023年1月	财政部、海关总署、税务总局	国家级	《关于跨境电子商务出口退运商品税收政策的公告》（财政部 海关总署 税务总局公告2023年第4号）	公告指出，对本公告印发之日起1年内在跨境电子商务海关监管代码（1210、9610、9710、9810）项下申报出口，因滞销、退货原因，自出口之日起6个月内原状退运进境的商品（不含食品），免征进口关税和进口环节增值税、消费税；出口时已征收的出口关税准予退还，出口时已征收的增值税、消费税参照内销货物发生退货有关税收规定执行等
2023年2月	国务院	国家级	《质量强国建设纲要》	纲要提出，要加快发展海外仓等外贸新业态；鼓励优质消费品进口，提高出口商品品质和单位价值，实现优进优出；加强质量标准、检验检疫、认证认可等国内国际衔接，促进内外贸一体化发展；健全覆盖质量、标准、品牌、专利等要素的融资增信体系，强化对质量改进、技术改造、设备更新的金融服务供给，加大对中小微企业质量创新的金融扶持力度等
2023年2月	国家海关总署	国家级	《国家海关总署全面推广跨境电商零售进口业务商品条码应用》	为促进跨境电商零售进口业务健康有序发展，推动外贸保稳提质，国家海关总署自2023年2月10日起在全国各关区推广跨境电商零售进口商品条码应用，我国跨境电商进口业务全面开启商品条码新时代
2023年4月	国务院办公厅	国家级	《关于推动外贸稳规模优结构的意见》	意见指出，要加大对跨境电商等新业态新模式的支持力度；支持外贸企业通过跨境电商等新业态新模式拓展销售渠道、培育自主品牌；鼓励各地结合产业和察赋优势，创新建设跨境电商综合试验区，积极发展"跨境电商＋产业带"模式，带动跨境电商企业对企业出口；加快出台跨境电商知识产权保护指南，引导跨境电商企业防范知识产权风险；建设跨境电商综合试验区线上综合服务平台并发挥好其作用，指导企业用好跨境电商零售出口相关税收政策措施；持续完善跨境电商综合试验区考核评估机制，做好评估结果应用，充分发挥优秀试点示范引领作用

发布时间	部门	级别	政策名称	政策内容
2023 年 6 月	海关总署	国家级	《优化营商环境16条》	提出有序开展跨境电商海关监管综合改革，研究完善跨境电商网购保税监管制度措施；试点开展跨境电商网购保税零售进口跨关区退货模式，研究扩大跨境电商一般出口商品跨关区退货试点；加强对跨境电商企业知识产权政策宣讲和风险提示
2023 年 8 月	财政部、海关总署、国家税务总局	国家级	《关于延续实施跨境电子商务出口退运商品税收政策的公告》	对 2023 年 1 月 30 日至 2025 年 12 月 31 日期间在跨境电子商务海关监管代码（1210、9610、9710、9810）项下申报出口，因滞销、退货原因，自出口之日起 6 个月内原状退运进境的商品（不含食品），免征进口关税和进口环节增值税、消费税；出口时已征收的出口关税准予退还；出口时已征收的增值税、消费税参照内销货物发生退货有关税收规定执行等
2023 年 10 月	商务部	国家级	《国别贸易指南》	《国别贸易指南》是商务部门首次编制，从宏观与微观，产业与贸易机遇与风险等多个维度进行介绍，帮助中国企业提升开拓国际市场的能力和水平
2023 年 11 月	国务院	国家级	《国务院关于〈支持北京深化国家服务业扩大开放综合示范区建设工作方案〉的批复》	对允许列入跨境电商零售进口商品清单的中国国际服务贸易交易会进境展览品（药品除外），在展览结束后进入海关特殊监管区域或保税物流中心（B 型）的，符合条件的可按照跨境电商网购保税零售进口商品模式销售。推进北京双枢纽空港综合服务平台建设，推动与津冀货运平台系统对接，实现跨境贸易全链条数据共享，深化数字口岸建设
2023 年 11 月	中国人民银行、金融监管总局、中国证监会、国家外汇局、国家发展改革委、工业和信息化部、财政部、全国工商联	国家级	《关于强化金融支持举措 助力民营经济发展壮大的通知》（银发〔2023〕233 号）	通知提出，支持银行业金融机构统筹运用好本外币结算政策，为跨境电商等贸易新业态提供优质的贸易便利化服务

发布时间	部门	级别	政策名称	政策内容
2023 年11 月	国家市场监督管理总局、国家标准化管理委员会	国家级	《跨境电子商务海外仓运营管理要求》（GB/T 43291—2023）	这是跨境电商海外仓领域第一个国家标准，规定了跨境电商海外仓服务提供者的基本要求，以及运营管理和管理保障要求，可有效规范海外仓的基本服务和配套服务
2023 年11 月	海关总署	国家级	推出 12 条重点措施更好支持深入推进京津冀协同发展	围绕"高水平对外开放、重点行业产业发展、打造一流营商环境"三个方面，更好服务京津冀高水平开放高质量发展
2023 年12 月	国务院办公厅	国家级	《关于加快内外贸一体化发展的若干措施》（国办发〔2023〕42 号）	措施提出，支持内贸企业采用跨境电商等方式开拓国际市场；培育内外贸融合发展产业集群，加快重点领域内外贸融合发展，促进"跨境电商＋产业带"模式发展，带动更多传统产业组团出海；支持更多符合条件的支付机构和银行为跨境电商等新业态提供外汇结算服务

资料来源：根据公开资料整理。

（三）重点领域

海关数据显示，在 2023 年我国跨境电商出口商品中，消费品占97.3%，主要为服饰鞋包及珠宝配饰、家居家纺及厨房用具、手机等各类数码产品及配件、家用办公电器及配件等。进口消费品占 97%，主要为美容化妆及洗护产品、食品生鲜、医药保健品及医疗器具、奶粉、服饰鞋包及珠宝配饰等。

根据弗若斯特沙利文的研究报告，预计 2020—2026 年中国 B2C 跨境电商出口商品交易总额（GMV）复合增速将达到 20%，且 2026 年销售占比有望较 2020 年提升至 33%。受益于线上消费习惯培育和物流配送体系建设的日渐完善，服饰鞋履有望成为出口第一大细分品类（见图 16-1）。

（四）重点国别

从出口目的地来看，美国（37.4%）、英国（8.7%）、德国（4.7%）、俄罗斯（4.6%）、法国（3.7%），合计占出口总额近六成。泰国（2.5%）、越南（2.4%）、马来西亚（2.4%）、澳大利亚（2.1%）等新兴市场活跃（见图16-2）。

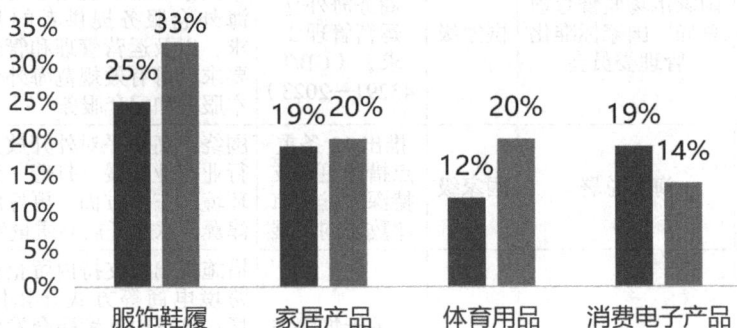

图 16-1　服饰鞋履成为中国 B2C 跨境电商出口第一大细分品类

资料来源：弗若斯特沙利文。

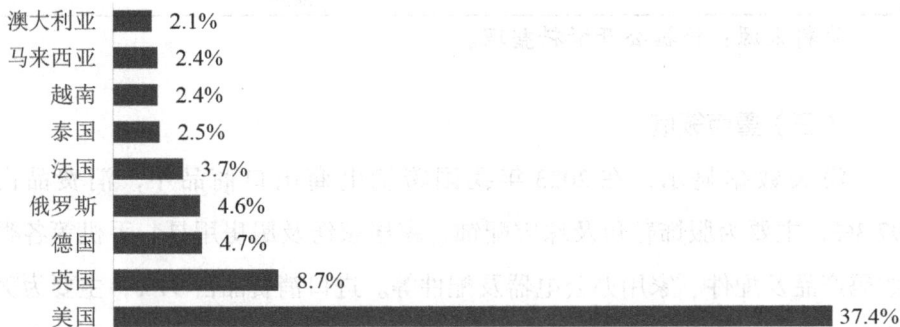

图 16-2　2023 年我国跨境电商出口目的地占比

资料来源：海关总署。

从进口来源地来看，美国（15.6%）、日本（13.5%）、澳大利亚（11.2%）、法国（7.9%）、韩国（7.2%）、新西兰（7.0%）、德国（6.4%）、意大利（3.6%）、英国（3.4%）、荷兰（3.3%）是主要进口来源地（见图16-3）。

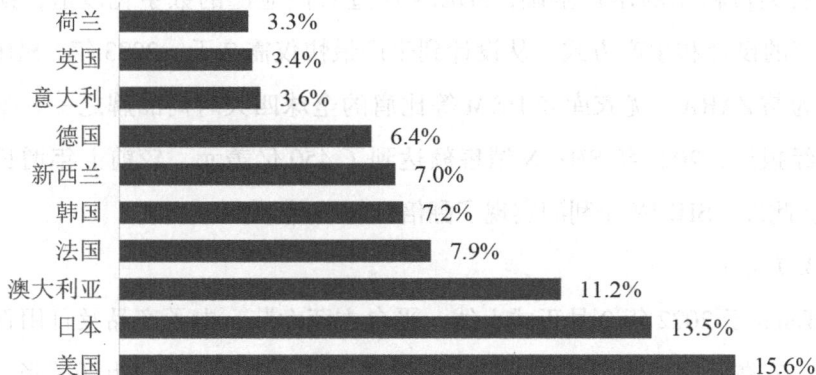

图 16-3　2023 年我国跨境电商进口来源地占比

资料来源：海关总署。

（五）重点企业

2023 年，跨境电商"出海四小龙"——快速时尚独角兽 SHEIN、阿里速卖通 AliExpress、拼多多跨境平台 Temu 和抖音国际版 TikTok Shop 迅速崛起，在海外多个市场处于领先地位。2023 年，四大平台创新性地推出了"全托管""半托管""小单快反"等模式，帮助国内中小企业、传统外贸企业等实现了跨境电商的转型，销售额迅速增长。

1. 速卖通

速卖通成立于 2010 年，是阿里出海战略的重要环节。速卖通服务全球 200+ 个国家和地区的消费者，特别是在俄罗斯、西班牙、韩国、巴西、美国等国家有显著的用户基础。针对制造业企业海外拓展的需求，平台推出了"全托管服务解决方案"，提供一站式、全方位的精细化运营支持。2023 年 9 月，速卖通联合菜鸟正式宣布上线"全球 5 日达"国际快线产品，首批落地英国、西班牙、荷兰、比利时和韩国 5 个国家。2023 年，速卖通平台全年实现销售额约 400 亿美元，尤其在韩国市场实现了大幅增长。

2. SHEIN

SHEIN 成立于 2008 年，主要市场包括北美、中东、拉美等地区。依靠女装类目积累的用户基础，SHEIN 通过对供应链的数字化改造，颠覆了传统的设计和生产方式，从设计到生产最快仅需 7 天。2023 年，SHEIN 已成为与 ZARA、优衣库和 H&M 等比肩的全球四大时尚品牌之一。据晚点财经报道，2023 年 SHEIN 销售额达到了 450 亿美元，较前上年增长了 55%。此外，SHEIN 净利润实现了翻倍，超 20 亿美元。

3. Temu

Temu 于 2022 年 9 月正式上线，平台主营女装、电子产品及日用百货品类，依靠低价策略和首创的"全托管模式"，迅速向全球市场扩张。截至 2023 年底，Temu 业务已遍布全球 48 个国家和地区。2023 年，Temu 以全年 180 亿美元的销售额（折合人民币约 1311 亿元）。在 Temu 的推动下，其母公司拼多多 2023 年营收实现了大幅增长，全年营收为 2476 亿元，同比增长 90%；经营利润为 586.99 亿，同比增长 93.08%。

4. TikTok Shop

TikTok Shop 成立于 2021 年，主要市场为东南亚市场，正逐步扩展到欧洲和美国等更多市场，主营品类为美妆个护、3C 数码、服饰、家居百货等。TikTok Shop 利用当地网红达人带货直播和种草，成功实现销售转化。2023 年，TikTok Shop 实现了 200 亿美元的销售目标，其中，美国单日 GMV 峰值达到 3500 万美元，东南亚接近 7000 万美元。

（六）地方实践

海关数据显示，2023 年广东、浙江、福建及江苏跨境电商出口货物位居全国前列，在"跨境电商＋产业带"模式下，产业带卖家加速出海。广东、浙江、福建及江苏四个省份资源禀赋和产业带各不相同，在全国范围内形成了示范效应，因此，本报告着重介绍这四个省份的总体规模、特色产业带和企业发展情况。

1. 广东

2015 年至 2023 年间，广东跨境电商从 113 亿元跃升至 8433 亿元，年均增速高达 71.4%。据商务部门统计，广东外贸在全国占比超过

10%，而广东跨境电商占全省外贸总量超过 20%，占全国跨境电商进出口比重超过 1/3。目前，广东已成功实现跨境电商综合试验区全省全覆盖，在全球建设各类海外仓近 600 万平方米。其中，广州和深圳的跨境电商企业发展尤为突出。2023 年，广州市跨境电商进出口额为 2004.6 亿元，同比增长 51.54%，拥有 24 个跨境电商产业园；2023 年，深圳市跨境电商进出口额同比增长 130%，拥有 5 个国家级电子商务示范基地和超过 370 个海外仓。

广东的佛山、江门、广州、东莞等多地均有知名的产业带集群。其中，佛山产业带包括智能家电、家具、陶瓷、建材、绿色照明、高端纺织、食品饮料；江门产业带包括摩托车及配件、陈皮、金属制品、造纸和印刷、家电；广州产业带包括纺织服装、箱包皮具、珠宝首饰、美妆日化、食品饮料、灯光音响、汽配；深圳产业带包括服装、3C 电子、黄金珠宝、钟表、家具、内衣、眼镜、医疗器械；东莞产业带包括纺织服装鞋帽制造业、造纸及纸制品业、玩具制造业、食品饮料加工制造业、家具制造业、黄金珠宝产业、包装印刷业、橡胶和塑料制品业。

广东网商协会统计数据显示，广东跨境电商企业数量占全国 60% 左右，全国主要头部跨境电商链主企业均在广东落地。以 SHEIN 为代表的千亿级跨境电商企业，带动全国近 5000 家服装制造企业加速发展，赛维时代、三态电子等 10 余家跨境电商上市企业齐聚广东，帮助中国企业品牌出海。阿里巴巴、京东、抖音、亚马逊、虾皮、来赞达等 23 家龙头平台均在广东设立地区总部，带动产业链相关企业落户广东。

2. 浙江

2023 年，浙江跨境电商进出口额达 5129.3 亿元，同比增长 18.9%，规模占全国比重超 20%，占外贸比重达 10.5%。其中，跨境电商出口额为 3932.8 亿元，增长 24%。2023 年，浙江跨境电商出口知名品牌数量达到 84 个，涵盖了多个行业和产品类别。从地市看，宁波、杭州、金华居浙江跨境电商进出口前三位，2023 年分别达到 2302 亿元、1400.4 亿元、1133.4 亿元。

浙江通过"跨境电商＋产业带"的模式推进跨境电商发展。杭州、宁波、金华等城市作为全国跨境贸易电子商务试点城市，产业链完善，地方特色鲜明。杭州拥有纺织服装、家具制造、羽绒及床上用品、制笔、文教体育用品、灯具照明等16个跨境电商特色产业带。宁波作为东南沿海重要的港口城市，形成了以家电、服装、五金、户外照明、野营装备、文具为主的优势产业带；金华依托丰富的制造业资源和物流资源，推进纺织服装、食品制造、五金、家具制造、电子信息、小商品等产业带发展。

浙江着力推动以跨境电商在内的数字贸易发展，率先在国内出台首部地方性数字贸易促进条例，通过法治保障和政策配套激发数字贸易创新活力。阿里巴巴集团全球总部坐落于浙江省杭州市，网易、蘑菇街、生意宝、寺库等头部企业均在浙江落户，浙江在发展跨境电商方面具有比较明显的优势。以杭州为例，截至2023年，杭州市拥有35个跨境电商产业园区，全市跨境卖家达到63436家。其中，规模在2000万元以上的跨境电商品牌企业数量突破千家，其中亿元以上企业超过200家。

3. 福建

2023年，福建跨境电商进出口额为1600亿元，同比增长9%。福建省内拥有厦门、福州（平潭）、泉州、漳州、莆田、龙岩、南平、宁德八大经国务院批准的跨境电商综试区，实现了省内区域跨境电商发展的全面覆盖。2023年，福建跨境电商占外贸比重为8.1%，较全国平均水平高出2.3个百分点，成为推动福建外贸增长的新引擎。

福建拥有纺织鞋服、运动装备、竹木制品、新能源等特色产业带。福州特色产业带涵盖了家具与工艺品、服装、鞋类、箱包等多个领域，出口产品种类丰富；厦门跨境电商综试区立足区位优势，带动鞋服、箱包、玩具和五金机电等传统产业集群跨境出海，带动光电、消费电子、厨卫和体育户外等新兴产业集群发展；泉州的品牌大多集中在鞋服领域，安踏、特步、361度、匹克、鸿星尔克等品牌总部位于泉州，鞋服运动类品牌成为泉州唯一的世界级产业。此外，漳州的钟表乐器、宁德的机电按摩设备等均具备较强的竞争力。

福建省商务厅数据显示，截至 2023 年，福建已建成跨境电商海关监管场所 23 个，面积近 15 万平方米，培育跨境电商企业 9000 余家，淘宝海外、Shopee、Lazada 等知名电商平台和京东、菜鸟、纵腾、泛鼎等物流中心纷纷落地福建。

4. 江苏

2023 年，江苏跨境电商进出口额为 655.6 亿元，位列全国第四。其中，南京跨境电商进出口额达到 297 亿元，同比增长 12.5%，总量占全省的 45.3%1。2023 年，常州市在跨境电商领域取得了显著进展，实现跨境电商进出口额为 140 亿元，同比增长 108%。

早在 2022 年，江苏已实现跨境电商综试区地级市全覆盖，"跨境电商＋产业带"集聚效应日益显著。2023 年，南京现已初步形成智能制造、户外用品、电动工具、纺织服装四大跨境电商出口产业带；苏州已形成机械设备、智能家电、纺织服装等数条"苏州特色"的跨境电商出口十亿级产业带。此外，常州的汽配件、南通的家纺、无锡的电动车产业带纷纷组团出海，形成了各具特色的产业带。

南京和苏州走在江苏跨境电商出口前沿。数据显示，截至 2023 年，南京在 11 个国家和地区建设 19 个公共海外仓，有超过 5000 家企业通过亚马逊、阿里国际站、中国制造网等平台，开展跨境电商业务。截至 2023 年，苏州有登记备案跨境电商企业约 5000 家，占全国总数的 7.5% 左右。苏州已培育年出口规模 2000 万元以上的跨境电商品牌企业近 400 家，跨境电商品牌超 5400 个。中国跨境电商品牌影响力百强榜中，苏州 7 家企业上榜、总数位列全国第三。

二、中国跨境电子商务发展趋势

2023 年，我国政府持续对跨境电商发力，通过设立丝路电商先行合作区、增加国家电子商务示范基地等方式加码跨境电商，我国跨境电商产业生态持续优化。在多重因素作用下，越来越多的外贸企业借助跨境电商平台"乘风出海"，行业呈现新趋势、新动向。从发展基础看，海外仓正逐步转型为综合性服务平台，专业化、规模化、智能化水平不断提升。从国际市场看，中国跨境电商企业在东南亚各国活跃度不断攀升，合作深度不断拓展。同时，中国企业出海也面临地缘冲突、关税制裁、投资落地等多重风险，加剧了跨境电商平台及中小企业的合规负担，增加了交易过程的不确定性。

（一）"海外仓+"模式加速发展

海外仓新模式不断涌现。海外仓作为跨境电商领域新型外贸设施基础建设的关键构成部分，其功能持续优化完善，正逐步转型为集仓储管理、物流配送、报关清关、退换货服务、产品加工维修、包装服务、分销渠道拓展以及金融保险支持等功能于一体的综合性服务平台。在全球产业链与供应链的稳定性与畅通性促进方面，海外仓发挥了重要作用，宁波的"聪明的海外仓"、义乌的"前展后仓"、余杭的"包裹必达"等，让海外仓成为具备多重功能、提供综合服务的智能化仓库。在海外仓全球布局方面，广东地区监管措施不断创新，诞生出"海外仓+海外直播""海外仓+二手车出口"等新模式。商务部副部长郭婷婷表示，将支持外贸企业、物流企业用好海外仓资源，提升专业化、规模化、智能化水平，让优质的中国产品更加便捷地直达境外消费者。

（二）传统外贸转型跨境电商出海

外贸企业借助跨境电商平台"乘风出海"。随着众多跨境电商第三方平台的出现，全托管、半托管等新电商模式兴起，越来越多的传统外贸企业转型涉足跨境电商领域。2023年，广东商务部门协助近1000家企业对接亚马逊等七大跨境电商平台和近100家服务商资源，实现各类轻工制品跨境电商出口2900亿元，同比增长11%。杭州商务局表示，杭州传统外贸企业科百特、胜利羽绒、全瓒电子商务、柳桥家纺、三星羽绒等年交易额过亿美元的龙头企业都已经转型跨境电商，带动了整个地区的跨境热潮。

拼多多跨境电商平台 TEMU 负责人表示，跨境电商让传统外贸工厂获得了打开外贸新通道乃至打造自有品牌的机会。

跨境电商赋能外贸企业柔性供应链改造。跨境电商不仅为企业出海带来更通畅的渠道，还通过数字技术应用逐步向上游生产制造环节渗透，赋能传统外贸工厂的柔性供应链改造。2023 年 9 月，SHEIN 平台化推出"全国 500 城产业带出海计划"，充分利用"小单快反"模式，帮助传统工厂实现了从设计到生产最快仅需 7 天的目标。自推出以来，该模式已成功应用于服装、鞋类箱包、珠宝配饰、日用百货等 20 多个品类，涌现出众多年销售额上亿元的优质商家与品牌。2023 年以来，多多跨境平台开展了数十场产业带对接活动，深入广东、浙江、山东、安徽等地的百余个制造业产业带，助力万余家工厂成功出海。

（三）跨境电商产业生态持续优化

跨境电商加速进入服务业出海 3.0 时代。当前，跨境电商的发展已由货物出海的 1.0 时代进入品牌出海的 2.0 时代，正加速迈进服务业出海的 3.0 时代。我国在跨境电商相关的营销、支付、物流等服务环节已涌现出一大批优质服务商，成为支撑我国企业出海的中流砥柱。根据中国服务外包研究中心对电商服务业的定义，跨境电商服务业也包含交易服务业、支撑服务业和衍生服务业。具体而言，包括：以 Temu、Shopee、SHEIN 等平台为交易服务业的市场主体；以结算、支付、物流、IT 服务等为支撑服务业的市场主体，代表企业有递四方快递、赛维时代科技、银联支付等；以代运营、营销推广、电商培训等为衍生服务业的市场主体，代表企业有宝尊、上海凯淳、蒙恩特、创高文化等。

（四）北美和欧洲市场持续强消费特征但会有分化

北美和欧洲市场是跨境电商传统的大规模市场，具有消费能力高的特征。根据 eMarketer 数据，2023 年北美市场跨境电商市场规模达 1.万亿美元，电商渗透率为 15%。其中，美国消费市场显示出较为强劲的消费韧性，包含电商的商贩销售额保持了最高双位数增长。2023 年，欧洲电商市场规模为 7930 亿美元，电商渗透率为 12%，与美国相比，受地缘政治及通胀影响，欧洲零售和线上购物均相对疲软。北美和欧洲本土的电商平台主要解决的是运送实效问题，其 SKU 广度与中国出海电商相比差距较大，中国出海电商具有明显的价格优势，能够进一步解决欧美消费者消费品类不足和消费金额较高的问题。

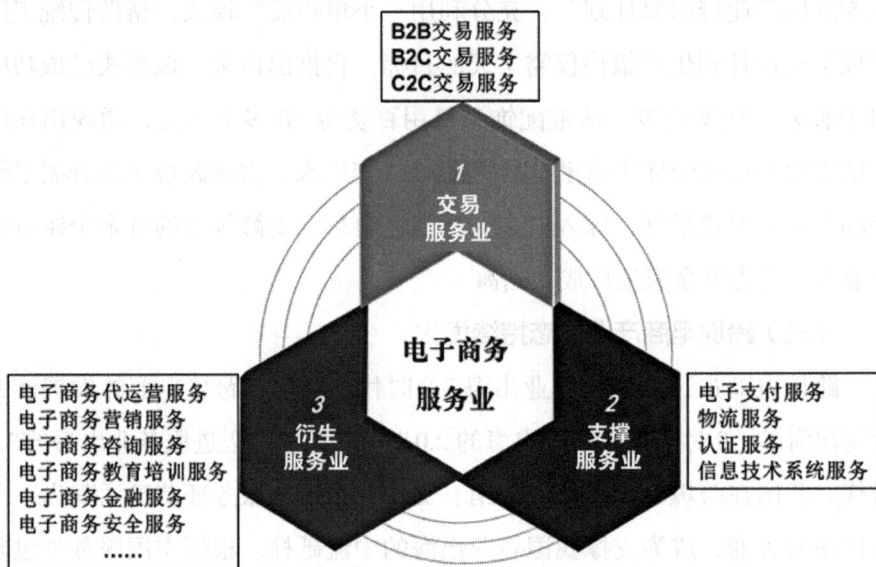

图 16-4　电商服务业构成

资料来源：中国服务外包研究中心。

（五）东南亚成企业出海热门市场

东南亚是中国企业出海热门目的地之一。东南亚地区的经济增长、较低的劳动力成本、完善的供应链和地缘政治优势，加之 RCEP 框架下的关税减免，使得该地区成为中国出海企业的首选市场之一（见表 16-3）。根据谷歌、淡马锡和贝恩公司联合发布的《2023 年东南亚数字经济报告》，在 2023 年全球零售电商市场增速排名中，东南亚地区增速达 18.6%，位居第一。2023 年，中国电商企业在东南亚市场加快布局，京东在印度尼西亚和泰国调整业务，集中资源投入到包括东南亚在内的跨境供应链基础设施中。阿里巴巴在 2023 年向东南亚电商平台 Lazada 注资 3.425 亿美元，拼多多海外平台 Temu 于 2023 年下半年进军东南亚市场，接连入驻菲律宾、马来西亚、泰国。经中国服务外包研究中心对电商综合服务企业 Flash Group 调研，结果显示，东南亚市场直播电商、短视频电商不断兴起，中国企业在东南亚各国活跃度不断攀升。

表 16-3　主要区域电子商务发展情况

国家 / 地区	线上渗透率（2023）/%	2019—2023 年线上规模 CAGR/%	线上零售额（2023）/十亿美元
北美	15.2	18	1221
西欧	12.6	10	604
中欧和东欧	11.8	28	189
拉美	10.1	29	145
中东和非洲	4.4	27	90
东南亚	12.0	38	137
日韩	17.1	12	316
中国	27.6	11	1 822

资料来源：国家统计局，eMarketer，Google，Temasek Holdings，B 人工智能 n&Company。

（六）中国企业全球市场份额提升

"出海四小龙"在多个国家排名上升。2023 年，全球电商格局发生了重大改变，中国电商"出海四小龙"——速卖通 AliExpress、SHEIN、Temu 和 Tik Tok Shop 成团出海，在众多国家处于领先地位。根据公开数据，2023 年 SHEIN 和 Temu 同时包揽了美国、欧洲、拉丁美洲和中东市场电商应用增长榜的冠亚军，成为全球最受欢迎的两大电商应用。2023 年 12 月，速卖通成为西班牙访问量第二大的电商平台，仅居亚马逊之后，SHEIN、Temu 分别位于第三、四位。2023 年，Tik Tok Shop 在东南亚实现了 163 亿美元 GMV，是 2022 年的近 4 倍，同比增长接近 300%。

（七）跨境电商多重风险挑战加剧

企业出海面临多重风险点。2023年，随着经济下行所引发的社会矛盾在欧美发达经济体中愈演愈烈，社会两极分化和分配不均等问题使逆全球化浪潮再起，中国企业出海面临的地缘冲突、关税制裁、投资落地等多重风险加剧。抖音海外版Tik Tok先后多次被印度尼西亚、印度、美国、加拿大、欧洲等国家和地区封禁，中国出海企业面临较高的政治和市场风险。在"新风险"方面，跨境电子订单、电子签章等的真实性、合法性问题突出，境内外交易商、电子商务平台、物流企业、商业银行等多方信息频繁交互，网络安全与信息篡改风险加大。此外，跨境电商合规要求越来越高。当前全球各国在关税、通关流程、支付体系及数据保护等方面的法律法规存在显著差异，加剧了跨境电商平台及中小企业的合规负担，增加了交易过程的不确定性。

平行供应链崛起致全球市场竞争加剧。当前，全球产业链和供应链正在经历一场调整与重构，在多重合力作用下，全球供应链也在形成大分流，越南、墨西哥和印度等国正在形成新的平行供应链。作为全球最大的制造业国家，中国在全球供应链中的地位在一段时间内仍然不可动摇。但是，全球新的平行供应链正在迅速成长、流动、升级，这对中国供应链构成巨大的挑战。

（八）先行先试推进监管改革创新

国家电子商务示范基地作用凸显。国家电子商务示范基地是增强城市和区域经济发展活力、聚合资源、推动区域协同发展的有效途径，可以进一步提高对城市、区域现代流通体系建设的服务能力，加快区域产业结构的转型与升级。截至2023年底，我国共有171家国家电子商务示范基地，江苏省、山东省国家电子商务示范基地数量最多，达到15个，其次分别为广东省（13个）、福建省（12个）、浙江省（10个），详情见图16-5。商务部报告称，2023年全国国家电子商务示范基地共整合培育形成30余个数字化产业带，融合创新态势不断深化，在发展全局中的地位和作用日益凸显。

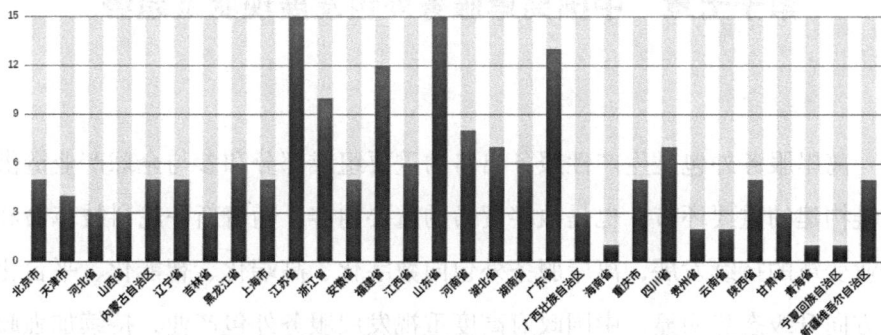

图 16-5　各省份拥有国家电子商务示范基地数量（2023 年）

资料来源：商务部。

跨境电商综试区建设成效明显。从 2015 年设立首个杭州综试区以来，截至 2023 年底，全国有 165 个综试区。我国综试区建设和发展从均衡覆盖转向促优扶强，从追求高速增长转向高质量发展，综试区发展模式越发成熟。在 2023 年全国跨境电商综试区评估中，上海、苏州、杭州、宁波、厦门、青岛、郑州、广州、深圳、重庆 10 个优秀跨境电商综试区获评第一档。海关总署相关负责人表示，未来将继续推进跨境电商综试区建设，持续推进市场采购贸易方式创新发展，推动跨境电商与其他业态联动互促、融合发展，不断拓宽贸易渠道，实现内外贸一体化发展，助力外贸保稳提质。

"丝路电商"合作先行区建设正式启动。2023 年 10 月，国务院正式批复《关于在上海市创建"丝路电商"合作先行区方案》。创建"丝路电商"合作先行区，是我国深化"一带一路"共建共享的重大举措，标志着国家跨境电商先行先试的创新举措进入新的发展阶段。上海市不断推陈出新，已取得显著成效。2023 年，上海市主动对接了 8 个 CPTPP 和 DEPA 条款，形成了 10 项制度创新成果和 5 项可复制推广经验，包括上海数据交易所发布全球首个数据交易所交易规则体系，中国企业电子提单解决方案首次被跨国航运公司应用签发等。

第十七章　中国离岸服务外包发展现状及趋势

离岸服务外包是生产性服务出口的重要组成部分和参与全球产业链供应链构建的重要环节，也是数字贸易的重要内容。随着新一轮科技革命和产业变革的持续发展，离岸服务外包向数字化、高端化、智能化、平台化等方向升级态势明显。中国政府高度重视发展服务外包产业，持续加强政策支持，促进服务外包高质量发展，企业竞争力及品牌影响力不断提升。

一、中国离岸服务外包发展现状

（一）离岸服务外包持续呈现平稳增长

中国是仅次于印度的全球第二大服务转移目的地，依靠丰富的优质人力资源及领先的数字基础设施，中国离岸服务外包保持平稳增长。商务部统计数据显示，"十三五"期间，中国服务外包离岸执行额从 2016 年的 704.1 亿美元增长至 2020 年的 1057.8 亿美元，年均复合增长率 10.7%，"十四五"以来，离岸服务外包受到全球新冠疫情的冲击，但依然保持较强的增长韧性，2023 年，中国企业承接服务外包离岸执行额 1513.6 亿美元，同比增长 10.6%，占全部服务外包执行额的 53.1%（见图 17-1）。

早在 2006 年，商务部推动实施服务外包"千百十工程"时，就提出要"在全国建设 10 个具有一定国际竞争力的服务外包基地城市，全方位承接离岸服务外包业务，并不断提升服务价值"，基地城市一直是中国服务外包发展的领头羊和排头兵，经过近些年的发展，基地城市逐步调整为中国服务外包示范城市，由最初的 10 个增补至 37 个，服务外包示范城市引领示范，在推动产业转型、加快政策创新、加速国际合作等方面积极探索实践，"十三五"期间，中国服务外包示范城市完成服务外包离岸执行额从 2016 年的 657.9 亿美元增长至 2020 年的 959.8 亿美元，2023 年，全国 37 个服务外包示范城市完成服务外包离岸执行金额 1324.6 亿美元,同比增长 8.1%,占全国的 87.5%。在示范城市的引领下,越来越多的城市重视服务外包产业,并逐步培育出具备承接国际服务外包业务能力的企业,国际服务外包合作业务领域和市场持续拓展。

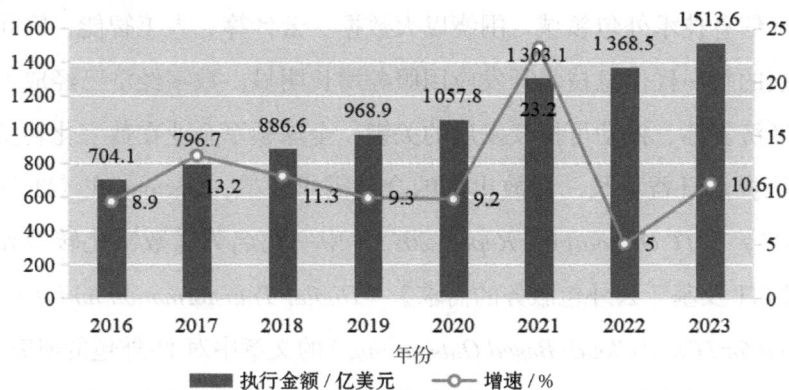

图 17-1　2016—2023 年中国服务外包离岸执行金额及增速

资料来源：商务部。

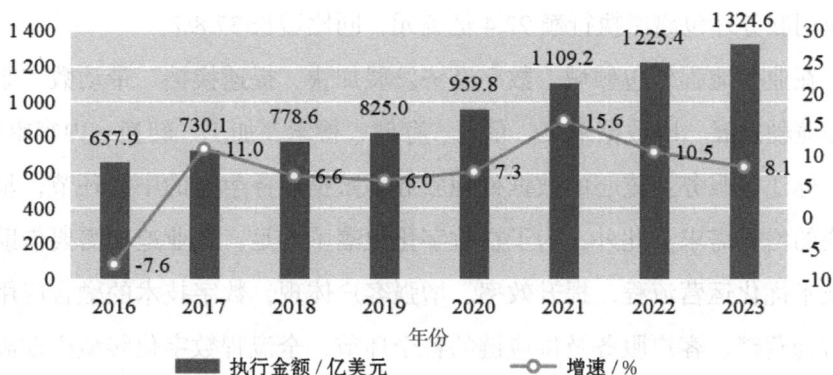

图 17-2　2016—2023 年示范城市离岸服务外包执行金额及增速

资料来源：商务部。

（二）离岸服务外包业务加快向数字化、智能化、高端化方向转型

当前,以新一代信息技术为引领的数字技术对生产、生活及思维方式带来颠覆性变革,服务外包正加快从"成本节约"向"价值创造"拓展,

数字化、智能化、高端化转型趋势显现，2016—2023年，中国信息技术外包（ITO）、业务流程外包（BPO）、知识流程外包（KPO）离岸执行额的结构比例从46.9∶16.6∶36.5调整为40∶16.6∶43.4，KPO占比累计提高6.9个百分点，业务结构更加均衡。

在信息技术外包领域，围绕以大数据、云计算、人工智能、物联网等为代表的新一代信息技术开发应用服务增长明显。数字经济已经成为实现世界经济复苏、推动可持续发展的关键，全球领军企业在数字化转型方向的决策投入日益增长，释放出来的合作需求旺盛，Gartner在《IT外包报告2023》（*IT Outsourcing Report 2023*）中一篇名为《数字化转型和日益增长的IT及基于云外包服务的需求》（*Digital Transformation and the Rising Demand for IT and Cloud-Based Outsourcing*）的文章中对IT外包的研究表示，当前数字化技术外包需求激增，企业将越来越多的数字化核心技术职能外包给专业供应商。中国数字应用场景丰富，服务外包企业数字化技术及应用研发能力具有领先优势，发展潜力巨大，2023年承接新一代信息技术开发应用服务外包离岸执行额22.4亿美元，同比增长37.8%。

在业务流程外包领域，数字经济发展加快"提速换挡"带动数字服务生态蓬勃发展，以数据采集、录入、存储、检索、加工、转换、内容审核、数据标注等服务为核心的数据处理服务是数据服务生态的中间环节，呈现较快的增长需求。此外，为了在数字化浪潮中立足，企业迫切需要借助数字技术优化运营流程，提升效率、增强客户体现，数字技术的融合应用贯穿市场营销、客户服务及供应链的各个环节，全流程数字化转型推动离岸BPO保持较快增速，2023年，中国企业承接BPO离岸执行额251.6亿美元，同比增长12.3%，占服务外包离岸执行额的16.6%，较上年提高0.2个百分点。

在知识流程外包领域，伴随着越来越多企业将复杂、高价值的业务环节外包出去，依托外包服务商深厚的行业知识和专业技能，帮助企业缩短内部学习曲线，为企业提供战略性支持，知识流程外包的增长迅速。2023年，中国企业承接KPO离岸执行额656.2亿美元，同比增长12.5%，占服务外包离岸执行额的 43.4%，比上年提高 0.8 个百分点。其中，新能源技术研发服务增长显著，世界各国对绿色低碳发展的重视程度不断提升，相关离岸服务需求持续增长，2023 年中国企业承接新能源技术研发服务外包离岸执行额 14.5 亿美元，同比增长 125.8%。

（三）服务外包业务离岸市场来源相对稳定

截至 2023 年底，中国已与世界 200 多个国家和地区有服务外包业务往来，其中，美国、中国香港、新加坡、日本、德国、韩国、中国台湾、英国、荷兰和瑞士是主要的业务来源地，承接上述国家 / 地区服务外包离岸执行金额合计 1052.7 亿美元，同比增长 9.7%，占中国服务外包离岸执行额的 69.6%。前三大业务来源地美国、中国香港、新加坡的服务外包离岸执行金额共计 711.7 亿美元，约占十大业务来源地合计的 70% 左右，中国服务外包业务离岸来源市场集中度较高（见表 17-1）。

表 17-1　2023 年中国前十离岸服务外包业务来源市场

	国家 / 地区	执行额 / 亿美元	增速 /%	占比 /%
1	美国	311.5	8.4	20.6
2	中国香港	282.5	8.3	18.7
3	新加坡	117.7	18.4	7.8
4	日本	98.3	12.6	6.5
5	德国	60.6	3.4	4
6	韩国	56.5	13.9	3.7
7	中国台湾	40.4	5.2	2.7
8	英国	34.8	10.5	2.3
9	荷兰	25.6	17.3	1.7
10	瑞士	24.8	3.5	1.6
合计		1 052.7	9.7	69.6

资料来源：商务部。

专栏4：代表性离岸业务来源地介绍

【美国】

美国是全世界最大的服务外包发包国，2023年美国服务进口达7226.8亿美元，其中其他商业服务进口占比57%，即从其他国进口的通讯服务，建筑服务，保险服务，金融服务，计算机与信息服务，个人、文化和娱乐服务等共4119.3亿美元。美国长期是中国服务外包业务的第一来源地，但近些年随着中美贸易摩擦的持续升温，给两国服务外包合作带来不少挑战。2021年，美国政府提出"友岸外包"策略，强化与其地缘政治盟友的经济联络，得到加拿大、墨西哥、欧洲各国、澳大利亚、日本等国的支持。这一策略的实施已经带来美国制造业的回流和FDI回归，美国传统产业链走向"盟友化"，关键供应链"友岸化"，"去中国化"的供应链、产业链阵营正在组建。2022年8月，美国出台《芯片法案》；2024年2月，美国总统拜登签署并发布了《防止受关注国家获取美国人士大量敏感个人数据和美国政府相关数据的行政命令》；2024年，美国《生物安全法》通过，这些对集成电路、半导体电路、生物医药研发等领域带来不利影响。但从业务表现来看，承接美国的服务外包合同执行金额依然属于增长态势，2023年同比增长8.4%，跨国公司的共享服务中心业务保持稳定，云计算开发及应用服务、物联网技术开发及应用服务、数据处理服务、制造智能装备维修维护、知识产权服务、新能源技术研发服务、新材料技术研发服务等多个领域服务外包执行额呈现明显增长。

美国服务外包通常采用整体外包的方式，美国企业提出需求后，通常希望服务商能根据需求分析提出解决方案，并完成系统设计、详细设计、分解模块、模块实现、需求修订、实施更正、测试、系统集成、售后等一系列工作，对服务供应商的人员规模及资质能力有较高的要求，项目周期长，需要供应商有一定规模的项目经验，目前能承接对美外包业务的企业主要以在中国境内的外资企业及少数本土头部企业为主。

【日本】

中国与日本地理位置接壤、语言文化相似，承接对日服务外包有先天的竞争优势，日本曾经是中国第二大服务外包业务来源地，但随着日本经济发展进入下滑周期，中日政治关系趋紧，日本先后出台《经济安全保障推进法》《日本个人信息保护法》等政策法规，以国家安全为由，在诸多领域限制对中国发包，或以保障数据安全为由，要求中资企业在日本开设机构提供在岸服务，这些极大地影响了对日外包业务拓展。此外，由于日元的连续贬值，对日接包企业多数利润下滑，甚至在成本线徘徊。中国服务外包研究中心在走访调研中发现，日本企业已经有计划地将其在中国的研发机构、技术中心向印度转移，或直接转移在华业务，或刻意限制使用母公司资源。2023年，中国完成对日服务外包合同执行额同比增长12.6%，但是签约服务合同金额首次出现大幅度下滑。其中，对日业务的新增长点主要来自数字经济发展，与数字经济密切相关的几大领域如大数据、云计算、人工智能、物联网等相关技术研发及应用服务、数据处理服务、知识产权服务、数据与网络安全服务等增长明显。

日本一直采用金字塔形外包模式，位于金字塔顶层的是一级接包商或总接包商，通常是日本本土规模较大的企业。它们往往具备较强的行业知识和业务咨询能力，与客户有长期良好的信任关系，并具备足够的抗风险能力，它们从最终客户那里承接项目，进行总体设计和任务分隔，形成工作模块后再分包到若干个二级接包商，二级接包商会借助三级、四级服务企业共同完成模块设计、代码转码、测试等这些工作。中国对日外包企业目前能承接到一手包业务的相对较少。

伴随着高质量共建"一带一路"的深入推进，中国与"一带一路"共建国家的合作从互联互通向更深层次的经济合作、文化交流发展，中国服务外包企业不但积极参与铁路、电网、水利工程等基础设施的建设，提供工程技术支持服务，还参与到数字基础设施的建设、新能源开发合作中。

2023 年，电商平台运营维护、新一代信息技术运营维护、新能源技术研发服务等领域呈现较快增长。此外，伴随着"走出去"及国际合作的深入，来自法律流程服务、知识产权服务领域的专业服务需求加速释放，成为对"一带一路"共建国家服务外包的新增长点。2023 年，中国承接"一带一路"共建国家服务外包执行金额 445.2 亿美元，同比增长 13.9%，占中国离岸服务外包执行金额的 29.4%，较上年提高 0.8 个百分点。

2022 年 RCEP 生效，RCEP 服务贸易规定致力于削减各成员国影响跨境服务贸易的限制性、歧视性措施，包括最惠国待遇、市场准入承诺表、国民待遇、国内法规等规则，如部分缔约方采用负面清单方式进行市场准入承诺，要求现在采用正面清单的缔约方在协定生效后 6 年内转化为负面清单模式对其服务承诺作出安排，这些规则为缔约方之间进一步扩大服务贸易创造了条件。除正文外，另在附件中提及针对电信服务，在现有的东盟"10+1"自由贸易协定电信服务附件基础上，加入国际海底电缆系统、网络元素非捆绑、国际移动漫游等灵活性条款；针对专业服务，鼓励成员国在教育、道德规范、专业发展等领域制定互相接受的专业准则。这些也一并赋能区域内服务外包合作，2023 年中国与 RCEP 成员国在服务外包领域合作升温，2023 年完成执行金额 376.3 亿美元，同比增长 17.8%，占中国离岸服务外包执行金额的 24.9%。

（四）国际服务外包业务主要集中在东部地区

按照国家统计局对中国经济区域的划分，北京、天津、河北、上海、江苏、浙江、福建、山东、广东和海南这七省三市构成了中国的东部地区，截至 2023 年底，东部地区共有中国服务外包示范城市 18 家，完成离岸服务外包合同执行额 1316.2 亿美元，同比增长 10.9%，占全国的 87%。东部地区是我国扩大开放的高地，外资企业密度高，聚集了众多国内外领军企业、跨国企业总部、区域总部，高端人才集聚，科研机构密集，承接高技术含量、高知识价值的服务转移优势突出。其中，离岸执行金额排列前三位的是江苏、浙江、上海，分别完成服务外包离岸执行额 412.2 亿美元、

203.5 亿美元、176.1 亿美元，分别增长 22.7%、4.9%、20.7%，占全国总额的 27.2%、13.4%、11.6%。

中西部地区[①]是承接离岸服务外包的第二梯队，2023 年中西部地区完成服务外包离岸执行额 147.6 亿美元，占全国的 9.7%。其中，四川、重庆、陕西承接服务外包离岸执行金额分别为 34.8 亿美元、22.5 亿美元、11.2 亿美元，湖北、安徽、湖南承接服务外包离岸执行金额分别为 19.1 亿美元、17.2 亿美元。

东北地区发挥区位优势，加强与日韩等周边国家合作，离岸服务外包增速显著提高。2023 年，东北地区承接服务外包离岸执行金额为 49.8 亿美元，同比增长 16.1%，占全国的 3.3%，占比较上年上升 0.2 个百分点，其中，辽宁、黑龙江、吉林承接服务外包离岸执行金额分别为 25.2 亿美元、22.9 亿美元、1.7 亿美元，分别增长 17.6%、15.2%、6.8%。

专栏 5：代表性省份介绍

【江苏】

江苏省是服务外包大省，拥有南京、苏州、无锡、镇江、南通、徐州 6 个中国服务外包示范城市，国际服务外包业务规模连续多年居全国首位，6 个国家级服务外包示范城市承接服务外包执行额占全省的 90% 左右，是江苏省国际服务外包业务开展的重要支撑。当前，江苏省国际服务外包业务呈现数字化转型、融合化发展的特色，信息技术解决方案、网络与数据安全等业务领域增长迅速，同时，医药（中医药）和生物技术研发服务、新能源技术研发服务、新材料技术研发服务等研发服务增长迅速，国际服务外包附加值进一步提升。美国、中国香港、欧盟是江苏省主要的国际服务外包业务来源地，其次来自

---

① 中部地区：山西、安徽、江西、河南、湖北和湖南。西部地区：内蒙古自治区、广西壮族自治区、重庆、四川、贵州、云南、西藏自治区、陕西、甘肃、青海、宁夏回族自治区和新疆维吾尔自治区。

日本、韩国等 RCEP 国家（地区）。2022 年数据显示，江苏省承接美国、香港地区、欧盟的国际服务外包业务占比约 53%，承接日、韩等 RCEP 国家（地区）业务占比近三成；承接"一带一路"共建国家外包业务占比 17.2%。

【浙江】

浙江省不断提升和增加"浙江服务 服务全球"的品牌影响力和国际竞争力，依托杭州、宁波两个中国服务外包示范城市，夯实服务外包大省实力。浙江省主要围绕数字服务发力，积极推动传统 IT 服务企业向数字服务商转型，拓展软件开发、数字技术开发、系统解决方案、动漫网游研发设计等服务领域，大力支持工业设计、集成电路和电子电路设计、工程技术、供应链服务等制造业服务外包领域发展。2022 年，杭州市承接服务外包业务的主要来源地已延伸至 182 个国家（地区）。其中，"一带一路"共建国家（地区）和 RCEP 成员国均占全市离岸执行额两成以上。

【广东】

广东省提出通过外贸、外资、外包、外经、外智"五外联动"综合拳，推进广东高水平对外开放，加快塑造国际合作和竞争新优势。2023 年，以广州、深圳、佛山三个国家服务外包示范城市为核心，推动广东省国际服务外包持续高质量发展，其中网络与数据安全、云计算、人工智能、生物医药研发等创新型、高附加值业务国际服务外包均实现 3 位数的高速增长，发展势头强劲。中国香港、美国是广东省最主要的国际业务来源国家（地区）。2022 年的统计数据显示，来自中国香港、美国的服务外包执行额占比依次为 42.3%、11.7%。同时，广东积极承接 RCEP 成员国服务外包业务转移，承接执行额占比 20.3%。

二、中国离岸服务外包发展趋势

（一）中国离岸服务外包机遇挑战并存，但整体势头向好

随着全球经济转型和技术发展，服务外包已成为企业提升效率、降低

成本、增强竞争力的重要策略。虽然当前全球经济震荡复苏、贸易摩擦频发、逆全球化思潮涌现，全球产业链、供应链、价值链不稳定因素增多，但总体来看离岸服务外包发展潜力依然巨大，主要取决于三方面重要因素：

一是数字经济发展的需要，根据中国信息通信研究院《全球数字经济白皮书（2023）》，"数字经济加速构筑经济复苏关键支撑，2022 年测算的 51 个国家数字经济增加值占 GDP 比重的 46.1%，而其中产业数字化持续成为数字经济发展的主引擎，占数字经济比重的 85.3%"，产业数字化的过程不是简单的研发或应用新的数字技术，而是从管理思维到管理流程的全方位变革，需要更多的专业力量共同推进。当前全球数字经济多极化趋势正在深化，第三产业的数字化渗透率明显要高于第一产业、第二产业，发达经济体的数字化渗透率要优于其他经济体，这种不平衡为数字服务商创造出更多的市场机遇。

二是先后进入老龄化社会的必然选择，寻找充沛的人力资源是国际服务外包转移的一个重要因素。当前，全球人口正步入老龄化社会，但是不同国家进入老龄化社会的时间不一样，对于发达国家可以视作先发的老龄化国家，如法国、日本、英国、美国等国的老龄化程度较高，他们持续需要从其他国家补充社会劳动力资源。

三是服务业地位作用更加凸显。服务业创造了全球经济总量的 70%，全球直接投资的 60%，全球就业岗位的 45%。随着制造业和服务业的进一步融合，越来越多的制造企业重视服务环节的价值提升，如研发、金融、物流、分销、ICT 这些为代表的生产性服务业逐步走向全球价值链中的核心环节，这其中服务外包的价值更加突出。

（二）中国离岸服务外包的发包市场稳中有变

近些年，以美国为首的发达经济体先后提出"乡村外包""友岸外包"的战略思路，意在重塑自身供应链，将供应链关键环节转移到国内或一些政治盟友，这无疑将给中国服务外包企业拓展美国市场带来更大挑战，而其政治盟友印度、墨西哥等国家有望从中受益。2023 年起，越来越多的企业将亚太总部、技术中心等从中国向印度转移，这种趋势有望持续。未来，全球服务外包的区域分布或将加速朝多元化的方向发展。除了传统的外包目的地印度、菲律宾、中国外，波兰、乌克兰、哥伦比亚、南非等一些东欧、拉丁美洲和非洲的一些国家（地区）正迅速崛起为新的外包中心。这些新兴外包中心能提供更加灵活的劳动力和相对较低的运营成本。而企业将更倾向于选择多元化的外包供应商，不仅可以优化成本，还能减少对单一国家的依赖，从而增强其供应链韧性。

此外，为了更加积极应对"乡村外包"、"友岸外包"带来的不利影响，中国服务外包企业开始选择加强海外布局，一种是选择以新加坡、中国香港等地作为全球市场总部，借助新加坡、中国香港更加开放的市场环境拓展海外市场；一种是加强在客户所在国布局，一方面依托所在国科研优势，高素质人才队伍，增强科技实力，提升服务价值，另一方面通过近距离提供交付服务，更有效地规避跨境数据传输限制，提高服务响应度及客户认可度。

（三）中国国际服务外包业务朝着数字化、知识化转型

OECD 的研究指出，"数字化技术（如云计算、大数据、物联网和人工智能）正在推动服务外包的深刻变革。数字化提高了服务外包的灵活性，使企业能够更快地响应市场需求，同时降低成本。全球对高技术服务外包的需求不断增加，尤其是在信息技术、人工智能、数据分析和研发领域。越来越多的企业选择将高技术工作外包给具备专业能力的第三方供应商，以获取更先进的技术支持和创新资源"。中国国际服务外包业务也同样朝着数字化、知识化方向转型。

中国正着力围绕数据要素制度、数据资源开发利用、数字基础设施建设三方面做强做优做大数字经济，抢占发展新高地。当前，我国数字化基础已达到全球第一的水平，2024 年各项指标数据显示，中国互联网普及率达 78.6%、5G 移动电话用户 10.1 亿个，占全球平均水平的 2.3 倍，5G 基站总数全球占比超 60%，这些为构筑庞大数据要素市场奠定了基础。此外，中国是全世界工业门类最齐全的国家，为数据技术大规模应用和快速迭代

升级创造条件，海量的数据资源、丰富的应用场景，有助于中国数字经济新业态新模式创新发展，丰富的应用场景为拓展数字服务形式、创新数字服务模式提供了实践机会。当前中国在部分数字技术应用领域已经达到全球第一梯队，比如，中国科学技术信息研究所联合北京大学共同研制的《2023 全球人工智能创新指数报告》显示，目前全球人工智能发展保持美国全面领先、美中两强引领的总体格局，截至 2023 年第三季度，全球人工智能企业有 29542 家。中美人工智能企业数占全球总数的近一半，美国有 9914 家（占比为 34%），中国有 4469 家（占比为 15%）。技术和应用的双重积累助推中国服务外包企业在承接国际业务中有更大的竞争优势。中国服务外包企业正不断朝着数字化转型，基于大数据、人工智能、云计算、物联网等新技术的研发、运维、应用服务增加。此外，服务外包企业也率先推动数字化变革，以呼叫中心为例，在数字技术的加持下，呼叫中心不再仅仅着眼于承接能力，解决处理客户的个别问题，而是着眼于对客户管理运营进行全面统筹与协调，从呼入这种对数据的收集转向对历史数据的收集、分析与运用，达到为客户提供全方位数据驱动的业务支持和决策中心的转变，呼叫中心从传统的单一服务部门向数字运营管理角色转化。

全球领先研究机构 Everest Group 最新对知识流程外包的研究中指出"企业越来越多地将复杂、高价值的业务环节外包出去，例如市场调研、财务分析、法律服务、数据管理等。这类外包需要外包供应商具备深厚的行业知识和专业技能，能够为企业提供战略性支持，而不仅仅是操作性服务"，企业发包动因从"自己不愿干、节省成本"向"自己不能干、寻求专业解决方案、创造新价值"转变，他们需要借助服务外包快速提升其专业能力，缩短内部学习曲线，以便在市场中保持竞争优势，这对服务商的创新能力、服务能力提出新要求。中国服务外包企业已经具备承接高附加值业务的能力，一方面，企业在不断加强研发投入，培育有自主知识产权的解决方案，以"产品＋定制服务"的模式提升竞争优势；服务商广泛参与基础科研创新及技术攻关，融入研究流程，通过知识共享、协同创新，帮助客户缩短技术创新周期；另一方面，在推动服务外包与三大产业融合发展的过程中，中国服务外包企业对人才的培养开始从技术型人才，向技术＋专业的复合型人才转移，为持续拓展高知识含量业务夯实基础，研发服务、工业设计、服务设计、知识产权服务等有望成为新的增长点。

（四）中国离岸服务外包业务发展在区域内加速创新协同

为了破解区域发展不平衡的难题，中国不断完善区域一体化发展机制，推动区域一体化发展，经济布局得到优化，逐步打造优势互补、高质量协调发展的空间布局。在京津冀协同发展、长三角一体化发展、粤港澳大湾区建设等战略的推进下，离岸服务外包发展质量不断提高。

自2014年京津冀协同发展上升为国家战略以来，京津冀三地优势互补，支持服务外包要素三地间科学流动，有序转移。受人力资源成本高、发展空间限制、交通拥挤等因素影响，京津接发包、河北交付，京津服务外包企业向河北转移的态势持续至今。三地加深服务外包人才培养等领域的横向协作，推进离岸服务外包持续快速增长。

2023年，长三角地区承接离岸服务外包执行金额809亿美元，同比增长17.1%，占全国离岸执行金额的53.4%，长三角城市服务外包一体化发展将走向高质量发展的新阶段。中国服务外包起步初期，长三角城市中以上海一家独大，江浙两地都提出承接上海服务外包转移的发展思路，比如，江苏昆山提出强化与上海的同城效应，打造上海服务外包发展的后花园。这一路径在起步阶段取得巨大成效，而现阶段，长三角城市群聚集了大批有实力的服务外包示范城市，比如，上海、杭州、南京、无锡，在国家服务外包示范城市综合评价中都曾位列第一梯队，服务外包的协同不再仅仅是业务的转移、"前店后场"的模式，而是在研发创新上的协同、开放规则制度上的协同。

粤港澳大湾区经济互补性强，在全球产业链供应链中位置重要，是制度创新和科技创新的高地，拥有"一国两制"和三个关税区的独特优势，科技创新实力全球领先，布局近1/4的国家实验室，全国数量最多的国家高新技术企业，发明专利数量远超东京湾区、旧金山湾区和纽约湾区。2020年，大湾区发明专利36.59万件，为东京湾区的2.39倍、旧金山湾区的5.73倍、纽约湾区的7.85倍。广东省与香港、澳门在CEPA框架下已率先实现服务贸易自由化，服务贸易、服务外包成为大湾区现代服务业发展和对外贸易发展的关键推动力。随着粤港澳大湾区的深入建设，与港澳之间服务外包合作领域将更加广泛，特别是有望在跨境数字服务等方面率先形成突破。

（五）中国离岸服务外包有望输出行业标准

为了与国际客户建立深层次的合作关系，成功入选国际客户供应商名单，中国服务外包企业积极申请国际资质认证，取得承接国际业务的入场资格。这些国际资质认证的发起人通常是国际组织、发达经济体代表企业或行业组织，中国企业标准在与这些国际标准衔接的过程中需要付出较长的时间和高额的成本。而伴随着中国在全球供应链价值链地位的转换，越来越多的中国技术"走出去"，不断向外输出中国标准。

服务外包行业很多细分领域的行业标准已经出台，如信息技术外包、金融外包、呼叫中心服务等领域已经有自己的行业标准，部分标准正积极尝试与国际标准衔接互认。而关于服务外包的国际标准尚未达成共识，在ISO 44001国际标准中将外包作为九中典型的合作关系类型之一。2014年，荷兰牵头研制ISO 37500：2014《外包指南》国际标准，目前该国际标准归口于ISO/TC 286。为此，亟须推动对外包行业的分类和描述形成基本共识，对外包流程、流程监管等形成共识。

当前，中国大市场正进一步对外开放，中国数字经济的蓬勃发展也吸引了越来越多外资企业的关注，为了形成与外商共同的合作语言，促进发包商、集成商、服务商对服务价值、服务内容、服务流程沟通交流顺畅，更顺利完成合作协议，亟须由专业组织牵头、龙头企业参与共同研发中国外包行业标准。

区域篇

本篇介绍12个中国数字服务出口基地建设情况，并重点分析了北京、上海、广东、浙江、成都、贵阳的数字贸易发展现状与经验。

第十八章 中国数字服务出口基地建设情况

在商务部、中央网信办、工业和信息化部等部门的推动下，首批获评的 12 家国家数字服务出口基地加快政策创新，加强体制机制建设，持续推进服务出口数字化转型，积极培育数字服务出口主体，大胆探索数字服务行业、领域、要素扩大对外开放，已经逐步建设成为我国数字贸易发展的重要载体和数字服务出口的主要集聚区。2023 年，国家数字服务出口基地持续发力，积极推进新型基础设施建设，加快 5G、云计算、边缘计算、新型数据中心及智慧交通管理、绿色能耗管理等新一代信息技术应用部署，建成一个个数字化、智能化一流园区；加快引进或培育新兴数字服务企业，加大人才培养引进，不断汇聚信息技术服务、数字内容服务、数字平台服务、国际服务外包等领域高端要素资源；积极对接国际高水平自由贸易协定数字贸易规则，加快探索数据安全有序流动，参与数据传输、安全管理等国际技术标准制定，为我国提高数字贸易规则"话语权"提供实践经验，成为打造数字贸易示范区的重要依托。

一、中关村软件园

中关村软件园是全国领先的新一代信息技术产业高端专业园区，始终贯彻政府主导、市场化运作的总体发展思路，积极打造数字服务创新生态，加快培育壮大数字产业，加强数字出口服务平台建设，已逐步建成全国领先的数字经济产业集群，在 2023 年首批 12 个国家数字服务出口基地复审中获"优秀"等次。

（一）依托世界 500 强企业集聚优势，加快推进数

根据《2022 中关村软件园发展状况调查报告》测算，2022 年园区内软件和信息服务业企业数量达 333 家，占比 42.2%，其中新一代信息技术

企业数量 233 家，占比 29.5%；园区软件和信息服务业收入 2156 亿元，占比达 45.3%，新一代信息技术收入 1908 亿元，占比 40.1%。中关村软件园已初步形成以数字产业为主导的发展生态。

（二）高端产业集群特色显著

中关村软件园积极推动产业向高端化、智能化发展，形成以头部企业、总部企业、研发中心等为主导的产业集群特色，园区内汇集了 700 多家国内外知名的 IT 企业总部和全球研发中心，这些企业多在人工智能、量子技术、大数据、物联网、云计算、感知交互、智能制造、生物医药、芯片设计等领域处于领先地位。

（三）创新孵化机制完善，成绩突出

作为全国最具吸引力的创业中心之一，中关村软件园建立起全链条、全生命周期创新创业服务体系，以科技资源大数据平日为支撑，为企业原始创新、孵化加速、规模发展、资本合作等各阶段提供优质服务，催生了一批具有关键核心技术、具有国际竞争力的企业。2023 年，园区内企业研发投入达 674.7 亿元，同时聚集了一批北京量子院、北京计算科学研究中心等高端科研机构。据报道，中关村软件园中小微企业和双创项目超过 90 家，其中 90% 以上属于数字服务企业。

（四）国际资源整合配置能力凸显

中关村软件园主动搭台，对接国际高端技术、数据、资本、人才等创新要素，举办国际科技交流活动，带领企业参加高级展会，不断提升国际资源链接力，2023 年数字服务出口规模为 127 亿元，占比 75.2%，保持稳定增长态势。园区企业积极拓展海外市场，2023 年拥有海外分支机构企业 355 家。园区企业的国际影响力和话语权不断提升，已经有 25 家企业参与人工智能、云计算等领域国际标准的制定，有 25 家企业先后加入 ITU、云原生计算基金云（CNCF）、国际原子能机构（IAEA）等国际组织，把中国标准推向全球。

（五）新型数字基础设施加快部署

以数字化、智能化为目标，中关村软件园加大力气完善数字基础设施，建成完备的数据中心、融合通信中心及云服务平台、信息安全平台、IPv4-IPv6交换平台、协同开发平台等应用平台，为入园企业提供共性技术支撑，建立大数据分析应用和服务管理平台，为入园企业提供更精准优质服务。

二、天津经济技术开发区

天津经济技术开发区依托北京、天津，辐射西北、华北、东北，投资环境一流，连续多年在全国国家级开发区、工业园区投资环境评价中列首位。发挥扎实的先进制造业基础、浓厚的外资发展底蕴及港口经济优势，天津经济技术开发区按下数字服务出口"快进键"，加快数字产业化、产业数字化，有序推进实现建设"国际数字服务港"总体目标。

（一）数字经济竞争优势日益显著

作为天津市数字经济发展最活跃的区域，天津经济技术开发区在探索数字产业化和产业数字化方面走在前列。据报道，2022年其数字经济核心产业增加值超过1200亿元，相关企业超过7000家。同时，区内产业数字化快速推进，工业互联网、智能制造等领域应用更加丰富，企业数字化升级的比例进一步提升。2022年，全区新增智慧工厂10家，完成智能生产线改造企业40家，搭建企业云平台15个。

（二）围绕重点领域汇集高端要素

天津经济技术开发区以智能网联汽车、数字医疗、数字石化、数字金融、算力服务、数字孪生等细分领域为核心加快布局数字产业生态。成功推出"以场景带动招商，以项目丰富场景"的发展模式，为数字经济创造更多的发展机会。2023年，发布人工智能、数字通信、机器人、元宇宙、数字金融、信息安全等数字经济典型案例和应用场景，吸引头部企业、技术引领型企业、隐形冠军型企业的普遍关注。此外，天津经济技术开发区不断在政策、技术、人才、平台、标准等方面发力，积极培育数字智能制造、数字海洋、数字平台、数字内容、数字空间等产业集群。

（三）数字治理和服务能力提升

天津经济技术开发区加强新一代信息计划在区域管理中的综合应用，通过政务服务移动端聚合、搭建智能实体大厅、整合政务数据、线上线下一体化等模式解决政府服务中的难点和堵点，提高政务服务效率，其政务服务数字能力系统成功入选中国信息协会主办的"2024数字政府创新成功与实践案例"。

（四）跨境数据治理取得初步成效

依托中心商务区纳入中国（天津）自由贸易试验区的优势，积极探索建设"跨境数据流通治理与运营平台"，确保数据流动安全可控。2024年初，《中国（天津）自由贸易试验区企业数据分类分级标准规范》正式印发，作为国内首个自贸试验区分类分级标准规范，为加强企业数据分类分级管理，促进数据跨境便捷流动提供了管理依据。

三、大连高新技术产业园区

为深入贯彻习近平总书记视察时提出的"又高又新"的发展要求，大连高新技术产业园区全力破瓶颈、干实事，始终围绕高水平、新技术推动发展，目前已经成为东北高新技术产业集聚的发展高地和自主创新的领先平台，依托在服务外包、软件和信息技术服务业的竞争优势，推进升级跨越，加快数字经济布局，不断壮大数字服务出口规模。

（一）数字产业基础雄厚

大连高新技术产业园区依托20多年积累的软件和信息技术服务业发展基础，积极推进数字化转型，在软件和信息技术服务出口领域形成独特的竞争优势。园区内大连华信、东软集团、文思海辉等软件外包企业都已经成功转型为数字服务提供商，面向市场提供数字化解决方案。此外，加快数字赋能、产业融合，不断丰富元宇宙、车联网、洁净能源、生命健康、文化旅游、智能制造、智慧海洋等领域数字技术创新应用，目前已经建成千亿级软件和信息服务业产业集群，2023 年软件和信息服务业收入增长10.9%。

（二）数字服务出口领域特色鲜明

数字产业蓬勃发展推动数字出口规模稳步提升，目前大连高新技术产业园持续拓展四大出口领域，包括以数字游戏、数字媒体、数字娱乐、数字学习、数字出版、数字文化等为代表的数字内容服务，以金融后台、金融科技、智能投顾等为代表的数字金融服务，以云计算、通信、搜索引擎、社交媒体等为代表的的信息技术服务，以人工智能、区块链、RPA 等技术创新应用为引领的智能后台服务，已经培育了一批具有国际影响力和竞争力的数字服务企业。2022 年，大连高新技术产业园可数字化服务出口额达38.36 亿美元，占服务出口总额的 82.33%。

（三）数字服务创新要素和创新功能日益完善

为了推进数字服务出口基地建设，园区设立数字服务出口基地专项资金，给予满足条件的公共服务平台或企业提供支持，不断培育聚焦创新要素，截至 2023 年底，建有省级以上重点创新平台 211 个，配套金融服务机构 141 家，连续举办中国海外学子（大连）创业周，出台"高新人才 10条"政策，探索出以全领域支撑、全领域保障、全周期服务为核心的人才服务模式，累计吸引国家级人才 140 人，科研人员年均增长超过 10%，已成为东北地区最具活力的人才集聚区之一。

四、上海浦东软件园

上海浦东软件园认真落实建设国家数字服务出口基地的原则和方向，以打造数字经济产业生态为抓手，补链、强链、延链，全方位推进基地创新发展，2023 年数字服务出口额约为 16.8 亿美元，以"多措并举，打造数字经济产业生态圈"为主题的案例入选"国家数字服务出口基地首批实践案例"。上海浦东软件园在 2023 年首批 12 个国家数字服务出口基地复审中获批"优秀"等次。

（一）数字产业生态的竞争力显著提升

围绕数字算力、数字算法、数字应用、数字服务等领域，上海浦东软件园积极布局以元宇宙为特色的数字经济前沿产业，截至 2023 年底上海浦东软件园聚集数字经济相关企业约 1700 家，其中世界 500 强企业 10 家，已经形成头部企业引领，活力企业集聚的良好发展势头。成功引入 SAP、高通、索尼、德州仪器、飞腾、江原芯科技、曦智科技、曲速科技、先楫半导体等头部企业。

（二）品牌全球影响力不断提升

园区高度重视品牌建设，积极完善品牌矩阵，2023 年组织召开全球开源技术峰会（GOTC），多位业界大咖同台分享交流前沿技术，正式发布上海市开源产业服务平台，为国内国际知名开源企业和项目开展交流洽谈搭建平台，帮助国内开源技术创新全球化布局。此外，园区成立"张江元宇宙创新发展联盟"，上线"浦软产业频道"等，链接资源，凝聚产业链上下游力量，共同提升园区品牌，品牌影响力和曝光度明显提升。

（三）多渠道全方位服务企业出海

2023 年，园区成功与西班牙工信部、西班牙加泰罗尼亚自治区政府、巴塞罗那市政府以及德国商、新加坡国立大学等高校和国际组织对接，为企业产品和技术进入国际市场搭建桥梁。此外，成功组织企业参加多场国内外知名展会，2023 年德州仪器、欧姆龙、SAP、亿通国际等多家企业亮相进博会；曦智科技参加全球闪存峰会，其全新光互连技术产品作为首个通过光互连实现 CXL 内存扩展的产品斩获大会最高荣誉；华大北斗亮相全球最大的嵌入式行业展会——德国纽约堡国际嵌入式展览会，其自主研发的系列芯片和模块产品得到广泛关注。

（四）聚集全球化高端创新要素资源

依托首批"上海创业首站合作基地""上海张江留学人员创业园浦软创业孵化基地"的基础，2023 年园区成功引进吉谛科技、光本位等 25 个海外项目，成立"普洛斯海纳开放创新中心""SAP 中国研究院开放创新中心"等高端创新平台；与新加坡新国立大学签订 NOC 项目合作协议，扩宽海外人才招募渠道；帮助光本位、链速信息、震巽等企业对接海外投资机构，获得海外资本支持。园区持续加速引入海外人才，孵化海外项目，导入海外资本，营造更加良好的海外创新创业氛围。

（五）夯实提升公共平台支持服务功能

当前，园区公共服务平台包含运营技术服务平台、数字贸易支撑平台、"汇智 e 站"公共服务平台、人才培养平台、创新创业服务平台、文化交流服务平台及其他平台共十余个，全面支撑园区企业发展。其中，数字贸易支撑平台主要依托亿通国际建立了数字贸易交易促进平台、上海国际贸易"单一窗口"公共服务平台，探索提升贸易便利化水平及政府监管效能，促进跨境贸易营商环境进一步优化。

五、中国（南京）软件谷

为落实习近平总书记关于"数字贸易改革创新发展"的指示精神，中国（南京）软件谷坚持高端化、国际化、品牌化发展方向，立足"6+2+X"的产业发展体系，积极培育数字经济新业态新模式，加快推动软件谷向数字谷迭代升级，2023 年，软件谷数字服务出口额为 15.8 亿美元，同比增幅 31.5%，实现高水平快速增长。

（一）高水平搭建数字产业生态

软件谷着眼于数字贸易发展特征及核心要素，搭建了政府端、需求端、供给端、生态端共同推进的四维模型和创新发展路径，实现数字产业生态的快速发展。截至 2023 年底，基地共集聚数字服务企业 245 家，独角兽、瞪羚企业 10 家，上市公司 10 家，其中软件谷企业浩鲸云计算科技股份有限公司已为全球近 150 家的主流电信运营商提供数字技术服务。在龙头企业的引领带动下，远程线上服务、云端交付、数字营销等新场景、新模式日益丰富，"中国数字标准"正走向世界。

（二）加快数字化迭代培育特色优势

软件谷涉软企业 4192 家，正加速数字化、智能化、绿色化发展，加快数字技术研发、数字服务转型，通过技术变革、流程优化和数据整合，搭建全云化架构，帮助全球客户数字化、智慧化转型。目前，软件谷北园、南园、西园已形成特色产业集聚，在软件谷北园建设数据安全、"互联网+"、智能汽车软件创新高地，培育华为、中兴、三星、荣耀、运满满等行业领军企业的国际竞争优势；在软件谷南园加快建设科创城、牛首山人工智能产业园、总部经济园等特色园区，大力发展工业软件、空天一体、机器人、智能装备等"数实融合"新业态；在软件谷西园，重点发展智慧城市、智慧交通、智慧家居等领域，着力打造以软硬结合为特色的都市工业集聚区。

（三）加快拓展国际市场

落实搭建数字化新环境、新平台、新人才三大主要任务，软件谷实施"出口破冰""出口云基地"和"借船出海"三大专项行动，积极搭建国际化合作平台。近些年，软件谷组织企业参加 30 余场线上交流活动，以及越南、缅甸、泰国等多轮数字贸易专场对接会，加快推进"数字丝绸之路"建设。同时，支持企业大胆探索优化远程交付，搭建全数字远程交付系统，更好地服务全球客户。

六、杭州高新技术产业开发区（滨江）物联网产业园

抢抓数字"新机遇"，深耕数字技术、数字服务、数字出口创新发展，杭州高新技术产业开发区（滨江）物联网产业园成功入选首批国家数字服务出口基地，并发挥"基地+自贸"双重政策优势，不断提升信息流、人才流、数据流、资金流国际化水平，加速产业链、供应链、人才链深度融合，打造全国数字服务出口高地，在 2023 年首批 12 个国家数字服务出口基地复审中获批"优秀"等次，综合得分列全国第一。

（一）壮大数字产业发展基础

园区以物联网产业为导向，数字经济与新制造业双向发力，重点围

绕云计算、网络安全、区块链、跨境金融服务、数字内容等业务，做强产业，聚集一批具有国际竞争力和行业领导力的数字服务领军企业。截至2023年底，园区拥有《财富》世界 500 强企业 2 家、世界 500 强投资企业 7 家、中国企业 500 强 2 家。培育出若干专业领域头部企业，如杭州海康威视数字技术股份有限公司、浙江大华技术股份有限公司、浙江宇视科技有限公司等，已经在全球数字视频监控领域位居前列。据杭州商务局提供数据显示，2022 年杭州高新技术产业开发区物联网产业园可数字化服务进口 53.93 亿美元。

（二）统筹"引进来"和"走出去"两篇大文章

园区搭建对接渠道，发起成立基地产业联盟，与西班牙巴塞罗那"明日之城"和泰国"数字智慧谷"开展合作，为企业拓展海外市场提供便利。试点企业外联 App，成立数据安全实验室，建成两个大数据交易中心，积极推进跨境数据有序流动。开展国家贸易外汇收支便利化试点，培育连连数字、乒乓智能等跨境收支企业，推进跨境收支更加便利。重点引进和培育 42 个国际化人才项目，推进海外高端人才集聚。

七、合肥高新技术产业开发区

围绕"参与全球竞争，创新引领未来"的战略使命，合肥高新技术产业开发区聚焦信息、能源、环境、健康等领域，打造具有国际影响力的产业创新中心，坚持"科学—技术—创新—产业"的内生发展路径，合肥高新技术产业开发区数字服务产业集群特色鲜明、公共服务体系健全、产业环境日益成熟。

（一）推动数字产业加快升级

依托"中国声谷""中国安全谷"等特色园区建设，开发区积极建设数字服务产业总部，目前已引进科大讯飞、新华三、联发科技等龙头企业区域总部、研发总部。开发区着力探索制造业与数字服务业融合发展，支持人工智能、量子技术等数字技术在汽车、家电、生物医药、光伏新能源、文化创意等行业探索应用，腾讯、网易、安徽广电等区内企业大力拓展数字文化服务，加快数字文化出口。

（二）持续增强数字产业科创能力

开发区科创实力雄厚，拥有量子信息与量子科技创新研究院、类脑智能国家工程实验室等国家级研发平台，国家级众创空间12家，国家级孵化器9家，人工智能研究院、合肥先进计算中心、信息材料与智能感知实验室、国家健康医疗大数据中心、天地一体化合肥网络中心等一批数字经济科研机构蓬勃发展，区内数字技术研发实力不断提高。

（三）全方位搭建综合服务平台

在中安创谷科创小镇建设科技创新服务国际港，打造线上线下相结合、成果转化与企业服务一体化，服务国内国际双市场的综合性科技服务平台。同时，在"合创汇"服务体系中扩充数字服务平台机构，建立数字服务贸易政策研究中心、信息中心、人才培训中心，提供信息咨询、展示推介、人才培训、政策试验等多项服务。建有区域性金融中心，为入驻企业提供天使投资、上市融资等全周期投融资服务。此外，发挥科技部创新人才培养示范基地平台载体资源，加快数字人才集聚，引进一批国家级、省级专家、领军人才。

（四）丰富对外开放平台，加快战略合作出海

引导各类数字服务企业"借船出海""抱团出海"，积极拓展海外业务，搭建中德国际创新园、侨梦苑、国际人才城、海外联谊会等对外开放平台，借助匈牙利欧侨产业园等平台，引导从单一企业"走出去"向产业链"走出去"转变。近些年，区内数字服务龙头企业海外布局步伐加快，通过自建海外运营机构、研发中心，加快国际数字服务合作。

八、厦门软件园

坚持高起点、高标准建设理念，厦门软件园积极落实海峡西岸经济区重要中心城市建设战略部署，以软件立园、数字兴业，不断推进岛内外一

体化纵深发展，加速数字 + 布局，目前已建成厦门市软件和信息服务业发展的核心载体，厦门市数字贸易发展的示范引领区。

（一）持续推进数字产业要素集聚

厦门软件园重点发展智慧城市与行业应用、大数据人工智能、数字文化创意、移动互联、电子商务等五大领域，累计注册企业 2 万家左右。其中，截至 2023 年底，从事数字服务出口业务的企业 157 家，实现数字服务出口收入 10.45 亿美元。这些企业多提供软件研发及信息技术运维服务、数字文化创意服务及跨境电商服务，部分企业已经成为细分领域的"单打冠军"，如四三九九、梦加网络、点触科技等企业多次入选全国游戏出口 30 强；美亚柏科多次进入中国网络安全 100 强榜单"领军力量"，参与多项国家安全标准制定；美图公司是影像处理领域的领军者，产品装机量累计超过 21 亿次；亿联网络的视频网络话机市场占有率全国第一。截至 2023 年底，厦门软件园已有境内外上市企业 12 家，新三板挂牌企业累计超 50 家。此外，厦门软件园加快布局未来产业，如在元宇宙领域，建设元宇宙产业孵化器，成立厦门市元宇宙产业联盟，推动建设"元宇宙 +"试点应用场景；在人工智能领域，建设福建省人工智能产业园，组建产业协作联盟；在信创领域，引进神州数码、中标麒麟、鲲鹏超算中心等一批领军项目，打造服务器、操作系统、数据库、外部设备等完整信创产品体系。

（二）以国际化合作推动企业拓展海外市场

着力深化与金砖国家的合作交流，落实习近平总书记关于金砖创新基地指示工作，推进金砖协作创新项目落地，目前已落地金砖创新基地标准与知识产权服务中心、中国信息通信研究院（东南）创新发展研究中心、金砖国家制造业创新成果产业化服务中心等部属机构，建设金砖国家新时代科创孵化园，推动万基生物成立巴西实验室，科华数据在俄罗斯和印度建设光伏电站项目、梦加网络游戏在俄罗斯拓展市场等，打造企业金砖合作示范项目。探索金砖科技园区交流合作，签订合作备忘录，深化与巴西马州科技园、俄罗斯斯尔科沃等交流，建立常态化联络机制。根据厦门软件园管委会的调研统计，目前园区企业主要出口北美和西欧市场，其次是东亚和东南亚。

（三）持续推动基地服务能力创新提升

厦门软件园打造信用大数据平台、百度飞桨人工智能赋能中心，云知声人工智能超算中心、厦门火炬元宇宙（XR）公共技术服务平台等底层公共技术服务平台，为基地企业提供基础技术支撑。积极探索人才引培渠道，除了固定的专场招聘会及实习生对接会外，举办海外创业大赛，建设海外创业人才服务驿站，建设厦门软件园产教融合基地，搭建"海外人才之家"，引进人才的同时，为人才在厦门的生活工作提供各种便利。拓宽融资渠道，通过"PPP项目+Reits+财政预算+专项债+银行贷款+债券"等多种方式给予优质企业、项目资金支持，推进基地配套项目建设。

九、齐鲁软件园

作为我国首批国家级软件产业基地，齐鲁软件园大胆求变，紧紧把握新一代信息技术变革契机，加速传统服务外包、信息软件产业向数字贸易、数字服务转型，加快提升基础设施、建设创新服务平台、优化营商环境，逐步打造成为综合型、专业型、特色化的数字服务园区。

（一）依托传统优势加快建设数字产业生态

齐鲁软件园已聚集7万家企业，建有300多座特色产业楼宇，形成大数据、集成电路、人工智能、信息技术应用创新、量子信息等主导产业，数字产业规模庞大，聚集软件和大数据开发应用企业超3000家，建成从数据生产、采集、储存到加工、分析、应用服务的全链条产业集群，产业规模达千亿级。2022年，数字产业产值达1560亿元。软件园形成上下游产业共同发力的格局，NEC软件、浪潮、富士康等龙头企业引领、骨干企业支撑、中小企业遍地开花，面对日韩、美欧等市场开展数字服务合作，2022年，齐鲁软件园可数字化交付服务贸易进出口额达16.04亿美元。

（二）健全"12+1"公共服务体系

软件园高度重视资源整合，打造了企业孵化、研发检测、中介服务、技术交流、人才互动等"12+1"公共服务平台，同时建有研究中心、实验室、创业苗圃、孵化器、加速器等复合式载体，为企业从创业到规模化发展提供全生命周期服务，持续化为数字产业生态赋能。

（三）加强数字服务出口监管引导

为更加科学引导数字服务发展，软件园开发建设"数字服务出口数据统计监测平台"，打造集数据采集、共享、处理和可视化展示于一体的大数据统计平台，包括5个模块、22项子功能，设有企业信息库、数字服务出口数据库、行业政策库，为政府决策提供全面的数据支撑。该平台成功入选全国服务贸易创新发展试点案例和数字服务出口基地首批创新案例。

十、广州天河中央商务区

广州天河中央商务区是获批国家数字出口基地的唯一中央商务区。作为广州市服务贸易种类最全、发展程度最高、辐射效应最广的区域，天河中央商务区的数字产业发展具有领先优势，软件、云服务、游戏、动漫、音乐、广告营销等数字贸易领域特色鲜明，创新的业务形态、管理模式不断涌现，数字贸易创新引领示范作用凸显。

（一）打造丰富的数字产业生态

"业态全、规模大、应用领先"是天河中央商务区数字生态的生动写照。该区域拥有数字服务类企业近2万家，其中高新技术企业超700家，数字服务领域上市企业8家，规模以上软件企业294家，数字服务出口企业近400家。荔支网络、洋葱时尚、玄武无线科技、广州中望龙腾软件股份有限公司、星际悦动、趣丸网络、朴诚乳业、数说故事、小迈网络、网思科技、三七互娱、趣丸网络、汇量科技、酷狗音乐等领军企业陆续上榜，成为软件与信息服务、数字营销、数字音乐、数字游戏、数字动漫等细分领域的佼佼者。2023年，数字贸易已经成为区内服务贸易出口的重中之重。

（二）持续做强产业生态优势

广州天河中央商务区是广州市功能的主要承载区，依托其城市化发展水平高、综合配套齐全、集聚辐射能力强、国际影响力大的发展基础，加快探索提升数字贸易创新能力和金融服务能级。目前已拥有总部企业120家，挂牌金融机构216家，国家级孵化器6家，港澳服务业企业2000多家，为数字产业及数字贸易企业发展提供高水平配套服务。此外，广州天河中央商务区不断完善政策引导，落实天河区加快发展数字经济若干措施，软件产业发展五年规划等政策文件，加大软件人才扶持力度，积极孵化公共平台，引进领军企业，做强产业生态。

十一、海南生态软件园

海南生态软件园是海南自贸港重点园区之一，担负着数字产业先行先试的重任，是推动海南自贸港建设的样板区和试验区。海南生态软件园正着力数字文创、数字健康、数字金融等业态发展，积极把海南省第一个国家级科技企业孵化器、第一个国家数字服务出口基地及首个国家区块链试验区的金子招牌擦亮。

（一）知名企业云集

海南生态软件园吸引了腾讯、百度、华为等在内的10000余家企业入驻，覆盖了90%以上的中国互联网百强企业。园区企业围绕国家区块链试验区的发展定位，推动以区块链为代表的新一代信息技术赋能数字文创、数字健康、数字金融等产业发展，成为海南省第一个收入超1000亿元的数字经济园区。

（二）围绕核心定位精准发力

为实现数字贸易策源地、数字金融创新地、中高端人才聚集地的发展定位，海南生态软件园积极引进与产业相匹配的市场主体和中高端人才，引进一批区块链技术研发及应用场景相关的创新平台和国内外科技人才。

（三）以优质的"微城市"功能配套留住人才

致力于打造"在公园里工作，在生活中创新"的办公环境，海南生态软件园积极完善集工作、居住、商务、休闲、教育等于一体的功能配套，建有 iSchool 微城未来学校、微城剧场、图书馆、体育馆、医疗等配套设施，培养"自信、自律、自由"的下一代，致力于进驻人才的个人事业、子女教育、父母养老三代人的需求满足，让进驻人才扎根园区、贡献园区。

十二、成都天府软件园

作为西部唯一的国家数字服务出口基地，成都天府软件园贯彻专业化、平台化、国际化的发展思路，逐渐形成了"主体成群、要素成网、产业成链、环境成体"的发展态势，区内数字贸易企业业务覆盖全球 28 个国家及地区。2022 年，可数字化服务进出口额为 36.03 亿美元，可数字化服务出口额为 31.11 亿美元，占服务出口总额的 86.34%。成都天府软件园在 2023 年首批 12 个国家数字服务出口基地复审中获批"优秀"等次。

（一）持续优化营商环境

成都天府软件园积极培育数字贸易营商环境，不断加强顶层设计，落实四川省、成都市、成都高新区各级数字服务出口基地发展方案、行动计划，重点聚集信息技术服务、离岸服务外包、数字内容服务 3 大领域，出台产业支持政策，对接中央外经贸发展专项资金，全方位支持企业数字服务出海。同时，建立健全基地数字贸易产业统计体系，为科学谋划数字服务高质量发展提供参考。

（二）打造多元融合的数字产业生态

坚持建圈强链，在 SAP、马士基、NCS、育碧、聚思力等国际领军企业的示范引领下，尼毕鲁、聚思力、中科创达、长江存储、图灵威视、芯聚威、交达智通、腾讯 CF 电竞联盟等一批优质数字服务企业先后聚集，逐渐成为国内软件和信息服务业发展高地，荣获中国软件行业协会"年度最具活力软件园"称号。

（三）搭建高水平公共服务平台

立足中国企业出海的症结，成都天府软件园联合华为云合作"凌云出海"服务项目，重点服务企业安全合规、全球业务运营、持续技术创新、平台部署等问题，帮助企业灵活调配资源，快速扎根新市场。"凌云出海"工作模式成功入选"国家数字服务出口基地首批创新实践案例"。有数据显示，园区累计组织华为专家出海分享活动超过130场，参与人数超过75万人次，提供上门技术赋能培训3800多次。

（四）提供完善的服务保障

围绕人才引进、市场拓展等方面搭建服务平台。组织企业参加全球数字贸易博览会、国际服务贸易交易会及国外专业高端展会，向全球推广基地数字服务平台，帮助企业对接国际客户。积极举办数字服务出口论坛、ChatGPT & LLM产业峰会等行业交流活动，支持企业对接全球先进技术。常态化组织线上线下招聘活动，在深圳、杭州等人工智能、数字经济中高端人才集聚城市召开人才招聘会，赴知名高校开展校园招聘。此外，持续在知识产权服务发力，与成都高新区知识产权联盟、成都市涉外商事与法律服务中心等建立长期合作，共同为企业出海提供服务。

第十九章　北京数字贸易发展现状与经验

紧抓国家服务业扩大开放综合示范区和中国（北京）自由贸易试验区建设机遇，北京市以中关村国家数字出口基地建设为抓手，加快完善数字基础设施，持续在数字贸易政策、数字贸易制度等方面创新实践，推动数字贸易发展走在全国前列。

一、发展现状

（一）数字经济发展活力彰显

北京市加快推进全球数字经济标杆城市建设，围绕城市数字智能转型示范高地、国际数据要素配置枢纽高地、新兴数字产业孵化引领高地、全球数字技术创新策源高地、数字治理中国方案服务高地、数字经济对外合作开放高地六大定位综合施策，智慧城市、全产业链、基础设施、数字人产业、软件和信心化服务业等重点产业领域稳步推进，数字经济已经成为经济高质量发展的新动能。北京市统计局数据显示，2023年北京市实现数字经济增加值18766.7亿元，同比增长8.5%（见图19-1），占地区生产总值的42.9%，比上年提高1.3个百分点，其中数字经济核心产业增加值11061.5亿元，同比增长10.8%。"十三五"以来，北京市数字经济增加值占GDP比重增加近5个百分点。在中国信息通信研究院中国数字经济TOP500企业榜单中，北京上榜企业已经达143家。

北京市数字经济发展主要集中在海淀区、经开区、朝阳区。海淀区以引领性数字技术攻关及高端特色数字产业发展为抓手，大力发展人工智能、集成电路、基础软件与网络安全、未来产业等领域，数字经济规模占全市半壁江山。北京统计局数据显示，2023年1—11月，海淀区规模以上数字经济核心产业收入23581亿元，占全市比重达52.2%。经开区重点推进网联云控式高级别自动驾驶示范区建设，部署自动驾驶、无人零售、无人配送等 8 大应用场景。2023 年，区内通明湖信创园入驻信息技术头部企业近 270 家，1—11 月规模以上数字经济核心收入达 4946 亿元。朝阳区落地北京国际大数据交易所这一重要载体，加快推动形成产业互联网、人工智能、数字安全为主导，互联网 3.0、数字医疗、光子集成电路等未来产业为特色的产业集群。2023 年，朝阳区已成功吸引 120 余家重点企业落实，1—11 月规模以上数字经济核心收入达 4568 亿元。此外，东城区、西城区、丰台区、石景山区、昌平区、平谷区也积极培育数字经济特色领域，数字经济核心产业收入均超过千亿元，北京市数字经济产业呈现遍地开花态势。

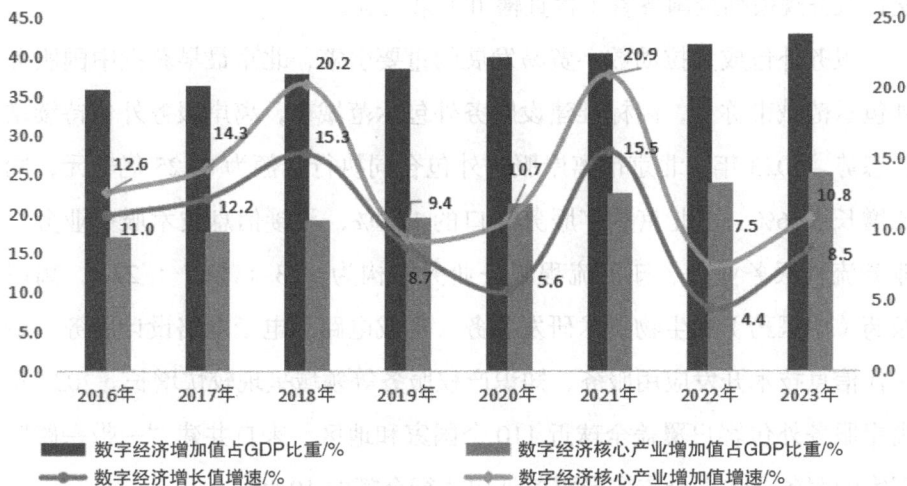

图 19-1   2016—2023 年北京数字经济及核心产业增加值情况

资料来源：https://tjj.beijing.gov.cn/tjsj_31433/sjjd_31444/202401/t20240123_3542804.html。

（二）数字贸易发展走在前列

伴随着国际交往中心功能的深化，北京市对外开放不断呈现新的增长活力，贸易结构持续优化，服务贸易快速发展，达到万亿元规模，数字贸易在其中的主导地位日益显现。国务院发展研究中心对外经济研究部和中国信息通信研究院联合推出的《数字贸易发展与合作报告 2023》显示，以人民币计，2018—2022 年，北京市数字贸易进出口总额从 4053.2 亿元增长至 4887.3 亿元，占全市服务贸易进出口总额的比重从 38.1% 提升到 49.3%，其中 2022 年数字贸易出口额为 2740.1 亿元，占全市服务贸易出口比重的 63.4%，数字贸易进口额为 2147.1 亿元，占全市服务贸易进口比重的 38.4%。另据商务部统计数据显示，2023 年，北京市可数字化交付服务进出口规模达 694.7 亿美元，全国占比达 18%；出口额为 401.8 亿美元，全国占比 18.3%；进口额为 292.9 亿美元，全国占比 17.6%，可数字化交付服务呈现明显顺差，顺差金额为 108.9 亿美元。2023 年，北京市可数字化交付服务规模列全国各省（含直辖市）第三位。

服务外包成为拉动数字贸易发展的重要引擎，北京最早获批中国服务外包示范城市称号，高标准建设服务外包示范城市，离岸服务外包持续增长态势。2023 年，北京市离岸服务外包合同执行金额为 89.25 亿美元，同比增长 3.86%，占北京数字服务出口的 12.9%，承接信息技术服务业务、业务流程服务业务、知识流程服务业务结构为 58.3∶13.7∶27.9，离岸医药（中医药）和生物技术研发服务、集成电路和电子电路设计服务、新一代信息技术开发应用服务、知识产权服务等领域呈现较快增长。2023 年离岸服务外包客户覆盖全球近 110 个国家和地区，来自共建"一带一路"国家的服务合作占全市离岸服务外包执行金额的 10.4%。

二、发展经验

（一）多策叠加持续赋能建设数字贸易先导区

2020 年，经国务院批复《深化北京市新一轮服务业扩大开放综合试点建设国家服务业扩大开放综合示范区工作方案》正式印发，明确立足中关村软件园和北京大兴国际机场临空经济区特定区域，建设国际信息产业和数字贸易港，打造数字贸易发展引领区。之后，北京市连续发布多项政策，如《北京市关于打造数字贸易试验区的实施方案》《北京市全面深化服务贸易创新发展试点实施方案》《北京国际大数据交易所工作实施方案》《北京市促进数字经济创新发展行动纲要（2020—2022 年）》《北京市关于促进数字贸易高质量发展的若干措施》及任务清单等，扎实推进北京市数字贸易先导区建设（见表 19-1）。此外，北京先后获批成为中国服务外包示范城市，中国服务贸易创新发展试点，中国服务贸易创新示范区，全国跨境电子商务综合试验区，全国首批跨境电商 B2B 出口监管试点城市，跨境电商进口医药产品试点城市，拥有国家级数字服务出口基地 1 个，外贸转型升级基地 7 个，为数字贸易领域创新探索创造条件，多项先行先试先进做法推广至全国。

表 19-1　北京市关于促进数字贸易高质量发展的若干措施

六大任务	二十条措施
一、搭建数字贸易会展交易平台	打造数字贸易公共服务平台 建设数据流通专项服务平台 构建数字贸易会展交易平台
二、探索推动跨境数据流动	强化信息基础设施建设和安全保护 推动数据跨境流动制度创新 积极参与国际规则对接
三、夯实数字贸易产业基础	提升数字贸易核心产业竞争力 推升服务外包价值链地位 破解跨境电商发展瓶颈
四、提升数字贸易便利度	推动数字贸易进一步扩大开放 推动跨境贸易收支便利化 推动行政审批便利化 推动人员跨境来往便利化
五、加大数字贸易企业支持力度	加强专项资金支持 加大数字贸易金融支持 强化数字贸易人才支撑 完善数字贸易知识产权指导
六、完善数字贸易保障体系	建立数字贸易品牌企业名录库 建立数字贸易联席会议制度 建立数字贸易统计监测体系

资料来源：北京市商务局

（二）高标准筑牢数字基础设施基础

北京市全面启动智慧城市 2.0 建设，新型基础设施和前沿技术布局超前，已搭建起"网、图、云、码、感、库、算"与大数据平台"七通一平"

数字城市底座，"京通""京办""京智"三大服务入口。截至2023年11月末，北京市累计建设5G基站10.6万个，每万人拥有5G基站数48个，居全国第一，实现五环内全覆盖、五环外重点区域和典型场景精准覆盖。全球通用测速网站SPEEDTEST数据显示，北京在全球190个监测城市中移动宽带和固定宽带下载速率分别排第二位和第三位。此外，城市算法算力平台、高级别自动驾驶示范区等新基建项目持续下马，如经开区发布了全球首个开源开放的智能网联路侧操作系统、全球首个基于真实道路场景的时序车路协同数据集，截至2023年底，共部署22家测试车企739辆自动驾驶车辆，累计为大众提供常态化出行与生活服务超200万人次。

（三）加快数据跨境流动、数字知识产权保护等规则创新

数据跨境流动是数字经济的重要一环。北京市将促进数据高效便利安全跨境流动作为激活数据要素价值、赋能新质生产力发展的重要举措，统筹高质量发展和高水平安全，推动国家数据出境安全管理制度在北京率先落地并形成生动实践，数据管理、分类分级、数据交易等制度不断完善。一是建立全市专项协调机制，成立数据跨境政策创新和企业服务工作专班，联合专业机构、在京高校、知名律所等成立数据跨境安全评估专家委员会，开展省级预审核、预评估先行先试，推动若干首创实践在北京落地。比如，率先开展数据跨境流动安全管理试点，首个获批数据出境安全评估案例、首家通过订立标准合同实现个人信息合规出境企业案例。截至目前，北京市已经实现汽车、民航、医药、教育、人工智能及学术领域数据合规出境，通过国家数据出境安全评估企业47家，通过个人信息出境标准合同备案企业165家。二是推进以"自贸区先行先试+全市域便利化改革+动态评估优化机制"为模式的综合管理体系，在自贸区重点改革突破、先行先试基础上，形成"全市域便利化改革工作体系"。三是健全审核评估服务流程，以点带面，以典型企业、共性问题为突破口，形成行业示范，同时对特殊行业按照"一企一策"模式加快整体合规进程，建立"绿色通道"服务机制，提供常态化咨询服务，培训社会服务机构，已经实现近百种复杂数据

出境业务场景的一站式服务，提质增速成效显著。四是试点数据出境负面清单管理。编制完成了《中国（北京）自由贸易试验区数据出境负面清单管理办法（试行）》《中国（北京）自由贸易试验区数据出境管理清单（负面清单）（2024版）》，作为全国首个场景化、字段级数据出境负面清单，突出系统化体系化、简明实用、安全可控的原则，对负面清单的制定流程、职责分工、使用管理、安全监管等方面进行全方位设计。

北京市高度重视数据知识产权保护，目前已获国务院批准开展数据知识产权试点，试点内容覆盖规则制定、登记实践、保护案例、交易使用、数据资产入表等多个方面。近年来，北京市围绕数据知识产权保护开展一系列实践探索，出台了《北京数据知识产权登记管理办法》，将数据知识产权保护纳入《北京市"十四五"时期知识产权发展规划》，经过一段时期的筹备，北京市数据知识产权登记系统、北京市互联网法院"天平链"、北京国际大数据交易所"北数链"贯通启动，为数据要素流动打造了安全可信的环境，有望实现更低成本的权益保护。

（四）集聚高质量数字贸易要素资源

系统化数字人才梯队建设为北京市加快数字贸易发展输送动能。北京市围绕集成电路、生命科学、人工智能、机器人、智能网联汽车等领域扎实开展数字领域重点人才队伍建设。一是推进企业与科研机构、高校共建特色研究院，特色专业课程，打造产教融合基地。2024年，北京新增人工智能技术应用、工业互联网应用、区块链技术应用等数字技能相关专业22个，高职数字技能相关专业布点137个，中职数字技能相关专业布点109个，建有"华为信息与网络工程师学院"等一批特色高水平实训基地，"中关村科技园区产教联合体"等11个市域产教联合体和"全国通用人工智能行业产教融合共同体"等29个行业产教融合共同体。二是举办数字经济高端研讨班、集成电路产业发展专题培训班、首席数据官素养能力培训班，设立人工智能数据训练基地举办大模型训练营、数据编织训练营、数据资产入表训练营等，举办"创客北京2023"创新创业大赛、北京工业和信化技术技能竞赛等，多渠道加强高水平、创新型、复合型数字人才培育。

成立北京国际大数据交易所，成功聚集一批高水平数据贸易关联企业，数据服务商、中介服务商、数据法律事务机构等一批上下游企业汇集到平台，成为北京打造数据交易产业生态体系的关键。近些年，北京国际大数据交易所业务范围不断拓展，业务能力持续提升，数据资产登记、数据进场交易、系统保障、生态培育及场景落地、机制建设等各方面突破创新。截至2023年11月，数据交易主体超过500家，交易备案规模超过20亿元。未来，北京国际大数据交易所致力于建设数据资源、数据服务、数据资产、数据产品等多样化的数据流通服务体系，搭建内外并存、辐射全国的数据交易市场。

以中国国际服务贸易交易会（简称服贸会）为代表的国际合作交流平台持续为国内外客商促进交流、达成交易创造机会。中国国际服务贸易交易会由商务部和北京市人民政府共同主办，从2012年至今，已经成为服务贸易领域国际性、综合型的展会和交易平台，成为服务全球的国际公共产品，得到党中央的高度重视。习近平总书记连续多年在会上发表重要视频致辞或致贺信，宣布中国扩大开放的主张，提出支持北京"两区"建设的系列开放政策。服贸会已经成为北京及其他个省区政府展示发展成果、展示最新技术应用的重要舞台。随着产业数字化、贸易数字化的蓬勃发展，数字贸易日益成为服贸会热议的重点，以人工智能、大数据等数字技术为支撑的应用展示越来越多，数字化的新产品、新服务表现亮眼，数据贸易合作交流成效显著。此外，全球数字经济大会、世界机器人大会、5G大会、智能网联大会等专业论坛展会相继举办，聚集数字贸易领域的前沿话题、先进技术、前瞻趋势，国内外知名学者、企业相聚北京，助力北京加速汇集数字贸易高端要素资源。

第二十章　上海数字贸易发展情况

上海市高度重视数字贸易顶层设计，2019—2023 年间分别率先在全国出台数字贸易三年行动计划，在新修订的《上海市推进国际贸易中心建设条例》中将数字贸易与货物贸易和服务贸易并列，通关单章规定对发展数字贸易相关要求进行细化。多年来，依托外资企业集聚、数字经济场景多、数字规则需求丰富的优势，持续推进数字经济高质量发展。2019—2023 年，上海市数字贸易规模稳步增长，年复合增速达 12%，高于全国平均水平 4 个百分点，数字贸易进出口额超过传统服务贸易，占全市服务贸易进出口比重从 2019 年的 38.9% 上升至 2023 年的 49.9%。

一、发展现状

（一）高端化趋势日益显著

从数字贸易各领域的分布上看，上海数字贸易结构不断优化，高质量发展的态势日益显著。按照商务部统计口径，根据上海市外汇管理局数据，2021 年，上海数字贸易总额中占比最高的是其他商业服务，约占数字贸易进出口总额的 57.5%（见图 20-1），其次是电信、计算机和信息服务及知识产权使用费，分别占数字贸易进出口总额的 20.1% 和 18.0%。其中，其他商业服务是数字服务出口额最大的领域，约占上海数字服务出口总额的

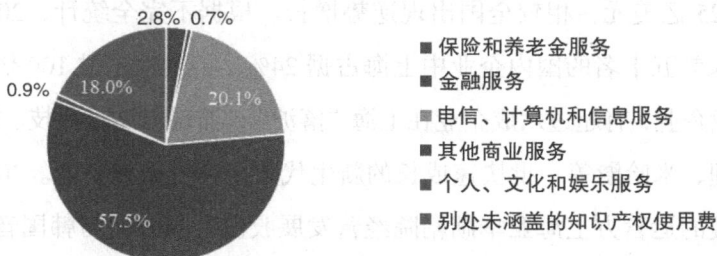

图 20-1　2021 年上海数字贸易各业务领域构成
资料来源：上海市外汇管理局。

70.2%；数字服务进口额最大的领域是知识产权使用费，约占上海数字服务进口总额的41.8%。从增长速度上看，金融服务成为2021年上海数字贸易中进出口总额和出口额增长最快的领域，同比分别增长63.2%和86.4%；进口额增长最快的是知识产权使用费，同比增长约45.0%，体现了上海在商业服务方面的优势，以及国际金融中心、科创中心的建设发展目标和产业经济特色。

（二）数字产业基础不断牢固

数字产业是数字贸易发展的基础。根据《2023年上海市国民经济和社会发展统计公报》，2023年，上海市信息传输、软件和信息技术服务业增加值同比增长11.3%，增速高出第三产业增加值5.3个百分点。全年信息传输、软件和信息技术服务业营业收入同比增长16.2%。同时，数字经济核心产业增加值占全市生产总值比重提高到18%，数据核心企业突破1200家，核心产业规模达到3378亿元，有21家企业入围"中国互联网百强"，数量居全国第二位，数字贸易100家头部企业的数字贸易进出口额达到97.2亿美元。随着新一代数字基础设施建设的加速推动，上海作为信息消费高地的效力逐步显现。

（三）数字内容服务成绩突出

数字内容是上海数字贸易的支柱领域之一，网络文学、网络游戏、网络视听占全国份额分别为90%、30%和25%。2023年，上海网络游戏销售收入达1445.28亿元，同比增长12.89%，在全国占比超过1/3，海外销售收入达36.25亿美元，相较全国出现逆势增长。根据不完全统计，2023年，游戏收入前五十名的国内企业中上海占据24%，年营收超过100亿美元的头部游戏企业，有超过六成企业在上海"落沪"，涌现出沐瞳科技、拼多多、哔哩哔哩、米哈游等一批快速成长的新生代数字内容服务企业。2023年，亚洲大厦的运营方上海亚华湖剧院经营发展股份有限公司与韩国音乐剧制作公司Never Ending Play签订协议，将公司原创音乐剧《翻国王棋》的版权出售给韩方，实现国内首次原创音乐剧的海外版权输出，实现上海从"演艺码头"向"演艺源头"的重要转型。截至目前，上海已在智能制造、健康医疗、智慧教育等十大领域累计推进 700 余项 5G 应用项目，并初步锁定了数要素、数创意、云智算、智慧网、新场景、新循环、元安全和元宇宙八个新赛道，作为打造世界级数字产业集群的突破口。

（四）数字贸易新动能不断集聚

上海结合自身城市功能定位，以贸易环境优化和产业能级提升为中点，持续提升数字贸易竞争力和增长动力。一是加快建设临港新片区国际数据经济产业园。以"高水平国际数据合作桥头堡、高标准数据跨境制度创新先行区、高质量国际数据产业集聚地和高能级数据流通基础设施新枢纽"为定位，重点发展人工智能、工业互联网等国际数据赋能领域，打造智能算力中心集群。二是推动文化贸易"千帆出海"。按照年度遴选并发布上海市文化贸易十大品牌，举办"文化新贸易 消费新物种"文化贸易集市。三是办好中国（上海）国际技术进出口交易会。持续加快上交会市场化、专业化转型步伐，近三年每届意向成交项目数均超 500 个，全年服务企业约 300 家，技术贸易供需服务生态日益完善。

二、发展经验

（一）推进数字经济领域立法工作

上海市按照中央部署，主动对标国际高标准经贸规则，深化国际数字经济合作，推进数字经济立法工作。一是将相关内容纳入临港新片区首部综合性地方性法规。《中国（上海）自由贸易试验区临港新片区条例》，明确支持在临港新片区建立数字贸易公共服务平台，探索推进数字贸易规则制度建设，培育国际化数字贸易品牌。临港新片区发布《中国（上海）自由贸易试验区临港新片区数据跨境流动分类分级管理办法（试行）》，编制形成分类分级管理办法和一般数据清单。二是贯彻落实《数据出境安全评估办法》。制定《上海市网信办数据出境安全评估申报工作流程（第一版）》《上海市网信办数据出境安全评估申报材料完备性查验工作方案（第一版）》，探索形成《数据出境安全评估完备性查验要点》，深入开展政策宣贯。三是推进数据仲裁创新发展。上海仲裁委员会、上海国际经济贸易仲裁委员会设立数据仲裁中心，为推动数据要素流动、促进数字经济发展提供法律保障。

（二）更加积极主动参与国际合作

搭建国际间数字经济合作平台，发展数字贸易新业态，促进数据要素安全便利流通，深化密切与贸易伙伴合作，推动实现互利共赢。一是临港新片区加快与新加坡、智利、新西兰等 DEPA 成员国的促进机构和企业开展合作，加快建设上海市技术标准创新基地（跨境数据流通），组织开展相关标准研究拟定工作，参与数字经济国际标准制定。二是深化电子商务国际合作，对标电子商务高标准国际经贸规则，将扩大电子商务领域开放、营造先行先试环境、推进国际交流合作作为重点任务，全力创建"丝路电商"合作先行区。三是建设数字贸易国际枢纽港临港示范区，发挥临港新片区特殊经济功能区和特殊综合保税区"双特"效应，加快建设滴水湖人工智能创新港、信息飞鱼、临港软件园等数字贸易特色园区，建设具有国际影响力的高水平国际数据港。四是启动建设上海数据交易所国际版，探索数据跨境双向流动新机制，实现全球数据互联互通。联合国际数据空间协会、新加坡数据交易所等国内外 15 家机构，发布《国际数据流通合作伙伴上海倡议》。五是提升国家数字服务出口基地能级。加强浦东软件园国家数字服务出口基地与德国中小企业联合会、新加坡企业中心等境外组织的交流合作，对接国际创新孵化平台，加速国际孵化项目落地。

第二十一章　广东数字贸易发展现状与经验

　　紧紧抓住粤港澳大湾区建设历史机遇，广东省立足外向型经济体传统优势，以外贸、外资、外包、外经、外智"五外联动"组合拳全方位、深层次扩大开放，数字产业基础进一步扎实，数据要素市场更加活跃，跨境数字贸易合作持续升温，数字经济与数字贸易均处于领跑地位。

一、发展现状

（一）数字经济规模连续多年居全国首位

　　广东省数字经济发展迅速，2023 年数字经济规模达到 6.9 万亿元，连续 8 年位列全国第一，数字经济占地区 GDP 的比重已近 50%，成为广东省经济高质量发展的重要引擎。广东省持续在数字核心技术、产业集群建设、数字基础设施建设、人才培养和金融支持等领域全面发力，推动数字经济产业基础高端化、产业链现代化发展，在工业和信息化部第五研究所发布的《中国数字经济发展指数报告（2024）》中，广东省数字经济发展位列第一梯队。

　　广东省大力推动数字产业化、产业数字化，培养出一批代表性龙头企业，在中国信息通信研究院中国数字经济 TOP 500 企业榜单中，广东省上榜企业达 91 家，位列全国第二。2024 年，广东省信息协会、广东省产业发展促进会、广东数字政府研究院、广东省数字产业联合会、暨南大学产业经济研究院联合研究发布了广东省数字经济百强企业名单，其中数字制造百强企业多集中在计算机、通信和其他电子设备制造业行业，数字服务百强企业多从事软件和信息技术服务业。根据榜单，华为投资控股有限公司、富士康工业互联网股份有限公司、中国电子信息产业集团、立讯精密工业股份有限公司、TCL 科技集团股份有限公司、比亚迪电子（国际）有限公司、中兴通讯股份有限公司、荣耀终端有限公司、创维集团有限公司和深圳传音控股股份有限公司等制造业企业数字营收位列前茅；深圳市腾讯计算机系统有限公司、神州数码集团股份有限公司、中国移动通信集团广东有限公司、广州网易计算机系统有限公司、中国电信股份有限公司广东分公司、中国联合网络通信有限公司广东省分公司、深圳中电港技术股份有限公司、三七互娱网络科技集团股份有限公司、广州华多网络科技有限公司、深圳市东信时代信息技术有限公司等企业在数字服务领域表现优异。

（二）数字贸易增长迅猛，位于全国第一梯队

广东省拥 1 个国家数字服务出口基地，2 个文化服务出口基地，2 个国家中医药服务出口基地，2 个国家知识产权服务出口基地，1 个语言服务出口基地，3 个中国服务外包示范城市，2 个全面深化服务贸易创新发展试点，这些先行先试、引领示范平台为数字贸易迅速发展提供了有力支撑。2017—2022 年，广东省可数字化交付服务进出口额从 438 亿美元增长至 821 亿美元，2023 年广东省可数字化交付服务进出口额达 893.4 亿美元，占全国的 23.2%，列全国第二位。其中，可数字化交付服务出口额为 464.1 亿美元，占全国的 21.2%，进口额为 429.2 亿美元，占全国的 25.7%。近些年，广东省可数字化交付服务进出口额年均增长超过 12%，高于服务贸易、货物贸易年均增速，成为拉动贸易三驾马车的重要引擎。

广东省数字贸易覆盖多个领域，除了电信、通信和计算机服务外，以网络游戏、数字娱乐、远程教育、数字医疗等代表的数字内容产业已形成规模。2022 年，广东数字创意产业集群营业收入 5728 亿元，相关发明专利累计有效量 6521 件，居全国首位，数字出版、动漫游戏产值均居全国第一。此外，广东省支持广州、深圳建设跨境电商国际枢纽城市，跨境电商综合试验区已实现全省全覆盖，2015—2023 年广东省跨境电商进出口总额由 113 亿元跃升至 8433 亿美元，年均增长 71.4%，全国占比超过 30%，规模居全国第一位。

广东省数字贸易已经聚集大规模行业领军企业、影子冠军、潜力企业、上市企业。根据广东省商务厅发布的2022年广东省数字贸易龙头企业名单，一百家龙头企业主要从事软件信息技术、金融服务、文化娱乐、贸易数字化平台及研发设计，这些企业不断加强技术创新、业态创新、模式创新，数字贸易国际竞争力持续提升（见表21-1）。

表21-1 2022年广东省数字贸易龙头企业名单

信息技术类（31家）	
1. 华为技术有限公司	17. 深圳智汇创想科技有限责任公司
2. 中兴通讯股份有限公司	18. 深圳市江波龙电子股份有限公司
3. 广州四三九九信息科技有限公司	19. 广州玛氏信息技术服务有限公司
4. 联发软件设计（深圳）有限公司	20. 深圳四方精创资讯股份有限公司
5. 哈曼科技（深圳）有限公司	21. 深圳前海帕拓逊网络技术有限公司
6. 富途网络科技（深圳）有限公司	22. 艾锐势科技（深圳）有限公司
7. 深圳市赛维网络科技有限公司	23. 深圳海翼智新科技有限公司
8. 高通通信技术（深圳）有限公司	24. 爱立信移动数据应用技术研究开发（广州）有限公司
9. 广州三星通信技术研究有限公司	25. 深圳兰宇网络科技有限公司
10. 英伟达半导体（深圳）有限公司	26. 深圳市橙源科技有限公司
11. 国际商业机器科技（深圳）有限公司	27. 珠海迈科智能科技股份有限公司
12. 维沃移动通信有限公司	28. 深圳云路信息科技有限责任公司
13. 深圳万兴软件有限公司	29. 亿磐系统（深圳）有限公司
14. 晨星资讯（深圳）有限公司	30. 深圳市宝视佳科技有限公司
15. 广州简悦信息科技有限公司	31. 珠海横琴路坦信息服务有限公司
16. 爱客科技（深圳）有限公司	
研发设计类（30家）	
1. 东莞华贝电子科技有限公司	5. 乐金显示（广州）有限公司
2. 广东美的厨房电器制造有限公司	6. 佛山群志光电有限公司
3. 佛山市金银翠工艺有限公司	7. 广东美的暖通设备有限公司
4. 本田技研科技（中国）有限公司	8. 佛山市顺德区美的电热电器制造有限公司

续表

研发设计类（30家）	
9. 广东美的制冷设备有限公司	20. 佛山市三水三联塑胶原料制品有限公司
10. 广州希音国际进出口有限公司	21. 茂佳科技（广东）有限公司
11. 广东新宝电器股份有限公司	22. 广州贵冠科技有限公司
12. 国光电器股份有限公司	23. 东莞兴雄鞋业有限公司
13. 佛山市美的开利制冷设备有限公司	24. 深圳市达实智控科技股份有限公司
14. 东莞厚街科劲机电设备有限公司	25. 东莞和勤电子有限公司
15. 新谱（广州）电子有限公司	26. 深圳尚科宁家科技有限公司
16. 广东华兴玻璃股份有限公司	27. 深圳市麦思美科技有限公司
17. 广州美的华凌冰箱有限公司	28. 万力轮胎股份有限公司
18. 广州华凌制冷设备有限公司	29. 广州汗马电子科技有限公司
19. 佛山市顺德区美的洗涤电器制造有限公司	30. 广东图特家居科技股份有限公司
金融服务类（9家）	
1. 汇丰软件开发（广东）有限公司	6. 友邦资讯科技（广州）有限公司
2. 汇丰环球客户服务（广东）有限公司	7. 广州城电客户服务有限公司
3. 广州广电运通金融电子股份有限公司	8. 广东凯捷商业数据处理服务有限公司
4. 广州银联网络支付有限公司	9. 东亚数据信息服务（广东）有限公司
5. 广州电盈综合客户服务技术发展有限公司	
文化娱乐类（10家）	
1. 腾讯科技（深圳）有限公司	6. 雅昌文化（集团）有限公司
2. 广州酷狗计算机科技有限公司	7. 广东星辉天拓互动娱乐有限公司
3. 深圳市中手游网络科技有限公司	8. 深圳雅文信息传播有限公司
4. 中华商务联合印刷（广东）有限公司	9. 广州博冠信息科技有限公司
5. 广州久邦世纪科技有限公司	10. 广州三七互娱科技有限公司

贸易数字化平台类（20家）	
1. 广东卓志跨境电商供应链服务有限公司	11. 广州哆啦科技有限公司
2. 深圳虾皮信息科技有限公司	12. 深圳千岸科技股份有限公司
3. 广州希音供应链管理有限公司	13. 深圳市亚飞电子商务有限公司
4. 广州棒谷科技股份有限公司	14. 迅击信息科技（深圳）有限公司
5. 深圳市通拓科技有限公司	15. 深圳前海浩方科技有限公司
6. 广州汇量信息科技有限公司	16. 广州细刻网络科技有限公司
7. 广东新安怀电子商务有限公司	17. 深圳市恒之易电子商务有限公司
8. 深圳市街角电子商务有限公司	18. 深圳远东哲仕科技有限公司
9. 深圳环金科技有限公司	19. 广州汇量营销科技有限公司
10. 深圳市艾姆诗数码科技有限公司	20. 深圳前海三态现代物流有限公司

资料来源：广东省商务厅。

二、发展经验

（一）高度重视顶层设计，明确数字贸易发展定位

广东省委、省政府始终把数字贸易作为推动高质量发展的重要引擎，致力于打造贸易强省的新名片。2021 年，广东省人民政府成立加快数字化发展工作领导小组，领导小组统筹全省数字资源，推动建设重大项目，协调重大问题，研究制定政策措施，督促落实工作任务，领导小组每年引发当年数字经济工作要点，始终把大力发展数字贸易作为工作要点，一以贯之实施数字贸易工程各项举措。举措一，出台促进数字贸易相关措施。相继出台《中国（广东）自由贸易试验区深圳前海蛇口片区关于促进数字贸易快速发展的若干意见》《广东省人民政府关于印发广东省建设国家数字经济创新发展试验区工作方案的通知》《中共广东省委 广东省人民政府印发〈关于推进贸易高质量发展的行动方案〉的通知》（粤发〔2021〕11 号）、《广东省推动服务贸易高质量发展行动计划（2021—2025 年）》《广东省人民政府关于加快数字化发展的意见》《广东省数字经济促进条例》，设

立省级促进经济高质量发展专项资金（促进数字贸易发展发展事项）支持数字贸易各类要素成长。举措二，建立重点企业联系制度，培育一批数字贸易重点企业，推动数字贸易企业做大做强。广东省商务厅牵头开展广东省数字贸易龙头企业认定工作，并推选广东省数字贸易优秀案例，支持发挥龙头企业示范引领作用。举措三，制定省级数字服务出口基地认定标准。目前已认定 8 个省级数字服务出口基地，数字服务出口基地承担起集聚数字要素，搭建数字产业生态，创新数字综合治理及探索数字规则试点等重任，已经成为广东省数字贸易发展的核心载体。举措四，支持国家数字服务出口基地建设，打造数字贸易载体和数字服务出口集聚区，创建国家数字贸易示范区。目前，天河中央商务区已经获评国家数字服务出口基地，并积极创建国家数字贸易示范区。举措五，推动移动支付工具在粤港澳大湾区互通使用。当前，粤港澳大湾区银联交通支付场景建设取得新进展，港铁已支持云闪付 App 乘车码刷码过闸服务。举措六，推动粤港澳大湾区建设全球贸易数字化领航区。广东省人民政府办公厅出台《关于印发"数字湾区"建设三年行动方案的通知》，持续加大力度加强粤港澳大湾区数字贸易共建。

（二）强化粤港澳区域协调，以港澳为重点探索突破跨境数字贸易规则

2022 年，广东省提出推动粤港澳大湾区建设全球贸易数字化领航区的设想，2023 年在国务院办公厅《关于外贸稳规模优结构的意见》中再次提及支持粤港澳大湾区全球贸易数字化领航区建设，推动贸易措施、贸易执行和贸易服务等贸易全链条数字化赋能。截至 2023 年底，全球贸易数字化领航区已建成运行 6 个市场采购贸易联网信息平台，建设高水平高效能国际贸易"单一窗口"，实现检验检疫、海关、边检、外汇、税务等多个监管部门数据共享，推动粤港澳大湾区金融互联互通，跨境理财通等业务试点进一步优化。此外，粤港澳大湾区持续畅通数据要素流动，积极争取粤港澳联合设立的高校、科研机构建立专用科研网络，在科学研究领域实现数据跨境互联。将加快传统服务贸易企业数字化转型作为重要着力点是粤港澳大湾区发展数字贸易的主要路径,支持成立一批以助力中小贸易企业数字化转型的服务企业或服务平台,比如珠海横琴数字贸易国际枢纽港提供一体化、数字化及面向全球化的综合交易服务,粤港澳国际供应有限公司搭建了数字贸易服务平台,帮助企业在不同数字场景下快速完成融资、结算、通关、销售等业务。

粤港澳大湾区落地了全国首个跨境数据试验性项目—广州南沙国际数据自贸港。数据自贸港由中航云电信股份公司筹建,通过连接全球海缆多位一体化网络,部署海缆登陆站、总控中心、核心传输节点及跨境通信数据中心、国际大数据产业园区、粤港澳大湾区电信产业研究院等项目,为跨境贸易、离岸金融、人工智能等业务领域提供跨境数据流通便利,吸引大型跨国企业区域总部及创新中心落户南沙。

（三）加快数字产业集群建设,集聚高端要素资源

除了8个国家级出口基地外,广东省积极推进8个省级数字服务出口基地、100家广东省数字贸易龙头企业及10个外贸数字化公共服务平台建设,通过产业政策引导和载体培育,加快推动数字贸易高质量发展（见表21-2）。

表21-2　广东省主要服务出口平台

	平台名称
国家级服务出口基地	广州市天河区（文化服务出口基地）
	广州市番禺区（文化服务出口基地）
	广东省中医院（中医药服务出口基地）
	粤澳中医科技产业园开发有限公司（中医药服务出口基地）
	广州经济技术开发区（知识产权服务出口基地）
	深圳市福田区（知识产权服务出口基地）
	广州市天河中央商务区（数字服务出口基地）
	新译信息科技（深圳）有限公司（语言服务出口基地）
省级数字服务出口基地	广州市天河中央商务区
	广州开发区

	平台名称
省级数字服务 出口基地	东莞松山湖高新技术产业开发区
	珠海南方软件园
	珠海清华科技园
	深圳智美国威 5G 数字产业园
	深圳讯美科技广场
	广州琶洲人工智能和数字经济试验区

资料来源：广东省商务厅。

（1）广州市天河中央商务区（天河 CBD），是国家级数字服务出口基地、广东省省级数字服务出口基地。天河 CBD 由天河北、珠江新城、广州国际金融城三大板块组成，是中国三大中央商务区之一，入选世界商务区联盟成员、粤港澳服务贸易自由化示范城市，是广州世界 500 强最为密集、总部经济最为集中的区域。自入选国家级数字服务出口基地以来，天河 CBD 高度重视，立足区域内跨国资源丰富、高端产业密集等优势，持续加强数字领域国际合作。出台《广州天河区推动经济高质量发展的若干政策意见》等一些列举措，聚焦总部企业、新一代信息技术企业、国家高新技术企业，加大引育力度，成功吸引德勤咨询、渣打大湾区中心等国际知名企业落地天河；加快数字科技创新应用落地，大力支持区内 144 家省级以上重点实验室、超 30 万名科技创新人才创新创业，引入国际创新创业大赛，推动一批数字科技应用落地，数字应用场景日益丰富，新业态新模式不断涌现；积极拓展国际市场，组织企业参加国际国内投资活动、展览展会活动，并成立跨境并购专业委员会，为企业拓展海外市场提供全链条服务；深化港澳交流合作，积极参与数据跨境流动和统计规则制定，打造数据开放制度型开放高地。

（2）广州开发区，地处珠江三角洲核心地带，实行广州经济技术开发区、广州高新技术产业开发区、广州保税区、广州出口加工区"四区合一"的新型管理模式。广州开发区以重点推进 5G 网络、人工智能、工业互联网、大数据中心等新基地四大区域建设项目为抓手启动区域数字经济发展。2023年,《广州开发区 广州市黄埔区关于加快推进贸易数字化发展若干措施》发布,全方位开启贸易数字化建设,以"真金白银"政策支持数字贸易企业高质量发展,如对开展数字化转型的企业、供应链产业园给予最高1000万元扶持,对新设立跨境电商企业给予最高300万元扶持。通过一系列政策刺激,广州开发区逐渐建成"平台＋园区"的服贸生态,如正在建设的位于广州海丝城核心地带的湾区绿色数字交易园、已经落户的广州大湾区贸易数字化赋能中心,正加速建成绿色数字服务生态集群,不断赋能传统产业数字化转型,帮助现有商贸企业数字转型,目前已培育出如广州化工交易中心、一链通、万物集等为代表的贸易数字化平台,以分众传媒、三星通信等为代表的信息技术服务企业。2023年,广州开发区、广州市黄埔区跨境电商进出口额达347.1亿元。

（3）东莞松山湖高新技术产业开发区,位于东莞几何中心,是东莞科学发展示范区、产业升级引领区,致力于建成珠三角乃至全中国产业转型的科技中心。松山湖开发区布局"三区一院",分别是北部区、中部区、南部区、台湾高科技园,已逐步形成以新一代信息技术产业、生物产业、新材料产业、机器人与智能装备产业及现代服务业为核心的多元化产业体系,软通动力、中软国际、易宝软件、华微软件等软件信息服务领军企业已经扎根松山湖。此外,松山湖开发区积极探索以"跨境电商＋产业带"模式,培育数字贸易新的增长点,目前在国家级电子商务示范企业尚睿科技、东莞市高新技术产品展销中心及省级跨境电商产业园区联合金融谷等三大支柱力量的带动下,松山湖开发区谋划打造东莞市数字贸易港,以数字贸易港为核心、华为（东莞）跨境电商综合服务创新中心、新华新媒国际电商与数字经济产业基地为"两翼",加快东莞数字贸易出海步伐。

（4）珠海南方软件园,位于珠海高新区核心位置,由原国家电子工业部和珠海市人民政府共同创办,现由中国电子（CEC）旗下的深圳桑达电子集团投资经营。依托中国电子自主计算产业链,南方软件园坚持产品建链、应用展链、生态强链、保障护链，构建涵盖芯、端、网、云、数、智系列产品链条，深耕在数据治理工程、智能制造、高新电子、现代数字城市、数字金融、信创工程等领域应用落地。南方软件园高度重视基础设施建设，搭建起涵盖产业大脑、数智招商、数智运营三大系统的运营赋能平台，园区运营、服务、监管均实现数字化、可视化。在亿翰股份主办的2023大湾区产业园区资源生态交流会上，南方软件园荣获"2023粤港澳大湾区数字经济产业园TOP10"。

（5）珠海清华科技园，是珠海单体最大的创新载体。依托清华体系的创新资源、技术优势、人才优势，珠海清华科技园重点围绕芯片设计、系统集成、大健康、新材料、物联网等产业定位，打造数字贸易发展特色。截至2022年上半年，园区累计孵化企业600多家，培育高新技术企业100多家，如珠海智融科技、珠海微度芯创科技等企业成长迅速，已成为细分领域的"排头兵"。园区重视产学研深度融合，在北美、欧洲、以色列、日本等地设立七大海外创新中心，汇集全球创新资源，拓展国际合作，聚集国内外人才资源。园区建有芯片测试与老化实验室、智能估值研究中心、高性能计算公共服务实验室等公共技术服务平台，为孵化企业提供尖端技术支持。

（6）深圳智美国威5G数字产业园，位于深圳市罗湖区，由罗湖区科技创新局与智美科技公司合作共建，重点围绕高新技术产业、数字技术产业、5G产业打造5G数字赋能生态。园区瞄准5G产业链关键环节领军企业、潜力企业、科研机构重点招商，支持各类主体搭建公共服务平台，提供技术研发、成果转化、标准制定等专业服务，共同建设湾区5G创新应用示范区。

（7）深圳讯美科技广场，地处深圳市高新区中区核心地带，是由深圳市讯美科技有限公司投资和运营的智慧创新产业园。讯美科技广场着力建设以创新金融、人工智能、服务贸易为特色的高科技产业服务综合体，围绕研发办公总部基地、服务贸易示范基地、现代金融商务集聚平台、创新创业孵化平台、上市/拟上市企业培育平台、国际技术交流合作平台等"两基地、四平台"推动发展。

（8）广州琶洲人工智能和数字经济试验区，打造数产城创融合样本，其经验做法曾入选全国城市全域数字化转型典型案例。试验区围绕"一芯"（人工智能＋大模型）、"双脑"（城市大脑＋产业大脑）、"双核"（数字技术＋数据要素）打造数字经济产业集群，截至 2024 年上半年，试验区已集聚数据相关领域企业超 3000 家。试验区积极推动区内治理数字化转型，布局建设智感安防、智能医院、智慧校园，落地文物古建等"物联网＋"场景，搭建"智慧塔巡"等智慧管理平台。大力发展壮大数据产业，取得多项"首发、首创"的亮眼成绩，比如率先开展数据要素市场化配置改革，首创数据经纪人分级分类遴选标准、撮合交易定价器、能力成熟度评估模型团体标准，率先开展数据生产要素统计核算试点，实现民营数据经纪人企业数据资产入表等。此外，试验区还开放自动驾驶测试路段，推进智能网联场景化应用；开放低空融合飞行试验，打造低空经济示范区。

（四）推进建设以广州、深圳"双核"引领，其他城市各具特色的数字贸易发展格局

1. 广州

广州以建设国家数字经济创新引领型城市、国家新一代人工智能创新发展试验区、国家人工智能创新应用先导区等为目标，大力促进数字经济和实体经济深度融合。"十三五"期末，广州数字经济相关高新技术企业 6100 家，规模以上数字经济核心企业 4627 家，以国家工业和信息化部口径计算的软件业务收入 6470 亿元，同比增长 10.3%；开展数字化转型的规模以上企业 2850 家，工业互联网平台服务企业 8812 家；拥有 3 个国家级电商示范基地、12 个省级电商示范基地，2022 年跨境电商进出口额占外贸比重达到 12.6%，增速是全国的 8.7 倍。

近年来，广州积极落实培育壮大数字贸易工作任务，扩大数字服务出口，支持企业运用数字经济提升服务能级，拓展"数字＋服务"新模式新业态，数字贸易已经成为广州市促进传统贸易转型升级，提升国际竞争力的重要抓手。2018—2022 年，广州数字贸易进出口规模从 55.07 亿美元增长至411.23亿美元，增长近7倍。已培育数字贸易规模超亿美元企业20家，超千万美元企业140多家，企业不断提升国际化视野，提高国际资源整合能力，部分企业已经成为专业领域的隐形冠军。

依托高标准建设中国服务外包示范城市所积累的产业基础，广州市积极推动"外包+""数字+""互联网+"，数字服务应用场景日益丰富，特别在新一代信息技术的驱动下，软件信息技术服务、金融服务、数字音乐、广告营销、游戏动漫等领域的数字贸易发展迅猛。

为了满足数字贸易企业国际业务合作的需要，广州不断推动数字贸易规则对接与制度创新，在数据跨境流动、数字贸易便利化等方面取得积极成效。例如，国家超算广州中心南沙分中心建成全国首个通过"点对点"跨境光纤网络主线，搭建港澳地区与内地连通的高性能计算和数据处理服务平台，已为香港大学、香港科技大学、澳门大学等两百余个港澳及海外科研用户提供超过2亿核时的超算服务；广州南沙诺华数据有限公司首创对粤港两地个人的跨境身份核验服务，此服务依托跨境数据互信互认平台，通过接入粤港两地金融合规数据源实现。此外，广州市建成不少具有特色高端化的公共服务机构，为数字贸易企业提供支持，如粤港澳大湾区国际商务与数字经济仲裁中心，引入APEC在线纠纷解决（ODR）平台业务，打造高端法律服务集聚区标志性的国际法律服务机构；成立大湾区数字金融科创中心，推进金融业态数字化转型，支持鼓励各类金融机构运用数字技术创新优化服务产品、经营模式、业务流程等。

2. 深圳

深圳抢抓粤港澳大湾区和中国特色社会主义先行示范区"双区"建设重大历史机遇，全面做强做优做大数字经济。2022年，深圳数字经济核心产业增加值近万亿元，占GDP比重超过30%，电子信息制造业产值2.48万亿元，占全国1/6，软件业务收入9983亿元，同比增长10.3%；工业企业上云用数势头良好，2023年已有超过70%的中小企业使用数字化设备，超过50%的中小企业采用新一代信息技术提高企业运营管理效率。

在数字化浪潮的推动下，深圳不断提高数字贸易开放创新水平，相继印发出台了《深圳市关于落实〈粤港澳大湾区全球贸易数字化领航区建设方案〉的工作方案》《深圳市数字贸易高质量发展三年行动计划（2022—2024年）》等政策措施，鼓励先进技术贸易和高端离岸服务外包企业扩展数字服务出口规模，加快培育数字贸易重点领域市场主体。在政策的支持引导下，深圳数字贸易蓬勃兴起，已成为外贸发展新亮点，数据显示，2023年1—10月深圳市数字贸易进出口额达406.5亿美元，聚集了华为、中兴、腾讯、大疆等数字技术龙头企业，入围2022年广东省数字贸易龙头企业百强企业共43家，入围2023年中国产业数字化百强榜企业共14家，跨境电商企业数量约占全国近四成。

深圳是国家服务外包示范城市，承担服务贸易创新试点任务，相继培育了2个省级数字服务出口基地、1个国家知识产权服务出口基地、1个国家语言服务出口基地，围绕软件开发、动漫游戏、大数据服务、在线娱乐、远程教育、远程医疗、数字金融等领域形成多个集聚区，如前海、华南城、龙华区等数字经济和跨境电商高度集聚区，宝安"互联网＋未来科技城"、国家动漫产业基地、大鹏所城等数字时尚和文化集聚区。

深圳持续优化营商环境，搭建数字贸易发展创新平台，塑造"链接全球"新动能。加快智能化、绿色化、融合化发展，完善跨境贸易数字基础设施和服务体系。深圳积极打造的国际贸易一站式公益性公共服务平台——深圳国际贸易"单一窗口"，充分发挥数据资源汇聚优势，持续整合物流、通关、收付汇、融资、退税、进出口收费、政策咨询、风险防控等国际贸易链条业务，不断强化服务能力，为全面促进深圳跨境贸易便利化提供更加有力有效的数字化支撑。数据显示，截至2023年10月，深圳国际贸易"单一窗口"已累计上线36个业务领域，平台注册企业突破14.7万家，服务企业突破49万家。

3. 汕头

汕头提出实施数字经济"1+3+2+4"发展思路，推动建设新时代数字经济特区，积极打造汇侨联侨绿色算力节点、数字"一带一路"重要节点、国际数据技术创新平台、跨境金融结算平台、跨境数字产业集聚平台、数据要素交易平台。2023年，汕头数字经济企业总数翻一番，注册资本增长3.2倍，2022年新一代电子信息产业增加值同比增长15.1%。对标综保区和跨境电商试验区建设，汕头综合保税区投入建设汕头前海数字贸易（跨境电商）产业园，开设汕头跨境贸易交易平台、跨境电商外贸生态平台、跨境电商展示交易中心、跨境电商直播孵化中心等线上线下平台，发挥综合保税优势加快做大跨境电商产业。

4. 佛山

佛山发挥全国唯一一个制造业转型省级综合改革试点城市的特殊优势，锚定数字经济+佛山制造的发展定位和目标，积极探索数字经济与制造业融合发展，聚焦数字经济改造、引领、提升制造业的特色发展路径，成效显著。近年来，佛山数字产业化规模不断扩大，工业互联网产业生态已经基本建成，一批智能装备平台、一批电子信息制造业企业在佛山生根发芽，佛山数字经济发展势头良好。佛山市加入中国服务外包示范城市行列，围绕软件信息服务、工业设计、供应链等制造业服务外包领域发展迅速，成为加快数字贸易发展的重要驱动。

5. 珠海

围绕率先成为国家数字经济创新发展试验区的建设目标，聚焦建成珠江口西岸数字经济高地、国内领先的数字经济发展名城的发展定位，珠海从夯实数字基础、推进数字产业化、推动产业数字化、加强数字经济治理四个方面着手，有序发展数字经济。2022年，珠海规模以上电子信息制造业实现产值1053.2亿元，同比增长8.4%；软件和信息服务业企业152家，实现营收214.86亿元，同比增长7.1%。珠海积极搭平台促合作，已连续举办三届粤港澳大湾区服务贸易大会，广泛聚集服务外包、服务贸易、数字贸易领域的高端要素资源，帮助和支持本地企业与国际客商洽谈合作。

第二十二章　浙江数字贸易发展现状与经验

浙江是数字中国建设的重要策源地，经过 20 年的发展，浙江省坚持一张蓝图绘到底，不断先行探索，做强数字产业集群、深化数字化转型、推进平台化发展、健全数字制度，数字经济发展整体稳中向好，数字贸易走在全国前列，成为全国的示范和标杆。

一、发展现状

（一）数字经济迈入高质量发展阶段

国家第十个五年规划期间，浙江省开始着手布局数字经济发展，进入"十三五"期间，浙江省明确实施数字经济"一号工程"的决策部署，加快建设国家数字经济示范省，推进执行数字经济五年倍增计划，加快数字产业化发展和产业数字化转型，总量规模、经济效益、创新动力、产业结构等全方位提升，数字经济已然成为浙江省高质量发展的"金名片"，成为实现经济高质量发展的重要引擎。数据显示，2014—2022 年，浙江省数字经济核心产业增加值由 2854 亿元增加至 8977 亿元，年均增长达到同期 GDP 增速的 2 倍以上。2023 年，浙江省数字经济核心产业增加值 9867 亿元，比上年增长 10.1%，超出 GDP 增速 5 个百分点。其中，规模以上数字经济核心产业制造业增加值增长 8.3%，增速比规模以上工业高 2.3 个百分点，拉动规模以上工业增加值增长 1.4 个百分点。2022 年，浙江省数字经济增加值达 3.93 万亿元，占 GDP 比重超过 50%，超过全国平均水平 9.1 个百分点。

浙江省数字产业以电子信息制造业、软件业、电子商务、云计算大数据、数字安防等领域为重点，形成了一个个重量级产业集群，这些产业集群正朝着高端化、创新化、融合化发展，新技术、新业态、新模式层出不穷，产业能级、创新模式、数字赋能、数据价值等持续跃升，浙江省已培育超万家数字经济领域国家高新技术企业，获得数字经济领域发明专利超11万件，千亿级数字经济集群不断增加。

从区域布局来看，浙江省数字经济主要集聚在杭州市，《浙江省城市群数字经济产业空间格局与规划探讨》一文的研究显示，浙江省的数字经济产业主要分布在杭州湾、温台沿海、南太湖一带，集中在杭州、宁波、温州、嘉兴四个城市，其中杭州的数字经济企业注册资本规模占全省的50%，远超其他城市。另从数字经济核心产业规模来看，杭州、宁波已达到千亿级规模，两地数字经济核心产业规模占全省总量的60%，其中杭州市已突破5000亿元。嘉兴、温州、金华、绍兴、台州、湖州6地突破百亿级规模，衢州、丽水、舟山进入十亿级规模。

（二）数字贸易发展跻身全国第一梯队

对照高质量建设全球数字贸易和加快打造高能级开放强省的目标要求，浙江省大力推进数字贸易发展，加快平台建设、健全规则体系，营造更加普惠包容的贸易环境，通过不断的创新探索，成功实现数字贸易高速增长。2023年，浙江省可数字化交付服务贸进出口总额达7716.5亿元，同比增长20.4%，连续四年实现两位数增长。同时，跨境电商领域连续多年位于全国领先地位，在阿里巴巴国际站、全球速卖通、fordeal、wholee、集酷等重要跨境电商平台的引领下，浙江跨境电商企业已经服务全球近220个国家和地区，为3400多万中小微企业提供数字化支持，为超过3亿名境外消费者提供高质量服务。

浙江省数字服务覆盖领域广泛，产业能级不断提高。目前，省内实现了国家数字服务出口基地、国家文化服务出口基地、国家中医药服务出口基地、国家地理信息服务出口基地、国家知识产权服务出口基地及国家人力资源服务出口基地六大领域特色服务出口基地的全覆盖，在数字识别、人工智能、区块链、大数据、云计算、数字金融、数字游戏、数字传媒、跨境电商、电商服务等领域特色鲜明，全省不断夯实"4+4"的数字贸易产业体系，持续提升跨境电商、人工智能、数字金融、数字文化等优势产业竞争力，加快培育数据产业、数字健康、低空降级、商业航天四大潜力产业。培育出诸多全国领先的数字贸易企业，例如，阿里巴巴、蚂蚁集团、海康威视、大华股份、新华三、连连国际、PingPong 等企业入选福布斯中国"2023 全球数字贸易行业企业 Top100 评选"。

二、发展经验

（一）搭建高能级试点示范平台

浙江省以高能级平台建设推动高水平对外开放。组织筹办全国唯一以数字贸易为主题的国家级、国际性专业展会全球数字贸易博览会（以下简称数贸会），数贸会已连续举办三届，2024 年第三届数贸会吸引了来自全球 32 个国家和地区的 1500 多家企业和国际组织参会设展，注册采购商超3 万名，新产品、新技术首发首秀达 400 余项，成为全球数字贸易领域的"风向标"，持续为浙江省数字贸易品牌赋能。组织召开世界互联网大会，来自 6 大洲 30 个国家和地区的 170 多个互联网机构、组织共同探讨全球互联网共享共治和数字经济交流合作。2024 年，习近平总书记作视频致辞时提到携手迈进更加美好的"数字未来"，浙江省将有望承接大会外溢效应，在数字技术、数字贸易等领域走在前列。

依托自贸试验区开放先行平台，积极对标国际高标准数字贸易规则，发展数字产品贸易、数字服务贸易、数字技术贸易和数据贸易，推进数字贸易全流程系统性改革。浙江省出台推动制度型开放 30 条举措，落地数据出境安全评估、启运港退税等政策，知识产权领域 3 项改革被国务院复制推广。支持全省经济开发区加快发展数字经济，推动主导产业数字化转型，不断探索与国际通行规则接轨的管理和标准做法，有效推动区域经济发展融入全球经济，组织省内开发区赴省外、境外重点地区开展考察招商活动，着力形成"引进一个、带动一批、辐射一片"的裂变效应。揭牌成立杭州国际数字交易中心，聚焦数据可信流通与数字文化，推进数据要素服务和数字资产交易双赛道齐发力齐头并进，构建涵盖数据交易主体、数据合规评估、质量评估、安全审计等多领域的系统性数商体系，培育发展数字应用新兴商业模式和新兴业态，激活数据要素交易市场，构筑数据流通交易生态，促进数据高效流通利用，努力打造数据综合开发利用示范标杆。

（二）持续健全工作机制，构建"四梁八柱"

为持续推进数字贸易高质量发展，浙江省不断加强顶层设计，高度重视对标先进规则，健全完善内部工作机制，在统计体系、工作机制、政策法规、平台载体等方面不断积累全国首创经验，截至当前，浙江省数字贸易全产业链相关的创新举措已经超过100项。出台了全国首个省级数字贸易政策性文件《关于大力发展数字贸易的若干意见》，明确在全省建设数字产业集聚区、数字金融创新区、数字物流先行区和数字监管标杆区，落实数字贸易产业、数字贸易平台、数字贸易生态、数字贸易制度和监管体系5大方面19项举措，加强数字安全治理、人才、财政和用地联通协同的4项举措。出台全国首部数字贸易领域地方性法规《杭州市数字贸易促进条例》，条例对数字贸易概念进行了清晰地界定，并对业态模式、主体培育、营商环境、开放与合作、保障措施等方面给出了全面的规定，建立了明确的容错激励机制、包容审慎的监管方式，有望为更进一步实现创新突破提供坚实保障。发布首个数字贸易领域双团体标准，编制全国首个数字贸易行业标准，其中，双团体标准《数字贸易通用术语》收录了76个数字贸易领域通用术语，精准描述相关概念定义、概念特征、概念体系。编制《数字交付贸易核心行业分类与代码》行业标准，提供数字技术贸易、数字服务贸易、数字产品贸易、数据及信息贸易的统一编码和分类框架，为形成全国统一的数字贸易标准提供有益探索。此外，浙江省在全国率先建立了数字贸易领域省级统计体系，实现与商务部业务系统统一平台用户体系和数据互联互通。建立起中央外经贸服贸创新专项资金全流程线上申报系统，提高申报效率，申报流程更加公开透明。

（三）以示范引领带动数字贸易集聚发展

浙江省坚持以示范区引领带动全省数字贸易发展，贯彻落实《中共浙江省委 浙江省人民政府关于大力发展数字贸易的若干意见》（浙委发〔2021〕40号），浙江省商务厅组织申报创建浙江省数字贸易示范区工作，经评审，首批共认定4家综合类省级数字贸易示范区、4家专业类省级数字贸易示范区（见表22-1）。

表 22-1　浙江省首批省级数字贸易示范区

示范区名称	申报单位	承载平台
一、首批综合类省级数字贸易示范区		
首批浙江省数字贸易示范区（杭州萧山）	萧山区人民政府	杭州临空经济示范区和国家自贸试验区萧山区块（萧山经济技术开发区、钱江世纪城）
首批浙江省数字贸易示范区（杭州余杭）	余杭区人民政府	杭州未来科技城
首批浙江省数字贸易示范区（宁波北仑）	北仑区人民政府	宁波经济技术开发区
首批浙江省数字贸易示范区（义乌）	义乌市人民政府	义乌自由贸易发展区
二、首批专业类省级数字贸易示范区		
首批浙江省数字贸易示范区（嘉善）	嘉善县人民政府	嘉善经济技术开发区
首批浙江省数字贸易示范区（绍兴上虞）	上虞区人民政府	上虞e游小镇
首批浙江省数字贸易示范区（舟山普陀）	普陀区人民政府	东港区域、小干岛东部片区、朱家尖西岙海事服务园
首批浙江省数字贸易示范区（金华东阳）	东阳市人民政府	横店影视文化产业集聚区

资料来源：浙江省商务厅。

1.杭州临空经济示范区和国家自贸试验区萧山区块（萧山经济技术开发区、钱江世纪城）

杭州临空经济示范区位于杭州市萧山区东部，是国家级临空经济示范区，该区域重点发展跨境电商、临空物流、临空高端制造等特色产业。萧山区本地制造业基础扎实，应用场景丰富，依托临空经济示范区、自贸试

验区、跨境电商综试区、数字贸易博览会等高能级平台等，推动数字贸易
迅猛发展，积极建设全省数字贸易首位区、全国数字贸易示范区和全国货
物贸易集散新中心，近五年培育引进数字贸易企业 2300 余家，年均增长
30% 以上，包括国家级、省级数字贸易百强企业 9 家，示范企业 31 家，
网易云音乐、长龙航空、无忧传媒、商汤科技、物产安橙等示范企业不断
创新数字贸易模式，增长潜力巨大。同时，萧山区，近五年数字贸易占服
务贸易比重达 67%，领先全省 26 个百分点。

在跨境电商领域，萧山区积极培育高质量产业生态，以制度创新、全
链条服务推动制造业和跨境"双向融合。先后出台了《跨境电商服务商评
价标准》《跨境电商人才评价标准》《"跨境 + 制造"品牌出海项目阶段
性评价标准》等多项制度文件。并在长期实践中形成了"讲给你听、做给
你看、培养人做、一起来做、做出品牌、做活产业"的"六步走"经验，
为本土工厂搭建起与全球跨境电商服务商面对面交流的平台，多数企业受
益匪浅，踏上出海旅程，如如泽电商以"智能硬件 + 软件服务"智能健身
设备一体化出海，在美国电商市场刮起了家庭健身的风潮。萧山区积极为
企业搭建全链路式服务，引进重点生态链服务商，帮助企业搭建网站、引流、
大数据评估、提供海外仓服务等，成功落地全球跨境电商知识服务中心、
全球跨境电商品牌运营中心，帮助企业品牌化发展，推动产业带柔性供应
链改造，当前萧山区跨境电商出口占杭州市比重的 70%。此外，萧山区重
视标准规范，组织服务商及区内企业制定跨境电商物流从业人员培训规范，
出台跨境电商海外仓服务规范等行业标准，为全国跨境电商行业健康发展
贡献力量。萧山区累计形成 69 项首创性制度创新举措，其中国家级试点 6
个、省级以上首创成果 34 个，实现了从政策赋能到制度赋能的深度转变，
已经成为浙江省商品服务要素跨境流动最为自由便利的区域之一。

2. 杭州未来科技城

杭州未来科技城位于浙江省杭州市余杭区，是全国最早发展数商产
业的区域之一，是杭州城西科创大走廊核心区、引领区、示范区，科技城

的数字要素产业呈"乘数"增长。据统计，2023年，杭州未来科技城数商产业年营收超1000亿元，占余杭区数字经济比重超16%，年增长率达48%，已聚集阿里巴巴、字节跳动、菜鸟全球总部、OPPO全球移动终端研发总部、VIVO全球人工智能研发中心、同花顺、中电海康、中国移动研发中心、抖音集团、奥克斯中心、中国电信浙江创新园、湖畔创研中心、人工智能小镇、梦想小镇等知名数字服务商及创新产业基地，建有之江实验室、良渚实验室、湖畔实验室等省级实验室，并与浙江大学、同济大学、上海交通大学、中科院、清华大学、北京航空航天大学等一流院校合作共建创新机构，持续成为引领未来辐射全省的创新策源地，不断推荐建设"未来数港""全球数商中心"。

3. 宁波经济技术开发区

宁波经济技术开发区位于浙江省宁波市，紧邻中国第二大港北仑港，也被称为北仑区。宁波经济技术开发区传统上以现代临港大工业、先进制造业和高新技术产业为主，是浙江省利用外资和对外开放的龙头。近些年，开发区加快数字化转型，加速数字服务贸易发展，以打造数字驱动、创新引领、智能高效、辐射力强的数字贸易变革策源地先行区、数字贸易集成服务枢纽区为发展目标，积极引企业、搭平台，服务贸易发展成绩显著。一是规模和体量有显著提升，2022年开发区实现数字经济核心产业产值217.1亿元，同比增长16.2%；数字服务贸易进出口额达41.04亿元，增速102.07%，数字服务贸易占服务贸易总额12.5%；跨境电商进出口总额597.7亿元，其中跨境进口211.41亿元，规模连续六年全国第一，跨境出口386.28亿元，同比增长37.64%。二是加快建设数字贸易产业集群，浙江平易数字经济产业园、百度云智大数据产业园、开发区科技创业园、人力资源出口基地、北仑区数字文化产业园、梅山汽车整车进出口口岸、梅山海洋金融小镇、保税区金融科技（区块链）产业园等一批产业基地初见规模，产业集聚发展效应显现，在易豹科技、六六云链、大宗易行、豪雅、铝拓网、云智大数据基地平台企业的支持下，区内数字贸易发展生态更加完善。三是不断增加数字贸易营商环境建设，出台专项规划 2 个，推动制度创新成果、创新案例数量 7 个，累计 19 项制度创新案例入选省级最佳创新案例，13 项制度创新成果在全省复制推广；重视人才培养，入选国家级人力资源出口基地，与浙江省宁波市三级共建跨境电商人才基地，着力培养数字贸易人才；创新金融服务支持，推出"易跨保"金融服务方案，获批实施跨境贸易高水平开放试点，不断提升金融服务创新水平；举办各类交流论坛，承办宁波跨境电子商务博览会、宁波跨境电商高峰论坛等活动，帮助企业推介宣传、洽谈合作。

4. 义乌自由贸易发展区

自浙江省自由贸易试验区拓区至义乌后，义务紧抓数字贸易发展机遇，聚焦建设数字贸易创新中心，打出系列组合拳，"世界小商品之都"建设迈出了坚实步伐。义乌自由贸易发展区创造性地搭建小商品数字自贸应用平台 Chinagoods，上线 Chinagoods 数字平台及 Chinagoods 数字云仓，设有运输自由、贸易自由、资金自由等应用场景，推出采购宝、国际货运代理、结汇宝、贷款宝等各项功能，通过撮合交易场景，采购商精准匹配有供货能力的商户；国际货运代理可将商户小而散的订舱需求化散为整；结汇宝则通过沉淀的数据，使商户凭订单数据自主结汇收钱。同时，打造 Chinagoods 海外站，推进"义乌中国小商品城"品牌出海计划，不断完善海外贸易服务体系建设，推动小商品触及全球市场。Chinagoods 采用"国家站 + 海外仓 + 展厅"运营模式，对接市场 7.5 万家实体商铺资源和产业链上游 200 万家中小企业，服务国内二级批发市场及各个海外站点，累计服务在线交易超 1400 亿元。

三年来，义乌自由贸易发展区大力发展"产业集群 + 跨境电商"，积极探索全流程便利化，赋能企业出海。例如，落地全国首个"先查验后装运"数字化监管集拼仓，实现"先装运后查验"向"先查验后装运"转变；创新"义新欧"铁路运单物权化融资，可凭借运单物权属性、保单全程保障、平台数据交叉验真，向银行申请不高于货值的信用贷款；首创出口退税备案单证数字化管理模式，实现舱单、购货合同、装货单、运输单据等单证的数字化管理；打造中非跨境人民币结算中心，创新开展支付机构快捷通公司与银行合作，为贸易新业态主体提供高效、安全、低成本的跨境结算服务，其中"义支付"落地与沙特首笔跨境人民币结算业务，落地全国首个地方性法人银行与跨境电商平台"系统直连"收结汇业务。

5. 嘉善经济技术开发区

嘉善经济技术开发区位于浙江省嘉兴市嘉善县，是国家级开发区。依托全市建设国家级跨境电商综合试验区的发展机遇，开发区积极培育数字服务贸易企业主体，推动数字贸易规模不断扩大。2022年，开发区数字贸易进出口额为30.57亿美元，其中数字服务贸易进出口8.35亿元，同比增长578.79%，占服务贸易总额的61.8%，2023年数字服务贸易持续快速增长，1—9月数字服务贸易增量5.98亿元。开发区以保税＋维修服务、保税贸易＋景区旅游等模式，实现跨境电商与专业服务联动发展，目前共聚集数字贸易市场主体451家，培育了以立讯为代表的智能设备企业，以嘉善斯贝克电子有限公司为代表的文化出口企业，以梦天木门为代表的数字化改造标杆示范企业。

嘉善经济技术开发区的数字贸易服务生态不断优化：一是搭建起日益完善的工作机制，数字经济领导小组和八个专项工作组，为统筹推进数字贸易发展，落实促进举措任务提供机制保障。二是推动数字贸易平台能级提升，中国归谷嘉善科技园创新发展区、浙江省知识产权保护中心嘉善分中心等平台为本地企业提供更多专业化科技支持服务。三是成立嘉善县跨境电商产业联盟，为跨境电商企业提供独立站运营、物流仓储、数字支付、人才培育等服务，吸引嘉善亚之能股权投资合伙企业等境内外知名资产管理机构和头部基金管理企业落地，优化跨境电商产业链生态。

6. 上虞 e 游小镇

上虞 e 游小镇位于浙江省绍兴市上虞区，是浙江省省级特色小镇之一，正聚焦以游戏、电竞、动漫、影视为代表的泛娱乐信息经济产业，探索以高端服务为先导的"数字＋服务"新业态新模式，数字文化贸易特色突出。先后引进数字文化企业1022家，未蓝文化、黑岩动画、岚月文化等多家知名动漫游戏企业相继落户。浙江世纪华通股份集团有限公司、浙江金科汤姆猫文化产业股份有限公司2家企业入选浙江省数字贸易百强榜，谢晋故里·晋生星片场获评省级影视采风创作基地，吸引了30余家影视企业入驻。近些年，数字文化产品层出不穷，比如先后上线《玄中记》《绝世战魂》《长安有妖气》等13款原创游戏作品，接连举办省级电竞大赛，推出《小神驾到》等11部本土原创动漫作品，另有《二郎神》《花千骨》《三十而已》等13部影视作品扬帆出海。上虞e游小镇的创新创业氛围良好，其中拥有国家级众创空间1家、省级众创空间8家、省级产业创新服务体1家、省级双创示范基地1家、省级高新技术企业研究开发中心2家、博士后工作站4家。营商环境持续优化，成立了浙江省网络游戏预审分中心，为数字文化企业发展提供更加专业的服务支持。

7. 东港区域、小干岛东部片区、朱家尖西岙海事服务园

东港区域、小干岛东部片区、朱家尖西岙海事服务园位于浙江省舟山市普陀区。根据《舟山市普陀区人民政府关于加快国际海事服务基地建设的若干意见》，东港区域、小干岛东部片区正推进建设舟山国际海事服务基地中心区，朱家尖西岙产业园发挥区域、口岸和旅游资源优势，推动邮轮产业做大做强，布局仓储、冷链和机修功能，规划发展往返外锚地的"海上巴士"，重点发展邮轮、锚地综合海事服务、船员服务等产业。

8. 横店影视文化产业集聚区

横店影视文化产业集聚区位于浙江省金华东阳市，被评为国家级文化产业示范园区，是浙江唯一的文化类产业集聚区、全球知名的影视产业基地，是浙江省重要的"数字内容"缔造区，截至2023年底，数字内容累计交易额超2200亿元。横店以服务影视创作生产为核心，积极引导优质影视资源和高精尖影视项目集聚，多措并举推进影视产业一体化、标准化、数字化发展。目前，横店影视拍摄基地已实现5G全覆盖，拥有国内较先

进的 LED 虚拟数字技术、VR 云勘景平台、投入使用"横影通"产品，提供云看景、云制作、云发行等各类服务。开发建设了影视文化产业大脑，依托大数据、云计算、人工智能等新一代信息技术手段，搭建高科技影视拍摄、制作产业发展平台，推动影视作品实现从剧本创作、剧组筹备、影视拍摄、后期制作、宣传发行、版权交易、衍生品开发及交易等影视全产业链的数字化、标准化、工业化，累计服务企业 1500 余家次、服务剧组 800 余个、服务"横漂"演员 70 万人次等。

（四）杭甬引领集聚发展

浙江省数字贸易发展主要集中在杭州、宁波两地，两地间合作差异化发展，形成引领合力。在两地商务局的牵头下，两地协会、中介组织、企业代表纷纷探讨数字领域合作共赢机会，将宁波制造业大市、外贸大市、跨境电商大市的优势与杭州软件信息、数字经济、服务贸易等数字技术、数字服务优势有机结合，实现资源互补。

1. 杭州市

杭州市数字经济发展领先全国，拥有 5 家国家级特色服务出口基地，位于全国服务外包示范城市第一梯队，数字贸易发展具有先天优势。2023 年，杭州市数字贸易额达 3190 亿元，占全省的 41%，服务贸易额占全省的 3/4。杭州市数字贸易特色鲜明，做强跨境电商，做优数字技术贸易、数字服务贸易、数字产品贸易、数字贸易，其中，跨境电商平台数量占全国的 2/3，连续三年位列全国跨境电商综试区评估第一梯队，正积极推进"直播 + 平台 + 跨境电商"三位一体发展，加快跨境电商数字化转型升级；在数字技术贸易领域，正积极打造"高算力 + 强算法 + 大数据"的人工智能生态体系，海康威视、大华等全球智能物联领域前 10 强企业入驻杭州，带动大模型、垂直大模型等数字技术出海；数字金融、数字文旅、智慧医疗、在线教育、智慧物流是杭州市数字服务贸易发展的重要领域，其中已有 5 家全球 TOP10 的跨境支付机构入驻杭州，成为建设万亿级跨境支付结算中心的重要基石；在数字产品贸易领域，杭州市依托浙江数字文化国际合作区和影视产业国际合作区,加快动漫游戏、数字影视产品出海;杭州市建设多层次数据交易市场,探索数据交易国际版,培育数据贸易。

围绕打造中国数贸港、建设数字贸易强市的发展目标,杭州市已培育出一批领军型企业。在福布斯2024全球数字贸易行业企业100评选中,五八智能、宇树科技两家企业获得入选新势力TOP10,企业估值和数字贸易收入呈现高成长;PingPong、连连数字、有赞等企业入选新服务TOP20,企业在服务出海、服务研发设计等贸易环节实现了量级提升;华策影视、中南卡通入选新内容TOP20,企业在文化出海、文化IP开发及引进方面有突破性进展;大华股份、海康威视、恒生电子、趣联科技、新华三集团等企业入选新智造TOP20,企业利用人工智能技术不断创新数字服务;阿里巴巴集团、蚂蚁集团、物产中大3家企业入选年度标杆TOP20。

杭州市数字基础设施完善、数据资源丰富、数字贸易开放水平较高,正积极打造面向全球的数字贸易开放国际枢纽。率先实施全国首部数字贸易地方立法——《杭州数字贸易促进条例》,对杭州数字贸易基础制度、主体培育、数字营商环境、开放与合作、保障措施进行了界定,为杭州大踏步推进数字贸易创新提供制度保障。杭州着力打造以数字贸易为主的数字自贸试验区,重点突破数据跨境流动、数据安全等痛点问题,在数字自贸试验区内首推数据合规流通数字证书,首创数据知识产权质押融资新模式,首发电子商务领域2项国际标准,首创入境特殊物品安全联合监管机制,杭州正积极为对标更高水平的数字贸易开放先行先试。

2. 宁波市

宁波市推动实施"数字集群跃升、数字能力逐新、数字主体攀高、数实深度相融、数字生态创优"五大计划,全力打造全国数字经济高质量发展先行城市,进一步促进数字贸易发展,依托开放、港口和制造业基础优势,宁波高标准谋划数字贸易高质量行动,加快枢纽自贸区、跨境综试区、中东欧博览会等平台向数字贸易领域布局,数字贸易进出口实现平稳增长。2023年,宁波市规上数字经济核心制造业完成增加值791.9亿元,同比增长 8.3%，占规上工业的比重达到 15.0%，较上年度提高 1.7 个百分点，占全省比重达到 20.7%，较上年度提高 0.6 个百分点。全市数字贸易进出口总额增长 15.57%，数字贸易服务增长 15.6%。

宁波市聚焦贸易方式数字化及贸易对象数字化两个方面，将贸易与数字技术深度融合。在贸易方式数字化方面，以跨境电商、供应链数字化为引领推进，在全国首创跨境电商出口前置仓监管模式，企业以散件货物形式进入仓库即可报关。此外，宁波全面实现跨境电商网购保税进口、"跨境电商 + 海外仓" B2B2C 出口等政策创新。2023 年，宁波实现跨境出口额 2013.2 亿元，同比增长 15.4%，累计培育省级跨境电商出口知名品牌 53 个，占全省总数的 20%。在贸易对象数字化方面，宁波的数字产品、数字服务、数字技术、数据贸易等数字服务贸易稳进提质，电子材料，集成电路，智能物联，商业服务，电信、计算机和信息服务，金融服务等领域增长迅速。

为全力打造全国数字贸易先行市，宁波市持续构建数字贸易和服务贸易协调互促新格局，加快推进建设数字产业特色示范区、数字治理应用示范区、数字制度创新示范区和数字服务出口新高地、跨境电商进出口新高地、数字贸易基建新高地。聚集了一批代表性企业，其中，均胜电子、荣芯半导体入选福布斯 2024 全球数字贸易行业企业 100 评选"新智造 TOP20"；爱芯元智入选福布斯 2024 全球数字贸易行业企业 100 评选"新势力 TOP10"。在首批优质浙江数商公布名单中，宁波市上榜企业达 67 家。

第二十三章　成都数字贸易发展现状与经验

成都市积极打造西部数字经济高地、数字贸易高地，依托西部唯一的国家数字出口基地，持续抓牢基础设施，培育数字贸易主体，推进数字企业出海，在数字游戏、动漫等领域优势突出。

一、发展现状

（一）成都跻身数字经济"新一线城市"

成都是四川省建设国家数字经济创新发展试验区的核心区域，重视数字经济顶层设计，通过数字产业化、产业数字化双轮驱动，打造数字经济发展双引擎，赋能城市经济高质量发展。近些年，成都牢牢把握中国服务外包示范城市、中德合作智能网联汽车、车联网标准及测试验证试点示范项目四川试验基地、国家数字服务出口基地、中国（成都）超高清创新应用产业基地等各类先行试点示范机遇，推动数字经济发展快速增长，在中国电子信息产业发展研究院发布的 2023 数字百强市中，成都位列第五名，仅次于北京、上海、深圳、广州。2023 年，成都市数字经济核心产业增加值为 3145.9 亿元，占 GDP 的 14.3%。

近年来，成都陆续出台《成都市推进数字经济发展实施方案》《关于营造新生态发展新经济培育新动能的意见》《成都市工业互联网创新发展三年行动计划（2021—2023 年）》等指导政策，加快数字产业化、产业数字化发展，截至 2023 年底已先后建成西门子、富士康、积微物联等一批工业互联网特色云平台，培育 27 家云平台服务商，引导 4 万余家企业上云用平台，培育打造 11 个国家级工业互联网示范项目，建成 300 个数字化车间、50 家智能工厂、10 家全国领先的标杆智能工程，全面推进制造业数字化转型迈上新台阶。此外，成都搭建了"城市未来场景实验室"，智慧医养、数字文娱、在线教育、仿真技术、智慧物流等领域发展成效显著。

2024 年，成都市发展改革委联合多部门印发《2024 年成都市数字经济发展工作要点》，明确建强国家"东数西算"工程战略支点，初步建立数据要素市场体系，推动数字经济治理能力进一步提升，确保数字化综合发展水平迈入全国第一梯队，数字经济核心产业增加值占地区生产总值的 15% 以上，数字经济将持续为成都市经济高质量注入强大活力。

（二）成都数字贸易成为服务贸易发展"新引擎"

成都市高度重视数字贸易发展，将数字贸易纳入全市服务贸易发展重点，并写入"十四五"规划。成都市拥有国家数字服务出口基地、国家文化服务出口基地、知识产权服务领域特色服务出口基地、人力资源服务领域特色服务出口基地和语言服务领域特色服务出口基地各 1 个，这些国家级平台建设加快推动成都数字贸易新业态发展。同时，成都还是中国服务外包示范城市、全面深化服务贸易创新发展试点，这些试点示范平台不断巩固成都数字贸易先发优势。

目前，成都在软件服务、数字文化、数字出版、数字视觉、离岸服务外包、跨境电子商务等领域特色鲜明，聚集了众多国内外数字贸易龙头企业，如 IBM、西门子、阿里巴巴、腾讯、华为云、字节跳动、索贝数码、音泰思、联发芯等。在数字文化方面，以数字动漫、数字游戏等为代表，成为成都市战略性新兴产业发展的重点，涌现出西山居、创人所爱、可可豆、数字天空、弘耀文化、龙渊等众多本土公司，同时吸引了法国育碧软件、法国维塔士等优秀外资企业落户。据成都市商务局公开数据，2022 年全市数字贸易进出口总额占服务进出口总额的 50%，2023 年上半年全市实现数字服务进出口额 30.72 亿美元，同比增长 15.80%；跨境电商交易规模达 580.93 亿元，同比增长 7.03%，贸易合作伙伴遍布全球 100 个国家和地区。成都高新区天府软件园在国家数字服务出口基地复审中取得第二名的好成绩。

2016 年，成都获批成为跨境电商综合试点区，以成都全球跨境电商服务资源中心、成都跨境贸易电商公共服务平台、成都市跨境电子商务协会为核心共同服务产业发展。成都创新开展了跨境电商 B2B 出口试点，增设了"9710""9810"贸易模式，并明确推进供应链金融、跨境电商支付结算业务发展，支持公用型保税仓、海外仓建设和利用成都物流配送体系，开展面向"一带一路"共建国家的跨境贸易。2023年，成都先后出台《成都市推动跨境电商高质量发展政策措施》《成都市推动跨境电商高质量发展三年行动计划（2023—2025年）》，推动跨境电商稳健增长。2023年，成都市跨境电商平台实现了显著增长，全年进出口交易规模达到1157.9亿元，同比增长21.8%。

二、发展经验

（一）加快数字基础设施建设

成都是全国第二个同时拥有超算中心和智算中心的城市，全国一体化算力网络国家八大枢纽节点之一，数字基础设施优势突出。成都超算中心最高运算速度达到10亿亿次/秒，算力进入全球前十，服务用户数量达到1280家，服务范围覆盖全国45座城市，可满足人工智能、航空航天工业仿真、生物材料等30个场景不同用户的多元算力需求。成都智算中心成功孵化众多应用于智慧城市、医疗健康、智慧交通等领域的280余个人工智能解决方案，极大地促进了区域人工智能产业的蓬勃发展。在两大算力中心的支持下，成都人工智能产业发展迅速，2023年拥有人工智能企业852家，产业规模达780亿元，三年复合增长率超40%。此外，成都已累计建成5G基站8.3万个，每万人拥有5G基站数超20个，重点场所5G网络通达率达100%，互联网骨干直联点、城域网带宽均居全国城市第5位。

为进一步夯实底座，成都提出争取布局建设国家新型互联网交换中心，将持续构建"超算＋智算＋通算＋边缘计算"的算力供给体系，推动天府数据中心集群建设。

（二）主动出海寻找发展增量

立足世界文创名城建设，成都持续建设国家文化出口基地——武侯区三国创意园等重点载体，加快发展游戏动漫、广播影视、新闻版权、文博旅游等优势领域，助力本土优秀文化产品和服务"走出去"，成都游戏企业出海成为数字文化出口发展的一抹亮色，极具代表性。成都被誉为中国游戏第四城，2022 年成都游戏相关企业超过 7000 家，游戏研发企业占 71.4%，游戏研发占全国第一，游戏产业规模居全国第四位，游戏企业增速全国第二，在全球知名移动市场评估机构 data. 人工智能发布的游戏厂商及应用出海收入排行榜中，成都本土企业星合互娱、tap4fun 已跻身前 30 位。

"成都服务海外行"活动已连续举办多年，在成都商务局、成都服务贸易协会的组织下，各领域代表企业积极参加境外交流推介、参展参会，如 2024 年在德国法兰克福的中德游戏动漫产业推介交流会上，成都游戏开发、动作制作、数字娱乐等企业代表不仅展示了成都游戏动漫产业优势和技术实力，还首创地采用了虚拟数字主持人，向德国客商展示了成都企业在数字技术领域的创新实力，发布的项目合作清单得到有效反馈。2024 年初，成都游戏行业很敏锐地将目标投向拉丁美洲、中东市场，市场拓展活动随之启动，如组织参加 2024 迪拜通讯及消费电子展览会，拜访当地政府部门与投资机构，一对一邀请中东游戏商对接洽谈等。成都高新区整理发现，自 2021 年 9 月启动策划"出海招商引智抢订单"活动后，已先后有 15 家企业 22 位代表出海洽谈项目，争取到订单 1.5 亿元，签署对外投资协议 10 亿元。同时，成都主动在境内重量级投促活动中推介宣传，把握合作机会，比如在全球数字贸易博览会上发布《数字贸易产业合作机会清单》，包括数字技术贸易、数字服务贸易、数字产品服务三个方面的合作机会，参展参会企业收益颇丰。

成都自贸试验区不断加强海外服务力度，目前已探索在海外建立人才基地，并连续举办多年"天府人才行动海外行"活动，组织企业前往美国硅谷、德国法兰克福、瑞典斯德哥尔摩、加拿大多伦多、韩国首尔、德国慕尼黑、芬兰赫尔辛基等创新资源富集城市"上门引才"，开展海外高层次人才专场招聘会，与当地企业、机构互动交流；建立"区内注册、海外孵化、全球经营"的双向离岸柔性引才模式，相继在欧美日韩等国建立海外基地

（工作站）达到 31 个，推动更多科技成果在国内落地转化。

（三）持续推进高度集群化发展模式

成都数字经济发展呈现集聚式、集群化特色，成都高新技术产业开发区（以下简称成都高新区）已经成为成都市打造西部数字贸易高地的核心承载区。2022 年，成都高新区数字贸易总额突破 50 亿美元，年均增速实现 10% 以上，利用现代信息技术完成交付或实现的服务出口占外贸出口比重超过 50%，已聚集华为软开云、索贝数码、音泰思、联发芯等 25 家数字贸易龙头企业，初步建成聚焦软件和信息技术服务、数字内容产品等领域的特色数字贸易产业体系。成都高新区为企业服务出海提供孵化支持服务，联合华为云举办"微光训练营""成都·进而有位互联网创新峰会""云上共创·行稳致远"数字贸易企业品牌出海加速营等活动，助力区内企业适应数字贸易发展趋势，把握互联网时代的数字新机遇，参会企业累积超过 100 余家；借力联合国开发计划署（UNDP）可持续发展创新示范项目的全球网络资源优势，成功举办两届 Re:Think 联合国开发计划署可持续发展创新会议，150 余名国内外专家学者、企业家线上线下交流对话，吸引国内外线上直播观众超 80 万人次。成都高新区与欧洲、新加坡、韩国、日本等建立了长期稳定的合作关系，积极加强数字服务领域交流合作，如中国—欧洲中心正加快打造国家级对欧开放合作平台；新川创新科技园重点发展 5G、人工智能、新医学等，已竣工超图软件西部研发中心、成都时尚集团西区总部及新媒体研发中心、天象互动天创科技中心等项目 12 个；中韩创新创业园重点引进医美、文创、游戏等领域韩国优势企业打造；打造"一站式"中日综合商务服务平台、线上线下信息发布平台，开展中日企业交流沙龙、行业发展论坛、政策突破研讨等活动。

集群化发展模式还体现在建圈强链中，成都市支持链头企业建立发展生态圈。以腾讯成都公司为例，2016—2022 年，在成都实现了跨越式发展，员工人数从个位数增长到 8000 余人，业务从单一客户服务拓展到信息安全、产业互联网、游戏研发运营、大数据、人工智能等多个数字领域。而在

2000年，腾讯落户新文创和智慧城市两个项目时，12家由腾讯集团100%控股的公司、3个基地落户成都，上下游企业随之而来，一个产业生态初步成形。作为"链头"企业，腾讯引入STAC科创联合大会，邀请国内外重量级嘉宾学者共同为成都数字经济发展贡献智慧，并推进建设立足科技创新、培养青年人才、打造新消费场景等的"数实融合"场景，发挥"链主"作用，助力成都数字经济产业建圈强链。

第二十四章　贵阳数字贸易发展现状与经验

一、发展现状

（一）依托"数智贵阳"建设，数字贸易发展基础不断夯实

从 2014 年起步，抢抓大数据发展先机，贵阳贵安[①] 奋力抢占数字经济新赛道，打造具有国际影响力的千亿级投资规模的数据中心产业集群和千亿级电子信息制造业产业集群。2023 年，贵阳贵安每万人 5G 基站数比全国高 50%，国际互联网专用通道的国际访问性能与国际先进水平相近，算力规模达 26 EFLOPS，存力规模达 50 EB，成为全球集聚超大型数据中心最多的地区之一。落实"数字活市"战略，数字经济发展势头愈加强劲。2023 年，贵阳贵安电子信息制造业总产值达 244.8 亿元，软件和信息技术服务业收入达 832.6 亿元，大数据市场主体突破 6300 户。坚持"内陆开放型经济新高地先行区"定位，对外开放持续扩大。2023 年，贵阳贵安国际直达航线稳步增加，中欧班列、黔粤班列、西部陆海新通道班列常态化运行，货物进出口额达 579.6 亿元，服务进出口额达 97.9 亿元，实际利用外资达 15.5 亿元。

（二）数字贸易政策体系加快完善

贵阳贵安高度重视数字贸易发展，成立由主要领导牵头的贵阳贵安开放型经济高质量发展领导小组，统筹协调数字贸易发展工作。充分发挥国家级平台作用，高标准建设中国服务外包示范城市，全面深化服务贸易创新发展试点，着力建设具有西部内陆特色的跨境电子商务综合试验区，出台了《贵阳贵安推动数字贸易高质量发展行动计划（2024—2025 年）》《贵

[①] 贵阳贵安指的是贵阳市和贵安新区，将贵阳与贵安并称，是贵州省推动贵阳市域贵安新区在产业、交通、公共服务等领域一体化发展的战略部署。

阳市关于促进服务贸易和服务外包发展的支持政策》《贵阳市跨境电商高质量发展行动计划》等一系列数字贸易产业发展政策，全方位支持数字贸易高质量发展。纵深推进"数字活市"战略，制定印发《贵阳贵安关于加快建设数字经济发展创新区核心区的实施方案》《贵阳贵安"一市长一示范"推进数字应用场景建设行动方案（2023—2025年）》《贵阳贵安数字基础设施建设三年攻坚行动计划（2023—2025年）》，修订《贵阳贵安促进软件和信息技术服务业发展的若干措施》等政策文件，形成系统配套、相互衔接的政策体系。

（三）狠抓数据"算、跑、用"，数据交易领跑全国

一是狠抓数据的"算、跑、用"。在"算"的方面，建设国家算力集群，积极构建自主可控算力服务体系，加快提升通算、智算、超算规模；在"跑"的方面，全力扩带宽、降时延；在"用"的方面，实施"万企融合"大赋能行动，以行业大模型提升工业互联网，大数据融合改造基本实现了规上、限上企业全覆盖。二是探索数据价值化。优化升级贵阳大数据交易所，发布全国首套数据交易规则体系。获批全国首个数据要素登记对象标识符（OID）行业节点。上线全国首个数据产品交易价格计算器，挂牌国家发展改革委价格监测中心首个"数据交易价格监测点"。探索数据资产入表，放贷2200万元，实现数据资产融资授信突破。发布全国首笔个人数据交易案例，首创B2B2C模式，实现个人作为数据交易直接参与方。创新建设"气象、电力、电信"等多个特色数据专区。此外，依托全国首部数据流通交易地方法规《贵州省数据流通交易促进条例》和全国第一家数据流通交易场所——贵阳大数据交易所，贵阳发布了全国首套数据交易规则体系，加快发展数据流通交易，促进数据交易流通更加合规、流畅、便捷。截至2024年7月底，贵阳大数据交易所累计入驻交易市场的主体达1424家，累计交易额达47.9亿元。

（四）数算能力基础不断巩固

软件和信息技术服务业持续增长。2023年，软件和信息技术服务业收入达 832.56 亿元, 增长 20.6%, 其中, 云服务收入 617.52 亿元, 同比增长 30.4%, 占软件业务收入的 74.2%。基础设施不断完善: 累计建成投运数据中心 10 个, 超大型数据中心 17 个, 上电服务器 81.1 万台, 数据中心由 "存储中心" 向 "存算一体" 转变, 算力规模超 7 万卡, 成为全国领先的智算基地; 新建 5G 基站 5539 个、累计达 2.76 万个, 每万人拥有 5G 基站数达 36 个; 贵阳·贵安国家级互联网骨干直联点网间带宽扩容至 700 Gbps, 与北京、上海、深圳等 38 座城市直联; 互联网出省带宽达 4.53 万 Gbps, 通信光缆长度达 29.5 万公里。

（五）数字贸易市场主体竞争力持续增强

2023 年, 贵阳贵安活跃服务外包企业近 150 家; 跨境电商企业超 300 家, 涵盖电商平台、电商企业、跨境物流、电商服务等产业链上下游企业。数字贸易龙头企业国际竞争力不断增强, 以华为云、白山云等为代表的云服务企业加快拓展国际市场。2023 年, 华为云服务全球 170 多个国家和地区, 离岸云服务执行额超过 1.2 亿美元, 白山云与海外 100 多家电信运营商合作, 海外用户达 2.1 亿户。一轶科技、谦行映画、悉达多文化传媒等数字文创企业加速发展, 铝镁设计研究院、省交通规划勘察设计院等创意设计企业发展壮大, 铝镁设计研究院成为首批全国信息技术外包和制造业融合发展重点企业。

二、发展经验

（一）夯实大数据产业发展优势，大力发展"大数据+"数字贸易

一是贵阳贵安大数据示范试验政策叠加。贵阳市自 2013 年开始谋划大数据, 2014 年在全国率先实施大数据战略行动, 2016 年国家大数据（贵州）综合试验区正式揭牌, 成为我国首个国家级大数据综合试验区。贵阳先后获批国家大数据产业发展集聚区、国家大数据产业技术创新试验区、国家大数据及网络安全示范试点城市, 信息技术服务产业集群被国家发展改革委批准为首批国家战略性新兴产业集群, 连续举办多届中国国际大数

据产业博览会,已成为全球大数据发展的策源地和风向标,贵阳"中国数谷"的品牌影响力和美誉度全面打响。

二是贵阳贵安大数据产业初具规模。2023 年,贵阳贵安大数据与实体经济深度融合发展指数超过 56。"一硬一软"产业加快做大,电子信息制造业总产值同比增长 29.3%,软件和信息技术服务业收入突破 800 亿元,同比增长 20.6%。贵阳大数据科创城集聚企业 818 家。华为云营收突破 500 亿元,累计引进生态伙伴 44 家。大数据交易所年交易额超过 20 亿元,上线运营全国首个政务数据专区。算力规模加速做大,国家大数据(贵州)综合试验区人工智能训练场挂牌,算力规模超 7 万卡,成为全国领先的智算基地。

三是贵阳贵安部分数字应用企业已经迈出国门、服务海外。在数字应用方面,贵阳贵安有不少企业已经或正在走出国门,为海外客户提供在线游戏、金融信息、客户管理等方面的软件服务。例如,一轶科技开发的游戏已在新加坡、北美、东南亚投放运营,其开发的"重大使命""东方智慧"两款游戏,苹果和谷歌用户量目前已超过 570 万户。提供资产管理 IT 解决方案的高登世德,不仅为国内 60 余家银行及非银行金融机构提供软件开发和数据测算服务,还正向东南亚、澳洲等国和中国香港地区开拓业务。贵阳宏杰科技有限公司主要从事互联网电子商务 ERP(企业资源计划系统)和 CRM(客户关系管理)平台开发,其印刷电路板 CRM 平台很好地满足了客户的使用需求,是加拿大客户多年的合作伙伴。

(二)充分利用丰富的文旅资源,打造具有民族特色的数字文化产品

一是拥有众多的旅游景观。贵阳贵安拥有以"山奇、水秀、石美、洞异"为特点的喀斯特自然景观和人文旅游资源。既有花溪天河潭、开阳峡谷生态公园等以山、水、林、洞为特色的高原自然风光,又有阳明洞、青岩古镇和息烽集中营旧址等文化内涵极为丰富的人文景观,还有古朴浓郁、多姿多彩的少数民族风情。在联合国亚太组织等七大机构的八大硬指标中,贵阳以"具有夏季特别是最热月平均气温舒适度的优势"荣登中国避暑之都。贵阳贵安加快推动文旅产业的数字化转型，利用大数据、云计算、人工智能等高新技术，打造一套数字化、线上线下融合发展的智慧文旅产业生态平台，精准捕捉游客的偏好与需求，实现旅游推荐的"千人千面"，展示贵阳贵安的文化瑰宝和自然珍宝，提升旅游服务质量和游客体验。

二是拥有绚丽多彩的民族文化和底蕴深厚的历史文化。起源于贵阳市修文县的阳明心学在东亚乃至世界都具有广泛的影响力，贵阳（修文）国际阳明文化节更是吸引了全球学者广泛参与研讨，已成为国内外专家学者研究阳明文化的重要研究和传播平台。贵阳贵安少数民族众多，拥有丰富多彩的民族服饰、民族建筑、民俗节日、民族音乐、民族舞蹈、民族技艺等民族特色文化。大型民族歌舞《多彩贵州风》累计在 40 多个国家及地区巡演，并成功入选 2023—2024 年度国家文化出口重点项目。贵阳贵安加快推动民族特色 IP 数字化，打造国际化数字 IP。比如，由中央歌剧院、贵州大学等单位联合出品的原创歌剧《王阳明》在北京中央歌剧院完成全球首演，获得观众一致好评；由贵州广播电视台制作的阳明文化微纪录片《我的 1508 问道·十二境》播出后引发收视热度。

三是具有现代新潮的动漫文化产业。贵阳贵安在动漫领域有较好的人才、产业和国际合作基础，其中贵州大学、贵州师范大学、贵州电子信息职业技术学院等高校开设了动漫（动画）专业；贵阳市早在 2006 年就曾举办过"国际动漫产业论坛"；2021 年，贵州成立了动漫产业协会，通过培训、展会等方式，营造了良好的文化氛围，其中 2022 年贵州省动漫协会在贵阳主办的大型综合漫展吸引 2 万多人参观，现场人气火爆；入驻贵阳的谦行映画与日本动漫界长期保持国际合作，参与了《火影忍者》《海贼王》动画和《三国杀》手游动画等系列知名动画或游戏的制作。

（三）厚植苗医苗药资源，促进数字医药康养贸易发展

特色鲜明的中医药产业可支撑特色医疗服务"出海"。贵州中医药资源丰富，是全国四大中药材产区之一，素有"天然药物宝库"之美誉。贵阳被誉为"天然药谷"，中药材品种丰富、品质优良，是全省中医药研发和制造集聚区，中药材种植面积、产量、产值三项指标年均增长率均超过100%；中药材经营主体规模不断扩大，培育了一批国家、省、市、县龙头企业。同时，贵阳市拥有"国家苗药工程技术研究中心"等40多个省部级以上科研平台，拥有一批中药品牌企业。目前，贵阳贵安有中医类医疗机构650余家，市、县（区）、乡三级公立中医服务体系建立健全。截至2022年，贵阳贵安有中医类执业（含助理）医师3855人（含省级医院数据），占执业医师总数的16.06%，每千常住人口拥有中医类执业（含助理）医师0.63人（国家目标为0.40人，超过国家水平23%）。此外，贵阳贵安大力发挥大数据优势，构建"168"中医药智慧化服务体系，数字化赋能中医药传承创新，建设贵州（贵阳）中医药现代化治理平台，打造中医药资源、医疗、产业、古籍、科研、文化6大数据库，集成医疗服务、健康管理、中药追溯、产业发展、科研创新、教育培训、文化传承、监管协同8类应用。

（四）强化东西协作，提升跨境电商公共服务能力

一是开展"借道、借力、借脑"三借行动。积极和宁波国际物流合作，借供应链渠道、借物流渠道、借市场渠道，帮助本地企业打通链接国际市场大通道；向宁波跨境电商服务商借高效能能力，提高本地跨境电商服务企业业务能力；借宁波跨境电商人才智库脑力，为贵阳跨境电商行业规划和发展提建议出对策。二是构建跨境电商人才体系。开展跨境电商"雏鹰""瞪羚""龙跃"三大人才培育计划，对高校青年、业务骨干、企业高管分批次针对性开展跨境电商培训，增强企业对跨境电商业务了解，提升全市跨境电商氛围。加强跨境电商校企合作，指导贵州电子商务职业技术学院、贵州师范大学申建省级跨境电商人才基地，黔慧通与贵州商学院、贵阳学院共建人才实训基地。三是搭建海外公共服务体系，加快布局贵品公共仓，在"一带一路"共建国家及RCEP国家布局海外仓，推进哈萨克斯坦、俄罗斯等地海外仓完成选址工作，优化贵阳在北美、欧洲等地区布局的41个海外仓网络。在英、美、德、澳等跨境电商核心国家市场挂牌成立5个公共海外服务仓，搭建贵品海外服务体系，帮助企业降低出海成本，对接海外经销商。

（五）强化示范引领，培育数字贸易发展领头羊

一是统筹推进中国服务外包示范城市、全国全面深化服务贸易创新发展试点以及中国（贵阳）跨境电商综合试验区建设，在全市部门间形成扎实推动数字贸易发展和贸易数字化进程的合力。二是着力提升开放平台引领功能。发挥贵安新区、贵阳高新区、贵阳综保区等开放平台在大数据、云计算、算力设施、软服业等的良好基础和先发优势，培育数字贸易集聚发展的动能。获得2个国家级外贸转型基地、2个省级数字服务出口基地、1个省级跨境电商产业园和1个省级外贸转型基地认定。三是抓市级示范企业和项目。2023年，评定市级特色服务出口企业3家、服务贸易（外包）创新项目2个，跨境电商市级重点项目入库14个，带动引领全市数字贸易发展。

国际经验篇

本篇介绍美国、欧盟、英国、东盟、新加坡、泰国、菲律宾等主要国家和地区数字贸易发展现状，包括贸易规模、政策法规、发展特色及发展趋势等内容。

第二十五章　美国数字服务贸易的发展现状

一、美国数字服务贸易规模长期领先

美国是全球数字服务贸易最为发达的经济体，数字服务贸易规模长期保持增长态势，居全球首位。2022年以来，美国数字服务贸易规模突破万亿美元，成为全球唯一突破万亿美元的数字服务贸易大国。WTO数据显示，2005—2023年，美国数字服务贸易由2875.1亿美元增长至10266.4亿美元，占全球数字服务贸易比重保持在13.1%~15.7%，其中，占比最高是2010年的15.7%，占比最低为2023年的13.1%（见图25-1）。除2009年和2015年出现小幅下降外，其他年份均保持正增长。

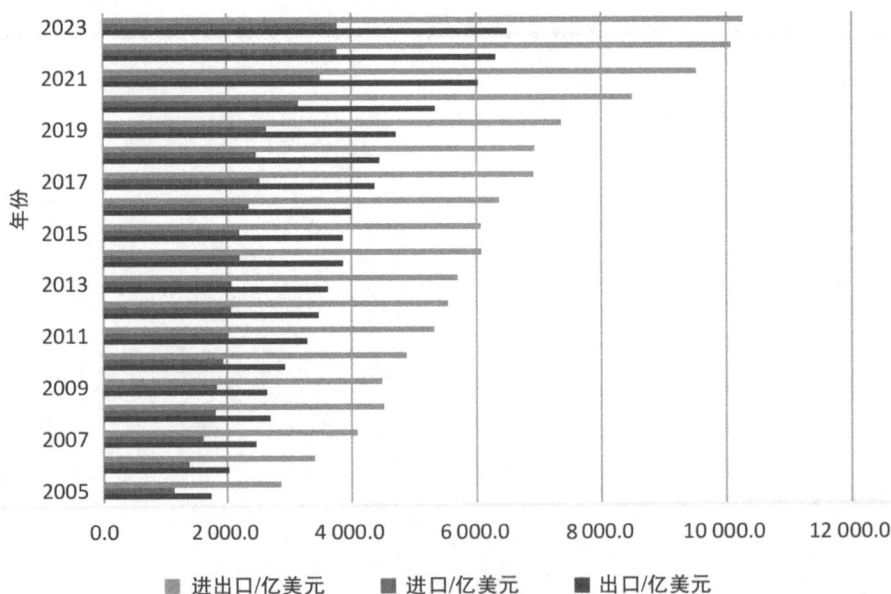

图 25-1　2005—2023 年美国数字服务贸易情况

资料来源：WTO。

注：WTO的数字服务贸易包括其他商业服务，计算机服务，金融服务，知识产权使用费，保险和养老金服务，电信服务，信息服务，个人、文化和娱乐服务八个领域，口径同可数字化交付服务贸易。

在数字服务出口方面，2005—2023 年，美国数字服务出口规模占全球比重区间为 15.3%~18.4%，年均增幅约为 8%（见图 25-2）。除 2009年和 2015 年出现小幅减少外，其他年份均保持正增长，年均增幅约为 8%。在数字服务进口方面，2005—2023 年，美国数字服务进口占全球比重区间为 10.2%~13.0%，平均占比约为 11.6%，除 2025 年和 2028 年出现小幅降低外，其他年份均保持正增长，年均增幅约为 7%。

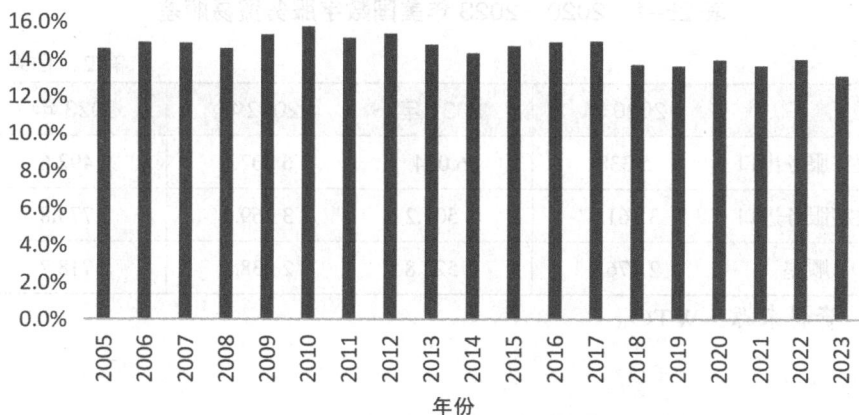

图 25-2　2005—2023 年美国数字服务出口占全球比重

资料来源：WTO。

二、美国数字服务贸易顺差持续扩大

美国是数字服务出口第一大国，数字服务贸易长期顺差并呈现扩大态势。2005—2023 年，美国数字服务贸易顺差规模从 2005 年的 597.1 亿美元持续攀升至 2023 年的 2718.7 亿美元，年均复合增长 8.8%，除 2009 年和 2016 年顺差规模小幅减少外，其他年份均保持增长。2005—2023 年，美国数字服务贸易顺差年均规模为 1569.5 亿美元。

2023 年，美国数字服务贸易 10266.4 亿美元，同比增长 1.9%，全球占比 13.1%，其中出口 6492.6 亿美元，同比增长 3%，全球占比 15.28%，数字服务进口 3773.8 亿美元，同比增长 0.1%，与上年基本持平，数字服务

贸易顺差 2718.7 亿美元。2020—2023 年，美国数字服务出口分别为 5338
亿美元、6024 亿美元、6307.6 亿美元和 6492.6 亿美元，数字服务进口分别
为 3161.6 亿美元、3501.2 亿美元、3769.2 亿美元和 3773.8 亿美元，数字服
务贸易顺差分别为 2176.4 亿美元、2522.8 亿美元、2538.5 亿美元和 2718.7
亿美元，顺差规模逐年攀升，年均复合增长 7.7%（见表 25-1、图 25-3、
图 25-4）。

表 25-1 2020—2023 年美国数字服务贸易顺差

单位：亿美元

	2020 年	2021 年	2022 年	2023 年
数字服务出口	5 338	6 024	6 307.6	6 492.6
数字服务进口	3 161.6	3 501.2	3 769.2	3 773.8
顺差	2 176.4	2 522.8	2 538.5	2 718.7

资料来源：WTO。

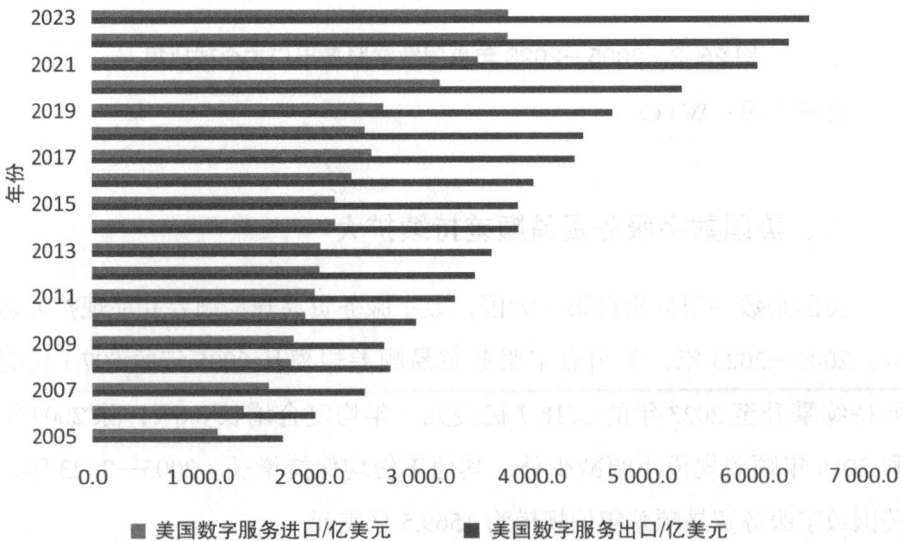

图 25-3 2005—2023 年美国数字服务进出口情况

资料来源：WTO。

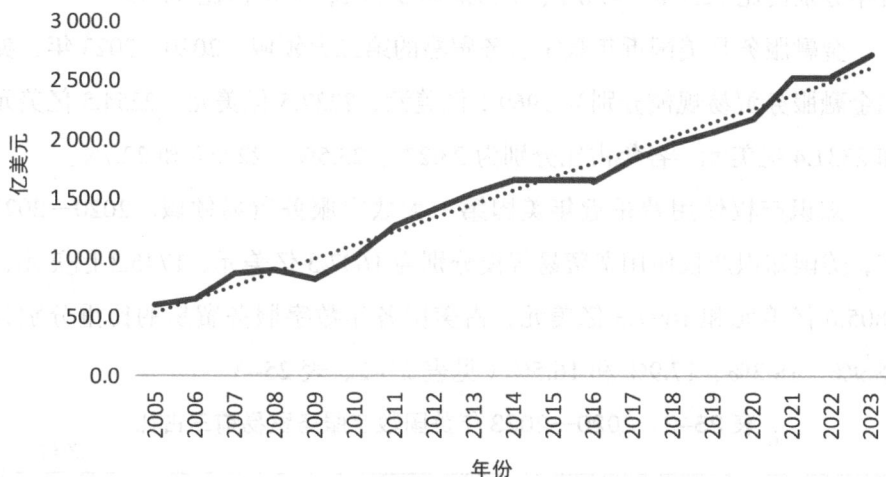

图 25-4　2005—2023 年美国数字服务贸易顺差

资料来源：WTO。

三、美国数字服务进出口限制程度低

近年来，全球数字服务贸易限制性措施呈现增多态势，各国对数字服务贸易监管收紧、监管政策纷繁复杂。OECD 从基础设施和连通程度、电子交易便利度、支付系统、知识产权保护、其他限制性措施等方面对数字服务贸易的限制度进行考量。根据 OECD2022 年度数字服务贸易限制指数（DSTRI）报告，美国数字服务贸易限制指数在全球排名第 80 位左右，处于开放领先位置。

（一）美国数字服务贸易领域集中度高

1. 美国其他商业服务贸易超 1/3

美国数字服务贸易集中度高，其他商业服务贸易、金融服务、知识产权使用费、保险和养老金服务是最主要的数字服务贸易领域。

其他商业服务是美国数字服务贸易中规模最大的领域，整体占比超过 1/3。2020—2023 年，美国其他商业服务贸易规模分别为 2780.4 亿美元、3222.4 亿美元、3527 亿美元和 3623 亿美元，年均规模为 3288.2 亿美元，各年分别占比 32.7%、33.8%、35.0% 和 35.3%，年均占比 34.3%。

金融服务是美国近年数字服务贸易的第二大领域。2020—2023 年，美国金融服务贸易规模分别为 1969.1 亿美元、2237.5 亿美元、2254.5 亿美元和 2331.4 亿美元，各年占比分别为 23.2%、23.5%、22.4% 和 22.7%。

知识产权使用费是近年美国第三大数字服务贸易领域。2020—2023 年，美国知识产权使用费贸易规模分别为 1607.3 亿美元、1745.3 亿美元、1805.6 亿美元和 1697.3 亿美元，占美国各年数字服务贸易的比重分别为 18.9%、18.3%、17.9% 和 16.5%（见表 25-2、表 25-3）。

表 25-2　2020—2023 年美国数字服务贸易前三占比

单位：%

	其他商业服务	金融服务	知识产权使用费	合计
2020 年	32.7	23.2	18.9	74.8
2021 年	33.8	23.5	18.3	75.6
2022 年	35.0	22.4	17.9	75.3
2023 年	35.3	22.7	16.5	74.5

资料来源：WTO。

表 25-3　2020—2023 年美国数字服务贸易前三规模

单位：亿美元

	进出口总额	其他商业服务	金融服务	知识产权使用费	合计
2020 年	8 499.6	2 780.4	1 969.1	1 607.3	6 356.8
2021 年	9 525.2	3 222.4	2 237.5	1 745.3	7 205.2
2022 年	10 076.8	3 527.0	2 254.5	1 805.6	7 587.2
2023 年	10 266.4	3 623.0	2 331.4	1 697.3	7 651.7
年均	9 592.0	3 288.2	2 198.1	1 713.9	7 200.2
年均占比	100.0%	34.3%	22.9%	17.9%	75.1%

资料来源：WTO。

2. 美国金融服务出口比重接近三成

2023 年，美国数字服务出口八大领域按规模从大到小依次是：其他商业服务出口占35.4%，金融服务出口占26.9%，知识产权使用费出口占19.4%，计算机服务占7.7%，个人、文化和娱乐服务出口占3.9%，保险和养老金服务出口占3.7%，信息服务出口占1.6%，电信服务出口占1.4%（见表25-4、表25-5），其他商业服务、金融服务、知识产权使用费位列前三，出口规模占美国数字服务出口总额的八成以上。

其他商业服务是美国最大的数字服务出口领域。2020—2023年，美国其他商业服务出口分别为1740.2亿美元、2018亿美元、2245.5亿美元和2298.4亿美元，各年占比分别为32.6%、33.5%、35.6%和35.4%，整体占比超过1/3。

金融服务是美国第二大数字服务出口领域，近年美国金融服务出口占比接近三成。2020—2023年，美国金融服务出口额分别为1510.7亿美元、1722.9亿美元、1677.8亿美元和1746.5亿美元，各年占比分别为28.3%、28.6%、26.6%和26.9%。

知识产权使用费是美国数字服务出口的第三大领域，近年美国知识产权使用费出口占比超过二成，2020—2023年分别占比21.7%、21.3%、20.2%和19.4%。2020—2023年，美国知识产权使用费出口分别为1158.4亿美元、1283.1亿美元、1274.1亿美元和1259.6亿美元。

表25-4　2020—2023年美国数字服务出口前三大领域规模

单位：亿美元

	出口总额	其他商业服务出口	金融服务出口	知识产权使用费出口	合计
2020年	5 338.0	1 740.2	1 510.7	1 158.4	4 409.2
2021年	6 024.0	2 018.0	1 722.9	1 283.1	5 024.0
2022年	6 307.6	2 245.5	1 677.8	1 274.1	5 197.5
2023年	6 492.6	2 298.4	1 746.5	1 259.6	5 304.4
年均	6 040.6	2 075.5	1 664.5	1 243.8	4 983.8
年均占比	100.0%	34.4%	27.6%	20.6%	82.5%

资料来源：WTO。

表 25-5　2020—2023 年美国数字服务出口前三大领域占比

单位：%

	其他商业服务出口	金融服务出口	知识产权使用费出口	合计
2020 年	32.6	28.3	21.7	82.6
2021 年	33.5	28.6	21.3	83.4
2022 年	35.6	26.6	20.2	82.4
2023 年	35.4	26.9	19.4	81.7
年均占比	34.3	27.6	20.7	82.5

资料来源：WTO。

3. 美国保险和养老金服务进口比重近二成

2023 年，美国数字服务进口八大领域规模占比从高到低依次是，其他商业服务进口占 35.1%，金融服务进口占 16.2%，保险和养老金服务进口占 15.5%，知识产权使用费进口占 11.6%，计算机服务进口占 11.4%，个人、文化和娱乐服务进口占 7.5%，电信服务进口占 1.6%，信息服务进口占 1.1%（见表 25-6、表 25-7）。

其他商业服务是美国数字服务进口的最大领域，近年占比超过 1/3。2020—2023 年，美国其他商业服务进口规模分别为 1040.2 亿美元、1204.4 亿美元、1281.5 亿美元和 1324.6 亿美元，占美国数字服务进口的比重在 32.9%~35.1%，分别为 32.9%、34.4%、34% 和 35.1%。

保险和养老金服务是美国数字服务进口的第二大领域，近年比重在 15.8%~18.3%，接近 2 成。2020—2023 年，美国保险和养老金服务进口规模分别为 578.6 亿美元、588.2 亿美元、595.5 亿美元和 611.4 亿美元，各年占比分别为 18.3%、16.8%、15.8% 和 16.2%。

金融服务是美国数字服务进口的第三大领域，近年比重在 14.5%~15.5%。2020—2023 年，美国金融服务进口规模分别为 458.4 亿美元、514.7 亿美元、576.7 亿美元和 584.9 亿美元，各年占比分别为 14.5%、14.7%、15.3% 和 15.5%。

表 25-6　2020—2023 年美国数字服务进口前五大领域规模

单位：亿美元

	总额	其他商业服务	保险和养老金服务	金融服务	知识产权使用费	计算机服务	合计
2020 年	3 161.6	1 040.2	578.6	458.4	448.9	335.1	2 861.2
2021 年	3 501.2	1 204.4	588.2	514.7	462.2	374.6	3 144.1
2022 年	3 769.2	1 281.5	595.5	576.7	531.5	407.1	3 392.3
2023 年	3 773.8	1 324.6	611.4	584.9	437.8	430.2	3 388.9
年均	3 551.4	1 212.7	593.4	533.7	470.1	386.8	3 196.6
年均占比	100.0	34.1	16.7	15.0	13.2	10.9	90.0

资料来源：WTO。

表 25-7　2020—2023 年美国数字服务进口前五占比

单位：%

	其他商业服务进口	保险和养老金服务进口	金融服务进口	知识产权使用费进口	计算机服务进口	合计
2020 年	32.9	18.3	14.5	14.2	10.6	90.5
2021 年	34.4	16.8	14.7	13.2	10.7	89.8
2022 年	34.0	15.8	15.3	14.1	10.8	90.0
2023 年	35.1	16.2	15.5	11.6	11.4	89.8
年均	34.1	16.8	15.0	13.3	10.9	90.0

资料来源：WTO。

知识产权使用费是美国数字服务进口第四大领域，近年占比在 11.6%—14.2% 之间。2020—2023 年，美国知识产权使用费进口规模分别为 448.9 亿美元、462.2 亿美元、531.5 亿美元和 437.8 亿美元，各年占比分别为 14.2%、13.2%、14.1% 和 11.6%。

计算机服务是美国数字服务进口第五大领域，近年比重在 10.6%~11.4%。2020—2023 年，美国计算机服务进口规模分别为 335.1 亿美元、374.6 亿美元、407.1 亿美元和 430.2 亿美元，各年占比分别为 10.6%、10.7%、10.8% 和 11.4%。

（二）服务贸易高度开放与保护主义加剧并存

根据 WTO 发布的 2023 年《贸易政策审议报告》，美国是全球服务贸易最开放的经济体之一，尤其在金融、电信、专业服务等领域限制较少。

根据经济合作组织（OECD）针对 OECD 成员国及中国、印度、印度尼西亚、哈萨克斯坦、马来西亚、秘鲁、新加坡、南非、泰国和越南等 50 个国家的服务贸易限制程度发布的全球服务贸易限制指数报告[①]，2023 年美国服务贸易开放度高于上述 50 国和 OECD 平均水准。美国对服务贸易领域的监管政策近年保持稳定，未出台对其贸易开放度存在较大影响的重大举措。受益于严格的知识产权保护和相对宽松的数据流动政策，硅谷的数字贸易全球竞争力持续提升。同时，通过美墨加协定（USMCA）、美日数字贸易协定等多双边贸易协定，美国积极推动数字服务、金融等领域的更高标准开放。

与此同时，基于数字霸权和"泛安全化"的诉求，美国在部分行业（如海运、航空运输等领域）设置外资准入壁垒，例如根据《琼斯法案》，外资船公司无法参与美国国内航运。美国外国投资委员会（CFIUS）近年来加大的涉及数据安全、关键技术（如人工智能、生物医药）等领域服务投资审查，要求其他国家在服务领域提供"对等开放"，并通过限制劳工签证影响跨国人才流动（见图 25-5）。

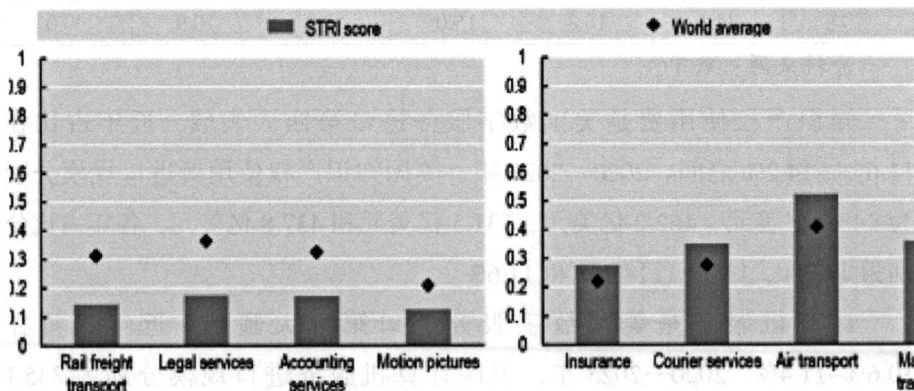

图 25-5　2022 年美国服务贸易开放度全球比较

资料来源：OECD。

[①] 2022 年 OECD 服务贸易限制指数报告覆盖的范围包括 OECD 成员和中国、印度、印度尼西亚、哈萨克斯坦、马来西亚、秘鲁、新加坡、南非、泰国和越南等 50 个国家。

第二十六章　欧洲数字服务贸易的发展现状

一、欧洲数字服务进出口规模持续扩大

欧洲数字服务贸易保持稳定增长。2005—2023 年，欧洲数字服务进出口总额从 11491.9 亿美元增长至 41885.5 亿美元，年均复合增长率为 7.4%。其中，数字服务出口总额从 2005 年的 6172.4 亿美元提升至 2023 年的 22281.6 亿美元，年均复合增长率为 7.4%。数字服务进口总额从 2005 年的 5319.5 亿美元增长至 2023 年的 19603.9 亿美元，年均复合增长率为 7.5%。

2023 年，欧洲数字服务贸易规模为 41885.5 亿美元，同比增长 12%（见图 26-1）。其中，数字服务出口规模为 22281.6 亿美元，较上年增长 11.4%；数字服务进口规模为 19603.9 亿美元，较上年增长 12.7%。

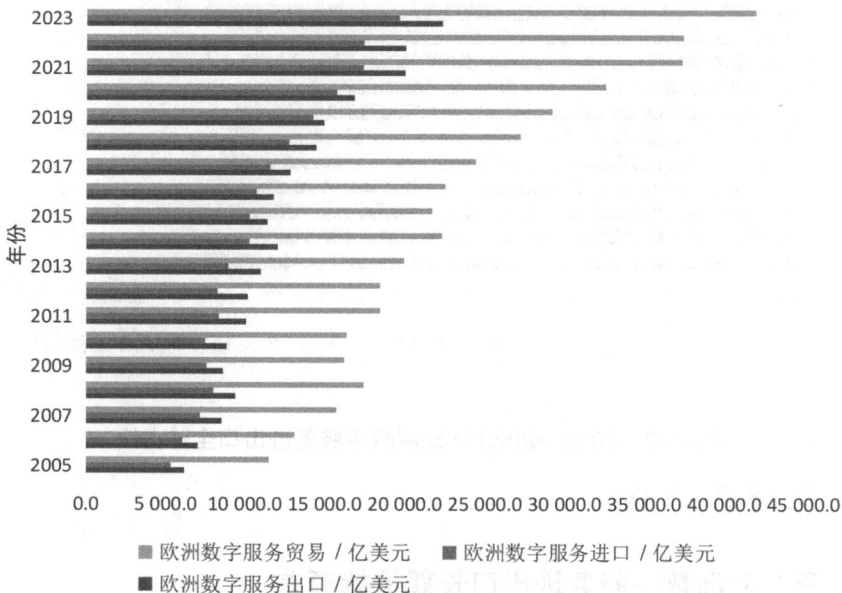

图 26-1　2005—2023 年欧洲数字服务贸易情况

资料来源：WTO。

二、欧洲数字服务进出口占全球半壁江山

欧洲数字服务贸易是全球数字贸易的重要组成部分，多年以来，其规模占全球比重超过五成。2005—2023 年，欧洲数字服务贸易占全球的比重区间在 51%~58.1%，比重的变化趋势基本呈现以 2009 年为节点的先高后低。2005—2023 年，欧洲数字服务出口占全球比重在 51.3%~58.8%，数字服务出口全球占比的变化趋势基本呈现以 2010 年为节点的先高后低（见图 26-2）。2005—2023 年，欧洲数字服务进口占全球比重在 48%~56.1%，除 2011—2013 年占比低于五成，其他年份均高于 50%。

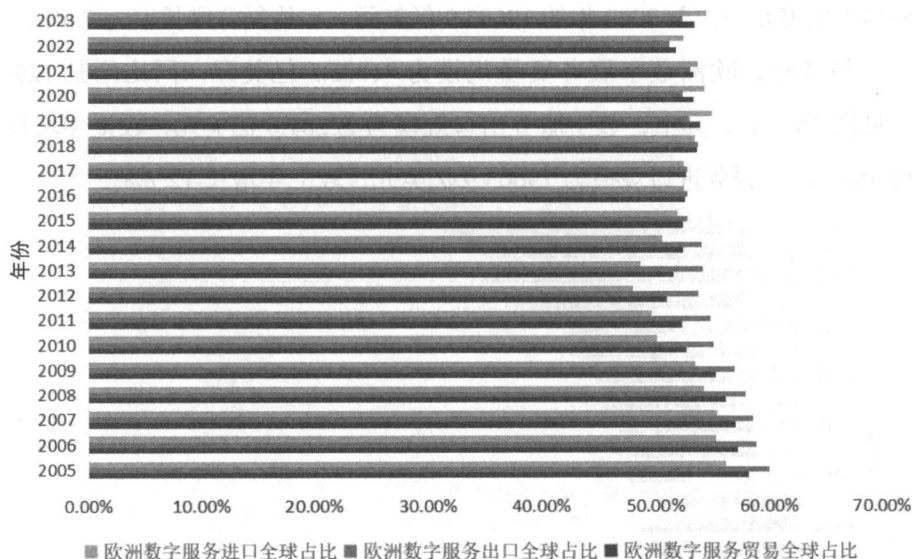

图 26-2　2005—2023 年欧洲数字服务进出口全球占比

资料来源：WTO。

三、欧洲数字服务进出口长期保持顺差

欧洲是数字服务出口的主要来源地，数字服务贸易中出口长期高于进口，长期处于贸易顺差状态。2005—2023 年，欧洲数字服务贸易顺差规模

从852.9亿美元扩大到2677.7亿美元,年均复合增长6.6%,除2009年、2014年、2015年、2016年和2019年顺差规模出现减少外,其他年份顺差均呈现正增长。2005—2023年,欧洲数字服务贸易顺差年均规模为1534.7亿美元,较美国低出34.8亿美元,为美国年均顺差规模的97.8%(见图26-3)。

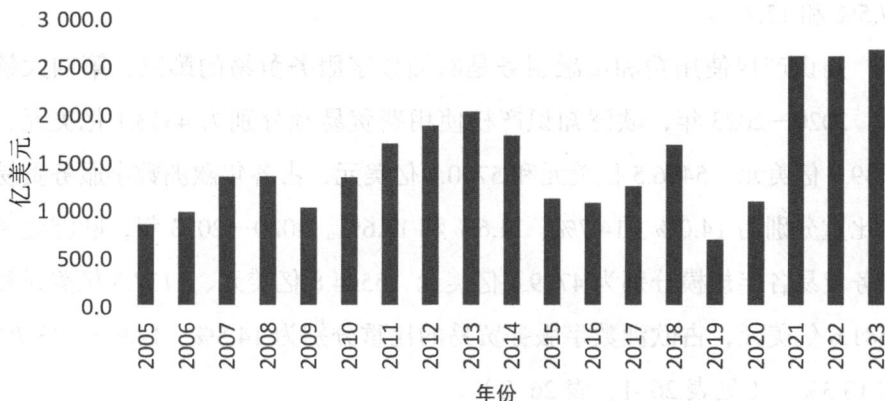

图26-3 2005—2023年欧洲数字服务贸易顺差规模

资料来源:WTO。

四、欧洲数字服务贸易领域集中度高

(一)前四大领域占比超过九成

欧洲数字服务贸易领域主要集中在其他商业服务、计算机服务、知识产权费使用和金融服务四大领域。近年欧洲前四大领域的贸易规模整体占比近九成,其中其他商业服务贸易进出口的比重超过四成。

2020—2023年,其他商业服务、计算机服务、知识产权使用费和金融服务进出口总额分别是29166.9亿美元、33325.8亿美元、33374.6亿美元和37284.3亿美元,占欧洲数字服务进出口比重分别为89.7%、89.3%、89.3%和89.0%。

其他商业服务是欧洲数字服务贸易的最大领域。2020—2023年,欧洲其他商业服务进出口规模分别为14674.2亿美元、15876.1亿美元、16254.7

亿美元和 18594.3 亿美元，占欧洲数字服务贸易的比重分别为 45.1%、42.6%、43.5% 和 44.4%。

计算机服务是欧洲数字服务贸易的第二大领域。2020—2023 年，欧洲计算机服务进出口规模分别为 5220.2 亿美元、6395.2 亿美元、6526 亿美元和 7407.7 亿美元，占欧洲数字服务贸易的比重分别为 16.1%、17.1%、17.5% 和 17.7%。

知识产权使用费和金融服务是欧洲数字服务贸易的第三、第四大领域。2020—2023 年，欧洲知识产权使用费贸易额分别为 4553.1 亿美元、5489.7 亿美元、5456.5 亿美元和 5700.7 亿美元，占各年欧洲数字服务贸易的比重分别为 14.0%、14.7%、14.6% 和 13.6%。2020—2023 年，欧洲金融服务贸易各年规模分别为 4719.4 亿美元、5564.8 亿美元、5137.5 亿美元和 5581.6 亿美元，占欧洲数字服务贸易的比重分别为 14.5%、14.9%、13.7% 和 13.3%。（见表 26-1、表 26-2）。

表 26-1　2020—2023 年欧洲数字服务贸易前四大领域占比

单位：%

	其他商业服务	计算机服务	知识产权使用费	金融服务	合计
2020 年	45.1	16.1	14.0	14.5	89.7
2021 年	42.6	17.1	14.7	14.9	89.3
2022 年	43.5	17.5	14.6	13.7	89.3
2023 年	44.4	17.7	13.6	13.3	89.0
年均占比	43.9	17.1	14.2	14.1	89.3

资料来源：WTO。

表 26-2　2020—2023 年欧洲数字服务贸易前四大领域规模

单位：亿美元

	总额	其他商业服务	计算机服务	知识产权使用费	金融服务	合计
2020 年	32 508.3	14 674.2	5 220.2	4 553.1	4 719.4	29 166.9
2021 年	37 305.3	15 876.1	6 395.2	5 489.7	5 564.8	33 325.8
2022 年	37 385.2	16 254.7	6 526.0	5 456.5	5 137.5	33 374.6

	总额	其他商业服务	计算机服务	知识产权使用费	金融服务	合计
2023 年	41 885.5	18 594.3	7 407.7	5 700.7	5 581.6	37 284.3
年均	37 271.1	16 349.8	6 387.3	5 300.0	5 250.8	33 287.9

资料来源：WTO。

（二）欧洲计算机服务出口占比超过二成

欧洲数字服务出口按规模大小排序，近年前四大领域分别为其他商业服务、计算机服务、金融服务和知识产权使用费，前四大领域出口规模整体占比接近九成。2023 年，欧洲数字服务各领域出口占比依次为其他商业服务出口占 39.9%、计算机服务出口占 22.6%、知识产权使用费出口占10.1%、保险和养老金服务出口占 5.6%、电信服务出口占 2.4%、信息服务出口以及个人、文化和娱乐服务出口各占 1.8%。

2020—2023 年，欧洲数字服务出口总额分别是 16800.7 亿美元、19957.9 亿美元、19997.4 亿美元和 22281.6 亿美元。2020—2023 年，其他商业服务、计算机服务、金融服务和知识产权使用费等出口额分别为14935.8 亿美元、17782.5 亿美元、17777.7 亿美元和 19719.2 亿美元，占欧洲数字服务出口总额的比重分别为 88.9%、89.1%、88.9% 和 88.5%。

其他商业服务是欧洲最大的数字服务出口领域，近年占欧洲数字服务出口的比重稳定在四成。2020—2023 年，欧洲其他商业服务出口额分别为6569.1 亿美元、7584 亿美元、7839 亿美元和 8890.4 亿美元，占欧洲数字服务出口的比重分别为 39.1%、38%、39.2% 和 39.9%。

计算机服务是欧洲第二大数字服务出口领域，近年占欧洲数字服务出口的比重超过二成，保持在 20.6%~22.6%。2020—2023 年，欧洲计算机服务出口规模分别为 3460.9 亿美元、4330.9 亿美元、4439.4 亿美元和 5035.6亿美元，占欧洲数字服务出口的比重分别为 20.6%、21.7%、22.2% 和22.6%。

金融服务是欧洲第三大数字服务出口领域，近年占欧洲数字服务出口的比重保持在15.9%~17.9%。2020—2023年，欧洲金融服务出口各年规模分别为3007.3亿美元、3552.5亿美元、3259.6亿美元和3542.8亿美元，各年占欧洲数字服务出口的比重为17.9%、17.8%、16.3%和15.9%。

知识产权使用费是欧洲第四大数字服务出口领域，近年占欧洲数字服务出口的比重超过一成，稳定在10.1%~11.6%。2020—2023年，欧洲知识产权使用费出口额分别为1898.5亿美元、2315.1亿美元、2239.7亿美元和2250.4亿美元，占欧洲数字服务出口的比重分别为11.3%、11.6%、11.2%和10.1%（见表26-4、表26-5）。

表26-3 2020—2023年欧洲数字服务出口前四大领域规模

单位：亿美元

	总额	其他商业服务	计算机服务	金融服务	知识产权使用费	合计
2020年	16 800.7	6 569.1	3 460.9	3 007.3	1 898.5	14 935.8
2021年	19 957.9	7 584.0	4 330.9	3 552.5	2 315.1	17 782.5
2022年	19 997.4	7 839.0	4 439.4	3 259.6	2 239.7	17 777.7
2023年	22 281.6	8 890.4	5 035.6	3 542.8	2 250.4	19 719.2
年均	19 759.4	7 720.6	4 316.7	3 340.5	2 175.9	17 553.8

资料来源：WTO。

表26-4 2020—2023年欧洲数字服务出口前四大领域占比

单位：%

	其他商业服务	计算机服务	金融服务	知识产权使用费	合计
2020年	39.1	20.6	17.9	11.3	88.9
2021年	38.0	21.7	17.8	11.6	89.1
2022年	39.2	22.2	16.3	11.2	88.9
2023年	39.9	22.6	15.9	10.1	88.5
年均占比	39.1	21.8	17.0	11.1	88.9

资料来源：WTO。

表 26-5 2023 年欧洲数字服务出口结构

单位：%

其他商业服务	计算机服务	金融服务	知识产权使用费	保险和养老金服务	电信服务	信息服务	个人、文化和娱乐服务
39.9	22.6	15.9	10.1	5.6	2.4	1.8	1.8

资料来源：WTO。

（三）欧洲知识产权使用费进口接近二成

2023 年，欧洲各领域数字服务进口规模占比从高到低依次是，其他商业服务进口占 49.5%，计算机服务进口占 12.1%，知识产权使用费进口占 17.6%，金融服务进口占 10.4%，保险和养老金服务进口占 4.6%，电信服务进口占 2.6%，个人、文化和娱乐服务进口占 2.1%，信息服务进口占 1.3%（见表 26-6、表 26-7、表 26-8）。

2020—2023 年，欧洲数字服务进口总额分别为 15707.6 亿美元、17347.4 亿美元、17387.8 亿美元和 19603.9 亿美元，年均进口总额为 17511.7 亿美元。2020—2023 年，其他商业服务、知识产权使用费、计算机服务和金融服务等欧洲数字服务进口前四大领域各年合计规模分别为 14231.1 亿美元、15543.3 亿美元、15596.9 亿美元和 17565.1 亿美元，年均进口规模为 15734.1 亿美元，各年占欧洲数字服务进口总额的比重分别为 90.6%、89.6%、89.7% 和 89.6%，年均占比 89.9%。

其他商业服务是欧洲数字服务进口的第一大领域，占欧洲数字服务进口比重在 47.8%~51.6%，接近五成。2020—2023 年，欧洲其他商业服务进口各年规模分别为 8105.1 亿美元、8292.1 亿美元、8415.7 亿美元和 9703.9 亿美元，各年占欧洲数字服务进口的比重分别为 51.6%、47.8%、48.4% 和 49.5%。

知识产权使用费是欧洲数字服务进口的第二大领域，近年所占比重介于 16.9%~18.5%，接近二成。2020—2023 年，欧洲知识产权使用费进口规模分别为 2654.6 亿美元、3174.6 亿美元、3216.7 亿美元和 3450.3 亿美元，占欧洲数字服务进口的比重分别为 16.9%、18.3%、18.5% 和 17.6%。

计算机服务是欧洲数字服务进口的第三大领域，所占比重介于11.2%~12.1%。2020—2023 年，欧洲计算机服务进口各年规模分别为1759.2 亿美元、2064.3 亿美元、2086.5 亿美元和2372.1 亿美元，各年占比分别为 11.2%、11.9%、12.0% 和 12.1%。

金融服务是欧洲数字服务进口的第四大领域，占比稳定在10.4%~11.6%，占比超过一成。2020—2023 年，欧洲金融服务进口各年规模分别为 1712.1 亿美元、2012.3 亿美元、1877.9 亿美元和2038.8 亿美元，各年占欧洲数字服务进口的比重分别为 10.9%、11.6%、10.8% 和 10.4%。

表 26-6   2020—2023 年欧洲数字服务进口前四大领域

单位：亿美元

	总额	其他商业服务	知识产权使用费	计算机服务	金融服务	合计
2020 年	15 707.6	8 105.1	2 654.6	1 759.2	1 712.1	14 231.1
2021 年	17 347.4	8 292.1	3 174.6	2 064.3	2 012.3	15 543.3
2022 年	17 387.8	8 415.7	3 216.7	2 086.5	1 877.9	15 596.9
2023 年	19 603.9	9 703.9	3 450.3	2 372.1	2 038.8	17 565.1
年均	17 511.7	8 629.2	3 124.0	2 070.5	1 910.3	15 734.1

资料来源：WTO。

表 26-7   2020—2023 年欧洲数字服务进口前四大占比

单位：%

年份	其他商业服务	知识产权使用费	计算机服务	金融服务	合计
2020 年	51.6	16.9	11.2	10.9	90.6
2021 年	47.8	18.3	11.9	11.6	89.6
2022 年	48.4	18.5	12.0	10.8	89.7
2023 年	49.5	17.6	12.1	10.4	89.6
年均占比	49.3	17.8	11.8	10.9	89.9

资料来源：WTO。

表 26-8　2023 年欧洲数字服务进口结构

单位：%

其他商业服务	计算机服务	金融服务	知识产权使用费	保险和养老金服务	电信服务	信息服务	个人、文化和娱乐服务
49.5	12.1	10.4	17.6	4.6	2.6	1.3	2.1

资料来源：WTO。

五、欧盟数字服务贸易开放程度

欧盟数字服务贸易发展程度和开放度高于全球平均水平。根据 OECD 发布的 DSTRI 报告，2022 年卢森堡、荷兰、德国、法国、意大利和比利时在全球 85 个国家的排行榜中分别居第 71 位、65 位、61 位、58 位、55 位和 46 位。在欧盟 27 个成员国[①] 中，有 22 个国家进入 OECD 的 2022 年度排名报告，开放度最高的斯洛伐克全球限制度排名第 74 位，开放度最低的波兰全球限制度排名第 17 位（见表 26-9），欧盟数字服务贸易限制度全球平均排名 53 位，开放度明显高于全球平均水平。其中，开放度较高的前十个国家依次是斯洛伐克、爱沙尼亚、卢森堡、丹麦、荷兰、立陶宛、瑞典、德国、西班牙和法国。

表 26-9　2022 年欧盟数字服务贸易限制程度排名

欧盟排位	全球排位	国家	限制指数
1	17	波兰	0.30
2	31	拉脱维亚	0.22
3	36	奥地利	0.20
4	38	希腊	0.18
5	39	斯洛文尼亚	0.18
6	43	匈牙利	0.17

[①] 欧盟现拥有 27 个成员国，包括奥地利、比利时、保加利亚、塞浦路斯、克罗地亚、捷克、丹麦、爱沙尼亚、芬兰、法国、德国、希腊、匈牙利、爱尔兰、意大利、拉脱维亚、立陶宛、卢森堡、马耳他、荷兰、波兰、葡萄牙、罗马尼亚、斯洛伐克、斯洛文尼亚、西班牙、瑞典。

续表

欧盟排位	全球排位	国家	限制指数
7	44	捷克共和国	0.16
8	46	比利时	0.16
9	48	葡萄牙	0.14
10	49	爱尔兰	0.14
11	55	意大利	0.13
12	57	芬兰	0.12
13	58	法国	0.12
14	60	西班牙	0.12
15	61	德国	0.12
16	62	瑞典	0.12
17	64	立陶宛	0.10
18	65	荷兰	0.10
19	66	丹麦	0.10
20	71	卢森堡	0.08
21	72	爱沙尼亚	0.08
22	74	斯洛伐克	0.08

资料来源：OECD。

六、欧盟代表国家的数字服务贸易

（一）德国数字服务贸易发展情况

1. 德国数字服务进出口长期同速攀升

德国是欧洲主要数字服务贸易大国。WTO 数据显示，2005—2023 年，德国数字服务贸易总额从 1347.7 亿美元增长至 4885.3 亿美元，年均复合增长 7.4%。2005—2023 年，德国数字服务出口总额从 683.3 亿美元增至 2476.5 亿美元，年均复合增长 7.4%，除 2009 年、2010 年、2015 年和 2022

年出现同比下降之外，其他年份均保持增长。2005—2023 年，德国数字服务进口总额从 664.4 亿美元增至 2408.8 亿美元，年均复合增长 7.4%（见图 26-4）。

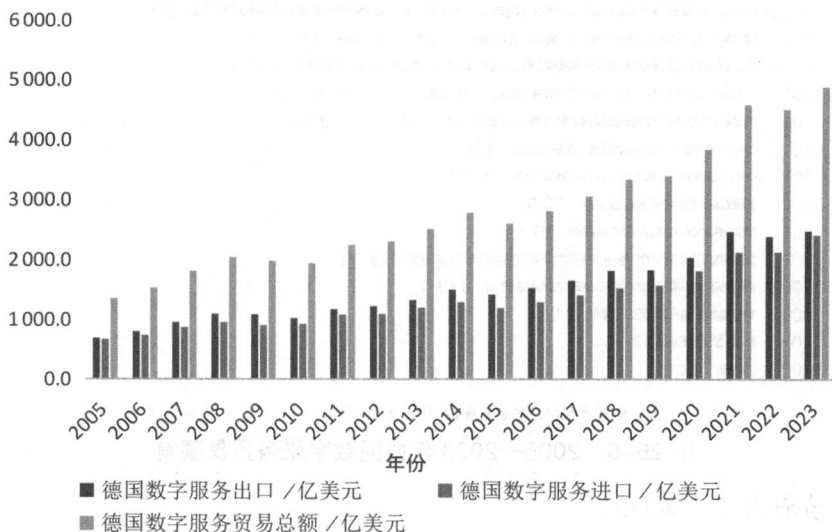

图 26-4　2005—2023 年德国数字服务进出口情况

资料来源：WTO。

2. 德国数字服务进出口长期顺差

德国数字服务贸易长期保持顺差，顺差规模有别于欧洲，整体呈现高低起伏。

2005—2023 年，德国数字服务贸易顺差规模在 18.9 亿美元到 344.7 亿美元之间，在 2010 年、2011 年、2013 年、2019 年、2020 年、2022 年和 2023 年顺差规模出现同比减少，其他年份顺差规模扩大。

2005—2023 年，德国数字服务贸易顺差年均规模为 173.8 亿美元，占欧洲年均顺差规模的 11.3%，2023 年，德国数字服务贸易顺差为 67.8 亿美元，同比下滑 73.0%（见图 26-5）。

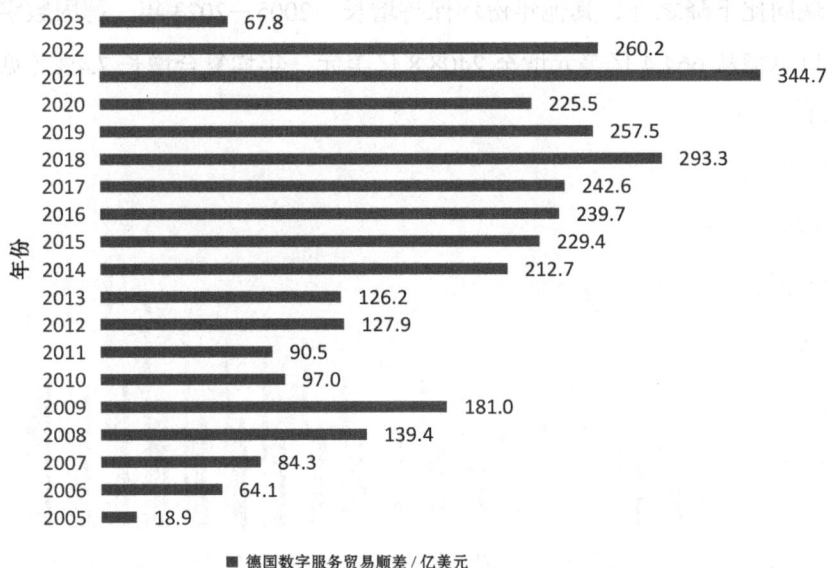

图 26-5　2005—2023 年德国数字服务贸易顺差

资料来源：WTO。

3.德国数字服务贸易主要领域

其他商业服务、计算机服务、知识产权使用费和金融服务是德国数字服务贸易的主要领域。2020—2023 年，德国数字服务贸易前四大领域依次是其他商业服务、计算机服务、知识产权使用费和金融服务，前四大领域的贸易额合计分别为 3406 亿美元、4074.2 亿美元、4016.7 亿美元和 4350.3 亿美元，各年占德国数字服务贸易总额的比重分别为 88.6%、88.9%、89.1% 和 89.0%。

其他商业服务是德国服务贸易的第一大领域，近年占比超过四成。2020—2023 年，德国其他商业服务贸易额分别是 1753.3 亿美元、1906.3 亿美元、1962.7 亿美元和 2220.6 亿美元，占比分别是 45.6%、41.6%、43.5%和 45.5%。

计算机服务是德国数字服务贸易的第二大领域。2020—2023 年，德国计算机服务进出口总额分别是 630.9 亿美元、736.3 亿美元、757.7 亿美元和 853.2 亿美元，各年分别占比 16.4%、16.1%、16.8%、17.5% 和 16.7%。

知识产权使用费是德国数字服务贸易的第三大领域。2020—2023 年，德国知识产权使用费服务进出口总额额分别为 547.9 亿美元、820.1 亿美元、728.9 亿美元和 689.5 亿美元，各年占比分别是 14.3%、17.9%、16.2% 和 14.1%。

金融服务是德国第四大数字服务贸易。2020—2023 年，德国金融服务进出口总额分别为 474 亿美元、611.5 亿美元、567.4 亿美元和 587 亿美元，各年占比分别是 12.3%、13.3%、12.6% 和 12.0%。

表 26-10　2020—2023 年德国数字服务贸易前四大领域规模

单位：亿美元

	总额	其他商业服务	计算机服务	知识产权使用费	金融服务	合计
2020 年	3 842.5	1 753.3	630.9	547.9	474.0	3 406.0
2021 年	4 584.9	1 906.3	736.3	820.1	611.5	4 074.2
2022 年	4 507.8	1 962.7	757.7	728.9	567.4	4 016.7
2023 年	4 885.3	2 220.6	853.2	689.5	587.0	4 350.3
年均	4 455.1	1 960.7	744.5	696.6	560.0	3 961.8

资料来源：WTO。

表 26-11　2020—2023 年德国数字服务贸易前四大领域占比

单位：%

	其他商业服务	计算机服务	知识产权使用费	金融服务	合计
2020 年	45.6	16.4	14.3	12.3	88.6
2021 年	41.6	16.1	17.9	13.3	88.9
2022 年	43.5	16.8	16.2	12.6	89.1
2023 年	45.5	17.5	14.1	12.0	89.0
年均	44.1	16.7	15.6	12.6	88.9

资料来源：WTO。

4. 德国数字服务出口情况

2023 年，德国数字服务出口八大领域规模占比从高到低依次是，其他商业服务占 42.2%，知识产权使用费占 18.6%，计算机服务占 14.9%，金融服务占 13.2%，保险和养老金服务占 6.6%，信息服务占 2%，电信服务占 1.4%，个人、文化和娱乐服务占 1.2%。

2020—2023 年，德国数字服务出口总额分别是 2034 亿美元、2464.8 亿美元、2384 亿美元和 2476.5 亿美元。德国数字服务出口前四大领域合计出口额分别为 1800.1 亿美元、2193.7 亿美元、2126.5 亿美元和 2201.6 亿美元，前四大出口领域占德国各年数字服务出口的比重分别为 88.5%、89%、89.2% 和 88.9%。

其他商业服务是德国第一大数字服务出口领域，近年占比在 37%~42.2%，占比超过四成。2020—2023 年，德国其他商业服务出口额分别为 856.3 亿美元、912 亿美元、936.9 亿美元和 1045.1 亿美元，年均出口 937.6 亿美元，占德国数字服务出口的比重分别为 42.1%、37.0%、39.3% 和 42.2%，年均占比 40.2%。

知识产权使用费出口是德国第二大数字服务出口领域。2020—2023 年，德国知识产权使用费出口规模分别为 374.3 亿美元、603.9 亿美元、529.2 亿美元和 460.6 亿美元，各年占德国数字服务出口的比重分别为 18.4%、24.5%、22.2% 和 18.6%。

金融服务是德国数字服务出口的第三大领域。2020—2023 年，德国金融服务出口规模分别为 294.9 亿美元、354.9 亿美元、333.8 亿美元和 326.9 亿美元，各年占德国数字服务出口的比重分别是 14.5%、14.4%、14.0% 和 13.2%。

计算机服务是德国数字服务出口的第四大领域。2020—2023 年，德国计算机服务出口规模分别为 274.6 亿美元、322.9 亿美元、326.6 亿美元和 369 亿美元，占德国数字服务出口的比重分别为 13.5%、13.1%、13.7% 和 14.9%（见表 26–12、表 26–13、表 26–14）。

表 26-12   2020—2023 年德国数字服务出口前四大领域规模

单位：亿美元

	出口总额	其他商业服务	知识产权使用费	金融服务	计算机服务	合计
2020 年	2 034.0	856.3	374.3	294.9	274.6	1 800.1
2021 年	2 464.8	912.0	603.9	354.9	322.9	2 193.7
2022 年	2 384.0	936.9	529.2	333.8	326.6	2 126.5
2023 年	2 476.5	1045.1	460.6	326.9	369.0	2 201.6
年均	2 339.8	937.6	492.0	327.6	323.3	2 080.5

资料来源：WTO。

表 26-13   2020—2023 年德国数字服务出口前四大领域占比

单位：%

	其他商业服务	知识产权使用费	金融服务	计算机服务	合计
2020 年	42.1	18.4	14.5	13.5	88.5
2021 年	37.0	24.5	14.4	13.1	89.0
2022 年	39.3	22.2	14.0	13.7	89.2
2023 年	42.2	18.6	13.2	14.9	88.9
年均	40.2	20.9	14.0	13.8	88.9

资料来源：WTO。

表 26-14   2023 年德国数字服务出口结构

单位：%

其他商业服务	知识产权使用费	计算机服务	金融服务	保险和养老金服务	信息服务	电信服务	个人、文化和娱乐服务
42.2	18.6	14.9	13.2	6.6	2.0	1.4	1.2

资料来源：WTO。

5. 德国数字服务进口情况

2023 年，德国数字服务进口八大领域按规模占比由高到低依次是，其他商业服务占 48.8%，计算机服务占 20.1%，金融服务占 10.8%，知识产权使用费占 9.5%，保险和养老金服务占 4.5%，个人、文化和娱乐服务占 2.4%，信息服务占 2.3%，电信服务占 1.6%。

2020—2023 年，德国数字服务进口总额分别是 1808.5 亿美元、2120.1

亿美元、2123.8 亿美元和 2408.8 亿美元，年均 2115.3 亿美元。前四大领域进口额合计分别是 1606 亿美元、1880.5 亿美元、1890.2 亿美元和 2148.6 亿美元，占各年德国数字服务进口总额的比重分别是 88.8%、88.7%、89% 和 89.2%。

其他商业服务是德国数字服务进口的第一大领域，近年占德国数字服务进口比重接近五成。2020—2023 年，德国其他商业服务进口额分别为 897 亿美元、994.3 亿美元、1025.8 亿美元和 1175.5 亿美元，各年占比分别为 49.6%、46.9%、48.3% 和 48.8%。

计算机服务是德国数字服务进口的第二大领域。2020—2023 年，德国计算机服务进口额分别为 356.3 亿美元、413.4 亿美元、431.1 亿美元和 484.2 亿美元，各年占德国数字服务进口的比重分别为 19.7%、19.5%、20.3% 和 20.1%。

金融服务是德国数字服务进口的第三大领域。2020—2023 年，德国金融服务进口额分别是 179 亿美元、256.5 亿美元、233.6 亿美元和 260.1 亿美元，各年占德国数字服务进口的比重分别是 9.9%、12.1%、11% 和 10.8%。

知识产权使用费是德国数字服务进口的第四大领域。2020—2023 年，德国知识产权使用费进口额分别是 173.6 亿美元、216.2 亿美元、199.6 亿美元和 228.8 亿美元，各年占德国数字服务进口的比重分别是 9.6%、10.2%、9.4% 和 9.5%（见表 26-15、表 26-16、表 26-17）。

表 26-15　2020—2023 年德国数字服务进口前四大领域规模

单位：亿美元

	进口总额	其他商业服务	计算机服务	金融服务	知识产权使用费	合计
2020 年	1 808.5	897.0	356.3	179.0	173.6	1 606.0
2021 年	2 120.1	994.3	413.4	256.5	216.2	1 880.5
2022 年	2 123.8	1 025.8	431.1	233.6	199.6	1 890.2
2023 年	2 408.8	1 175.5	484.2	260.1	228.8	2 148.6
年均	2 115.3	1 023.2	421.2	232.3	204.6	1 881.3

资料来源：WTO。

表 26-16 2020—2023 年德国数字服务进口前四大领域

单位：%

	其他商业服务	计算机服务	金融服务	知识产权使用费	合计
2020 年	49.6	19.7	9.9	9.6	88.8
2021 年	46.9	19.5	12.1	10.2	88.7
2022 年	48.3	20.3	11.0	9.4	89.0
2023 年	48.8	20.1	10.8	9.5	89.2
年均	48.4	19.9	11.0	9.7	88.9

资料来源：WTO。

表 26-17 2023 年德国数字服务进口结构

单位：%

其他商业服务	计算机服务	金融服务	知识产权使用费	保险和养老金服务	个人、文化和娱乐服务	信息服务	电信服务
48.8	20.1	10.8	9.5	4.5	2.4	2.3	1.6

资料来源：WTO。

6. 德国服务业开放度高

根据 OECD 服务贸易限制指数报告，2022 年德国服务贸易开放度在全球 50 国中位居第 8，开放度高于 OECD 国家平均水平，服务贸易各领域较欧洲其他经济体都更为开放。与 50 国平均水平相比，德国快递服务最为开放，没有国有的快递服务商，道路货运服务限制最多。德国在人员移动、商业登记领域存在准入限制，针对临时聘用的服务供应商或独立的服务供应商，在申请商务签证时需要提供超过 8 份文件，且需要通过相关职业资格考试。

2022 年以来，由于欧盟层面对于广播和法律服务之外的服务贸易领域出台了新的准入举措，德国服务贸易的限制措施较上年略有升级。2022 年 8 月，欧盟针对第三国货物服务进入欧盟公共采购和特许市场出台了 EU 规范 2022/1031。2021 年以来，德国针对一站式商店（OSS）推出了增值税在线登记和申报。2021年7月，欧盟废除了22欧元以下货物免征增值税的政策。

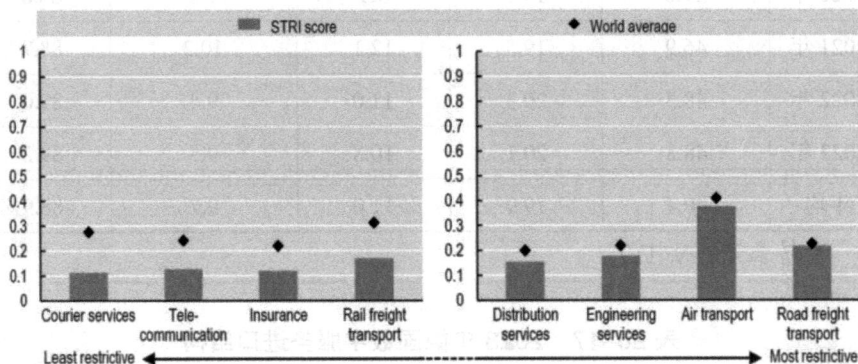

图 26-6　2022 年德国服务贸易开放度全球比较

资料来源：OECD。

（二）法国数字服务贸易发展情况

法国是欧盟数字服务贸易大国。WTO 数据显示，2005—2023 年，法国数字服务进出口整体持续增长，规模从 1131.8 亿美元增长到 3329.6 亿美元，年均复合增长 6.2%（见图 26-7）。其中，数字服务出口规模从 2005 年的 583.4 亿美元增长到 2023 年的 1698.1 亿美元，年均复合增长 6.1%。2005—2023 年，法国数字服务进口规模从 548.4 亿美元增长到 1631.5 亿美元，年均复合增长 6.2%。

1. 法国数字服务出口长期高于进口

法国数字服务贸易长期处于顺差。2005—2023 年法国数字服务贸易顺差年平均规模为 78.5 亿美元，欧洲上述期间数字服务贸易年均顺差规模为 1534.7 亿美元，法国占欧洲顺差规模的 5.1%。2023 年，法国服务贸易顺差为 66.5 亿美元，同比增长 36.2%（见图 26-8）。

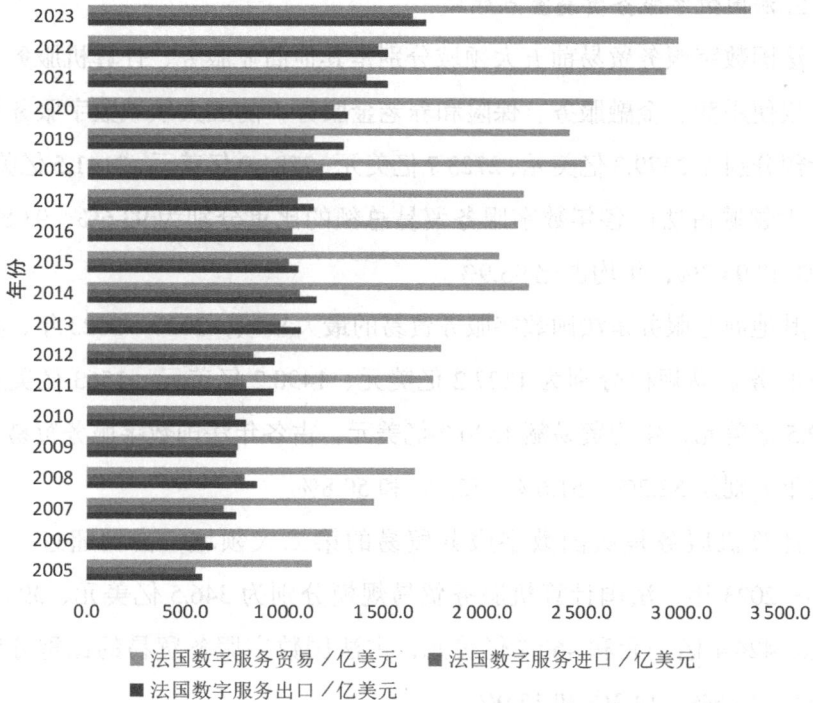

图 26-7　2005—2023 年法国数字服务进出口情况

资料来源：WTO。

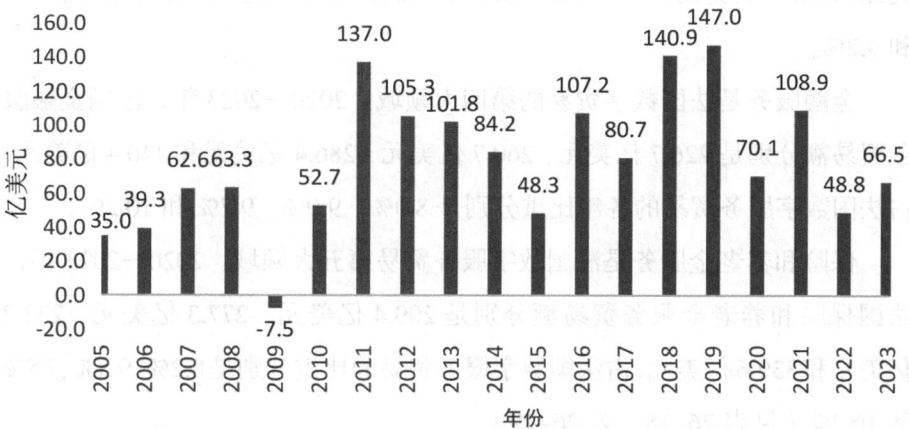

图 26-8　2005—2023 年法国数字服务顺差情况

资料来源：WTO。

2. 法国数字服务贸易重点领域

法国数字服务贸易前五大领域分别是其他商业服务、计算机服务、知识产权使用费、金融服务、保险和养老金服务，前五大领域数字服务贸易合计额分别为2379.3亿美元、2723.7亿美元、2781.9亿美元、3141.5亿美元，前五大领域占法国各年数字服务贸易总额的比重分别为93.6%、93.8%、93.8%和94.3%，年均占比93.9%。

其他商业服务是法国数字服务贸易的最大领域，2020—2023年，其他商业服务贸易规模分别为1327.2亿美元、1498.2亿美元、1563亿美元和1692.5亿美元，年均贸易额1520.2亿美元，占各年法国数字服务贸易总额的比重分别是52.2%、51.6%、52.7%和50.8%。

计算机服务是法国数字服务贸易的第二大领域，占比超过一成。2020—2023年，法国计算机服务贸易规模分别为346.5亿美元、395.3亿美元、424.4亿美元和462.7亿美元，占法国数字服务贸易的比重分别是13.6%、13.6%、14.3%和13.9%。

知识产权使用费是法国数字服务贸易的第三大领域。2020—2023年，法国知识产权使用费贸易额分别为269.6亿美元、292.2亿美元、275.9亿美元和306.3亿美元，占法国数字服务贸易的比重分别是10.6%、10.1%、9.3%和9.2%。

金融服务是法国数字贸易的第四大领域。2020—2023年，法国金融服务贸易额分别是226.7亿美元、260.7亿美元、286.4亿美元和340.4亿美元，占法国数字服务贸易的各年比重分别是8.9%、9.0%、9.7%和10.2%。

保险和养老金服务是法国数字服务贸易第五大领域。2020—2023年，法国保险和养老金服务贸易额分别是209.4亿美元、277.3亿美元、232.2亿美元和339.6亿美元，占法国数字服务贸易的比重分别是8.2%、9.5%、7.8%和10.2%（见表26-18、表26-19）。

表 26-18　2020—2023 年法国前五大数字服务贸易规模

单位：亿美元

	总额	其他商业服务	计算机服务	知识产权使用费	金融服务	保险和养老金服务	合计
2020 年	2 541.7	1 327.2	346.5	269.6	226.7	209.4	2 379.3
2021 年	2 905.2	1 498.2	395.3	292.2	260.7	277.3	2 723.7
2022 年	2 965.8	1 563.0	424.4	275.9	286.4	232.2	2 781.9
2023 年	3 329.6	1 692.5	462.7	306.3	340.4	339.6	3 141.5
年均	2 935.6	1 520.2	407.2	286.0	278.5	264.6	2 756.6

资料来源：WTO。

表 26-19　2020—2023 年法国数字服务贸易前五大领域占比

单位：%

	其他商业服务	计算机服务	知识产权使用费	金融服务	保险和养老金服务	合计
2020 年	52.2	13.6	10.6	8.9	8.2	93.6
2021 年	51.6	13.6	10.1	9.0	9.5	93.8
2022 年	52.7	14.3	9.3	9.7	7.8	93.8
2023 年	50.8	13.9	9.2	10.2	10.2	94.3
年均	51.8	13.9	9.8	9.4	9.0	93.9

资料来源：WTO。

3. 法国数字服务出口情况

2023 年，法国数字服务出口八大领域规模占比依次是其他商业服务出口占 49.9%，金融服务出口占 13.8%，计算机服务出口占 11.3%，保险和养老金服务出口占 10.1%，知识产权使用费出口占 9.2%，电信服务出口占 2.4%，个人、文化和娱乐服务出口占 1.9%，信息服务出口占 1.4%。

法国数字服务出口前五大领域出口额合计分别是 1228.8 亿美元、1413.6 亿美元、1413.8 亿美元和 1601.3 亿美元，占法国各年数字服务出口的比重分别是 94.1%、93.8%、93.8% 和 94.3%。

其他商业服务是法国数字服务出口的第一大领域，近年占比超过五成。

2020—2023 年，法国其他商业服务出口规模分别为 689.5 亿美元、785.2 亿美元、794.3 亿美元和 847.3 亿美元，占各年法国整体数字服务出口的比重分别为 52.8%、52.1%、52.7% 和 49.9%。

金融服务是法国数字服务出口的第二大领域。2020—2023 年，法国金融服务出口规模分别为 148.9 亿美元、182.4 亿美元、197.5 亿美元和 234.3 亿美元，各年占法国数字服务出口的比重为 11.4%、12.1%、13.1% 和 13.8%。

计算机服务是法国数字服务出口的第三大领域。2020—2023 年，法国计算机服务出口规模分别为 147.6 亿美元、168.8 亿美元、180.9 亿美元和 191.9 亿美元，各年占比分别为 11.3%、11.2%、12.0% 和 11.3%。

知识产权使用费是法国数字服务出口的第四大领域，占比接近一成。2020—2023 年，法国知识产权使用费出口规模分别是 141 亿美元、155.2 亿美元、141.7 亿美元和 156.2 亿美元，占法国数字服务出口总额的比重分别是 10.8%、10.3%、9.4% 和 9.2%。

保险和养老金服务是法国数字服务出口的第五大领域。2020—2023 年，法国保险和养老金服务出口规模分别是 101.9 亿美元、122.1 亿美元、99.5 亿美元和 171.5 亿美元,占法国各年数字服务出口的比重分别是 7.8%、8.1%、6.6% 和 10.1%（见表 26-20、表 26-21、26-22）。

表 26-20　2020—2023 年法国数字服务出口前五大领域

单位：亿美元

	总额	其他商业服务	金融服务	计算机服务	知识产权使用费	保险和养老金服务	合计
2020 年	1 305.9	689.5	148.9	147.6	141.0	101.9	1 228.8
2021 年	1 507.1	785.2	182.4	168.8	155.2	122.1	1 413.6
2022 年	1 507.3	794.3	197.5	180.9	141.7	99.5	1 413.8
2023 年	1 698.1	847.3	234.3	191.9	156.2	171.5	1 601.3
年均	1 504.6	779.1	190.8	172.3	148.5	123.7	1 414.4

资料来源：WTO。

表 26-21   2020—2023 年法国数字服务出口前五大领域占比

单位：%

	其他商业服务	金融服务	计算机服务	知识产权使用费	保险和养老金服务	合计
2020 年	52.8	11.4	11.3	10.8	7.8	94.1
2021 年	52.1	12.1	11.2	10.3	8.1	93.8
2022 年	52.7	13.1	12.0	9.4	6.6	93.8
2023 年	49.9	13.8	11.3	9.2	10.1	94.3
年均	51.8	12.7	11.5	9.9	8.2	94.0

资料来源：WTO。

表 26-22   2023 年法国数字服务出口结构

单位：%

其他商业服务	金融服务	计算机服务	保险和养老金服务	知识产权使用费	电信服务	个人、文化和娱乐服务	信息服务
49.9	13.8	11.3	10.1	9.2	2.4	1.9	1.4

资料来源：WTO。

4. 法国数字服务进口情况

2023 年，法国数字服务进口八大领域按规模占比从高到低依次是，其他商业服务进口占 51.8%，计算机服务进口占 16.6%，保险和养老金服务进口占 10.3%，知识产权使用费进口占 9.2%，金融服务进口占 6.5%，电信服务进口占 2.3%，个人、文化和娱乐服务进口占 1.8%，信息服务进口占 1.5%。

法国数字服务进口前五大领域合计规模分别是 1150.5 亿美元、1310.1 亿美元、1368.1 亿美元和 1540.2 亿美元，占法国数字服务进口总额的比重分别是 93.1%、93.7%、93.8% 和 94.4%。

其他商业服务是法国数字服务进口的第一大领域，占比超过五成。2020—2023 年，法国其他商业服务进口额分别是 637.7 亿美元、713.1 亿美元、768.6 亿美元和 845.1 亿美元，分别占各年进口总额的 51.6%、

51.0%、52.7% 和 51.8%。

计算机服务是法国第二大数字服务进口领域。2020—2023 年，法国计算机服务进口分别为 199 亿美元、226.5 亿美元、243.6 亿美元和 270.8 亿美元，各年占比分别为 16.1%、16.2%、16.7%、16.6%。

保险和养老金服务是法国第三大数字服务进口领域。2020—2023 年，法国保险和养老金服务进口分别为 107.5 亿美元、155.2 亿美元、132.7 亿美元、168 亿美元，各年占比分别为 8.7%、11.1%、9.1% 和 10.3%。

知识产权使用费是法国第四大数字服务进口领域。2020—2023 年，法国知识产权使用费进口额分别为 128.5 亿美元、137 亿美元、134.2 亿美元和 150.1 亿美元，各年占比分别是 10.4%、9.8%、9.2% 和 9.2%。

金融服务是法国第五大数字服务进口领域。2020—2023 年，法国金融服务进口额分别是 77.9 亿美元、78.3 亿美元、89 亿美元和 106 亿美元，占比分别是 6.3%、5.6%、6.1% 和 6.5%（见表 26-23、表 26-24、表 26-25）。

表 26-23　2020—2023 年法国数字服务进口前五大领域

单位：亿美元

	总额	其他商业服务	计算机服务	保险和养老金服务	知识产权使用费	金融服务	合计
2020 年	1 235.8	637.7	199.0	107.5	128.5	77.9	1 150.5
2021 年	1 398.2	713.1	226.5	155.2	137.0	78.3	1 310.1
2022 年	1 458.5	768.6	243.6	132.7	134.2	89.0	1 368.1
2023 年	1 631.5	845.1	270.8	168.0	150.1	106.0	1 540.2
年均	1 431.0	741.1	235.0	140.9	137.5	87.8	1 342.2

资料来源：WTO。

表 26-24　2020—2023 年法国数字服务进口前五大领域占比

单位：%

	其他商业服务	计算机服务	保险和养老金服务	知识产权使用费	金融服务	合计
2020 年	51.6	16.1	8.7	10.4	6.3	93.1
2021 年	51.0	16.2	11.1	9.8	5.6	93.7

续表

	其他商业服务	计算机服务	保险和养老金服务	知识产权使用费	金融服务	合计
2022 年	52.7	16.7	9.1	9.2	6.1	93.8
2023 年	51.8	16.6	10.3	9.2	6.5	94.4
年均	51.8	16.4	9.8	9.4	6.1	93.8

资料来源：WTO。

表 26-25　2023 年法国数字服务进口结构

单位：%

其他商业服务	计算机服务	保险和养老金服务	知识产权使用费	金融服务	电信服务	个人、文化和娱乐服务	信息服务
51.8	16.6	10.3	9.2	6.5	2.3	1.8	1.5

资料来源：WTO。

七、英国的数字服务贸易现状

（一）发展现状

1. 总体情况

英国是世界第六大经济体、欧洲第二大经济体。根据世界银行统计，2023 年英国国内生产总值为 3.34 万亿美元，同比增长 8.1%，人均 GDP 为 4.887 万美元，同比增长 7.2%。

WTO 最新数据显示，英国 2023 年的对外贸易总额为 2.29 万亿美元，服务贸易规模为 9781.55 亿美元，同比增长 18.1%。可数字化交付的服务贸易规模为 6490.25 亿美元，同比增长 18.9%，其中，服务出口规模为 4380.94 亿美元，同比增长 16.3%，服务进口规模为 2109.31 亿美元，同比增长 24.5%（见图 26-9、图 26-10）。

2010—2023 年，英国可数字化交付的服务出口规模增长较为平稳，年均增速 5.7%。英国可数字化交付的服务出口占服务贸易出口比重常年保持在 60% 以上，2020 年首次超过七成，达 79.7%。2023 年，英国可数字化交付的服务出口占全球 10.3%，在全球数字经济中占据了重要地位。尽管面临一些挑战，但凭借先进的基础设施、政策支持和创新能力，英国的数字贸易仍然具有广阔的发展前景（见图26-11）。

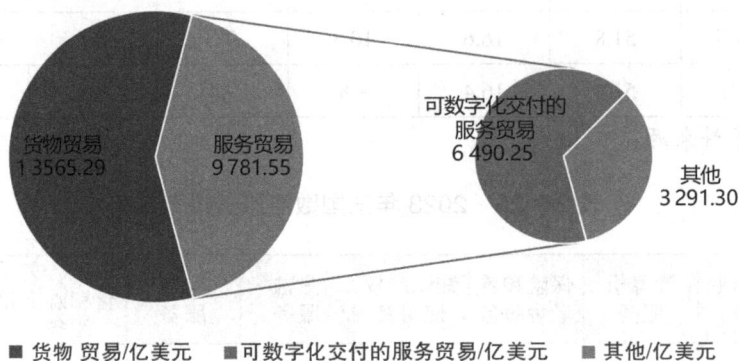

图 26-9　2023年英国贸易组成情况

资料来源：WTO。

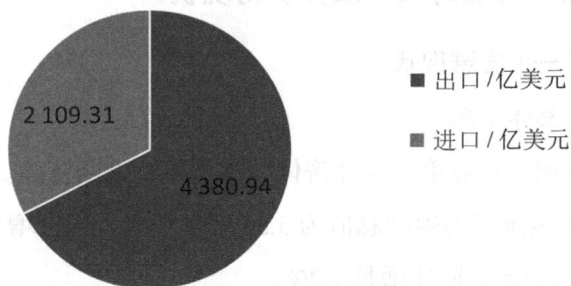

图 26-10　2023年英国数字贸易情况

资料来源：WTO。

从数字服务出口看，2023年英国可数字化交付的服务出口占比最大的为其他商业服务，金额为2177.21亿美元，占数字服务出口的49.7%，同比增加20.8%。第二位是金融服务，金额为956.51亿美元，占数字服务出口的21.8%，同比增加5.2%。第三位是保险和养老金服务，金额为378.07亿美元，占数字服务出口的8.6%，同比增长29.2%（见图26-12）。

从数字服务进口看，2023年英国可数字化交付的服务进口占比最大的为其他商业服务，金额为 1302.76 亿美元，占数字服务出口的 61.8%，同比增加 26.1%。第二位是金融服务，金额为 212.97 亿美元，占数字服务出口的 10.1%，同比增加 11.6%。第三位是知识产权使用费，金额为 210.64 亿美元，占数字服务出口的 10.0%，同比增加 16.8%（见图 26-13）。

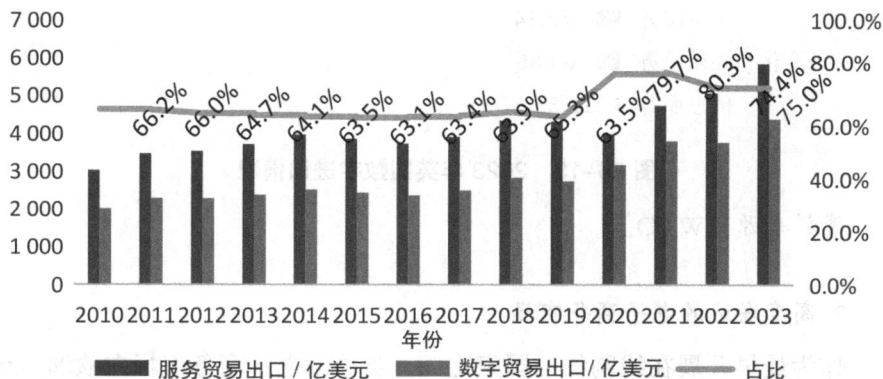

图 26-11　2010—2023 年英国数字贸易占服务贸易比重

资料来源：WTO。

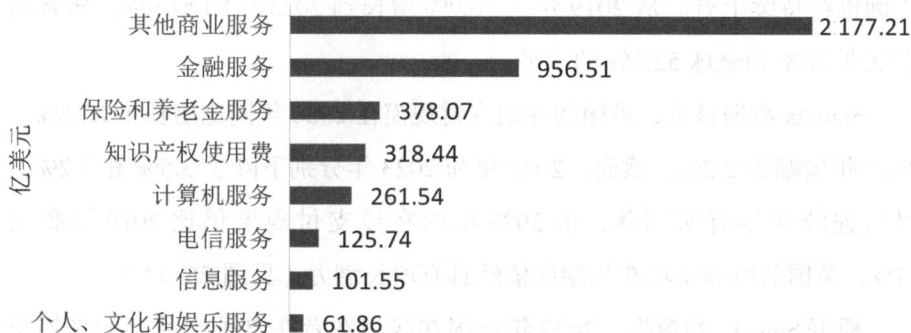

图 26-12　2023 年英国数字出口情况

资料来源：WTO。

其他商业服务	1 302.76
金融服务	212.97
知识产权使用费	210.64
保险和养老金服务	139.43
计算机服务	86.78
电信服务	72.34
个人、文化和娱乐服务	64.86
信息服务	19.53

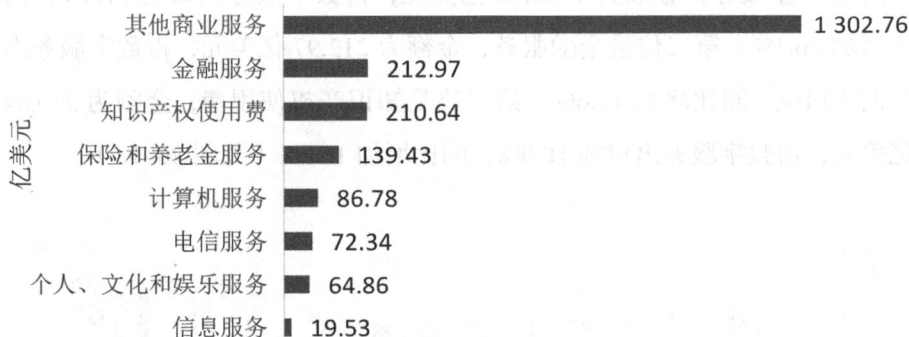

图 26-13　2023 年英国数字进口情况

资料来源：WTO。

2. 高度发达的电子商务市场

作为最早开展在线购物的国家之一，英国的电子商务市场在欧洲乃至全球处于领先地位。根据全球统计数据库（Statista）的数据，英国的互联网普及率高于全球平均水平。2023 年，97.76% 的英国人口能够自由访问互联网，而这一比例在疫情前的 2019 年为 95.85%。相比之下，2023 年欧洲的互联网普及率为 88.7%，全球为 70.2%。与此同时，英国网购人口的比例也在持续上升。从 2019 年的 76.9% 增长到 2023 年的 81.9%，显著高于欧洲 70% 和全球 52.6% 的水平。

Statista 数据显示，英国的在线支付规模在 2020 年同比增长了 22.6%，2021 年增幅为 2.2%。然而，2022 年和 2023 年分别下降了 3.5% 和 3.2%。尽管连续两年有所回落，但 2023 年的在线支付规模仍比 2019 年高出 17%，英国的电商市场在长期内依然具有增长潜力（见图 26-14）。

根据 Statista 的数据，2023 年英国在线消费者在电子产品上的平均花费最高，达到了 652.5 英镑（见图 26-15）。紧随其后的是时尚产品，平均花费为 559.1 英镑。此外，消费者在家具产品上的平均支出为 198.6 英镑，在美妆和个人护理产品上的花费为 126.1 英镑，而奢侈品的平均花费则为 61.56 英镑。

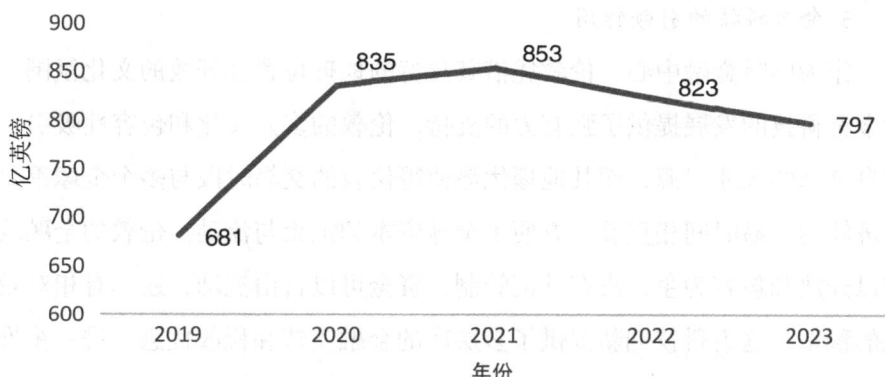

图 26-14　2019—2023 年英国电子商务市场规模

资料来源：Statista。

　　此外，在电子商务市场中，移动购物的普及率持续上升，移动设备在电子商务中的作用愈加重要。根据 Statista 的数据，超过 60% 的电子商务交易是通过智能手机或平板电脑完成的，反映了移动购物的快速增长趋势。

　　此外，在社交媒体和直播平台在推动电子商务发展中的影响力也日益增强。越来越多的品牌开始通过 Instagram、TikTok 等平台进行产品推广和销售，社交电商逐渐成为电子商务的重要组成部分。

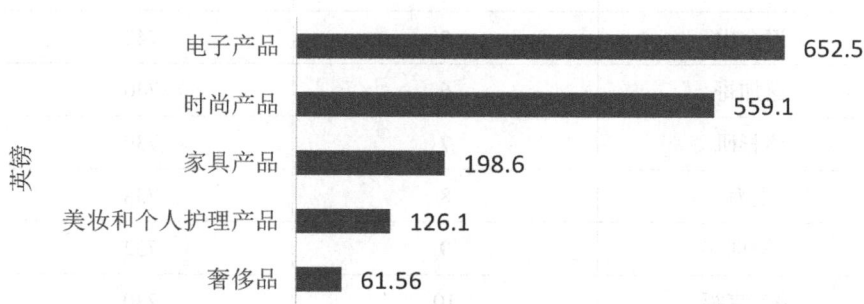

图 26-15　2023 年英国消费者平均在线消费情况

资料来源：Statista。

3. 金融科技的引领作用

作为国际金融中心，伦敦凭借其独特的地理位置和开放的文化氛围，为金融科技的发展提供了强有力的支持。伦敦的多元文化和包容性吸引了来自全球的人才资源，而其地理优势使得伦敦的交易时段与多个全球重要经济体的交易时间相重叠，方便了全球资本的汇聚与流动。伦敦的金融政策以开放和包容为主，没有外汇管制，资金可以自由流动，还享有相对较低的税率，这为科技创新提供了多层次的金融支持和税收优惠，进一步推动了金融科技的进步。

更为关键的是，根据最新的全球金融中心指数（GFCI），伦敦位列全球金融中心第二，仅次于纽约（见表26-26）。伦敦强大的创新能力也促进了数字支付、区块链技术和数字银行等领域的迅速发展，进一步提升了英国在数字服务贸易中的竞争力。

表26-26 GFCI36- 全球十大金融中心

金融中心	排名	得分
纽约	1	763
伦敦	2	750
中国香港	3	749
新加坡	4	747
旧金山	5	742
芝加哥	6	740
洛杉矶	7	739
上海	8	738
深圳	9	732
法兰克福	10	730

资料来源：英国 Z/Yen 集团与中国（深圳）综合开发研究院。

4. 完善的网络安全措施

网络安全已经成为日常生活和经济活动的重要组成部分。为了确保网络安全，英国政府采取了一系列预防和应对措施。

首先，英国通过立法手段防范网络安全问题。英国在数据保护和网络安全领域的法规体系较为完善。2018年，英国颁布了GDPR，明确了个人数据处理的规范，旨在保护个人的基本权利和自由，尤其是个人数据的保护权利。《2018年数据保护法案》（DPA）进一步补充了英国版GDPR，针对数据处理活动设定了具体限制、豁免，以及处理敏感个人数据的合法条件。除了GDPR和DPA，英国在金融服务、互联网及电信等行业也有特殊的规定来保护数据安全。2022年1月，英国政府发布了《政府网络安全战略2022—2030》，该战略旨在巩固英国作为网络大国的地位，并详细说明政府如何在应对不断变化的网络威胁时保持其韧性。

其次，英国政府设立了专门的机构来负责网络安全工作。国家网络安全中心（NCSC）是英国的核心网络安全机构，负责提供网络安全咨询和技术支持，监测网络威胁，并协调应对网络攻击。此外，英国政府还建立了网络安全信息共享平台，促进公共和私营部门之间的网络威胁情报和安全措施的共享。

最后，英国积极与国际社会合作，共同应对全球网络威胁。英国是欧洲网络安全局（ENISA）的成员，并与美国、澳大利亚和加拿大等国开展网络安全研究和信息共享。这种国际合作有助于提升全球网络防御能力，共同应对跨国网络攻击的威胁。

5.数字基础设施的持续投资

英国政府高度重视数字基础设施的建设，并持续在城市和农村地区投资于5G网络和光纤宽带的发展。早在2010年8月，英国政府就推出了光纤到户（FTTH）网络；2019年5月，又启动了"农村千兆全光纤宽带连接计划"，覆盖了大部分农村和偏远地区。同年8月，政府与运营商合作推动5G技术在乡村地区的应用；2020年3月，英国政府联合四家主要网络运营商，推出总投资达10亿英镑的"共享农村网络"项目。截至2023年，5G网络已覆盖了主要城市和大部分人口密集地区，光纤宽带的普及率也在不断提高，为数字贸易的进一步发展打下了坚实基础。

在最新的《英国数字发展战略2024—2030》中，数字公共基础设施建设被列为政府的优先事项之一。该战略要求政府开发新的数字公共基础设施项目，并与伙伴国家分享英国在公共服务数字化方面的经验。此外，英国还计划与二十国集团成员及其他关键利益相关方建立高级伙伴关系，围绕数字公共基础设施建设的原则和组织模式展开合作。到2030年，英国将支持至少20个伙伴国家，通过改进数字公共基础设施，推动国家层面的数字服务提供方式的转型。

6.创新与创业生态系统

在脱欧后，英国政府为应对科技创新面临的挑战和风险，致力于使英国成为全球科技超级大国及创新领域的领导者，出台了一系列支持科技创新的措施，推动了充满活力的科技创业生态系统的形成。特别是在伦敦、曼彻斯特等城市，涌现了大量数字初创企业。政府通过提供税收优惠、融资支持和创新中心等资源，为这些企业的成长提供了有力支持。

为了打造良好的创新创业生态系统，英国政府将年度公共研发投资增加至220亿英镑，并通过有针对性的公共投资解决市场失灵问题，进一步促进私营资本对创新的投入，创造最佳的政策环境。英国科技创新机构"创新英国"（Innovate UK）与英国商业银行合作，为创新企业提供政府融资支持，开发在线金融工具和创新中心，简化创新公司获取金融支持的流程，助力高增长、创新型企业的发展，并带动私营资本投资，构建多元化的创新融资生态系统。

此外，创新英国设立了英国创新和科学种子基金（UKI2S），为在英国合作实验室、校园和孵化器内开展的世界级研究所产生的高潜力业务提供早期、高风险和持续的资本支持。UKI2S旨在推动以科学为基础的高潜力企业的成立和成长，并通过大量私人投资，在英国各地创造数百个就业机会。

英国商业银行也启动了"生命科学投资计划"，投资2亿英镑以填补英国生命科学企业在成长阶段的资金缺口。此外，该银行还推动了"未来基金：突破"计划，计划投资 3.75 亿英镑，与私人投资者共同为高增长、创新型企业的后续融资提供支持。

与此同时，英国政府还将加强对创新产品的公共采购，促进企业创新成果的市场化，利用脱欧后的机会，创建全球最灵活的监管体系，专注于适应新产品和新技术的发展，进一步支持企业的技术创新。

（二）数字贸易的主要政策

英国在推动数字贸易发展方面，制定了一系列政策和战略，这些政策涵盖了从基础设施建设到国际合作的各个方面，旨在增强英国在全球数字经济中的竞争力。以下是英国关于数字贸易的主要政策和战略举措：

1.《英国数字战略》

2017 年，英国政府发布了《英国数字战略》，目标是通过推动数字经济的全面发展，增强英国的国际竞争力。该战略涵盖了数字基础设施建设、数字技能培训、数字创新支持等多个方面，旨在为数字贸易提供坚实的基础。

随着科技的发展和市场需求的变化，英国政府不断更新和扩展该战略的内容，以确保其政策能够应对新的挑战和机遇。2022 年，英国发布了更新版的数字战略，重点关注数字基础、创意和知识产权、数字技能和人才、为数字增长畅通融资渠道、高效应用和扩大影响力、提升英国的国际地位六个关键领域的发展。2024 年，英国政府出台了《2024—2030数字发展战略》（*Digital Development Strategy 2024 to 2030*），涵盖了数字基础设施、数字技能、数字经济、数字政府和数字安全五大重点领域，提出了一系列具体措施，旨在推动英国全面迈向数字化新时代。

2. 数据保护与隐私政策

（1）《通用数据保护条例》（GDPR）。在脱欧之前，英国采用了与欧盟相同的 GDPR，以确保数据保护标准与欧盟保持一致。脱欧后，英国保留了 GDPR 的核心原则，但进行了部分本地化调整，以更好地满足本国市场的需求。2023 年 11 月，英国政府发布了《数据保护与数字信息法》的第二次修订案，体现了数据保护领域最新的立法趋势。这是英国第二次尝试对其本地版 GDPR 进行改革。与 2022 年 7 月的首次提案相比，这次修订更加注重产业需求，并引入了更多便利措施。

（2）《国家数据战略》（*National Data Strategy*）。2020 年，英国政府发布了《国家数据战略》，旨在通过优化数据的使用和管理，推动数字经济的发展。该战略强调了数据的安全性、透明性以及数据驱动创新的重要性。

（3）《产品安全和电信基础设施法案 2022》（PSTI 法案）。PSTI 法案旨在增强互联网接入产品的安全性及其抵御网络攻击的能力，并于 2024 年 4 月 29 日正式实施。该法案规定了产品的安全要求和电信基础设施的指导原则，要求制造商、进口商和分销商确保其产品符合最低安全标准。未能遵守的企业将面临高额罚款。该法案涵盖的产品范围广泛，包括网络摄像头和智能门锁等智能设备。

PSTI 法案规定，产品必须满足三个主要安全标准，才能在市场上销售。其核心目标是提升互联网连接产品的网络安全水平，保护消费者的利益。所有在英国销售的消费者互联网接入设备必须符合最低网络安全标准，以防止网络攻击并保护用户数据。该法案不仅适用于制造商，还涵盖进口商和分销商。违反规定的企业可能面临高达 1000 万英镑或全球营业额 4% 的罚款。

（4）《数字市场、竞争和消费者法案》（*Digital Markets, Competition and Consumers Bill*，DMCC）。DMCC 旨在建立一套新的数字市场监管制度，赋予英国竞争与市场管理局（CMA）更大的权力，以规范数字市场的竞争秩序。通过严格执行促进竞争的规定，该法案旨在防止大型科技公司滥用其市场主导地位。此外，DMCC 还增强了 CMA 在执行竞争法和解决消费者纠纷方面的能力，以保护消费者免受不公平商业行为的侵害。

DMCC 的重点是监管那些被 CMA 认定为"具有战略市场地位"（strategic

market status，SMS）的公司。这些公司在英国市场上拥有"实质性且持久的市场力量"，并具有"战略意义"，通常是年全球营业额超过 250 亿英镑或英国营业额超过 10 亿英镑的企业。根据 DMCC 的规定，CMA 有权判断这些公司是否违反法律，并可以直接要求其遵守规定。若不遵守，CMA 有权对这些公司处以最高达全球营业额 10% 的罚款，而无须事先获得法院批准。DMCC 通过简化执行程序，加速了执法进程，确保大型科技公司能够尽快符合法律要求。

（5）《数据保护和数字信息法案》（*The Data Protection and Digital Information Bill*，DPDIB）。DPDIB 于 2023 年 3 月 8 日在英国下议院提出，并于 2023 年 12 月 20 日在上议院进行二读。该法案旨在通过多项条款更新和简化英国现有的数据保护框架。主要变化包括：①减少创新过程中与数据处理相关的障碍，尤其是涉及科学或历史研究的个人数据处理；②通过减少记录保存要求，设立"高级负责人"代替数据保护官，进一步减轻企业合规负担；③降低数据跨境流动的限制，赋予国务大臣更广泛的权力，以确认能够提供足够数据保护水平的国家，并建立"数据桥梁"以促进数据流动；④改革信息专员办公室的组织架构和职能；⑤将骚扰电话和短信的罚款上限从 50 万英镑提高至 1750 万英镑，同时在更广泛的情况下，允许网站运营商未经用户同意放置缓存文件。

（6）新"数据桥梁"。"数据桥梁"是英国政府与其认定具备"充分"数据保护水平的国家之间建立的一种数据传输框架，允许个人数据从英国自由传输至这些国家，无需额外的保护措施。2023 年 9 月 21 日，英国政府宣布了全新的"英美数据桥梁"，进一步推动了两国间的数据自由流动。

数据桥梁并不具备互惠性，因此，它并不允许其他国家的数据自由流向英国。建立数据桥时，英国政府会对目标国家进行评估，考虑该国对个人数据的保护措施、法治状况、对人权和基本自由的尊重程度，以及其监管机构的运作方式。数据桥的构建有助于确保来自英国的个人数据能够安全且自由地进行跨境传输，减少数据共享的障碍，支持生命安全相关研究的信息共享，并促进全球信息的流通。

3. 数字基础设施政策

英国政府高度重视数字基础设施的建设，推动了"5G 国家计划"（5G Testbeds and Trials Programme）和"千兆宽带计划"（Gigabit Broadband Programme），旨在加快全国范围内 5G 网络和超高速宽带的普及。这些举措为数字贸易的蓬勃发展提供了关键的技术支撑。

此外，英国还积极推进智慧城市和物联网（IoT）的建设，通过政策支持和试点项目，提升城市管理、交通、能源等领域的数字化水平。这不仅促进了城市功能的现代化，也推动了数字贸易和服务领域的创新与发展。

4. 金融科技与数字支付政策

英国政府推出了《金融科技行动计划》，以支持金融科技领域的创新与发展，推动数字支付、区块链技术和数字银行的广泛应用。作为全球金融科技中心之一，伦敦凭借政策支持，吸引了大量国际金融科技企业，进一步巩固了其在该领域的领先地位。

与此同时，英国金融行为监管局（FCA）推出了监管沙盒计划，允许企业在受控的环境中测试创新的金融科技产品和服务。这一计划帮助降低创新风险，为金融科技的快速发展提供了有力支持，鼓励企业进行安全且合规的技术创新。

5. 数字贸易协定与国际合作

（1）《英日全面经济伙伴关系协定》。该协定包含了数字和数据贸易条款，确保两国间的数据能够自由流动，并保障高标准的个人信息安全。这是该协定超越欧日贸易协定的一个重要方面。通过这项协定，英国允许更多的日本数字服务公司进入其市场，作为回报，日本同意降低英国农产品的出口关税。这一安排将放松两国在数据流动和数据存储方面的法律限制。

此外，协定承诺维护网络中立性原则，禁止数据本地化要求，并禁止强制企业公开软件源代码和密码等敏感信息。这有助于防止英国企业在日本设立服务器时产生额外的成本负担，进一步推动两国间的数字贸易和经济合作。

（2）《英澳自贸协定》。该协定是英国自"脱欧"以来第一个"从头开始"、自主谈判的贸易协议，其中首次在数字和贸易方面设定了新的全球标准，这将为英国和澳大利亚的企业创造新的机会，助推英国服务业进入澳大利亚市场。

（3）《英新自贸协定》。该协定旨在推动端到端的数字贸易，通过引入用于电子支付和电子发票的通用数字系统，确保贸易流程的高效化和数字环境的安全性。此外，协定还鼓励中小企业积极参与数字经济的发展。

该协议不仅致力于消除两国之间的贸易壁垒，还将扩大先进技术和服务企业的市场准入机会，促进创新型企业加强合作。通过这一协定，英国的中小企业能够更便捷地进入新西兰市场，增强了两国中小微企业在全球数字经济中的竞争力。

（4）《英乌数字贸易协定》。该协定旨在支持乌克兰的经济复苏，促进两国之间的数据跨境流动，使乌克兰企业能够通过电子交易、电子签名和电子合约，更高效、更经济地与英国进行贸易合作。数字工具和科技的应用将进一步帮助乌克兰民众在战争期间获取重要的日常物资和服务，提升供应链的稳定性和贸易的灵活性，为乌克兰的经济复兴提供强有力的支持。

（5）《英韩数据共享协议》。通过这一协议，各组织将无须再依赖国际数据传输协议（international data transfer agreements）或具有约束力的公司规则等合同保障措施，从而简化跨境数据传输的流程，进一步推动两国间的数字经济合作。

数据共享将显著减轻行政和合规负担，使更多的组织和企业能够更轻松地在两国之间进行贸易和运营。这为各类规模的公司提供了广泛的机会，并有助于降低消费者所支付的产品和服务价格。该协议还将促进韩国电子公司在英国的业务运营，允许数据自由共享，同时确保高水平的数据保护标准。

（6）创新与创业支持政策。英国政府发布了《英国创新战略》，其中明确支持数字科技创新，涵盖人工智能、区块链、量子计算等前沿技术领域。为推动科技企业的发展和创新成果的商业化，政府通过提供资金支持、税收优惠以及建设创新中心等措施，促进相关技术的研发与应用。

此外，英国为数字初创企业提供了多种支持举措，例如"创业签证计划"（startup visa scheme）和"企业投资计划"（enterprise investment scheme），以吸引全球的创业者和投资者在英国发展数字业务。这些政策旨在为数字创新创业提供一个更具吸引力的环境，进一步巩固英国在全球科技创新领域的领先地位。

（7）数字技能培训与教育政策。《数字技能计划》（*Digital Skills Programme*）旨在提升全社会的数字技能水平，尤其关注中小微企业、青年和失业人员的技能提升。通过与私营企业和教育机构的合作，政府提供了多种形式的培训课程，帮助劳动力适应不断发展的数字经济需求。

与此同时，英国加大了对STEM（科学、技术、工程和数学）教育的投入，鼓励更多年轻人投身数字科技领域。政府通过政策引导，推动科技创新活动的开展，进一步为数字经济的持续增长奠定了坚实基础。

（8）网络安全与反欺诈政策。《国家网络安全战略》旨在通过强化网络安全基础设施和提升企业与个人的网络安全意识，保障数字经济的安全和稳定运行。战略内容包括对网络攻击的防范措施，以及对网络安全技术的研发支持，确保在应对潜在威胁时具备足够的技术优势。

为应对日益增多的网络欺诈行为，英国政府与金融机构和科技公司合作，推出了一系列反欺诈措施。这些措施包括增强在线支付的安全性、打击虚假信息传播以及关闭钓鱼网站，旨在为用户提供更安全的数字环境，并维护公众对数字经济的信任。

（9）消费者保护政策。国实施了《消费者权益法》，旨在保护消费者在数字交易中的权益。该法案确保在线交易的透明度，保障消费者的隐私和数据安全，并提供有效的争议解决机制，帮助消费者在遇到问题时能够快速获得解决方案。

此外，英国对电子商务平台和数字服务提供商实施了严格的监管，确保它们在公平交易、广告真实性和消费者保护等方面遵守相关法律法规。这些监管措施进一步增强了消费者对数字经济的信任。

英国的数字贸易政策涵盖了从数字基础设施、金融科技、数据保护到国际合作的各个方面，体现了其对数字经济全面发展的高度重视。这些政策不仅为英国在全球数字贸易中的竞争力奠定了坚实的基础，还为未来的持续增长提供了有力的支持。

（三）数字贸易的发展机遇

当前全球贸易发展趋势正从传统的货物贸易、价值链贸易、服务贸易向数字贸易升级演进，全球主要经济体都在加大对数字贸易领域的投入力度，这为英国的数字贸易发展提供了巨大的市场需求。

一是金融科技的全球领导地位，加快数字金融创新发展。伦敦在金融科技和网络安全领域位居全球前列。作为全球金融市场的焦点，伦敦凭借丰富的科技人才储备、支持性的监管环境以及愿意接受新兴技术的客户群体，成为金融科技发展的理想温床。根据英国 Innovate Finance 的数据，英国的金融科技投资金额为 51 亿美元，领先于欧洲其他国家的 44 亿美元投资。尽管 2023 年伦敦的金融科技投资额为 45 亿美元，较 2022 年下降了 56%，但其全球影响力依然突出。自 2019 年以来，伦敦的金融科技公司融资总额超过 378 亿美元，仅次于旧金山。

伦敦还聚集了大量金融科技独角兽企业，目前拥有约 41 家，这进一步巩固了其在金融科技领域的领先地位。英国可以利用这一优势，推广其金融科技解决方案，扩大在全球数字支付、数字银行和区块链技术领域的市场份额。随着跨境支付需求的增长和数字货币的发展，英国有望在这些新兴领域中发挥关键作用，成为全球数字货币和跨境支付的中心。

二是利用独立自主数字贸易政策优势，打破欧盟强监管体系。脱欧使英国能够独立制定和签订数字贸易协定，不再受欧盟政策的限制，这将为英国带来更大的自主权和经济机遇。英国可以根据自身的经济和战略利益，与全球各国签订有利的数字贸易协定，促进跨境数据流动和数字服务的出口。尤其在数字贸易领域，欧盟与英国的政策倾斜展现出明显差异，英国主张可靠的数据跨境自由流动，而欧盟更倾向于强监管。通过灵活的数字贸易政策，英国有机会在全球数字经济中建立更具竞争力的环境，吸引更多的国际投资和技术企业落户英国。

三是依托创意产业全球影响力，加快数字融合发展。英国在影视、音乐、电子游戏等创意产业领域具有全球影响力。据 UNCTAD 估计，2022年英国创意服务贸易总额为 1369.78 亿美元，全球排名第四位（见表 26-27）。创意服务贸易出口额为 869.52 亿美元，全球排名第三位（见表 26-28）。数字化进一步扩展了创意产业的出口潜力。通过数字平台，英国可以将其创意产品和内容推广到全球市场，提升国家文化软实力。通过将数字科技与文化创意产业结合，英国可以创造更多具有全球竞争力的数字产品，推动文化产业的数字化升级。

表 26-27　2022 年全球创意服务贸易总额排名前五位国家

单位：亿美元

国别	总额	排名
爱尔兰	4 612.59	1
美国	3 730.98	2
德国	1 677.6	3
英国	1 369.78	4
新加坡	1 206.26	5

资料来源：UNCTAD。

四是放大加入 CPTPP 优势，加强与成员国数字贸易往来。加入 CPTPP进一步扩大数字影响力。英国将于 2024 年 12 月 15 日正式加入 CPTPP。英国的加入将使 CPTPP 覆盖五大洲，涵盖近 6 亿人口，其成员国的 GDP

将占全球的 15%。英国加入后，向 CPTPP 成员国出口的 99% 以上的商品将享受零关税待遇，这将有助于促进英国与亚太地区国家的贸易往来，为英国企业的增长和供应链建设创造更多机遇。

表 26-28　2022 年全球创意服务贸易出口排名前五位国家

单位：亿美元

国别	出口	排名
美国	2 443.44	1
爱尔兰	2 313.38	2
英国	869.52	3
德国	785.88	4
中国	674.74	5

资料来源：UNCTAD。

此外，英国加入 CPTPP 后，该协定中的电子商务条款将促进英国与其他成员国在数字贸易领域的紧密合作。此举旨在通过更加自由和透明的规则，推动英国对亚太地区的服务出口，尤其是数字服务和产品的出口。通过消除数字贸易壁垒，英国能够更好地利用数字技术和电子商务平台，扩大其全球市场份额，进一步促进数字经济的发展。英国政府和商界普遍认为，加入 CPTPP 将为英国的服务提供商开辟新的市场，特别是在数字服务和产品领域，这将大幅提升英国在全球数字贸易中的竞争力和影响力。

（四）数字贸易面临的挑战

一是面临经济技术性衰退挑战。根据英国国家统计局的数据，2023 年第四季度，英国 GDP 环比下降 0.3%，延续了第三季度 0.1% 的下降趋势，标志着英国经济正式陷入技术性衰退。经济衰退导致服务业和制造业出现不同程度的萎缩，这对数字贸易的多个领域产生了直接影响。例如，信息和通信业、娱乐服务以及金融服务表现不佳，而这些行业是数字贸易的重要组成部分。需求的下降和服务业产值的减少，给英国数字贸易带来了不小的挑战。

此外，英国央行自 2021 年 12 月至 2023 年 8 月连续加息 14 次，至 2024 年 2 月，基准利率仍保持在 5.25% 的高位。高通胀进一步推高了企业成本，导致英国企业投资和消费需求疲软，经济增长乏力。这种不利环境影响了英国对外市场的稳定性，也削弱了企业开拓新市场的动力，从而在一定程度上限制了数字贸易的扩展。

二是面临全球数字保护主义抬头挑战。各国在数据流动和国际网络服务管理的规定上存在差异，但核心目标都是确保各国对数据的主导权。因此，政策竞争难免引发摩擦，滋生保护主义，尤其在地缘政治的影响下，数字保护主义为数字贸易的发展带来了巨大挑战。

数字保护主义首先体现在数据保护上。在全球范围内，许多国家都有关于数据跨境传输的严格规定。这些数据不仅包括个人信息（如健康数据）和公共数据，还涉及税务、会计和金融数据。虽然保护个人数据合理且合法，但对于其他类型的数据（如商业和工业数据），保护和保护主义之间的界限却存在争议。

数字保护主义不仅限于数据保护，还表现在对计算机系统本地化的要求、计算机源代码（操作系统）的公开透明，以及对电子传输的数字产品（如音乐、视频、软件和电子书）制定差别标准上。此外，当商品贸易扩展到服务、软件和其他连接应用（如嵌入式产品）时，数据限制规定也立即产生影响。

全球范围内数字保护主义的抬头无疑会对英国的数字出口构成障碍。其他国家可能通过设置更高的准入门槛，限制英国数字产品和服务的进入。同时，数字保护主义的加强还可能使英国企业在海外市场的准入更加困难，从而削弱英国数字企业的国际竞争力。

三是与欧盟成员国之间合作存在不确定性。英国脱欧后，与欧盟的贸易关系发生了显著变化。此前，作为欧盟成员国，英国享有欧盟内部的自由贸易政策，而脱欧后，双方必须重新协商贸易协定，面临关税和非关税壁垒的增加。这种变化不仅提升了英国的进口成本，还可能导致企业成本上升、生产效率下降，对数字贸易的发展产生负面影响。

　　脱欧后，英国在制定数字技术政策方面缺乏连贯性。英国政府在是否及如何制定与欧盟不同的监管标准上犹豫不决。历任保守党首相都希望找到伦敦能够优于布鲁塞尔的监管方式。然而，企业界面临着减少与欧盟摩擦的压力，许多企业希望维持一个稳定的监管环境，因为欧盟仍然是英国最大的贸易伙伴。

　　此外，脱欧对全球产业链也产生了冲击。许多跨国公司在英国和欧盟都有业务布局，脱欧带来的政策不确定性迫使这些企业重新评估供应链和生产布局。这种不确定性可能削弱企业在英国投资数字技术及相关领域的意愿，从而对数字贸易的发展产生不利影响。

第二十七章　东南亚数字贸易的发展现状

东南亚地区由 11 个国家组成，包括缅甸、泰国、柬埔寨、老挝、越南、菲律宾、马来西亚、新加坡、文莱、印度尼西亚和东帝汶，总人口接近 7 亿人。该地区人口结构较为年轻，智能手机的普及率高，中产阶级规模不断扩大，已成为全球增长最快的数字贸易市场之一。与世界其他地区相比，东南亚在应对全球宏观经济逆风时表现出更强的韧性。根据世界银行的数据，东南亚的总体 GDP 增长率保持在 3.3% 以上，而大多数国家的通货膨胀率已下降至约 3%。

尽管 2023 年上半年东南亚的消费者信心有所下降，但在下半年开始逐渐回升。[①] 东南亚六国（SEA-6），即印度尼西亚、马来西亚、新加坡、菲律宾、泰国和越南，是该地区经济体量最大的国家，2023 年其 GDP 总和达到约 3.7 万亿美元，占东南亚 GDP 总量的 96.6%。

一、东南亚数字贸易的发展现状

WTO 最新数据显示，2023 年东南亚服务贸易总额为 1.07 万亿美元，可数字化交付的服务贸易规模为 5142.16 亿美元，同比增长 8.5%，占服务贸易总额的 48.2%。其中，服务出口规模为 2579.94 亿美元（见图 27-1），同比增长 8.7%，服务进口规模为 2562.23 亿美元，同比增长 8.3%。

2010—2023 年，东南亚可数字化交付的服务出口规模年均增速高达 11.0%。东南亚可数字化交付的服务出口占服务贸易出口比重在 2021 年达到最高，为 56.0%（见图 27-2）。2023 年，东南亚可数字化交付的服务出口占服务出口比重为 48.2%，占全球可数字化交付的服务出口比重为 6.1%。

---

① 资料来源：谷歌、淡马锡、贝恩联合发布的《2023 年东南亚互联网报告（e-Conomy SEA）》。

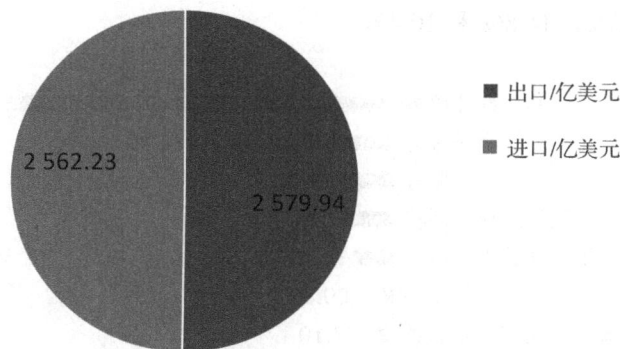

2 562.23

2 579.94

- 出口/亿美元
- 进口/亿美元

图 27-1　2023 年东南亚数字贸易情况

资料来源：WTO。

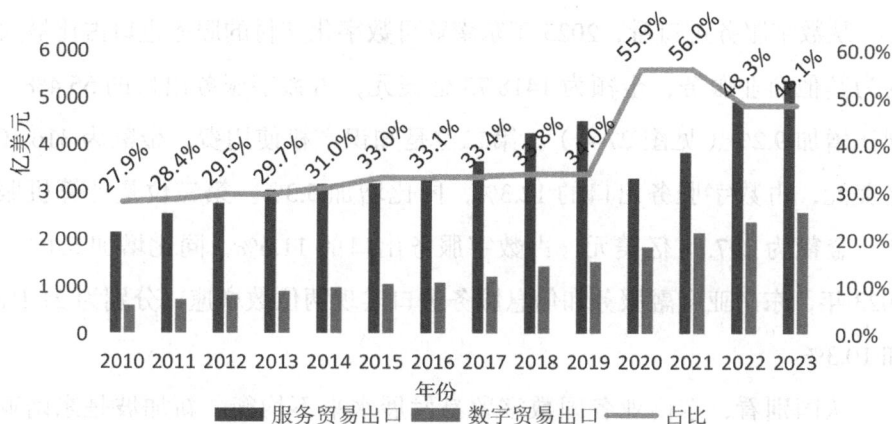

图 27-2　2010—2023 年东南亚数字出口占服务出口的比重

资料来源：WTO。

从数字服务出口看，2023 年东南亚可数字化交付的服务出口占比最大的为其他商业服务，金额为 1387.67 亿美元，占数字服务出口的 53.8%，同比增加 8.8%（见图 27-3）。第二位是金融服务，金额为 476.70 亿美元，占数字服务出口的 18.5%，同比增加 9.9%。第三位是计算机服务，金额为 324.67 亿美元，占数字服务出口的 12.6%，同比增加 6.4%。2023 年，东南亚信息服务、保险费和养老金服务、电信服务出口实现两位数增速，分别为 17.7%、14.8% 和 10.4%。

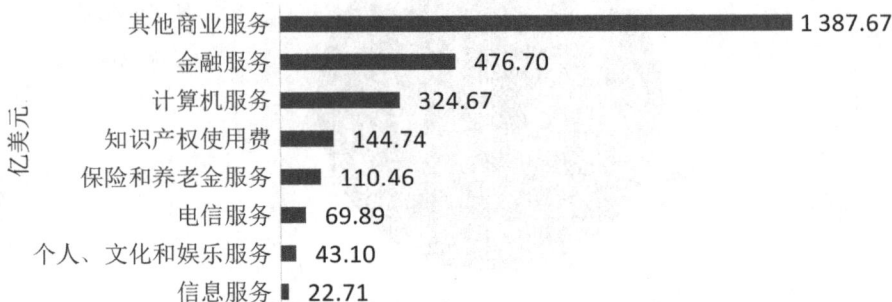

图 27-3　2023 年东南亚数字服务出口情况

资料来源：WTO。

从数字服务进口看，2023 年东南亚可数字化交付的服务进口占比最大的为其他商业服务，金额为 1418.73 亿美元，占数字服务出口的 55.4%，同比增加 9.2%（见图 27-4）。第二位是知识产权使用费，金额为 316.10 亿美元，占数字服务出口的 12.3%，同比增加 5.3%。第三位是计算机服务，金额为 297.18 亿美元，占数字服务出口的 11.6%，同比增加 6.4%。2023 年，东南亚金融服务和信息服务进口实现两位数增速，分别为 21.1% 和 10.3%。

从国别看，东南亚各国数字贸易发展水平不均衡。新加坡是东南亚数字贸易领域的领军者，2023 年数字贸易规模达 3391.31 亿美元（见图 27-5）。第二梯队是泰国、菲律宾、马来西亚、印度尼西亚和越南，2023 年数字贸易规模分别为 482.99 亿美元、436.16 亿美元、366.36 亿美元、342.88 亿美元和 95.89 亿美元。第三梯队是缅甸、柬埔寨、文莱、老挝和东帝汶，2023 年数字贸易规模分别为 10.67 亿美元、9.94 亿美元、4.44 亿美元、0.87 亿美元和 0.67 亿美元。

数字经济潜力巨大。东南亚是一个充满活力和多元化的地区。人口数量庞大，据世界银行统计，2023 年东南亚拥有 6.9 亿人口，人口结构具有年轻化特征,15—64岁人口占总人口数的67.5%,市场规模和增长潜力较高。谷歌、淡马锡和贝恩公司联合发布的《2022年东南亚数字经济报告》显示,2023年,东南亚数字经济预计将实现1000亿美元的收入,自2021年以来年均增长率为27%,是商品交易总值(GMV)增长速度的1.7倍。电子商务、旅游、运输和媒体贡献了700亿美元的收入。

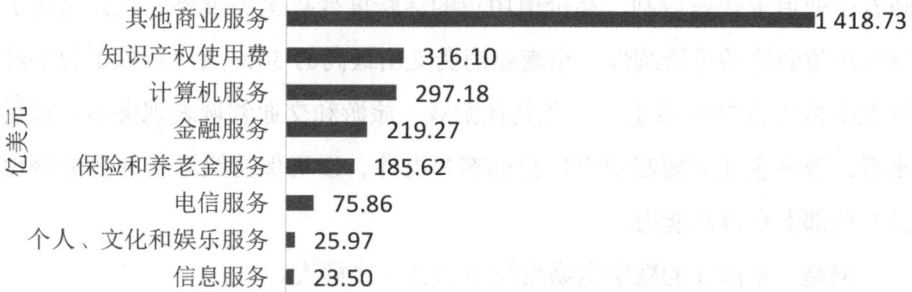

图 27-4 2023 年东南亚数字服务进口情况

资料来源:WTO。

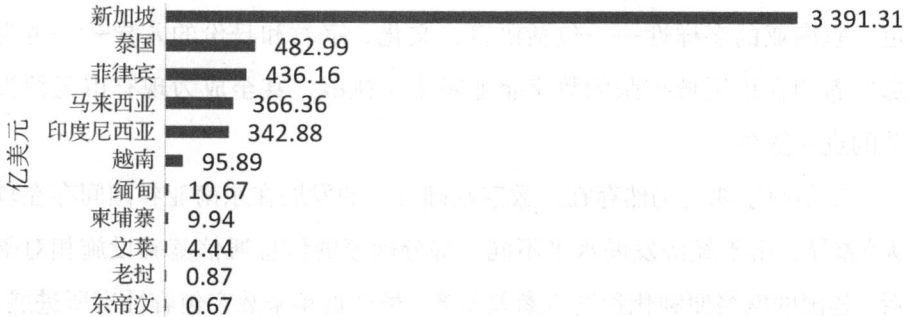

图 27-5 2023 年东南亚各国数字贸易规模

资料来源:WTO。

数字金融服务方兴未艾。东南亚的数字金融服务正迅速发展,尽管许多社群目前只能获得有限的金融服务。该地区的新兴数字金融服务行业仍处于快速发展的初期阶段,各类数字金融服务商通过推出创新产品,努力提升消费者获得金融服务的机会。如今,现金不再是主要支付方式,数字支付已占该地区交易量的 50% 以上。尽管高利率有助于存款和财富管理，但对贷款的发放构成了一定挑战，然而金融机构的不良贷款率仍然在可控范围内。与此同时，纯金融科技公司逐步发展出可持续的商业模式，而传统金融机构则加速数字化，以维持客户群体。

数字支出集中化。在数字经济中，高价值用户占据了较大的支出比例。随着企业追求快速盈利，高价值用户的活跃度变得至关重要，尤其是为了确保单位经济的可持续性。东南亚消费支出最高的 30% 用户贡献了数字经济支出总额的 70% 以上[1]，尤其在游戏、旅游和交通领域表现突出。长远来看，数字企业需要吸引更广泛的客户群体，以确保持续增长并释放该地区的全部潜在盈利能力。

但是，东南亚的数字贸易发展也面临一些挑战。

一是投融资困难。东南亚的私人融资水平降至六年来的最低点，部分原因是全球资本成本的上升。资金退出策略成为投资者关注的焦点，因为东南亚基金对投资者的资本回报率低于其他地区。要克服融资困难，东南亚需要证明其数字企业有明确的盈利路径，同时提供稳定的退出渠道。东南亚的多样性——包括语言、文化、宗教和身份的差异——也为那些希望在该区域扩张的数字企业带来了挑战，甚至成为现有市场领头羊的进入壁垒。

二是数字鸿沟仍然存在。数字基础设施的发展在东南亚各国间存在较大[1]差异。由于经济发展水平不同，部分国家的信息通信基础设施相对落后，各国的网络便利化程度也参差不齐。虽然近年来数字包容性有所进展，自 2015 年以来，某些农村地区的连接率增加了三倍，但非大都市地区的消费者与数字经济之间的差距却在扩大[2]。东南亚国家对 5G 基站、人工智能和工业互联网的需求量巨大，为数字基础设施建设提供了广阔的市场空间。

---

[1] 资料来源：谷歌、淡马锡和贝恩公司联合发布的《2023年东南亚数字经济报告》。
[2] 资料来源：谷歌、淡马锡和贝恩公司联合发布的《2023年东南亚数字经济报告》。

尽管面临这些挑战,东南亚依然具备显著的增长潜力。有利的人口结构、财富的不断增长以及持续的城市化为未来数字经济发展奠定了坚实基础。随着企业更加理性地追求可持续盈利,预计市场竞争将变得更加有序。借助扩大数字经济参与、新兴领域的崛起、基础设施投资以及区域政策和监管,东南亚的数字贸易有望释放增长潜力,实现进一步增长。

二、东盟数字贸易的主要政策

截至 2024 年,东盟有 10 个成员国:文莱、柬埔寨、印度尼西亚、老挝、马来西亚、菲律宾、新加坡、泰国、缅甸、越南。2023 年,东盟数字经济收入达到 1000 亿美元,比 2016 年增长 8 倍,预计到 2030 年这一数字将超过一万亿美元[1]。到 2030 年东盟 GDP 预计达到 4.5 万亿美元,成为全球第四大经济体[2]。

(一)《东盟数字一体化框架》

2018 年,东盟批准了《东盟数字一体化框架》(简称《框架》),作为推动东盟数字经济发展的综合指导性文件。《框架》确定了六个中期优先发展重点,旨在促进东盟地区的数字互联互通:

(1)促进无缝贸易:加强基础设施建设,推行便利的贸易政策,推动"无缝物流",以简化跨境贸易。

(2)保护数据并支持数字贸易与创新:为此,东盟制定了《东盟个人数据保护框架》和《东盟数字信息治理框架》,确立了各国出台相关政策的基本原则,确保数据安全的同时推动数字贸易发展。

(3)实现无缝的数字支付:推动数字金融服务,实施相互兼容的支付框架,使用统一的全球标准,并与金融机构合作开发包容性和开放性的 API 标准及路线图,确保用户身份的实时、安全验证。

(4)拓展数字人才:制定《东盟与通信技术总体规划 2020》和《东

---

① 资料来源:东盟未来论坛。
② 越通社报道。

盟中小微企业技术培训蓝图2025》，支持中小微企业采用新技术，提升从业者的数字技能。东盟成员国与私营部门合作，设计实用的数字技能路线图，并在重点行业加速推广。

（5）培养创业精神：通过出台支持创业和数字监管的政策，打造有利于初创企业发展的商业生态系统，减少中小微企业设立和运营的障碍，确保数字政策不会对这些企业造成负担。

（6）协调行动：东盟指定东盟电子商务协调委员会（ACCEC）为《框架》协调机构，负责各项工作的落实和协调，《行动计划2025》明确了具体的工作安排。

2019年，东盟发布了《〈东盟数字一体化框架〉行动计划2019—2025》（简称《行动计划2025》），根据《框架》的六大重点领域，制定了几十项具体行动和倡议，并确定了各自的预期成果、时间表和负责实施的机构。这些行动包括政策指南的制定、东盟区域统一制度和平台的构建、能力建设、技术援助和研讨会等。

同年1月，东盟十国签署了具有法律约束力的《东盟电子商务协定》。这是东盟第一份指导电子商务发展的协定，旨在促进跨境电子商务发展，大多数条款适用于争端解决机制，有助于成员国加强电子商务合作和发展。

（二）《东盟数字总体规划2025》

2021年1月，东盟在首次数字部长会议上发布了《东盟数字总体规划2025》（简称《规划2025》），为未来五年东盟的数字发展明确了目标和实施路径。《规划2025》旨在优先推动东盟从新冠疫情中复苏，提升固定和移动宽带基础设施的质量并扩大覆盖范围，提供值得信赖的数字服务，创建竞争力强劲的数字服务市场，提升电子政务服务的质量并扩大其使用范围，推动连接商业的数字服务，促进跨境贸易，并增强企业和民众参与数字经济的能力，最终建成一个包容性的数字社会。

2023年2月，第三届东盟数字部长会议在菲律宾召开，重点探讨在ICT、网络安全、以公民为中心的治理、数字包容和创新驱动经济等领域加强合作与伙伴关系。会议发表了联合媒体声明和《长滩岛数字宣言》，进一步确立了东盟在数字化发展的优先方向。

紧接着，2023年3月，东盟秘书处举办了首届东盟数字高级官员会议和东盟电信监管委员会（ADGSOM-ATRC）非正式会议。会议从多角度分析了数字化和数字技术对经济、社会和环境的影响，并评估了《规划2025》的实施进展。会议强调，东盟成员国需加强合作，携手实现可持续、包容和韧性的数字未来，以确保东盟在全球数字经济中具有竞争力。

（三）《东盟全面复苏框架》

第37届东盟领导人会议通过了《东盟全面复苏框架》，该框架明确了推动包容性数字转型的方向，以促进区域经济复苏。重点优先方向包括发展电子商务和数字经济，提升电子政务服务、数字互联互通和ICT的水平。此外，框架还强调推动中小微企业的数字转型，帮助它们更好地适应数字经济，同时保障数据和网络安全，确保东盟区域内的数字基础设施安全可靠。这些举措旨在加速东盟在疫情后的全面复苏和长期的可持续发展。

（四）东盟跨境数据流动认证相关

东盟首届数字部长会议及系列会议以视频形式召开，重点围绕数字生态系统的发展展开讨论，涵盖了网络安全、电子商务、数据保护和5G基础设施等关键领域。会议发布了《东盟数字总体规划2025》《东盟数据管理框架》以及《东盟跨境数据流动示范合同条款》等重要文件，标志着东盟在数字领域迈出了关键步伐。

此外，会议还制定了有关东盟跨境数据流动认证的细节，为促进数据在东盟成员国之间的自由、安全流动提供了具体指导。这些文件和政策将进一步推动区域内数字经济的整合，提升东盟在全球数字化进程中的竞争力和影响力。

（五）电子商务消费者保护指南

东盟消费者保护委员会（ACCP）与ACCED联合发布了电子商务消费者保护指南，旨在推动区域内电子商务和数字经济领域的消费者保护活动。

该指南涵盖共同原则、当前最佳实践以及一个全面且基于原则的框架，旨在为东盟成员国提供指导，帮助他们更新和优化各自的监管框架与工具。

通过这一指南，成员国可以更有效地审查和监管电子商务中的欺骗性、滥用性和不公平的商业行为。该举措有助于提高消费者在电子商务领域的权益保护，促进形成安全、透明和公平的数字市场环境，从而进一步推动东盟地区电子商务和数字经济的发展。

（六）《东盟数字经济框架协定》（DEFA）

DEFA框架旨在通过涵盖数字贸易、跨境数据流、竞争和数字支付等领域的全面协议，加速东盟的数字化转型进程。这一协定的目标是推动东盟成员国在数字经济中实现更高的整合与合作，促进区域内的数字化进步。

与此同时，东盟的碳中和战略则围绕八项区域战略展开，旨在克服脱碳过程中遇到的主要障碍，并加速实现碳中和的目标。具体措施包括绿色价值链整合、循环经济供应链的建设、绿色基础设施和市场发展、碳市场的设立、标准的制定以及绿色人才和资本的培育等。这些战略将为东盟地区的可持续发展奠定坚实基础。

DEFA预计将于2025年底完成，一旦通过，它有望成为世界上首个区域性数字协定，进一步巩固东盟在全球数字经济中的地位，并加速该地区的绿色和数字化转型。

三、新加坡数字贸易概述

（一）新加坡数字贸易的发展现状

新加坡是东南亚区域仅有的发达国家，有着"亚洲四小龙之一"的称号。世界银行数据显示，2023年新加坡GDP总量为5014.28万美元，同比增长0.6%，人均GDP8.47万美元，同比降低4.2%。

近年来，新加坡政府敏锐地把握住了数字技术驱动贸易变革的巨大机遇，成为全球较早推动数字贸易发展的国家之一。这一举措为新加坡在革新国内数字经济治理模式以及积极参与全球数字经济治理方面奠定了坚实基础。WTO 最新数据显示，2023 年，新加坡对外贸易总额为 1.52 万亿美元，服务贸易规模为 6235.50 亿美元，同比下降 1.3%。可数字化交付的服务贸易规模为 3391.31 亿美元，同比增长 6.1%，其中数字服务出口为 1818.83 亿美元，同比增长 6.2%，数字服务进口为 1572.47 亿美元，同比增长 5.9%（见图 27-7）。

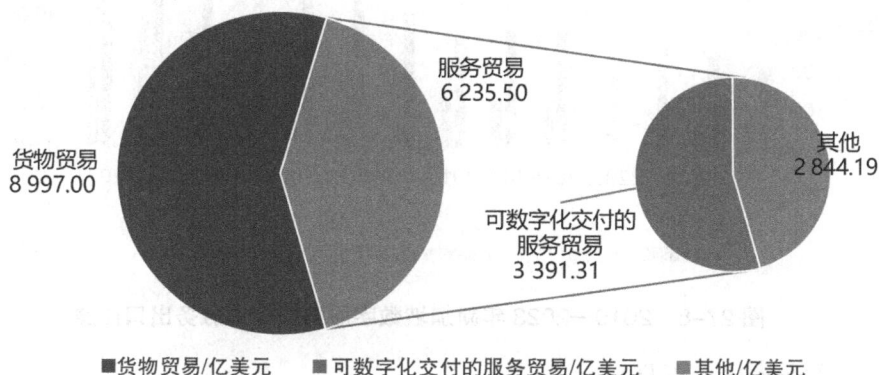

■货物贸易/亿美元　　■可数字化交付的服务贸易/亿美元　　■其他/亿美元

图 27-6　2023 年新加坡贸易组成情况

资料来源：WTO。

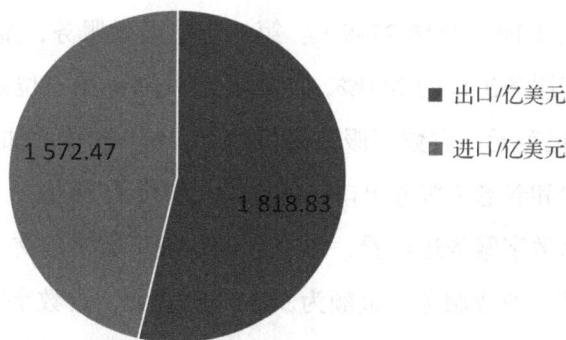

图 27-7　2023 年新加坡数字贸易情况

资料来源：WTO。

2010—2023 年，新加坡可数字化交付的服务出口规模增长较快，年均增速 12.9%。新加坡可数字化交付的服务出口占服务贸易出口比重于 2020

年达到最高值，为 59.8%，2023 年该比重为 55.4%（见图 27-8）。

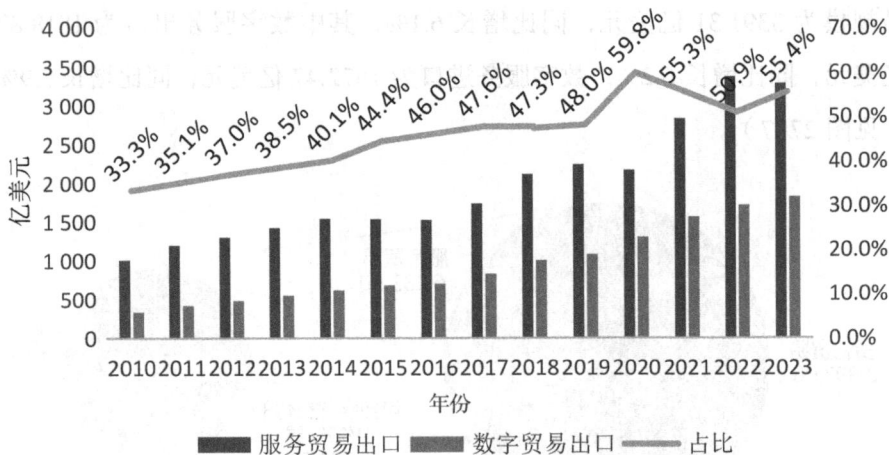

图 27-8　2010—2023 年新加坡数字服务出口占服务出口比重

资料来源：WTO。

　　从数字服务出口看，2022 年新加坡可数字化交付的服务出口占比最大的为其他商业服务，金额为 869.03 亿美元，占数字服务出口的 47.8%，同比增加 5.3%（见图 27-9）。第二位是金融服务，金额为 436.33 亿美元，占数字服务出口的 24.0%，同比增加 7.5%。第三位是计算机服务，金额为 203.1 亿美元，占数字服务出口的 11.2%，同比增加 3.5%。2023 年，新加坡保险和养老金服务出口增速最快，增长了 18.6%，达到 98.46 亿美元。

　　从数字服务进口看，2022 年新加坡可数字化交付的服务进口占比最大的为其他商业服务，金额为 903.62 亿美元，占数字服务进口的 57.5%，同比增加 5.9%（见图 27-10）。第二位是计算机服务，金额为 213.35 亿美元，占数字服务进口的 13.6%，同比增加 5.3%。第三位是知识产权使用费，金额为 181.81 亿美元，占数字服务进口的 11.6%，同比增加 2.7%。2023 年，新加坡金融服务进口增速最快，增长了 10.4%，达到 135.73 亿美元。

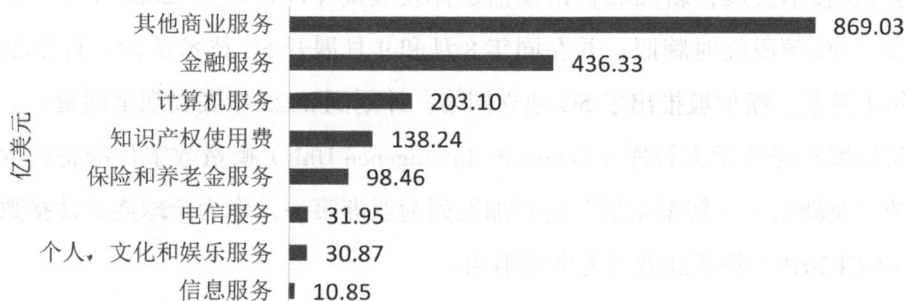

图 27-9　2023 年新加坡数字服务出口情况

资料来源：WTO。

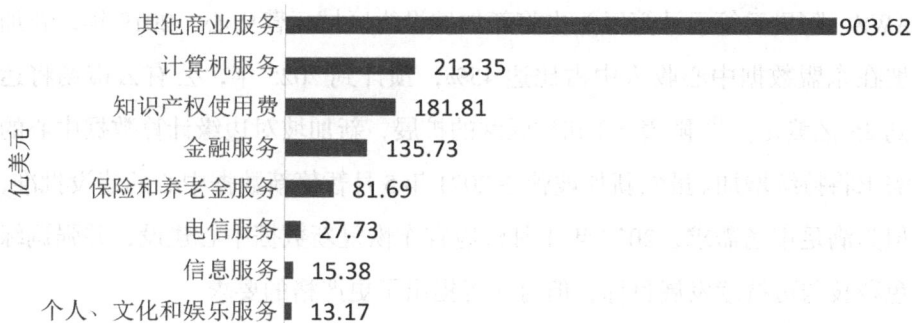

图 27-10　2023 年新加坡数字服务进口情况

资料来源：WTO。

新加坡在数字贸易领域的显著发展得益于其优越的基础设施、领先的数据中心建设、发达的电商市场和健全的金融体系，使其成为东南亚乃至全球数字贸易的先行者。具体表现在：

一是优越的数字基础设施。新加坡是全球数字基础设施最发达的经济体之一，政府积极推动 1Gb/s 光纤接入服务，其宽带普及率已达到 200%，移动电话普及率为 160.6%。4G 用户数量达到 765.8 万户，市场趋于饱和。[①] 为推

---

① 资料来源：Fitch Solutions。

进 5G 技术发展，新加坡资讯通信媒体发展局（IMDA）于 2020 年 4 月发放了 5G 频段临时牌照，并在同年 8 月和 9 月展开 5G 技术试验。自 2021 年 1 月起，新加坡推出了 5G 独立网络，计划到 2025 年底实现全国覆盖。新加坡在经济学人智库（Economic Intelligence Unit）衡量数字化准备程度的"亚洲数字化转型指数"将新加坡列为亚洲第一，华为全球连通性指数（GCI 2019）将新加坡列为全球第四。

二是新加坡已经建成全球区域数据中心枢纽。新加坡吸引了大量本地和国际托管及云服务提供商、多媒体内容提供商和云计算公司，这部分得益于与亚太主要市场接入了大量海底电缆。过去几年，脸书、谷歌、字节跳动等大型科技公司在新加坡投资建设数据中心，微软 Azure、亚马逊 AWS、阿里云等云计算巨头也将新加坡设为区域运营中心。2019 年，新加坡在东盟数据中心收入中占比达 45%，预计到 2025 年，公有云市场将达到 25 亿美元。① 随着 5G 和物联网的扩展，新加坡对边缘计算数据中心的需求将持续增加。虽然新加坡曾在 2021 年 5 月暂停新数据中心的建设批准，但为满足市场需求，2022 年 1 月政府宣布恢复新数据中心建设，并强调绿色科技与可持续发展目标，但对业者提出了更严格的要求。

三是东南亚集聚众多知名电子商务平台企业。Lazada、Shopee 等平台在本地市场占据重要地位，不仅服务新加坡本地消费者，还辐射整个东南亚地区。其战略性港口和自由贸易政策使其成为亚太地区跨境电商的重要枢纽，新加坡电商企业可以轻松将商品出口到全球市场，尤其是亚太地区。凭借 100% 的城市化率和高互联网渗透率，新加坡消费者在电子商务和数字服务的消费意愿居东南亚之首。

四是建立日益健全的金融体系。新加坡被誉为全球金融科技中心之一，拥有众多金融科技初创企业。政府通过金融科技创新村和金融科技监管沙盒等项目大力推动金融科技发展，提升了数字金融服务的质量和覆盖率。

---

① 资料来源：《对外投资合作国别（地区）指南》。

新加坡的数字支付市场高度发达，PayNow、GrabPay 等平台广泛应用，推动无现金社会的进程。与此同时，财富管理和保险等金融服务领域仍具有增长潜力，尤其是财富产品的数字化和嵌入式保险产品的普及有望进一步推动行业发展。新加坡还发放了数字银行牌照，虚拟银行的落地正加速传统银行的转型升级。此外，新加坡致力于发展成为亚洲区块链和数字货币的中心，颁发数字货币经营牌照。

（二）新加坡数字贸易的主要政策

1. "智慧国家 2025"（Smart Nation 2025）

2014 年 12 月，新加坡政府发布了"智慧国家 2025"计划，这是此前数字化战略的升级版，旨在推动新加坡全面的数字化转型。该计划涵盖卫生、交通、教育、城市发展和金融等多个关键领域的变革，以适应和应对数字时代的需求与挑战。

在具体建设方面，"智慧国家 2025"提出了三大核心框架：

一是数字经济：推动经济的数字化转型，促进企业应用先进技术，提升生产力并创造新的经济增长点。

二是数字政府：通过数字技术提升政府服务的效率和透明度，打造更加智能、高效和以民众为中心的公共服务。

三是数字社会：推动社会全面数字化，促进数字技能的普及，确保所有群体都能参与和受益于数字经济的蓬勃发展。

这一战略旨在使新加坡成为全球领先的数字化城市，并增强其在国际舞台上的竞争力。

2.《数字经济蓝图》

2019 年，新加坡政府发布了《数字经济蓝图》，旨在全面推动国家的数字经济发展。该蓝图涵盖多个方面，包括数字基础设施的建设、数据流动的自由化、数字技能培训以及对创新的支持。蓝图的重点领域之一是推动智慧城市、智慧物流、数字金融和数字健康等行业的发展。通过具体政策和实施方案，政府致力于加速数字技术在这些关键领域的广泛应用，进一步巩固新加坡在全球数字经济中的领先地位。

3.《个人数据保护法》（PDPA）

2012年，新加坡政府为保护个人数据免于滥用，出台了PDPA，详细规定了个人的数据保护权利，并对企业收集、使用和披露个人数据的行为作出了明确规范。此外，政府发布了一系列条例和指引，推动该法令的有效执行。

为了进一步加强数据隐私保护制度，新加坡于2020年11月2日通过了对PDPA的重大修改。这次修订使该法更加贴近国际标准，允许本地企业在某些情况下（例如业务改进和研究）未经事先同意使用消费者数据。同时，修正案还引入了更严格的数据泄露处罚措施，最高罚款金额超过此前设定的100万新元，进一步强化了对数据安全的保障。

4.《电子交易法》（ETA）

1998年7月，新加坡首次颁布了ETA，为电子交易提供法律基础，确保通过电子方式形成的合同具有法律的可预测性和确定性。该法并不强制要求使用电子签名或电子交易，但在各方选择电子方式交易时，促进了其使用和法律认可。

为了保持与国际贸易法及最新技术发展的同步，确保新加坡的全球竞争力，新加坡于2021年3月对ETA进行了修订。此次修订进一步完善了法律和监管框架，以应对新兴的电子商务需求和技术创新，使新加坡的数字经济更具竞争力和适应性。

5. 金融科技政策

新加坡通过《金融科技行动计划》推动金融科技的发展，涵盖了数字支付、区块链技术、人工智能等关键领域。政府通过一系列政策支持、资金资助以及监管沙盒等措施，积极促进金融科技的创新与发展。

新加坡金融管理局（MAS）推出的金融科技监管沙盒，允许金融科技公司在受控环境下测试其产品和服务。这一措施帮助降低创新风险，确保金融科技创新能够在安全和可控的条件下进行，推动了新加坡金融科技行业的快速发展。

6. 数字贸易协定与国际合作

近年来，新加坡高度重视推进数字经济协定的签署，充分抓住数字革命和技术发展的机遇，积极拓展与各国的数字经济伙伴关系。在多边层面，2020 年 6 月，新加坡与智利和新西兰签署了 DEPA，这成为全球首个数字经济多边协定，并分别于 2021 年 1 月（新加坡和新西兰）和 11 月（智利）正式生效。

在双边层面，新加坡积极与主要贸易伙伴建立数字经济合作关系。2020 年 8 月，新加坡与澳大利亚签署了新的数字经济章节（SADEA）；2022 年 2 月，与英国签订了《英国—新加坡数字经济协定》（UKSDEA）；2022 年 11 月，与韩国签署了《韩国—新加坡数字伙伴关系协定》；2023 年 2 月，与欧盟签署了《欧盟—新加坡数字伙伴关系协定》，并于 2023 年 7 月宣布启动与欧盟的数字贸易协议谈判。

此外，新加坡将数字经济作为双边经贸关系的重要组成部分，与中国、美国、日本、法国、印度尼西亚、越南等国签署了双边协议或备忘录，并与印度、加拿大等国积极探讨加强数字经济领域的合作。

（三）新加坡数字贸易的发展机遇

一是作为国际数字经贸柜子体系的先行者，新加坡在全球数字贸易谈判中的话语权不断提升。作为东南亚唯一的发达国家，新加坡凭借其强劲的数字经济竞争力和中立的国际地位，成功整合了亚太地区的政治资源，并通过连接拉美的智利和大洋洲的新西兰，构建了一个"金三角"式的数字地理结构。新加坡、新西兰和智利是《数字经济伙伴关系协定》（DEPA）的发起国之一，但从全球数字经济竞争力排名和数字经济规模来看，新加坡明显优于新西兰和智利，在 DEPA 中发挥了核心引领作用。DEPA 以高标准为基础制定数字经济规则，但采用模块化方式，最大限度地协调不同国家的数字经济需求，促进数字技术的共享与交流，为数字经济治理提供了一条"求同存异"的合作路径，推动全球数字治理格局向新的平衡发展。

在全球数字经济治理中，针对WTO谈判中各方对数据跨境流动、数据本地存储和数字监管分歧的关注，DEPA避免了"硬约束"方式的强行突破，增强了制度的弹性。DEPA成功签署后，吸引了越来越多的数字伙伴，包括中国、韩国和加拿大等国已提出加入申请，使其成为全球数字经济治理中的"第四路线"。这一协定的国际吸引力在于新加坡在全球数字经济中的竞争力、卓越的数字经济治理能力以及国际话语的影响力。

二是拥有战略性地理区位优势，让新加坡成为通往东南亚及更大区域市场的重要门户。新加坡地处东南亚的中心，紧邻中国、印度、印尼和马来西亚等快速增长的经济体，这赋予了它成为区域贸易和物流枢纽的天然优势。由于其地理位置处于亚太与世界其他地区的交汇点，许多跨国企业将新加坡视为通往东南亚及更大区域市场的门户。这一优势不仅推动了传统货物贸易的繁荣，还使跨境电商得以高效运营。新加坡的海空交通枢纽（如樟宜机场和港口）具备极高的跨境货运处理效率，通过"智慧港口"等创新，优化供应链管理，减少配送时间和成本，从而提升了电子商务的全球竞争力。许多国际公司选择在新加坡试验新的电商模式，随后推广到东南亚其他国家。

此外，新加坡不仅是东南亚的交通和物流枢纽，还在全球数字贸易体系中扮演着连接东西方市场的关键角色。作为亚太地区的金融和商业中心，新加坡成为许多跨国公司数字业务运营的首选基地，涵盖电子支付、金融科技、云计算服务等领域。新加坡作为"全球网关"的地位，使其能够无缝连接亚太经济体，并通过便捷的时区覆盖欧美市场。新加坡拥有强大的国际海底光缆网络，支持跨国数据传输，使其成为全球跨境数据流动的重要枢纽。

三是新加坡拥有完善的人才与创新生态系统，为高水平数字人才培养、企业成长创造条件。新加坡拥有全球领先的教育体系和完善的人才培养机制，为数字贸易及相关行业的发展奠定了坚实的人才基础。新加坡的多所顶尖高等教育机构，不仅提供高质量的教育，还与全球知名学府和企业合作，确保学生在数字贸易、金融科技和人工智能等前沿领域具备国际化的视野和技能。

新加坡的职业教育和继续教育体系也十分发达，政府通过技能创前程（Skills Future）计划为公民提供持续学习和技能提升的机会，特别关注数字技能的培训。个人和企业可以通过政府资助的课程，学习数据分析、电子商务、网络安全和金融科技等与数字贸易相关的技能。同时，专业转换计划（PCP）帮助现有员工向电子商务、数据分析和数字营销等数字经济相关领域转型，通过这些政府资助的培训项目，员工能够获得新技能，适应数字贸易的发展需求。

此外，新加坡拥有强大的创业生态系统，特别是在数字经济领域。新加坡的教育机构通过创业课程、孵化器和风险投资支持，帮助学生和初创企业进入数字贸易市场。新加坡国立大学的 US Enterprise 部门为学生和初创企业提供资源和网络支持，推动数字经济的创新，而南洋理工大学的 NTUitive 创业孵化平台则为科技驱动的初创企业提供资金、技术支持和市场推广机会，尤其在数字技术和电子商务创新方面表现突出。

（四）新加坡数字贸易面临的挑战

作为全球数字经济的领先国家，新加坡凭借高度数字化的社会和开放的经济体系，成为数字欺诈攻击的高风险目标。随着电子商务、金融科技和数字支付等行业的快速发展，数字欺诈在新加坡逐年上升，尤其是在疫情期间，在线活动的大幅增加为骗子提供了更多机会。根据新加坡警察部队（SPF）的报告，数字欺诈是增长最快的犯罪类别之一。2022年的数据显示，数字欺诈占所有诈骗案件的43%，其中常见类型包括网络购物欺诈、投资欺诈和钓鱼攻击。2021年，因网络诈骗导致的经济损失达5亿新币，表明数字欺诈对个人和企业造成了重大影响。

律商联讯风险信息公司（LexisNexis Risk Solutions）的研究指出，新加坡的许多数字欺诈攻击源自自动机器人，专门针对电子商务支付交易。这些机器人利用被盗的个人信息（如用户名、密码、信用卡号等）来试图访问用户账户，从而窃取资金或数据。

新加坡的机器人攻击同比增长146%，是全球平均水平的五倍多，主要原因是疫情期间数字交易的激增和数据安全漏洞事件频发，为网络犯罪分子提供了更多机会。

在过去几年中，新加坡发生了多起数据泄露事件，涉及滨海湾金沙、星巴克和ShopBack等知名企业，这些被盗的数据被用于机器人攻击，进一步谋取利益。

如果频繁的数字欺诈问题无法得到有效控制，可能会削弱新加坡作为全球商业和金融中心的形象，影响公众和企业对数字经济的信任。这不仅对新加坡的数字经济发展构成重大威胁，尤其是在跨境数字贸易和金融科技领域，也可能影响其在全球数字经济中的领导地位。

四、泰国数字贸易概述

（一）泰国数字贸易的发展现状

泰国作为东南亚的重要经济体，积极融入数字化潮流。近年来，泰国政府通过政策支持和市场导向，致力于推动数字贸易的发展。世界银行数据显示，2023年泰国GDP总量为5149.45万美元，同比增长3.9%，人均GDP0.72万美元，同比增长3.7%。

WTO最新数据显示，泰国2023年的对外贸易总额为6957.50亿美元，服务贸易规模为1214.34亿美元（见图27-11），同比增长19.3%。可数字化交付的服务贸易规模为482.99亿美元，同比增长17.8%，是东南亚增长最快的国家。其中，数字服务出口规模为176.27亿美元（见图27-12），同比增长23.2%，数字服务进口为306.72亿美元，同比增长14.9%。

2010—2023年，泰国可数字化交付的服务出口规模增长相对较快，年均增速8.8%。受新冠疫情影响，泰国服务贸易出口在2020年出现断崖式下跌，泰国可数字化交付的服务出口占服务贸易出口比重在2020年呈爆发式增长，由2019年的11.9%迅速增长到37.9%，2021年进一步上升到

51.6%，2023 年该比重为 39.8%（见图 27-13）。

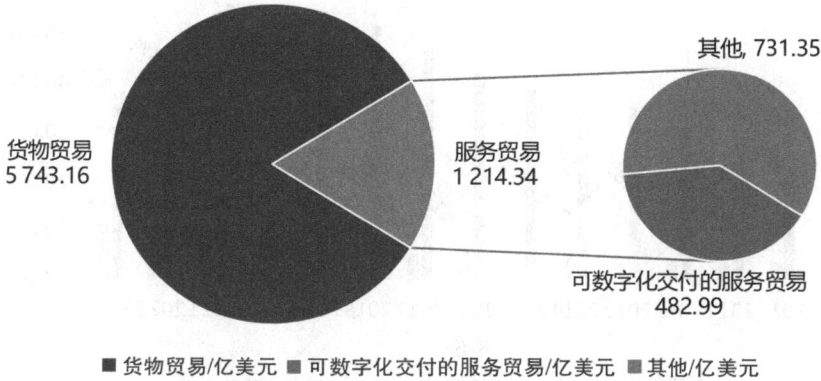

图 27-11　2023 年泰国贸易组成情况

资料来源：WTO。

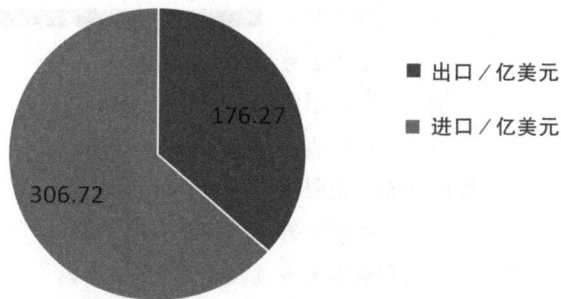

图 24-12　2023 年泰国数字贸易情况

资料来源：WTO。

从数字服务出口看，2023 年泰国可数字化交付的服务出口占比最大的为其他商业服务，金额为 155.25 亿美元（见图 27-14），占数字服务出口的 88.1%，同比增加 23.4%。第二位是金融服务，金额为 9.19 亿美元，占数字服务出口的 5.2%，同比增加 22.9%。第三位是知识产权使用费，金额为 3.51 亿美元，占数字服务出口的 2.0%，同比增加 32.5%，是 2023 年泰国数字服务出口增速最快的领域。

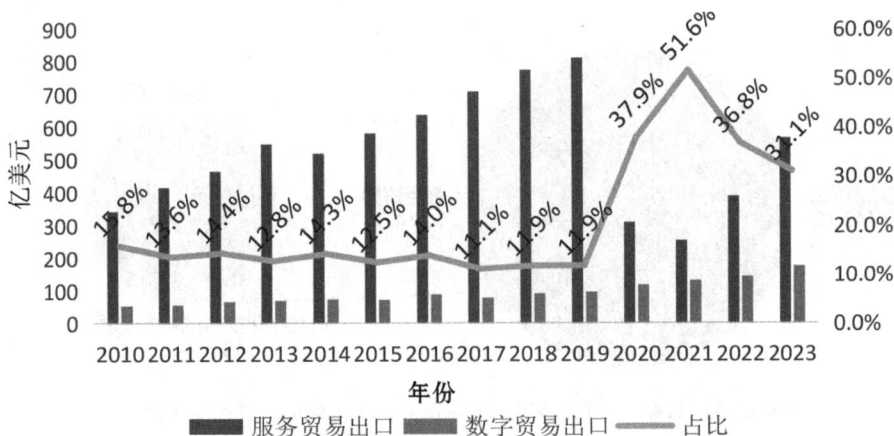

图 27-13　2010—2023 年泰国数字服务出口占服务出口比重

资料来源：WTO。

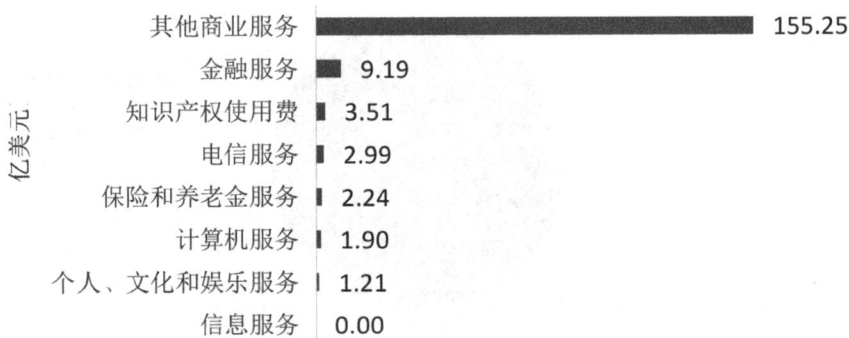

图 27-14　2023 年泰国数字服务出口情况

资料来源：WTO。

　　从数字服务进口看，2023 年泰国可数字化交付的服务进口占比最大的为其他商业服务，金额为 182.75 亿美元（见图 27-15），占数字服务进口的 59.6%，同比增加 14.1%。第二位是知识产权使用费，金额为 60.02 亿美元，占数字服务进口的 19.6%，同比增加 8.5%。第三位是金融服务，金额为 26.47 亿美元，占数字服务进口的 8.6%，同比增长 66.6%，是增速最快的数字贸易进口领域。

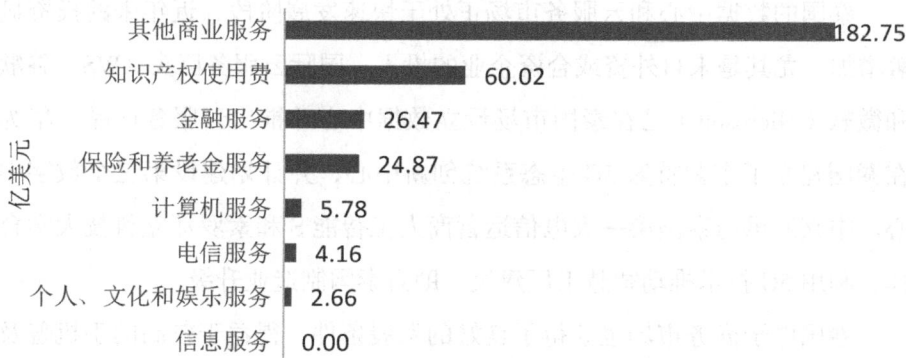

图 27-15　2023 年泰国数字服务进口情况

资料来源：WTO。

泰国政府高度重视数字经济的发展，并将其作为国家战略的核心之一。为了推动数字经济的增长，泰国制定了短期和长期规划，重点投资于数字基础设施、数字支付等领域，致力于成为亚太地区的大数据和云服务中心。预计到 2025 年，泰国的数字经济总值将达到 530 亿美元，年均增长率为 25%。到 2030 年，数字经济有望占到全国 GDP 的 30%。[①]

为实现这一目标，泰国正在建设数字经济中心，投资委员会已批准了 37 个数字中心和云服务项目，总投资额达 985 亿泰铢，主要分布在曼谷、北榄、春武里和罗勇等地区。项目包括亚马逊网络服务（AWS）建设的三个数字中心，一期投资超 250 亿泰铢，以及来自新加坡的 Evolution 数据中心和日本的 Telehouse。阿里云和华为等公司也在泰国投资云服务项目。

近年来，泰国政府提出了"泰国 4.0"国家战略，将数字经济列为优先发展领域，加大对数字基础设施的投资。目前，泰国的 4G 网络覆盖了 3 万多个村庄，提供了 1 万多个免费无线网络接入点，并设立了 600 多个数字社区。为了加速迈向"泰国 4.0"，政府计划在泰国东部经济走廊地区

---

① 资料来源：谷歌、淡马锡和贝恩公司联合发布的《2023 年东南亚数字经济报告》。

打造数字园区，建设智慧城市、大数据中心和物联网中心。

泰国的数据中心和云服务市场正处于快速发展阶段，近年来的投资显著增加，尤其是来自外资或合资企业的投入。国际云服务巨头 AWS、谷歌和微软（Microsoft）已在泰国市场设立数据中心并推出云服务产品。华为在泰国建立了东盟首家 5G 生态系统创新中心，并计划建设第三个数字中心。中兴通讯与泰国第一大电信运营商人工智能 S 和素罗那立科技大学合作，利用 5G 技术推动智慧工厂建设，助力泰国制造业升级。

泰国电子商务市场也获得了良好的发展条件，得益于较高的手机普及率、手机银行和社交媒体的广泛使用。根据 Statista 的数据，预计 2023 年泰国电子商务市场规模将达 209 亿美元，预计到 2027 年将增长至 328.1 亿美元，年增长率为 11.93%。电子商务用户渗透率已达到 57.4%，超过了全国人口的一半，预计到 2027 年这一比例将上升至 63.5%，用户数量将达到 4577 万。

（二）泰国数字贸易的主要政策

1. 战略规划

2016 年，泰国政府成立了数字经济与社会部和国家数字经济和社会委员会办公室，总理亲自担任国家数字经济和社会委员会主席。这些机构的成立旨在寻求经济发展的新动力，泰国先后推出了"工业 4.0"战略和"东部经济走廊"（EEC）计划，数字经济被列为重点发展的目标产业之一。根据相关规划，泰国将率先在 EEC 特区推行 5G 商用，以推动科技产业的发展和吸引外资。其他首批推行 5G 的地区还包括曼谷、清迈、普吉以及部分获准覆盖 5G 的国内机场等区域。

2020 年 10 月，泰国出台了《泰国数字发展路线图》，旨在推动泰国数字经济的转型，并使其与科技进步、消费习惯及商业环境的快速发展相协调。该路线图分为四大部分：一是建设数字科技人才库；二是发展数字经济；三是推动社区的数字能力建设；四是通过智慧城市、大数据和网络安全发展，构建数字创新生态系统。该路线图为泰国在未来 20 年内取得数字经济成功奠定了基础。

2.《数字经济与社会发展法案》

2017年，泰国颁布了《数字经济与社会发展法案》，并成立了数字经济促进局，负责推动该法案的实施。该机构的主要职能是促进和支持数字创新产业的发展，并推动数字技术在各个领域的普及和应用。

《数字经济与社会发展法案》为泰国数字经济的发展制定了政策框架和相关规划。根据该法案，泰国成立了国家数字经济和社会发展委员会，明确了该委员会的权力和职责。此外，法案还设立了数字经济与社会发展专项基金，旨在为推动泰国数字经济的发展提供资金支持，助力数字化转型和经济增长。

3.《个人数据保护法案》和《网络安全法案》

2019年2月28日，泰国国家立法议会通过了《个人数据保护法案》和《网络安全法案》，旨在直接管理个人数据的收集、储存、使用和处理。这些法案的出台有助于强化网络空间的法律保障，确保国家安全，并加强个人数据隐私的保护。

《个人数据保护法案》具有域外适用性，不仅适用于泰国境内的企业，也适用于境外收集、使用或监测泰国自然人行为的企业，对这些企业产生重大影响。该法案最初于2019年5月在泰国皇家公报上公布，留有一年的宽限期。然而，因新冠疫情的影响，泰国政府将合规期限延长至2022年6月1日，并于该日正式生效。

这是泰国首部专门针对数据管理与保护的法律，适用于在泰国境内为泰国消费者提供产品或服务的实体，确保在数字化时代下的个人数据隐私得到充分保障。

4.《计算机犯罪法》

该法旨在解决与计算机相关的犯罪问题，例如非法访问和干扰计算机系统及数据、非法披露安全措施以及非法拦截计算活动。该法案为网络犯罪提供了法律框架，旨在保护数字空间的安全性和完整性。

5.《电子交易法》

该法适用于使用电子手段进行数据信息处理的所有民事和商业交易，包括信息的生成、发送、接收、存储和处理方式。这些电子手段包括电子数据交换（EDI）、电子邮件、电报、电传或传真等。该法为电子交易提供了法律基础，确保数字经济中的商业活动具有法律的有效性和可操作性。

6.《数字平台经营法》

2023年8月，泰国数字经济与社会部下属的泰国电子交易发展署（Electronic Transactions Development Agency，ETDA）发布公告，要求在泰国提供服务的数字平台运营商在规定时间内向电子交易发展署进行申报备案。此公告是对2022年12月发布的《数字平台运营法》的进一步细化和补充。

根据公告，大型数字平台需在2023年11月18日前完成申报，小型数字平台的申报截止时间延长至2024年8月20日。对于公告生效日期（2023年8月21日）之后开始运营的数字平台，必须在正式运营前完成申报。公告涵盖了以网站、App等形式提供数字服务的平台企业，服务类型包括电子商务、社交媒体、搜索引擎、地图、音像服务、云服务等能连接终端用户的信息服务。

平台在申报备案时，需提供相关信息，如服务类型、性质、渠道、收益、用户分类、投诉处理等。此外，平台还需每年更新申报，提供在泰国的交易额、用户数等信息。

根据《数字平台运营法》，即使是在泰国境外运营的平台，如向泰国用户提供服务，也必须进行申报，并指定在泰国的联络人。未按要求申报的平台可能面临泰国政府中止其服务的风险，且平台运营商可能受到刑事处罚。

7. 数字贸易协定与国际合作

泰国作为WTO的正式成员，迄今为止已经签署了14项多边和双边自由贸易协定。这些协议包括东盟自由贸易协定、与澳大利亚、新西兰、日本、印度、秘鲁和智利的双边自贸协定。此外，泰国作为东盟成员国，还参与了与中国、韩国、日本、印度、澳大利亚、新西兰等国家以及中国香港地区的自贸协定，以及 RCEP。

2022 年 5 月 23 日，泰国宣布加入由美国发起的"印太经济框架"（IPEF），与美国、韩国、日本、印度、澳大利亚、新西兰、印度尼西亚、马来西亚、菲律宾、新加坡、越南和文莱共同成为 IPEF 的初创成员国。该框架旨在促进印太地区的经济合作与发展，进一步深化泰国在全球和地区经济中的角色。

（三）泰国数字贸易的发展机遇

一是泰国数字媒体发展迅速带动数字内容服务加快拓展国际市场。泰国的流媒体市场正在快速崛起，特别是在视频点播和在线广告领域。谷歌的调查显示，泰国的"高价值用户"（HVUs）在各类垂直领域的在线消费远远高于非高价值用户，尤其在运输和游戏领域，分别达到 10.8 倍和 10.1 倍。63% 的高价值用户表示未来 12 个月将增加在线支出，这表明泰国的在线消费仍有强劲的增长潜力。随着越来越多的消费者订阅数字媒体服务，在线支付和数字产品消费习惯逐渐形成，这将进一步推动泰国整体数字经济的发展。此外，全球化的数字内容通过这些平台在国际市场上获得更广泛的传播，泰国内容创作者也有机会走向国际舞台。

二是强大的制造业基础和数字化转型需求释放巨大数字贸易发展潜力，数字技术服务等领域增长迅速。泰国拥有强大的制造业基础，特别是在汽车、电子和食品加工领域。随着制造业的数字化转型，企业通过物联网、大数据和云计算等技术提升了供应链的透明度和效率，优化生产流程，提升了跨境数字贸易的效能。泰国深度嵌入全球价值链，尤其是在汽车和电子电器领域，但一直处于全球价值链的中低端。全球价值链的重构和数字经济的兴起为泰国制造业的升级提供了机遇。为此，泰国政府调整了汽车工业政策，增加了电动汽车的生产比重，并推动数字贸易的发展，尤其鼓励中小企业加快数字化转型。通过这些举措，泰国制造业与数字贸易的融合将更为紧密，推动经济实现更高水平的增长。

三是数字园区建设不断集聚优质数字贸易发展要素。True Digital Park 是泰国最大且最具创新性的科技和数字创业园区之一，致力于推动数字经济的全面发展，目标是成为东南亚最大的数字创新中心。该园区为科技创业公司、企业和创新者提供完整的数字生态系统，不仅包括物理空间，还提供创新资源、加速器项目、投资机会和技术支持。这种生态系统推动了电子商务、金融科技和供应链管理等数字贸易相关领域的创新应用，显著提高了企业的竞争力。

True Digital Park 还汇聚了区块链、人工智能、大数据、物联网等前沿技术的应用，这些技术可以提升数字贸易的效率和安全性。全球科技巨头如谷歌、华为、阿里巴巴等的进驻，不仅为泰国本地创新者提供了学习和合作的机会，也推动了本地企业与全球领先技术的融合。泰国政府对 True Digital Park 的大力支持，包括政策优惠、税收激励和投资支持，吸引了更多数字贸易相关企业入驻，成为泰国数字经济和贸易发展的关键引擎。通过这一数字园区，泰国企业将能够更加高效地参与全球数字贸易竞争，实现创新和发展。

（四）泰国数字贸易面临的挑战

缅甸的政治局势对泰国的数字贸易发展构成了潜在的风险，尤其是两国共享陆地边境，跨境贸易关系密切。缅甸局势的动荡可能导致边境管理加强或出现不稳定，直接影响两国间的陆路物流和货物运输。更为关键的是，缅甸的不稳定可能削弱泰国在区域供应链中的角色，尤其是在跨境物流和运输方面。缅甸作为泰国与南亚及中国等地区的陆路连接点，其局势动荡可能导致物流路线中断或效率下降，这将影响泰国与中国、印度等邻国的物流网络，从而波及电子商务和跨境贸易的顺畅运行。

对于许多国际企业而言，泰国是一个重要的供应链枢纽。然而，缅甸局势的不确定性可能迫使这些跨国公司重新评估泰国作为制造和贸易中心的风险，尤其是对东南亚其他国家的贸易。此外，区域的不稳定通常会对投资者信心产生负面影响。缅甸的动荡可能引发国际投资者对泰国及周边地区的政治和经济前景产生怀疑，削弱泰国吸引全球数字经济和数字贸易相关投资的能力。特别是在外国投资者将泰国视为东南亚区域贸易和数字经济中心的情况下，投资者的信心动摇可能导致资金转移至更稳定的市场，如新加坡或马来西亚。

这一风险可能削弱泰国在数字基础设施、跨境电商和数字支付等领域的投资，从而对泰国的数字贸易发展产生负面影响。

五、菲律宾数字贸易概述

（一）菲律宾数字贸易的发展现状

尽管与东南亚邻国相比，菲律宾数字贸易起步较晚，但其数字贸易市场的前景十分可观。

世界银行数据显示，2023 年菲律宾 GDP 总量为 4371.46 万美元，同比增长 8.1%，人均 GDP0.37 万美元，同比增长 6.5%。

WTO 最新数据显示，菲律宾 2023 年的对外贸易总额为 2847.83 亿美元，服务贸易规模为 774.50 亿美元（见图 27-16），同比增长 16.7%。可数字化交付的服务贸易规模为 436.16 亿美元，同比增长 9.2%。其中，数字服务出口规模为 294.14 亿美元（见图 27-17），同比增长 7.7%，数字服务进口规模为 142.02 亿美元，同比增长 12.3%。

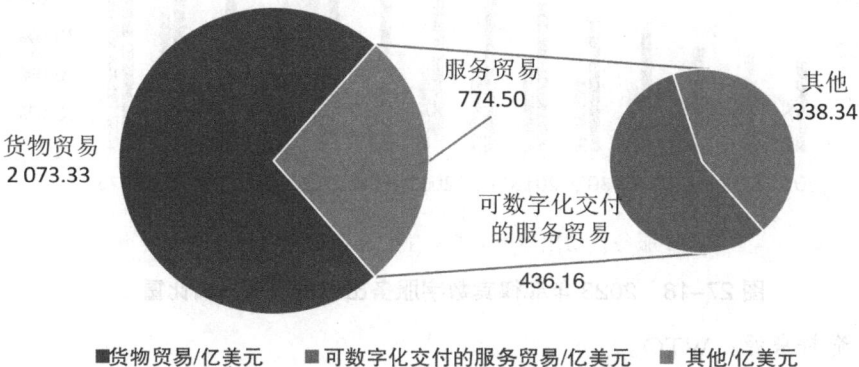

■货物贸易/亿美元　　■可数字化交付的服务贸易/亿美元　　■其他/亿美元

图 27-16　2023 年菲律宾贸易组成情况

资料来源：WTO。

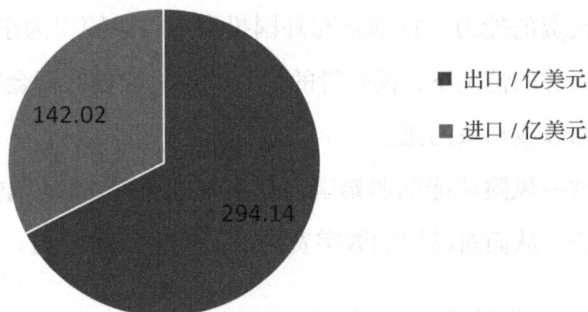

图 27-17　2023 年菲律宾数字服务进出口情况

资料来源：WTO。

2010—2023 年，菲律宾可数字化交付的服务出口规模增长相对较快，年均增速 7.6%。2010—2019 年，菲律宾可数字化交付的服务出口占服务贸易出口比重整体呈下降态势，2020 年跃升至 72.1%，2023 年该比重为 60.9%（见图 27-18）。

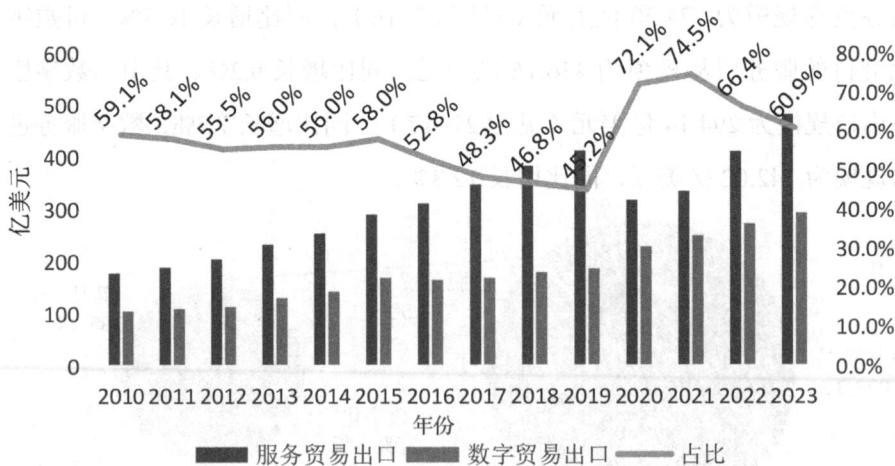

图 27-18　2023 年菲律宾数字服务出口占服务出口比重

资料来源：WTO。

从数字服务出口看，2023 年菲律宾可数字化交付的服务出口占比最大的为其他商业服务，金额为 221.36 亿美元（见图 27-19），占数字服务出口的 75.3%，同比增加 8.1%。第二位是计算机服务，金额为 62.85 亿美元，占数字服务进口的 21.4%，同比增长 5.4%。第三位是电信服务，金额为 4.15 亿美元，占数字服务进口的 1.4%，同比增长 5.4%。2023 年菲律宾知识产权使用费是增速最快的数字贸易出口领域，增速达 205.6%，金额为 0.38 亿美元。

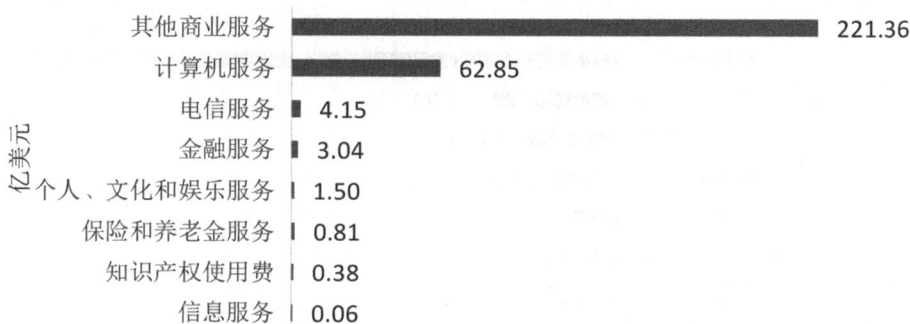

```
其他商业服务  ████████████████████████████  221.36
计算机服务    ███████  62.85
  电信服务    █  4.15
  金融服务    █  3.04
个人、文化和娱乐服务  █  1.50
保险和养老金服务  █  0.81
知识产权使用费  █  0.38
  信息服务    |  0.06
```
（纵轴：亿美元）

图 27-19　2023 年菲律宾数字服务出口情况

资料来源：WTO。

从数字服务进口看，2023 年泰国可数字化交付的服务进口占比最大的为其他商业服务，金额为 82.71 亿美元（见图 27-20），占数字服务进口的 58.2%，同比增长 19.8%。第二位是保险和养老金服务，金额为 19.99 亿美元，占数字服务进口的 14.1%，同比增长 0.3%。第三位是金融服务，金额为 14.64 亿美元，占数字服务进口的 10.3%，同比增长 44.0%。2023 年，信息服务是菲律宾增速最快的数字贸易进口领域，增速达 126.7%，金额为 1.38 亿美元。

菲律宾数字贸易发展基础相对薄弱，主要表现在以下几个方面：

一是移动网络质量亟待提升。根据惠誉解决方案（Fitch Solutions）的统计，截至 2021 年底，菲律宾全国移动网络用户达到约 1.6 亿人，同比增长 9.0%。其中，4G 用户占比 57.9%，而 2G 和 3G 用户仍占 38.2%，4G 网络普及仍有待进一步提升，5G 网络覆盖率则需要显著提高。尽管移动网络用户数量庞大，但菲律宾在移动和固定宽带互联网速度方面的全球排名较低。根据 2022 年 4 月的 Speedtest 全球指数，菲律宾的固定宽带速度为 55.21Mbps，排名第 59 位（在 182 个国家中），移动互联网速度为 19.45Mbps，排名第 95 位（在 141 个国家中）。与其他东盟国家相比，菲律宾的蜂窝塔数量相对不足，只有 22405 座，而越南有 90000 座，泰国有 60000 座。鉴于菲律宾复杂的地理环境，覆盖全国需要超过 70000 座蜂窝塔。

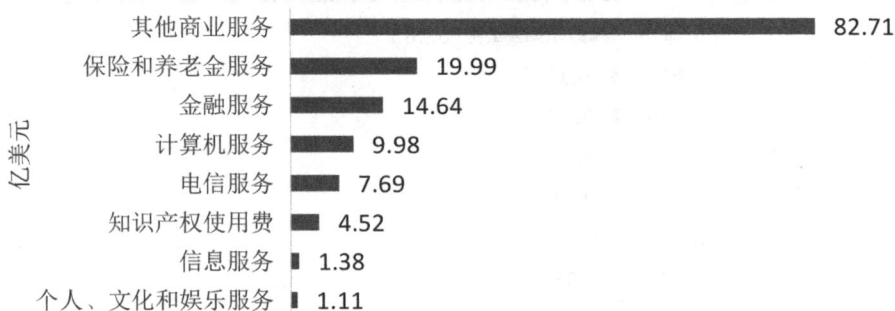

其他商业服务　82.71
保险和养老金服务　19.99
金融服务　14.64
计算机服务　9.98
电信服务　7.69
知识产权使用费　4.52
信息服务　1.38
个人、文化和娱乐服务　1.11

（亿美元）

图 27-20　2023 年菲律宾数字服务进口情况

资料来源：WTO。

根据美国波图兰研究所和牛津大学赛德商学院联合发布的《网络就绪度指数 2022》报告，菲律宾在全球 131 个经济体中排名第 71 位，在亚太地区则排第 13 位。菲律宾在国际连通性、宽带质量和云计算基础设施建设方面较为落后，网络安全仍是薄弱环节，云计算技术和生态系统尚未成熟。

二是数据产业规模较小。在政府和中小微企业数字化的推动下，菲律宾的大数据领域近年来取得了一定的发展，但数据中心产业规模依然较小，基础设施不够完善。目前，PLDT 和 Globe 是菲律宾主导的电信运营商，数据中心运营商需与其合作以确保网络连接。菲律宾现有 30 个主机托管数据中心和 36 家云服务提供商，主要集中在马尼拉和宿务。

三是电子支付尚未普及。尽管电子支付在菲律宾的普及程度较低，现金仍是主要支付方式，但第三方支付平台正在努力开拓市场。根据菲律宾中央银行的统计，51% 的菲律宾人没有银行账户，电商购物中，货到付款（COD）是最常见的支付方式，占 37%，银行转账和借记卡 / 信用卡支付分别占 29% 和 22%。尽管如此，电子钱包的使用率正在上升，GCash、PayMaya 和 Alipay 是主要的提供商。GCash 是菲律宾最大的移动支付平台，拥有超过 7600 万注册用户，并在全国拥有 500 万个合作商户，推动电子支付在该国的普及。

（二）菲律宾数字贸易主要政策

1. 国家数字经济战略

菲律宾政府制定的国家数字经济战略旨在通过促进数字技术的应用，推动经济增长和社会发展。该战略的重点包括以下几个方面：

（1）数字基础设施建设：提升互联网连接性，推动宽带和 5G 网络的普及，以确保数字服务的可用性和覆盖范围，为企业和个人提供更好的数字体验。

（2）数字技能培训：通过教育和培训计划提升劳动力的数字技能，使其适应快速变化的数字经济需求，从而提高国家整体的数字竞争力。

（3）促进电子商务：鼓励企业采用电子商务模式，拓展市场准入渠道，同时提升消费者的在线购物体验，推动国内外电子商务的发展。

2.《电子商务法》（Republic Act No. 8792）

菲律宾于 2000 年通过的《电子商务法》为在线交易提供了全面的法律框架，极大地促进了电子商务的发展。该法律承认电子合同的法律效力，并规定了电子签名的使用方式，从而确保在线交易的合法性和有效性。

该法还设定了对消费者权益的保护措施，强调透明度和公平交易原则，确保消费者在电子交易中的权利得到保障。此外，法律鼓励使用安全的电子支付方式，推动无现金交易的普及，为数字经济的持续发展奠定了坚实基础。

3.《数据隐私法》（Republic Act No. 10173）

该法律明确规定了数据处理者在处理个人数据时的责任和义务，包括在收集、使用和处理数据之前获取用户的明确同意，并采取措施保障数据的安全。它赋予消费者对其个人数据的控制权，包括访问、更正和删除个人数据的权利，确保个人隐私得到充分保护。

此外，该法律明确了由国家隐私委员会（NPC）负责监督和实施数据隐私保护措施，确保数据处理者遵守相关法规，并对违规行为进行适当的惩罚与监管。这一框架为数据隐私提供了强有力的法律保障。

4. 数字支付倡议

菲律宾中央银行（Bangko Sentral ng Pilipinas，BSP）推出了"支付转型计划"，旨在提升支付系统的便利性和安全性，推动数字支付的广泛应用，减少现金交易。该计划鼓励消费者和商家更多地使用电子支付，同时建立健全的监管框架，确保数字支付系统的安全与高效，保护消费者的权益。

此外，计划特别注重普惠金融的发展，鼓励未银行化人群使用数字支付服务，帮助他们更好地融入金融体系，推动社会经济的全面发展。

5. 数字贸易协定与国际合作

菲律宾是WTO、APEC和东盟的成员国。目前，菲律宾已与近40个国家和地区签订了各类双边经贸协定或安排。作为东盟成员国，菲律宾不仅享受东盟国家之间的贸易优惠安排，还从其他国家与东盟签署的经贸协定中受益，如《中国—东盟自由贸易协定》及其升级议定书、RCEP等。菲律宾于2023年2月核准RCEP，并于2023年6月正式在菲律宾生效。

此外，菲律宾与日本于2008年签署了经济伙伴协定，涵盖货物贸易、服务贸易、投资、自然人流动、知识产权、政府采购、竞争和改善商业环境等内容，协定于2008年12月正式生效。

菲律宾还于2016年与欧洲自由贸易联盟（EFTA）成员国冰岛、列支敦士登、挪威和瑞士签署了自由贸易协定，涵盖了货物贸易、服务贸易、投资、竞争、知识产权保护、政府采购以及贸易与可持续发展等领域。

目前，菲律宾正在与欧盟和韩国分别进行自由贸易协定的谈判，以进一步加强与这些经济体的经贸合作。

（三）菲律宾数字贸易发展机遇

菲律宾电子商务市场未来的增长潜力巨大。根据谷歌、淡马锡和贝恩公司联合发布的《2023年东南亚数字经济报告》，东南亚的电子商务市场预计到2030年将达到6000亿美元，而菲律宾将在其中扮演重要角色。随着政府持续提供政策支持、基础设施不断改善以及消费者对在线购物的日益接受，菲律宾的电子商务市场预计将继续扩展，并有望成为东南亚地区的重要数字贸易枢纽。

传统电商平台Ebay与新兴电商平台Lazada、Shopee等逐渐赢得菲律宾消费者的青睐，其中Lazada和Shopee占据主导地位，每月浏览量达到1.16亿次。Statista数据显示，菲律宾目前的电子商务用户数量已达5147万户，预计到2027年将增至6041万户，显示出强劲的增长潜力（见图27-21）。Statista的研究进一步表明，菲律宾消费者对电子商务的认知度较高。截至2023年第三季度，57%的菲律宾受访者表示他们每周都会进行网购，尤其是18—34岁的人群，是网购的主力军（见图27-22）。这一庞大的年轻消费者群体为菲律宾电商市场带来了巨大的发展空间和潜力。菲律宾电子商务市场到2025年预计增长至240亿美元，到2027年电子商务渗透率将达到48.6%，电商行业市场潜力巨大（见图27-23）。

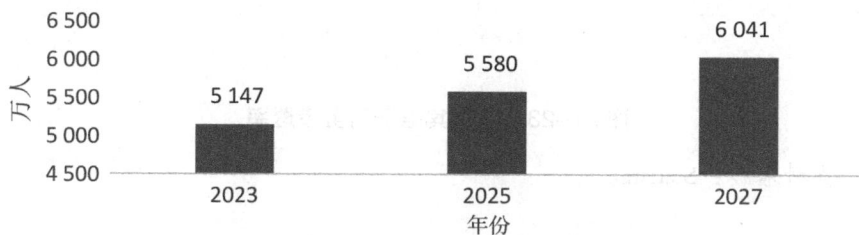

图27-21　菲律宾电子商务用户数量

资料来源：Statista。

经济的高速增长为菲律宾数字贸易的发展奠定了坚实基础。2023年，菲律宾成为东南亚经济增长最快的国家之一，也是人均GDP增速最快的国家之一。随着GDP的快速增长，政府和私营部门拥有更多资金来提升数字基础设施，如扩大互联网覆盖范围和提高网速。经济增长不仅提升了消费者的收入，也增强了购买力，使更多菲律宾人能够购买智能手机和上网设备，进一步扩大电子商务和在线支付系统的市场基础。

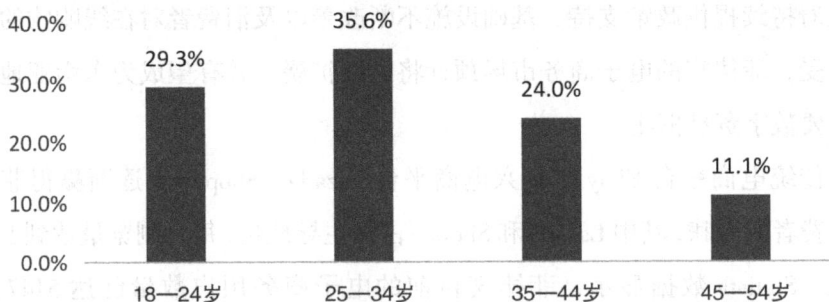

图27-22　菲律宾电子商务用户比例（截至2023年第三季度）

资料来源：Statista。

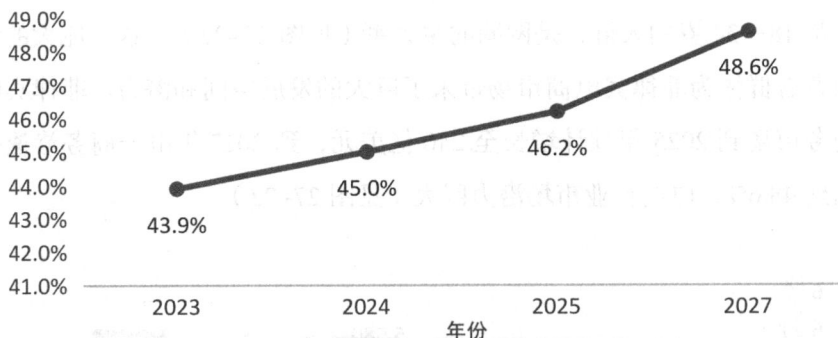

图27-23　菲律宾电子商务渗透率

资料来源：Statista。

在此背景下，更多的消费者得以参与数字经济，推动电子商务、在线零售和数字支付等服务的扩展。经济的快速发展也使菲律宾成为外资和技术投资的热点。国际企业看好菲律宾数字经济的潜力，积极投资数字基础设施、创新技术和电商平台。这种国际投资不仅推动了技术转移，还为本地企业带来了更多合作和学习机会，进一步促进了数字贸易的增长和发展。

（四）菲律宾数字贸易发展挑战

一是网络安全问题亟待解决。尽管菲律宾在推行《数据隐私法》方面取得了一定进展，但随着数字贸易的增长，新的网络安全威胁层出不穷，现有法规难以有效应对复杂的网络攻击。根据卡巴斯基（Kaspersky）的数据，菲律宾在2022年是全球第二大网络攻击目标国。2023年，该国最大的电信公司记录了160亿次网络攻击，比2022年增加了近90倍。此外，菲律宾在2023年eGov Academy的国家网络安全指数中排名第45位（在175个国家中）。这些数据表明，菲律宾在推进数字化进程中面临着严峻的安全风险和监管需求。网络安全漏洞不仅威胁到消费者对数字服务的信任，也限制了国际企业在菲律宾投资数字业务的意愿。

二是国内数字鸿沟日益严峻。尽管菲律宾主要城市的互联网覆盖率相对较高，但农村和偏远地区仍然缺乏可靠的网络连接，导致大量人口无法享受数字服务，限制了他们参与电子商务和在线支付等数字经济活动的机会。根据世界银行的报告，2019年至2022年间，菲律宾的数字鸿沟扩大了16个百分点，尤其是在农村地区，网络接入问题进一步加剧了社会不平等。此外，菲律宾的宽带市场由少数几家公司主导，缺乏足够的竞争，导致服务质量难以提升且价格较高。世界银行还指出，菲律宾是全球唯一一个需要立法许可才能建设和运营网络的国家，这增加了市场准入的障碍，阻碍了基础设施的扩展和升级。网络基础设施投资不足、覆盖范围有限、网速较慢等问题进一步加剧了数字鸿沟，阻碍了菲律宾数字贸易的发展。

三是数字贸易政策相对滞后。与新加坡和泰国等国相比，菲律宾在数据隐私、跨境数据流动和网络安全政策方面落后于其他东南亚国家。菲律宾推行的数据本地化政策引发了国际社会的担忧，因为这可能导致运营成本上升，并对全球数字贸易产生负面影响。相比之下，新加坡等国已经建立了更为开放、灵活的数据管理和数字贸易框架。

　　四是金融创新发展缓慢。虽然菲律宾的数字支付普及率有所提升，但由于金融科技法规的滞后，数字金融创新仍然面临障碍。尽管电子支付和移动银行在新冠疫情期间有所增长，但在确保金融系统稳定性与促进创新之间，相关法规的调整速度较慢，制约了更多创新型金融服务的推出。

　　五是跨境电商发展受国际物流和关税影响。菲律宾的电子商务市场不断扩展，特别是中小企业依赖在线销售，但现有的跨境电子商务政策仍不完善，尤其是在国际物流和关税管理方面。这种政策的滞后性限制了菲律宾企业在国际市场中的竞争力，阻碍了本土企业的跨境扩展。